浙 江 省 一 流 本 科 课 程 教 材
本教材出版受到了"双一流"经费的资助

A Course in Logic

逻辑学教程

（第四版）

胡龙彪　金　立　编著

ZHEJIANG UNIVERSITY PRESS
浙江大学出版社

第四版修订说明

　　2020 年 10 月,教育部在《对十三届全国人大三次会议第 2825 号建议的答复》中做出重要批示,"加强逻辑知识教育,对于提升思维综合素养和创新能力,推进我国基础研究水平提升和创新型国家建设具有重要意义",并表示"将继续加强逻辑知识教育和普及工作,加强逻辑学相关专业建设、课程建设和教材建设,强化教师队伍培养,提升全民逻辑素养"。《逻辑学教程》第四版正是在这样的背景之下,历经两年半时间修订而成的。

　　相对于前三版,第四版做了较大的修订。

　　一、为回应教育部逻辑教学与改革,深化高校课程思政建设,第四版在设计理念上做了改革与创新。教材内容的编排与案例的选取力图体现理论逻辑、实践逻辑与价值逻辑三重逻辑观。特别是以逻辑为工具,对当今国内外大量热点与案例、党和国家的经典论述或论题进行深入浅出的逻辑分析,让读者在轻松愉快的学习中感受逻辑带来的理性力量,培养他们的逻辑精神。

　　二、考虑到概念作为最基本的思维形式在认知过程中的重要位置,本版把概念问题从原来的传统词项逻辑一章中分离出来,作为独立一章,命名为概念逻辑。

　　三、删除了模态逻辑一章。模态逻辑哲学性比较强,在现代逻辑中通常是作为逻辑学的一个独立分支加以研究,不太适合于通用性的逻辑学教材。

　　四、删除了逻辑规律一章。一是因为基于命题及推理形式的逻辑规律已经分散在演绎逻辑与归纳逻辑的各章节中,本书已有相关讨论;二是新增的谬误一章有较大篇幅讨论逻辑规律问题,不再需要单独开设逻辑规律一章。

　　五、删除了语用逻辑一章,新增论证与论辩和谬误两章。论证与论辩历来是逻辑学的重要组成部分,更是当代逻辑学研究的核心内容。这部分内容非常有必要作为通识内容加入逻辑学教材之中。基于同样的理由,本版增加了谬误一章。学习逻辑学的主要目的之一就是学习如何遵守逻辑规则,避免逻辑错误或谬误。这部分内容与语用逻辑有较多重合之处,因此我们删除了原来的语用逻辑一章。

六、新增了各章部分练习题参考答案。为给学生留足自由讨论与发挥的空间,本书仅仅给出选择题、填空题以及部分客观性较强的简答题的答案。

七、修正了第三版文字与排版上的一些已知错误。

此外,为求逻辑在日常思维中的实用性,我们还对演绎逻辑形式系统的内容进行了压缩,减少了比较抽象的公理系统,增加了自然推理系统,从而顺应了当代逻辑学提倡自然逻辑的新理念。

本版的具体分工如下:第一章第二节,第二、三、四、六、七章由胡龙彪撰写;第一章第一、三节,第五、八、九、十章由金立撰写,最后由胡龙彪统一定稿。浙江大学逻辑学研究生孔健威、于翔等参与了全书的文字校对工作和部分资料整理工作。

在修订过程中,我们参阅了国内外大量逻辑学教材与论著,部分练习题引用了近几年来 MBA、MPA、GCT 等考试的考题。谨向这些作者表示感谢!

教材修订还吸收了包括西安交通大学在内的多所高校师生的反馈意见。对他们在使用该教材过程中专业而认真的态度致以敬意!

感谢中国社会科学院哲学研究所学术委员会原副主任、逻辑研究室主任王路研究员!王老师十分关心教材的撰写,并在百忙中为本书的初版作序。

责任编辑傅百荣先生为本书的修订与出版做了大量的工作,我们表示由衷的感谢!

编写一本好教材永远都是一种挑战。诚恳希望我们的读者继续提出宝贵的意见和建议,以便我们对本教程进行不断修改与完善。

作　者

2021 年 7 月

第一版序

逻辑是一门古老的科学。亚里士多德说逻辑是从事哲学研究必须首先具备的修养;中世纪时期,逻辑与语法和修辞成为基础课,并称为"三科";走入近代,逻辑又被称为思维的艺术。因此,逻辑自被亚里士多德创建以来,一直作为哲学的工具,被哲学家们学习、掌握和运用。

逻辑本身经历了从传统到现代的演变。现代逻辑产生于 19 世纪末,在 20 世纪得到蓬勃发展,它继承和发扬了亚里士多德逻辑的核心思想与精华,凝聚了弗雷格、罗素、怀特海、希尔伯特、哥德尔等一大批杰出的逻辑学家的聪明才智和心血。现代逻辑的主要特征是引入了数学方法,建立形式语言和演算系统,从而使逻辑走上了形式化的道路,使逻辑的性质得到充分的体现和展示,使逻辑的能量和作用大大增强,实现了莱布尼兹所说的在推理的问题上"算一算"的理想,最终也使逻辑成为一门科学。

逻辑是一门科学,形成了专门的研究领域。它有自己的内在机制,有自己的研究对象、规律和方法,形成了自己的理论,产生了一大批独特的研究成果。但是,逻辑又可以被其他学科所应用,因为它具有工具的性质。逻辑的理论成果可以应用,逻辑的方法也可以应用。在 20 世纪,逻辑应用于哲学领域,产生了"语言转向"这样一场革命,形成了主流哲学——分析哲学和语言哲学;逻辑应用于语言学领域,形成了乔姆斯基转换生成语法和蒙塔古语法,使语言学家自信地宣称语言学是一门科学;此外,逻辑在自然科学、计算机和人工智能等领域也得到广泛的应用,产生了许多重要成果。逻辑的应用越来越普遍,逻辑的重要性也越来越得到人们的重视。而所有这一切的前提就是必须学习逻辑,通过学习逻辑来了解逻辑的成果,掌握逻辑的方法,培养逻辑的修养。今天,联合国教科文组织把逻辑列为与数学、物理、化学、天文、地理、生命科学等学科并列的基础学科,绝不是没有道理的。

在过去的一百年里，逻辑作为一门科学，沿着哲学方向、数学方向和自然科学等方向有了很大的发展。所有这些发展都依赖于它的基础部分，这一部分，就是我们常说的一阶逻辑或经典逻辑。因此一阶逻辑是十分重要的。从逻辑学家研究逻辑的角度说，他们可以在一阶逻辑的基础上，根据爱好和需要，向不同的方向发展。而从哲学家应用逻辑的角度说，他们也必须首先学习和掌握一阶逻辑，有了这个基础，才能根据兴趣和需要，随时随地再多学一些。正是在这种意义上，我常常讲，逻辑也有普及和提高的问题。所谓普及，就是要普及一阶逻辑。

黄华新教授是我的同行，也是好友。他多年从事逻辑学教学和研究，终于与胡龙彪老师一起写出了自己的逻辑学教材①。他们让我作序。我想，除了以上的一般论述，总该说些心里话才是。

首先，我为浙江大学哲学系以及其他一些专业的学生感到高兴，因为他们今后就要用这本书做逻辑教材了。我认为，一所一流的大学必须有一个出色的哲学系，而一个出色的哲学系不讲授现代逻辑是根本不行的。一定要看到，在大学哲学系开设现代逻辑课，并不是为了培养逻辑学家，而主要是一种素质教育，否则，我们培养的哲学系学生在知识结构中就会有一种缺陷。黄华新和胡龙彪两位老师合著的这本书的问世，使他们的学生有了正规的现代逻辑的教材，同时也体现了一种无言的努力，即为创办一流哲学系而努力。

此外，书名《逻辑学教程》也很好。我觉得今天说逻辑，其实就应该是现代逻辑。也许什么时候"逻辑"在我国叫得普遍了，不用再加上"现代"两个字，我国的逻辑水平就真的提高了。

中国社会科学院哲学研究所

王　路

1999 年 12 月

---

① 本书第一、二、三版由黄华新与胡龙彪合作编写。

前　言

　　逻辑作为一门兼具基础性和人文性的学科，它的历史源远流长。逻辑是理性思维的工具，也是表达论证的工具。西方"逻辑之父"亚里士多德（Aristotle，前384—前322）和近代归纳逻辑的奠基人弗兰西斯·培根（Francis Bacon，1561—1626）的逻辑名著分别称为《工具论》和《新工具》，书名本身便可以看成是对逻辑功能的恰当表达。今天，在培养创新型人才的过程中，人们反复强调的话题是如何提高大学生的思维素质，我们认为，提高思维素质的基本而有效的途径便是学习逻辑知识，强化逻辑训练。

　　逻辑经过两千多年的历史发展，它本身经历了从传统到现代的演变。作为现代人，虽然也要研究传统逻辑，但更重要的是学习现代逻辑。现代逻辑是一个由众多学科分支构成的有机整体，而它的基础部分则是命题逻辑与谓词逻辑。根据教学活动的实际需要，我们分十章来安排本书的教学内容。

　　第一章绪论是对逻辑的历史、对象和作用的简要介绍，目的是对逻辑作一个总的描述，使读者对逻辑有一个宏观了解。

　　第二章、第三章和第四章所讨论的问题，属于命题逻辑的范围。就命题逻辑而言，最简单、最基本的东西就是命题联结词，所以第二章就从命题联结词讲起。本章的内容属于传统命题逻辑的范围，命题与推理都是基于自然语言。第三、四章讨论命题演算，包括基于真值表的命题逻辑，以及命题逻辑的形式化理论。

　　第五章单独讨论概念。概念是最基本的思维形式，在认知过程中居于重要位置。关于概念的逻辑也是谓词逻辑的基础理论。本章将详细讨论概念的种类，概念外延之间的关系，以及对概念的概括与限制、定义与划分。

　　第六章和第七章讨论谓词逻辑。谓词逻辑是在命题逻辑基础上的扩展。命题逻辑以命题作为不再加以分解的基本单元，把命题视为现代逻辑体系中的"细胞"。依据这样的分析思路，命题逻辑揭示了很多有效推理，即以命题联结词为基础的推理规律。但是，还有一类有效推理，它们无法用命题逻辑的理论给以科学的说明,因为它们的有效性植根于命题的内部结构。因此,必须深入命题的内部,考察作为命题结构成分的量词、谓词和个体词,从而说明这一类推理的有效性,这便是谓词逻辑的任务。

谓词逻辑本身也有一个历史发展的过程,因此,我们应当用历史的观点来看待现代谓词逻辑和传统谓词逻辑。鉴于这样的考虑,本书在第六章中,用一整章的篇幅讨论了传统谓词逻辑(即词项逻辑)的问题,主要内容涉及直言命题及其推理。第七章则讨论现代谓词逻辑的问题,主要讨论非形式的一阶谓词逻辑和一阶谓词演算自然推理系统。

第八章讨论归纳逻辑,包括传统归纳逻辑与现代归纳逻辑,其中前五节更多地属于"传统"的内容,最后一节则较多一些"现代"的气息。虽然归纳逻辑与前面第二至第七章所讨论的演绎逻辑属于不同的逻辑类型,但它对培养人们的逻辑分析与推理能力同样是不可或缺的,因此,我们也在此作一个简要的介绍。

如果说前面章节内容主要是形式逻辑,那么第九章、第十章则侧重于非形式逻辑。非形式逻辑不仅是形式逻辑理论的必要补充,更是逻辑学作为工具性科学的具体应用。同时,形式化与非形式化(或者说自然逻辑)均是现代逻辑发展的两个方向。只有两方面结合起来,才是完整的逻辑学。

第九章讨论论证与论辩。逻辑学中的任何东西都与论证(推理)相关。人们追寻真理所使用的最主要的逻辑工具就是论证(推理)。而学习逻辑学从根本上看,就是学会如何进行正确而有效的论证(推理)。论证就是用已知为真的判断,去确定另一个判断的真实性或虚假性的思维过程。论辩则是论证的一个步骤或层面,是指论证者为自己的主张(结论)提出理由(前提),并企图说服目标听众接受该主张的程序和过程。论证与论辩历来是逻辑学的重要组成部分,更是当代逻辑学研究的核心内容。我们将对论证与论辩的结构、类型以及规则展开充分的讨论。

第十章讨论谬误。谬误泛指人们在思维活动和语言表达中出现的自觉或不自觉地违反逻辑规律或规则要求的各种错误。而学习逻辑学的另一个主要目的就是学习如何遵守逻辑规则,避免逻辑错误或谬误。谬误有很多不同分类,但把谬误区分为形式谬误和非形式谬误是逻辑学一种典型的划分。形式谬误实际上就是违反推理形式的有效性标准而导致的各种谬误,我们在命题逻辑与谓词逻辑各章节已经做了充分介绍。非形式谬误则泛指一切并非由于逻辑形式上的不正确,而是因为语言、心理等方面的因素而导致的各种谬误。本章将结合大量案例,对非形式谬误,特别是对生活中常见的谬误进行讨论。

目　录

第一章　导　论 …………………………………………………………… 1

一、逻辑是什么 ……………………………………………………………… 1
(一)"逻辑"一词的由来 ……………………………………………… 1
(二)推理和有效性标准 ……………………………………………… 2
(三)逻辑形式 ………………………………………………………… 5
(四)常项与变项 ……………………………………………………… 6

二、逻辑学的发展 ………………………………………………………… 7
(一)中国古代逻辑 …………………………………………………… 7
(二)古代印度逻辑 …………………………………………………… 8
(三)西方逻辑 ………………………………………………………… 8

三、逻辑学的性质 ………………………………………………………… 16
(一)工具性 …………………………………………………………… 16
(二)人文性 …………………………………………………………… 17
(三)无阶级性 ………………………………………………………… 18

练习题 ……………………………………………………………………… 19

第二章　传统命题逻辑 …………………………………………………… 21

一、传统命题逻辑概述 …………………………………………………… 21
(一)命题及其分类 …………………………………………………… 21
(二)推理及其分类 …………………………………………………… 23

二、联言命题及其推理 …………………………………………………… 26
(一)联言命题及其逻辑定义 ………………………………………… 26

（二）联言推理……………………………………………………… 27

三、选言命题及其推理………………………………………………… 28

　　（一）选言命题及其逻辑定义……………………………………… 28

　　（二）选言推理……………………………………………………… 31

四、假言命题及其推理………………………………………………… 34

　　（一）假言命题及其逻辑定义……………………………………… 34

　　（二）假言推理……………………………………………………… 37

五、负命题及其推理…………………………………………………… 41

　　（一）负命题及其逻辑定义………………………………………… 41

　　（二）复合命题的负命题及其具有范式意义的等值命题………… 42

　　（三）负命题的等值推理…………………………………………… 44

六、其他关于复合命题的推理………………………………………… 45

　　（一）假言易位推理………………………………………………… 45

　　（二）假言三段论…………………………………………………… 46

　　（三）归谬推理……………………………………………………… 47

　　（四）反三段论……………………………………………………… 47

　　（五）二难推理……………………………………………………… 48

七、传统命题逻辑的应用及案例分析………………………………… 53

练习题 ………………………………………………………………… 58

第三章　基于真值表的命题逻辑 ………………………………… 67

一、真值联结词及真值表……………………………………………… 67

　　（一）真值联结词及其逻辑定义…………………………………… 67

　　（二）复合命题的真值表…………………………………………… 71

　　（三）真值函数……………………………………………………… 74

二、联结词的性质……………………………………………………… 75

　　（一）联结词的可定义性…………………………………………… 76

　　（二）联结词的完全性……………………………………………… 77

三、重言式的逻辑分析………………………………………………… 78

　　（一）常用的逻辑规律……………………………………………… 78

　　（二）重言式的逻辑性质…………………………………………… 80

四、推理的有效性及判定方法………………………………………… 81

（一）什么是有效推理 ……………………………………… 82

（二）用完全真值表判定有效推理 ……………………… 82

（三）用简化真值表判定有效推理 ……………………… 83

（四）用真值树判定有效推理 …………………………… 85

（五）逻辑后承 …………………………………………… 88

五、范式 ……………………………………………………… 90

（一）范式的定义 ………………………………………… 90

（二）范式存在定理及求范式方法 ……………………… 91

（三）完全析取范式与完全合取范式 …………………… 94

练习题 ………………………………………………………… 98

第四章　命题演算形式系统 ………………………………… 102

一、形式系统概述 …………………………………………… 102

（一）公理化和公理系统 ………………………………… 102

（二）形式化和形式系统 ………………………………… 103

（三）形式系统的其他重要概念 ………………………… 105

二、命题演算系统 P 的结构 ……………………………… 106

（一）P 的形式语法 ……………………………………… 106

（二）P 的公理模式 ……………………………………… 108

（三）P 的推理规则 ……………………………………… 108

三、P 的内定理及其证明 ………………………………… 108

（一）P 的定理的严格证明 ……………………………… 109

（二）应用导出规则证明 P 的定理 …………………… 111

（三）应用演绎定理证明 P 的定理 …………………… 114

（四）P 的定义式定理及其证明 ………………………… 121

四、P 的元理论 …………………………………………… 129

（一）P 的语义解释与真值赋值 ………………………… 129

（二）P 的可靠性 ………………………………………… 132

（三）P 的一致性 ………………………………………… 133

（四）P 的完全性 ………………………………………… 134

练习题 ………………………………………………………… 135

第五章　概念逻辑 ·· 139

　一、概述 ·· 139

　　（一）什么是概念 ·· 139

　　（二）概念与词语的关系 ·· 140

　　（三）概念的内涵与外延 ·· 141

　二、概念的种类 ·· 142

　　（一）单独概念、普遍概念和空概念 ································ 142

　　（二）集合概念和非集合概念 ······································ 143

　　（三）正概念和负概念 ·· 144

　三、概念外延间的关系 ·· 144

　　（一）全同关系 ·· 145

　　（二）真包含和真包含于关系 ······································ 145

　　（三）交叉关系 ·· 146

　　（四）全异关系 ·· 146

　四、概念的概括与限制 ·· 147

　　（一）概念的内涵与外延之间的反变关系 ···························· 147

　　（二）什么是概括与限制 ·· 148

　五、定义 ·· 149

　　（一）定义及其组成 ·· 149

　　（二）下定义的方法 ·· 150

　　（三）真实定义的种类 ·· 150

　　（四）语词定义 ·· 151

　　（五）定义的规则 ·· 152

　　（六）辅助定义的方法 ·· 153

　六、划分 ·· 153

　　（一）什么是划分 ·· 153

　　（二）划分的方法 ·· 154

　　（三）划分的规则 ·· 155

　练习题 ·· 156

第六章 传统词项逻辑 ··· 158

一、直言命题的逻辑分析 ·· 158

（一）什么是直言命题 ·· 159

（二）直言命题的种类 ·· 159

（三）直言命题形式的欧拉图示 ··························· 161

（四）词项的周延性 ··· 162

（五）直言命题之间的对当关系 ························ 164

二、直言命题直接推理 ··· 166

（一）对当关系推理 ··· 166

（二）直言命题变形推理 ······································ 168

三、三段论 ··· 170

（一）三段论的基本概念 ······································ 170

（二）三段论的一般规则 ······································ 172

（三）三段论的格 ·· 175

（四）三段论的式 ·· 176

四、传统词项逻辑的应用及案例分析 ··························· 178

练习题 ··· 183

第七章 一阶谓词逻辑 ··· 191

一、从传统谓词逻辑到现代谓词逻辑 ··························· 191

二、命题的一阶谓词逻辑分析 ····································· 194

（一）个体词、个体函数词、谓词 ·························· 194

（二）量词 ··· 195

（三）原子命题的符号化 ······································ 196

（四）量化命题的符号化 ······································ 197

三、一阶谓词语言的语法和语义 ································· 202

（一）L_1 的语法 ·· 203

（二）L_1 的语义 ·· 206

四、一阶谓词逻辑的语义推理 ····································· 209

（一）代入 ··· 210

（二）字母变易 ··· 212

五、前束范式 ·· 213

六、一阶谓词演算系统 LNP ·························· 215

(一)量词销去与引入的规则 ······················ 216

(二)量词互换规则 ································ 223

(三)引进主项假设的规则 ························ 224

(四)关于量词的推理规则在带量词的关系命题推理中的应用 ····· 226

练习题 ·· 232

第八章　归纳逻辑 ·· 235

一、归纳逻辑概述 ···································· 235

(一)什么是归纳逻辑 ···························· 235

(二)归纳逻辑发展史 ···························· 236

(三)研究归纳逻辑的意义 ························ 238

二、枚举归纳推理 ···································· 239

三、科学归纳推理与典型归纳推理 ···················· 242

(一)科学归纳推理 ······························ 242

(二)典型归纳推理 ······························ 244

四、探求因果联系的五种方法 ························ 245

(一)因果联系的一般特点 ························ 245

(二)探求因果联系的五种方法 ···················· 246

五、类比推理 ·· 253

六、概率推理与统计推理 ······························ 256

(一)随机事件与概率 ···························· 256

(二)概率推理 ·································· 259

(三)统计推理 ·································· 260

练习题 ·· 262

第九章　论证与论辩 ······································ 270

一、论证概述 ·· 270

(一)什么是论证 ································ 270

(二)推理、推论和论证 ·························· 271

(三)论证与解释 ································ 272

二、论证类型 ··· 273

　　(一)演绎论证和归纳论证 ··················· 273

　　(二)直接论证和间接论证 ··················· 273

　　(三)学术论证和一般论证 ··················· 275

三、论证分析 ··· 276

　　(一)论证结构 ································· 276

　　(二)图尔敏论证模型 ··················· 276

　　(三)论证三要素 ························· 279

　　(四)论证三元组 ························· 282

　　(五)论证规则 ································· 284

四、反驳 ··· 287

　　(一)反驳及其构成 ····················· 287

　　(二)反驳的方法 ····················· 288

练习题 ··· 291

第十章 谬 误 ··································· 296

一、谬误及其分类 ··························· 296

　　(一)什么是谬误 ························· 296

　　(二)谬误分类 ··························· 297

二、非形式谬误 ······························· 299

　　(一)歧义性谬误 ························· 299

　　(二)不相干谬误 ························· 301

　　(三)论据不充足谬误 ··················· 305

　　(四)其他常见谬误 ····················· 310

三、研究谬误的意义 ························· 312

练习题 ··· 313

附:各章部分练习题参考答案 ··················· 316

参考文献 ··· 323

第一章　导　论

一、逻辑是什么

(一)"逻辑"一词的由来

汉语"逻辑"一词由英语"logic"音译而来,初见于明末清初严复的译著《穆勒名学》:"故今日泰西诸学,其西名多以罗支结响,罗支即逻辑也。"[①]而究其根本,logic 来源于古希腊语"逻各斯"(λογοσ)一词。同样,英语中表示学科的词缀"logy",也来源于"逻各斯"。

"逻各斯"是西方文明的一个源发性概念,一名兼二意,无论是在心之意或出口之词,皆可以之为名。[②] 因此,"逻各斯"就有了思想、理性、规律、言辞之意,以至于在赫拉克利特的哲学中,"逻各斯"从"言说"、"理性"上升为了"神性"。西方哲学中的"逻各斯"精神一直传承给了苏格拉底(Socrates,前 469—前 399)、柏拉图(Plato,前 427—前 347)和亚里士多德(Aristotle,前 384—前 322)等人。受"逻各斯"精神的影响,苏格拉底通过辩证法追求"普遍的定义",柏拉图相信所有人都分有相同的"普遍理念"。正是在这样的文化背景下,亚里士多德对逻辑学进行了全面而系统的研究。通过对自然语言的分析,亚里士多德构造了三段论推理系统,确立了西方逻辑学的基础。他的著作《工具论》也成为古代最完备的逻辑著作,并使逻辑学正式成为一门独立的学科。正是由于亚里士多德在逻辑学说史上的划时代贡献,他也被称为"逻辑之父"。

在现代汉语词典解释中,"逻辑"一词有四种含义。第一种是指思维的规律,

---

① 参阅穆勒著,严复译:《穆勒名学》,第 4 页。北京:三联书店,1959 年。

② 参阅同上。

我们常说的"写作、辩论都要有逻辑",这里的"有逻辑"指的是写作和论辩要注重思维的逻辑形式。换句话说,有逻辑的思维形式就是各部分思想内容互相之间的联结方式都有条理和严谨。第二种泛指客观事物的规律。比如,人们说:"想要成为一个大企业家,必须搞明白市场经济的逻辑。"第三种是作为一门研究思维规律的独立学科,即逻辑学或逻辑知识。第四种指一种观点和主张,多用于贬义,比如"你这是霸权主义的强盗逻辑!"。

本书中我们对逻辑的一般看法是:逻辑是关于有效推理的理论,也就是研究形式正确的推理的理论。一个推理是有效的,当且仅当,对该推理形式中涉及具体内容的部分所作的任一解释,都不会出现前提真而结论假的情况。其中包括了两个重要的条件,即前提真实与形式正确。前者要求涉及具体内容的部分在经验上符合客观事实,后者要求联结各部分具体思想内容的联结方式要符合逻辑规律。

(二)推理和有效性标准

逻辑的中心任务是研究推理及其有效性标准,进而提供鉴别推理有效与否的模式与准则。亚里士多德在他的逻辑著作《论辩篇》中,开宗明义地指出,这部著作的目的在于"发现一系列探究方法,依据这些方法,我们将能够就人们向我们提出的每个问题从一般所接受的意见出发进行推理,而且我们在提出一个论证的时候,也将避免说出自相矛盾的东西"[①]。"一个推理是一个论证,在这个论证中,有些东西被规定下来,由此必然地得出一些与此不同的东西。"[②]这可以看作是对演绎推理的朴素定义。正是由于亚氏把握了推理这条主线,才使他有可能创建逻辑这门科学。

根据不同的角度,推理可以区分出不同的类型。从前提与结论之间的联系性质来看,推理有演绎推理和归纳推理两大类型。

关于演绎与归纳的区别,章士钊先生在《逻辑指要》中枚举了如下五个方面:[③]

(1)演绎为形式的,而归纳注重实质。

(2)演绎为分析的,而归纳为综合的。

---

① W. D. Ross（ed.）, The Works of Aristotle, Vol. 1, 100a, 18-22. Oxford University Press, 1928.

② W. D. Ross（ed.）, The Works of Aristotle, Vol. 1, 100a, 25. Oxford University Press, 1928.

③ 转引自谢幼伟:《现代哲学名著述评》,第 95 页。山东人民出版社,1997 年。

(3)演绎为意义之表明,而归纳求意义之发现。

(4)演绎为证明方法,而归纳为发明方法。

(5)演绎如前提真,则结论必真;而归纳则虽前提真,而结论未必真。

以推理为主要研究对象的逻辑学科在 21 世纪的发展前景如何? 逻辑发展的主要动力将来自何处? 有学者认为:"计算机科学和人工智能将至少是 21 世纪早期逻辑学发展的主要动力源泉,并将由此决定 21 世纪逻辑学的另一面貌。由于人工智能要模拟人的智能,它的难点不在于人脑所进行的各种必然性推理……而是最能体现人的智能特征的能动性、创造性思维,这种思维活动中包括学习、抉择、尝试、修正、推理诸因素,例如选择性地搜集相关的经验证据,在不充分信息的基础上做出尝试性的判断或抉择,不断根据环境反馈调整、修正自己的行为,……由此达到实践的成功。于是,逻辑学将不得不比较全面地研究人的思维活动,并着重研究人的思维中最能体现其能动性特征的各种不确定性推理,由此发展出的逻辑理论也将具有更强的可应用性。"①

思维活动的创造性是人类智能的本质特征。在理论思维的过程中,具有必然性的演绎推理无疑是十分重要的。但是具有或然性的归纳推理,如求因果联系的归纳推理、类比推理、合情推理,以及语用推理、似然推理等同样不可忽视。勿庸置疑,计算机要成功地模拟人的智能,体现出人类思维活动的创造性本质,就必须对各种或然性推理模式作深入具体的研究。

不仅如此,人在日常生活中进行推理的能力包含诸多方面,是相当复杂的过程。但常识推理的最一般基础是在容错知识情形下的推理。"一般地,容错知识包括两种最基本情形:一种是容'错'知识,即含矛盾的知识,这是在不相容知识情形下的推理问题;另一种是容'误'知识,即含未知的知识,这是在不完全知识情形下的推理问题。"②为了更好地理解自然语言,并满足计算机理解语言的需要,我们不能不研究"容错推理"之类的问题。

对推理这种最重要的思维形式,人们可以运用多种逻辑方法来加以分析和研究。比如,形式化方法和非形式化方法,语形方法、语义方法和语用方法,等等。这里我们侧重对形式化方法和非形式化方法作一个简要介绍。

形式化方法是指用一套特制的人工语言(即表意符号)来表示词项、命题、推理,从而把对推理形式的研究转化为对形式符号系统进行研究的方法。人工语

① 陈波:"从人工智能看当代逻辑学的发展",载《中山大学学报论丛》,2000 年第 2 期,第 10—11 页。

② 林作铨:"容错推理"。载《计算机科学》,1993 年第 2 期,第 18 页。

言具有精确、简洁和直观的优点,它避免了日常自然语言可能具有的歧义性和模糊性。

　　逻辑学在构建形式系统时,有两种不同的形式化方法,即自然演绎方法和公理化方法。前者是根据给定的推理规则从真前提推出真结论,或从假设得出推断的一种形式化方法。用这种方法建立自然推演系统的基本思路是,把某些有效的推理形式作为推导规则,从而推导出其他的有效推理形式。后者是从一些称作公理的初始合式公式出发,根据事先给定的推理规则,得到一系列称作定理的结果,由此建立起一个包括公理、定理的系统。应用形式语言建立逻辑系统来研究推理等思维形式的方法,不仅对于逻辑科学本身有重要意义,而且在其他科学领域也有着广泛的应用。

　　非形式化方法主要以自然语言来刻画推理等思维的形式结构、规律和方法,侧重于对思维的逻辑形式作语义和语用方面的分析、研究,并不建立形式系统。它是相对于形式化方法而言的。例如,传统逻辑虽然使用了一些符号表达逻辑形式,但并没有脱离日常自然语言,因此不能把推理转化为演算。对于复杂的命题形式及其推理完全无法处理,更谈不上构造形式系统。传统逻辑中的推理理论主要以日常自然语言为载体,它是对多种逻辑知识的综合运用,但它是非形式化的,因而在精确性方面显得不足。其实,形式化方法与非形式化方法各有优长,它们是互补关系。对于推理等思维形式的研究来说,两者都是不可或缺的。

　　马克思认为,语言是思维本身的要素,是思想的直接现实。思维的形式结构是通过语言来表达的,语言外化、凝聚着思维。"思想就是使用语言。"(朱光潜语)因此,逻辑要研究思维的形式结构及其规律,首先就要研究表达思维的语言,要研究语言表达式的意义。著名学者成中英教授在论及现代逻辑的分析方法时提出,应对人类思想,以及这个思想所籍以表示的语言媒介,做出新的认识。在他看来,"19 世纪所出版的关于传统逻辑的书,一开始就对语言作分析,对语言所代表的思想内涵结构作分析;并且认定,语言的存在主要是为了表达一个思想;而这个思想的基本单元就是命题,命题虽是思想单位,却不一定是语言的意义单位。基于对语言媒体的事实分析,人们又发现,语言里的词是意义的基本单元。这样,可能就有两个出发点,一个是以词为代表的意义基本单元,另一个是以命题为代表的思想基本单元。如何用语言结构及其意义单元来表达思想结构及其命题单元,也就成为形式逻辑推理发展的一个新方向。这也是自古典的形式逻辑产生以来所追求的基本课题"①。

―――――――――――

　　①　成中英:《论中西哲学精神》,第 26 页。东方出版中心,1991 年。

总之,逻辑是关于思维的形式结构及其规律的科学,它内在的真正对象是思维。逻辑对语言的探究,归根到底是对语言所表达的思维的探究。人们研究自然语句,目的是为了把握它们所表达的命题;人们研究自然语句之间的关系,目的是为了把握它们所表达的推理关系。然而,逻辑的直接对象却是承载意义的语言符号。因为就人们的日常思维而言,没有语言,思维活动无法操作和运行,思维成果难以表达和理解。语言是思维的外在表现形式和载体。无论是从思维产生和发展的共时层面看,还是从历时层面看,思维都要借助于语言。撇开语言这种外在表现形式,人们是难以探究封闭在大脑这个"黑箱"中的思维的。思维与语言之间密不可分的联系,具体地表现为思维的形式结构与语言形式总是紧密联系在一起的,概念、命题、推理的存在和表达,要借助于语词、语句(包括复句)和句群。鉴于此,我们认为,逻辑内在的真正的研究对象是思维的形式结构及其规律,而逻辑表面的直接的研究对象则是承载意义的语言形式。

(三)逻辑形式

思维的逻辑形式就是思维形式中的各部分思维内容相互之间的联结方式,或者说,就是思维形式的结构。不同的命题和推理所包含的具体思维内容可以各不相同,但抛开各不相同的具体思维内容,我们可以从这些命题和推理中提取出几种共同的形式结构。例如:

(1)有的企业是民营企业。

(2)有的社区是生态型社区。

(3)如果要建成国内一流的大学,那么就要切实提高师资质量和管理水平。

(4)如果要增强企业的持续生命力,那么就应当提高产品的科技含量和文化附加值。

以上四个命题的具体内容是各不相同的,但(1)与(2)具有如下的共同结构:

(5)有的 S 是 P。

(3)与(4)则具有如下的共同结构:

(6)如果 p,那么 q 并且 r。

(5)是(1)与(2)的逻辑形式;(6)是(3)与(4)的逻辑形式,它们分别是从(1)与(2)及(3)与(4)中抽取出来的一种共同的命题形式。

有的逻辑形式表现为推理形式。例如:

(7)所有现代技术的传播都是需要花工夫的,纳米技术的传播是现代技术的传播,所以,纳米技术的传播需要花工夫。

（8）所有优秀的文学作品都是受人欢迎的，优秀的剧本是优秀的文学作品，所以，优秀的剧本是受人欢迎的。

（7）与（8）是两个三段论推理，它们的具体内容各不相同，但有着共同的形式结构：

（9）所有 M 是 P，S 是 M，所以，S 是 P。

（9）就是（7）与（8）所共同具有的推理形式，这也是一种逻辑形式。

思维的逻辑形式是内含在具体命题或推理中的一种深层次的结构。人们在进行理性思维活动时，有些问题并不是出在具体内容上，而是出在形式结构上。例如：

（10）p 或者 q，非 p；所以，q。

（11）p 或者 q，p；所以，非 q。

（10）与（11）是两个不同的推理形式。"所以"之前的命题是前提，"所以"之后的命题是结论。前提和结论中的 p 和 q 是变项，可以代入具体的命题。假如代入之后的前提都是真的，结论是否必然为真呢？如果结论必然为真，则这个推理形式正确（有效），反之，这个推理形式不正确（无效）。

我们可以证明（10）是正确的。例如，我们用"老李能歌"和"老李善舞"分别代入（10）中的 p 和 q，那么前提分别是"老李能歌或者善舞"和"并非老李能歌"，结论是"老李善舞"。再用"小王选修数学"和"小王选修逻辑"分别代入（10）中的 p 和 q，那么前提是"小王或者选修数学或者选修逻辑"和"并非小王选修数学"，结论是"小王选修逻辑"。我们还可以继续用其他的命题代入 p 和 q，都不会出现前提真而结论假的情况。也就是说，只要前提都真，结论必然为真。而（11）却不然。用具体命题代入之后，可以使前提都真，而结论不一定真。例如，当我们用"老李能歌"和"老李善舞"分别代入（11）中的 p 和 q，前提分别就是"老李能歌或者善舞"和"老李能歌"，结论是"老李不善舞"。很显然，这里可能出现前提真而结论假的情形。所以，我们说这个推理形式不是正确（有效）的。

（四）常项与变项

从上面的讨论中可以看出，思维的形式结构是有某种规律性的，这就是逻辑规律。如前所述，逻辑正是以思维的形式结构（逻辑形式）、方法（逻辑方法）和规律（逻辑规律）作为自己的研究对象的。

任何一种思维的逻辑形式都由常项和变项组成。逻辑常项就是在逻辑形式中用以表示其中各个变项之间某种逻辑关系的语词或符号，是逻辑形式中不变的部分,即在同类逻辑形式中都存在的部分。逻辑变项,简称"变项"。逻辑变项是在各种逻辑形式中用以表示某种具体思想的符号,是逻辑形式中的可变部分,即可用以表示任一具体思想内容的部分。如(5)中的"有的……是……"是常项,"S""P"是变项。(6)中的"如果……,那么……并且……"是常项,"p""q""r"是变项。

逻辑常项体现逻辑形式的本质特征,是思维的形式结构中的关键因素,是把不同类型的逻辑形式区分开来的唯一依据,因而是最重要、最根本的。

二、逻辑学的发展

逻辑学是一门古老的学科。一般认为,中国、古印度和古希腊是逻辑学的三大发源地。从它诞生至今,已经有了两千多年的历史。逻辑学也经历了从传统到现代的发展演变。

(一)中国古代逻辑

在中国的春秋战国时期,逻辑思想曾有很大发展。这时期对逻辑思想作出贡献的有邓析(前545—前501)、墨子(前468—前376)、惠施(前390—前317)、公孙龙(前320—前250)和荀子(前313—前238)等。其中,邓析被称为中国逻辑的创始人,惠施、公孙龙、荀子在论辩与反诡辩(谬误)方面有相当的成就,但对中国逻辑学的建立作出最突出贡献的首推墨子。本书主要介绍墨子的逻辑。

墨子的逻辑思想主要体现在其著作《墨子》的《墨经》部分中。《墨经》由《经上》《经下》《经说上》《经说下》《大取》《小取》等六篇组成。

中国古代同样没有使用"逻辑"这一概念,逻辑理论一般被称为"名辩学"或"辩学",这主要源于《墨经》:

"辩,争彼也。辩胜,当也。"[1]

"或谓之牛,或谓之非牛,是争彼也。是不俱当,不俱当必或不当。不当若犬。"[2]

"夫辩者,将以明是非之分,审治乱之纪,明同异之处,察名实之理,处利害,决嫌疑焉。"[3]

---

[1] 冀昀主编:《墨子》之《经上》,第196页。线装书局,2007年。
[2] 冀昀主编:《墨子》之《经说上》,第212页。线装书局,2007年。
[3] 冀昀主编:《墨子》之《小取》,第245页。线装书局,2007年。

由此可知,墨子认为辩就是争彼。因此,问题的关键是这里的"彼"指什么。学术界对此有争议,最普遍的一种解释是,"彼"指的是一对相互矛盾的命题。[①]显然,墨子的逻辑研究包括对"或谓之牛,或谓之非牛"这种相互矛盾命题的讨论,而讨论的目的是判断是与非(真与假)。

《墨经》还提出了"摹略万物之然,论求群言之比。以名举实,以辞抒意,以说出故"[②]。也就是说,思维的重要目的就是要探求事物的种种现象,以及这些现象之间的相互关联,并用"名"、"辞"、"说"表达出来。"名"是"名词"或"概念","辞"相当于"命题","说"就是"推理"。《墨经》对这三者作了深刻的分析和说明。特别是对于推理,墨子通过诸多实例,说明推理前提与结论的真假情况:"夫物或乃是而然,或是而不然,或不是而然,或一周而一不周,或一是而一不是也。不可常用也,故言多方,殊类异故,则不可偏观也。"[③]这里,墨子不仅讨论了演绎推理的思想,同时也表达了类似于归纳逻辑的思想。

墨子在《大取》中,进一步表达了故、理、类只有三者皆备,才可以进行正确推理的思想。"夫辞以故生,以理长,以类行也。"[④]一般的解释是,故是立辞的直接原因,相当于三段论的小前提,理是一般规律性的东西,类似于三段论的大前提,而类是由前两者推出来的结论。[⑤]

(二)古代印度逻辑

古代印度也产生了逻辑学,称为"因明"。"因"指推理的依据,"明"就是通常所说的"学"。因明学被大乘佛教列为印度五明之一。从其为佛教所创立的角度看,也称为佛教逻辑。《方便心论》是最早的因明学专著,大约产生于公元前 1 世纪中叶。陈那(公元 5—6 世纪)的《因明正理门论》、商羯罗主(公元 6 世纪)的《因明入正理论》等则是因明学的主要代表作。这些著作探讨了有关推理和论证的方法,建立了古代印度所特有的逻辑理论,标志着因明学逐步达到高潮,亦称新因明学。唐朝时,因明学传入中国。

(三)西方逻辑

相比较于中国古代逻辑与印度逻辑,西方逻辑则更为系统,并且在逻辑理论

---

① 参阅孙中原:《中国逻辑史》(先秦卷),第 193 页。中国人民大学出版社,1987 年。
② 冀昀主编:《墨子》之《小取》,第 245 页。线装书局,2007 年。
③ 冀昀主编:《墨子》之《小取》,第 245 页。线装书局,2007 年。
④ 冀昀主编:《墨子》之《大取》,第 242 页。线装书局,2007 年。
⑤ 参阅沈有鼎:《墨经的逻辑学》,第 37—45 页。中国社会科学出版社,1980 年。

与研究上有着持续的历史传承。

西方逻辑开始于古希腊，亚里士多德被公认为是西方逻辑的真正创始人。亚氏所著的《范畴篇》《解释篇》《前分析篇》《后分析篇》《论辩篇》和《辩谬篇》，被其弟子安德罗尼库斯（Andronicus，前 1 世纪）汇编成为《工具论》（Organon）。此外，亚里士多德在《形而上学》等著作中也论述了逻辑问题，但他并没有使用"逻辑"一词。西塞罗最早使用"逻辑"（logica），但"其意义与其说是逻辑的，不如说是论辩的"。① "'逻辑'一词直到亚弗洛底细亚的亚历山大（Alexander of Aphrodisias，约 200 年）使用它为止大约五百年的时间内并没有获得它的现代意义（即研究推理及其有效性标准的科学——引者注）。但是以后称为逻辑的这个研究领域是由《工具论》的内容决定了的。"②

《工具论》研究的并不全是现代意义上的纯逻辑问题，或者说，除纯逻辑问题外，它还研究哲学（形而上学）问题。当然，其中大多数哲学问题在相当程度上可以看作是哲学逻辑问题。而现代意义的逻辑学除了研究纯逻辑之外，也研究诸如亚里士多德在《工具论》中所研究的那些哲学逻辑问题。

《工具论》中为人公认最早完成的著作是《范畴篇》，也是《工具论》诸篇中最具有"哲学性"的一篇，其许多理论实质上是形而上学的，而既非纯逻辑、又非哲学逻辑的。人们把它作为逻辑著作，其实只是按照一种传统习惯。但正因为人们一直把它作为逻辑著作，在对它的解释中，或多或少地搀杂进了逻辑问题，因而，它曾对逻辑学产生了重大的影响。

《工具论》的其他篇目都直接或间接地与论证或推理有关。《解释篇》主要研究命题及其命题之间的对当关系。《前分析篇》研究三段论，这是亚里士多德对逻辑史最具有影响性的著作，至今仍是传统逻辑的主要内容。《后分析篇》的大部分研究证明理论，也研究了定义、演绎方法等问题。《论辩篇》研究论辩的推理。亚里士多德在《论辩篇》中提出了著名的"四谓词理论"（即关于定义、固有属性、属和偶性四谓词的性质、特征和用法的理论），该理论对亚氏之后的哲学家和逻辑学家研究共相问题产生了巨大的影响。《辩谬篇》分析谬误和诡辩，并提出反驳的方法。

亚里士多德的逻辑学主要研究简单命题（主要是直言命题）及其推理，属于谓词逻辑，而缺乏对复合命题的研究，即没有对命题逻辑的研究，这使得他的逻辑学具有很大的局限性。对传统命题逻辑做全面而深入的研究是从斯多亚学派

① 罗斯：《亚里士多德》，第 23 页。王路译，商务印书馆，1997 年。
② 威廉·涅尔，玛莎·涅尔：《逻辑学的发展》，第 31 页。张家龙，洪汉鼎译，商务印书馆，1985 年。

(Stoa)开始的。

在斯多亚学派之前,还有一个著名的逻辑学派麦加拉学派(Megarians),其学术活动比亚里士多德还早100年左右。麦加拉学派对逻辑学的最大贡献是发现和研究了悖论以及条件句的性质。对条件句的研究是命题逻辑的一个必不可少的环节,所以,人们一般认为,古典命题逻辑理论是由麦加拉和斯多亚两个学派共同建立起来的。但命题逻辑的实质和核心理论从斯多亚学派开始才有了专门的研究。该学派是从麦加拉学派直接发展过来的。其创始人芝诺(Zeno of Citium,约前336—前264)是麦加拉学者斯蒂波(Stilpo,前370—前290)的学生,主要代表还有克林塞斯(Cleanthes,前313—前232)、克里西普(Chrysippus,约前280—前207)等。

斯多亚学派在逻辑学上所取得的最大成就是他们以形式的方法研究了复合命题推理,即命题逻辑。提出了五个重要的推理规则:

(1)如果第一,那么第二;第一,所以第二。

(2)如果第一,那么第二;并非第二,所以并非第一。

(3)并非既是第一,又第二;第一,所以并非第二。

(4)或者第一,或者第二;第一,所以并非第二。

(5)或者第一,或者第二;并非第一,所以第二。

尽管上述推理有些并非都成立(指推理(4)必须在两个选言支不相容的情况下才成立),但其主要意义不在于这些规则是否正确有效,而在于它提供了一种形式的方法,使一种推理不依赖于任何具体内容,这正是亚里士多德"必然地得出"的要求。斯多亚学派还研究了命题联结词之间的相互定义性和实质蕴涵。

斯多亚学派在逻辑学上所取得的巨大成就,使得他们在公元前最后两个世纪和公元后一世纪之间处于统治地位,其势头盖过了亚里士多德。

亚里士多德和斯多亚学派所创建的逻辑构成了传统演绎逻辑的主要内容。它的对象是人们常用的演绎推理的形式,如三段论推理、假言推理、选言推理等。为研究这些推理形式,传统演绎逻辑还考察了作为这类推理的前提和结论的种种命题的形式,并对构成命题成分的词项的某些特性作了考察。

亚里士多德和斯多亚学派的逻辑代表了古代逻辑的最高峰,随后进入中世纪逻辑阶段。一种流俗的说法把中世纪称为黑暗时期(Dark Ages),把中世纪逻辑称为黑暗时期的逻辑。不过,至少就逻辑学而言,中世纪任何时期都不能算作绝对的黑暗时期,逻辑学从来就没有出现过真正的"断层"状态。"罗马的最后一位哲学家"①波爱修斯(Boethius,480—524)把亚里士多德的古典词项逻辑和斯多亚学派的命题学说较完整地带到了中世纪;而从波爱修斯开始,逻辑学的发展一直延续,并且把古代逻辑理论的应用发展到了登峰造极的程度。这种状态直到中世纪结束,并与现代逻辑的创建联结起来,从而实现了传统逻辑与现代逻辑的接轨。由于这种连续的状态,波爱修斯也被学者认为是中世纪哲学(逻辑)的第一人。

波爱修斯把逻辑称为"三科"(逻辑学、修辞学、语法学)之首,"三科"这一概念也由他首次提出,是学习一切学科的基础理论。逻辑学被上升到如此高的地位,这一传统延续到整个中世纪。作为逻辑史三个阶段之一的中世纪逻辑,其本身的发展也大致经历了三个阶段。

第一个阶段是中世纪逻辑的过渡时期。这一阶段就是逻辑史家所谓的中世纪逻辑的黑暗时期。如前所述,整个中世纪逻辑学的发展实际上从来没有真正停止过,然而,依然有着一段相对落后,发展比较缓慢,没有产生新逻辑理论的阶段。比较一致的看法是,自北方日耳曼蛮族入侵罗马,西罗马帝国灭亡,亚里士多德等古代逻辑学家的绝大部分著作被毁的 5 世纪开始(事实上,古典文化从 3 世纪已经开始走下坡路,因此,5 世纪仍旧是一个不太确定的开始时间),到 12 世纪随着亚里士多德其他哲学和逻辑著作重新传入西方而开始的亚里士多德主义全面复兴之前的这段时期。在此期间,逻辑学所做的主要工作就是对亚里士多德的《范畴篇》和《解释篇》(即所谓"旧逻辑")进行注释。波爱修斯是这一时期少数几位能称得上是逻辑学家的人。除了他以外,很少有人对逻辑问题进行专门研究。逻辑与哲学尚没有明确的区分,而注释逻辑著作的主要目的也在于应用亚氏的范畴理论和罗马命题逻辑理论解决神学、哲学问题。不过正是通过这种途径使得逻辑学理论得以延续和发展。

过渡时期的后半段,也即 8 世纪至 10 世纪晚期,开始了中世纪文明史上的加罗林文化复兴。阿尔琴(Alcuin,约 735—804)等精通论辩术(逻辑)的哲学家正是这一时期逻辑学的代表。阿尔琴在其所主持的宫廷学校开始了对逻辑问题的扩大研究,包括合理地处理逻辑、修辞与语法的关系,同时提高逻辑学在各门学科中的地位。因此,逻辑学研究基本上是通过学校的逻辑教学实现的,教材就是上述波爱修斯所翻译的著作及其注释。波爱修斯的著作也是整个中世纪的主要逻辑教材。到 12 世纪,阿伯拉尔(Peturs Abalard,1079—1142)总结了古希腊罗马的逻辑思想,写成了《论论辩术》一书,为中世纪逻辑的教学增加了新的教

①　参阅胡龙彪:《拉丁教父波爱修斯》,第 7 页。商务印书馆,2006 年。

材,同时为逻辑学的进一步发展奠定了基础。

第二个阶段从 12 世纪后半期(主要是阿伯拉尔之后)至 13 世纪末,称为中世纪逻辑的创造时期。这一时期,亚里士多德的逻辑学得以复兴。除波爱修斯的译本之外,《工具论》中的《前分析篇》《后分析篇》《论辩篇》和《辩谬篇》等逻辑论著(称为"新逻辑")被不同逻辑学家重新翻译成拉丁文,修正了波爱修斯译本中的某些不完整或不正确之处。这些译本基本上来自于阿拉伯世界,是在北方蛮族入侵、西罗马帝国灭亡时被一些"有心人"带入阿拉伯世界的。

从 13 世纪开始,逻辑学家阵容发生分化。有些人坚持亚里士多德和罗马的传统逻辑,但更多的人提倡"新逻辑",主张研究新问题。中世纪逻辑著名的词项特性(proprietates terminorum)理论就是在这段时期形成的。指代(supposition)理论也开始全面研究。词项特性理论、指代理论属于纯逻辑问题,这说明逻辑学开始出现同其他学科分离的迹象。对于逻辑学的发展来说,这是十分必要的,也是必然的。当时逻辑学的代表人物有:大阿尔伯特(Albertus Magnus,约 1200—1280)、希雷斯伍德的威廉(William of Shyreswood,1190—1249)、西班牙的彼得(Petrus Hispannus,约 1220—1277)以及托马斯·阿奎那(Thomas Aquinas,1224—1274)等。除托马斯·阿奎那外,前三位学者都是很专业的逻辑学大师。大批逻辑学家的涌现在中世纪还是首次,并且逻辑学家之间展开了像神学、哲学领域一样的论战。

第三阶段从 14 世纪奥卡姆的威廉(William of Ockham,1285—1349)①开始至文艺复兴时期,是中世纪逻辑的顶峰时期。在逻辑上的主要成就是,词项特性理论得到进一步发展。创立了推论学说,发展了斯多亚学派的命题逻辑,使传统命题逻辑理论趋于完善。研究了"说谎者"悖论及其解决方法。特别注重对语言的研究,这实际上是整个中世纪逻辑研究的一大特色,并且这一时期的语言研究不可思议地使用了接近于现代语言逻辑的研究方法。

指代理论是这一时期最值得关注的逻辑理论。词项的指代是意义理论的核心内容。虽然在亚里士多德范畴逻辑中已开始涉及,但真正把它作为逻辑问题进行研究是从中世纪开始的。创造时期的西班牙的彼得首创了指代理论的庞大体系,同时期的希雷斯伍德的威廉也对指代有过研究。中世纪逻辑顶峰时期的奥卡姆和布里丹则是指代理论的集大成者(在某种意义上,奥卡姆和布里丹是中世纪所有逻辑学说的集大成者,他们各自在其《逻辑大全》中,总结和探讨了几乎所有的逻辑问题),代表了中世纪指代理论的最高水平。同时他们的指代理论极

---

① 　哲学史上一般把奥卡姆的威廉直接称为奥卡姆。

具特色,因为通过指代理论,他们对心灵语言(mental language)进行了系统研究,并第一次形成了关于心灵语言的理论。指代理论在中世纪之后并没有被继承下去,17世纪之后甚至从传统逻辑中删除出去,而今天的自然语言逻辑对语词意义和意谓的研究与中世纪的指代理论也有着很大的不同。从这个意义上,指代理论是前无古人后无来者。因此,我们把指代理论看作是最具中世纪特色的逻辑理论。

这一时期的布里丹的逻辑理论值得特别关注还有另一个重要原因。布里丹建立了基于其唯名论本体论的语义学,其方法具有极其鲜明的"现代性",表现在两个方面。首先,布里丹的逻辑理论直接指向了现代所关心的问题:试图去建构真正的唯名论语义学;破解自我指称的悖论;定义推理联结词的本质;规范语言;讨论含义与指称;论证推论的有效性。其次,他用新的概念框架提出新的问题。例如,布里丹唯名论逻辑中的核心问题是这样产生的:在他之前,典型的问题是,我们使用的普遍词项所意谓的普遍本质是什么? 它们是如何与单个实体相关联的? 而布里丹的问题是,普遍词项果真意谓任何普遍本质吗? 如果世界只存在单个的事物,那么,是什么使得单称词项区别于普遍词项? 这种思维范式转换始于奥卡姆,但只有布里丹才是实践这一方法的巨人。布里丹最终创立了另一种新的理性探索之路,并由此产生了"新理论",即基于现代方法(via moderna)的唯名论,区别于基于古典方法(via antiqua)的实在论。这种新方法正是现代逻辑的典型特征。

可以说,中世纪晚期是整个逻辑学发展的关键时期。学者们开始意识到了逻辑学的真正发展需要同哲学、心理学分离,需要一些讲究技术的精确的方法,从而也预示了现代逻辑的创建。该时期著名的逻辑学家除奥卡姆和布里丹外,还有萨克森的阿尔伯特(Albert of Saxony,约1316—1390)、威尼斯的保罗(Paul of Venice,1342—1429)等。

17世纪,随着近代实验科学的兴起和发展,人们的眼光更多地放到了探求和发现的方法上。弗兰西斯·培根(Francis Bacon,1651—1626)在批评亚里士多德逻辑传统的同时,发表了自己的《新工具》。但是,他的《新工具》不仅研究了作为发现方法的归纳理论、作为思索方法的演绎理论,而且也研究了作为准确地表达和传达思想的传递方法。此后,英国哲学家约翰·穆勒(J. S. Mill,1806—1873)继承并发展了培根的归纳逻辑,在他所著的《逻辑体系:归纳和演绎》(严复译为《穆勒名学》中,系统地阐述了寻求现象间因果联系的五种方法,即契合法、差异法、契合差异并用法、共变法和剩余法,逻辑上通称为"穆勒五法"。由培根到穆勒所创建的归纳逻辑就是传统归纳逻辑。

传统演绎逻辑和传统归纳逻辑构成了传统逻辑的内容。

现代逻辑是以 19 世纪中期出现的数理逻辑为起点的。在此之前,早在 17 世纪末,德国哲学家莱布尼兹(G. W. Leibniz,1624—1716)就提出了用数学方法处理演绎逻辑,把推理变成逻辑演算的光辉思想(称为"逻辑斯蒂"),因而他成为数理逻辑的开拓者和创始人。波兰逻辑学家肖尔兹说,人们提到莱布尼兹的名字就像谈到日出,他使亚里士多德逻辑新生,这种新生的逻辑在今天最完美的表现就是采用逻辑斯蒂形式的现代精确逻辑。这种新东西是什么呢? 它就是把逻辑加以数学化的伟大思想。莱布尼兹创建数理逻辑的两个思想是:(1)理性演算:一切问题包括哲学问题通过理性演算解决,所有推理错误都只是由于计算错误造成,当争论发生时,用不着辩论,两个哲学家就是计算家,拿起笔,在算盘前坐下,面面相觑地说:让我们来算一算吧! (2)普遍语言:人工符号语言代替自然语言,人工语言符号与所思考的对象必须一一对应。但他没有完成一个完整的演算系统。

布尔代数是数理逻辑史上第一个比较成熟的逻辑演算,由英国数学家布尔(G. Boole,1815—1864)创立。布尔代数的基本思想是:把代数系统推广到逻辑,就可以构造逻辑运算。分析过程的有效性不依赖于对符号的解释,只依赖于它们的组合规律(语法问题)。当组合规律符合人们的思维,就是逻辑演算规律。对演算中的符号进行不同解释,可以产生数的性质问题的解法,几何问题的解法,力学或者光学问题的解法。这就是语义问题。布尔代数成为数理逻辑的早期形式。

19 世纪末和 20 世纪初,德国耶拿大学数学教授弗雷格(G. Frege,1848—1925)模仿数学的方法,首次很缜密地利用数学式的符号,把传统逻辑符号化起来,并形成一种结构清楚的逻辑演算系统。弗雷格也因此被称为数理逻辑的真正创始人、现代逻辑之父。弗雷格关于数理逻辑的标志性著作与论文有:《概念文字:一种模仿算术语言构造的纯思维的形式语言》(1879),这是一部标志着两大演算建立起来的划时代著作。此外还有《算术基础》(1884),《函数与概念》(1891),《论概念与对象》(1892),《论意义与意谓》(1892),《算术的基本规律》(1893)等。在这些逻辑著作中,弗雷格建立了形式化的逻辑演算,摒弃了布尔代数诉诸直观的缺陷。还从逻辑出发定义了自然数,按照递归的方法,使自然数与集合的基数同构。弗雷格还区别了意义与意谓:一个符号也是一个记号或者名称,记号所表达的内容叫做意义,记号所指示的东西叫做意谓。如"昏星"与"晨星"的意义不同,但意谓相同。弗雷格的最大成就是引入了量词理论(全称量词与存在量词),而使用量词是现代逻辑的精髓,它结束了关系逻辑不可研究的历史。

自弗雷格以后,诞生了许多杰出的现代逻辑学家,譬如希尔伯特(D. Hilbert,1862—1943)、罗素(B. Russell,1872—1970)、哥德尔(K. Gödel,1906—1978)等等。希尔伯特是前苏联柯尼斯堡大学教授,他于 1899 年发表的《几何基础》标志着现代形式公理学的建立。该著不但给出了欧氏几何的一个形式公理学,而且解决了公理学的逻辑理论和哲学问题。而罗素与他的老师怀特海(A. N. Whitehead,1861—1971)合著的《数学原理》(简称 PM)是数理逻辑命题演算和谓词演算完成的标志。哥德尔则被称为 20 世纪最伟大的逻辑学家,他的标志性成就是哥德尔不完全性定理。

20 世纪二三十年代,出现模态逻辑。50 年代以后,又出现多种非标准的模态逻辑,如时态逻辑、道义逻辑、认知逻辑等。模态逻辑和非标准的模态逻辑,虽然都大量应用了数理逻辑的方法和理论,但它们的研究对象却不是数学的方法和基础,而是一些哲学领域中的重要概念的逻辑性质,如必然、可能、应当、知道、时态等的逻辑性质。因此,模态逻辑和非标准模态逻辑统称为哲学逻辑。

在数理逻辑大发展的同时,现代归纳逻辑也在发展着。其主要趋势是归纳方法与概率统计方法相结合,并且运用了数理逻辑的工具。1921 年,凯因斯(J. M. Koynes,1883—1946)构造了一个归纳概率的公理系统。30 年代,赖兴巴赫(H. Reichenbach,1881—1953)又构造了一个新的归纳逻辑体系。40 年代以后,卡尔纳普(R. Carnap,1891—1970)等人对概率逻辑作出了重要贡献。此外,归纳逻辑还有一个发展方向,即从科学方法论的角度来研究归纳逻辑在科学发现、检验和发展中的表现和作用。科学逻辑的兴起,就是这方面的新趋势。

20 世纪初以来,特别是 60 年代以后,一大批语言哲学家和逻辑学家广泛运用多种现代逻辑工具,从不同的角度从事对自然语言的研究,逐渐开拓了自然语言逻辑研究的新领域。虽然这种研究尚处在探索的阶段,迄今还没有一个公认的体系,但它已经在逻辑学的大家庭中占据一席之地。著名哲学家与逻辑学家莱歇尔(N. A. Rescher)在谈到现代逻辑的发展时,给出了一幅关于现代逻辑向各个领域渗透与应用的"现代逻辑图"①,其中关于自然语言的"逻辑"占了相当的分量。语言逻辑是现代逻辑和现代语言学相结合的产物。它从自然语言的符号性、指谓性和交际性出发,研究自然语言的语形学、语义学和语用学。它是逻辑发展中很重要的一个分支。

随着认知科学的迅猛发展,认知逻辑应运而生。认知逻辑是认知科学与逻辑学交叉形成的新兴学科。如何建构知识获取、表达、扩展和修正的认知模型与

---

① N. A. Rescher, Topic in philosophical logic. D. Reidel Publishing Company, 1981.

方法,这是认知逻辑研究的基本课题。如何在认知科学的大背景下把逻辑、语言与认知的研究有机地结合起来,这是摆在我们面前的重要任务。

三、逻辑学的性质

从逻辑学发展的历程我们不难看出,逻辑学始终将思维作为其研究的重点,将语言作为其直接的研究对象。逻辑学把有关逻辑形式和规律的知识,从我们思维的实际表达中概括出来,反过来约束我们的思维活动和交际活动。因此,逻辑学是一门研究正确思维和有效交际的课程。

逻辑学的研究对象决定了这门课程的性质。如前所述,逻辑学的对象就是研究全人类的思维活动和交际活动,并作为一种工具,与人相伴,指导我们进行正确思维和有效交际。因此,逻辑学必然是一门兼有工具性、人文性和无阶级性的基础学科。

(一)工具性

首先,西方"逻辑之父"亚里士多德和近代归纳逻辑的奠基人弗兰西斯·培根的逻辑著作分别称为《工具论》和《新工具》,书名本身就恰当地表达了逻辑的性质和功能。亚里士多德曾把逻辑看作是纯粹的工具性学科。同时他清楚地认识到,逻辑决不仅仅是辩论、演讲、对话的武器,尤为重要的是,逻辑是一切科学研究的必备工具。因此,工具性是逻辑学在科学体系中的首要特征。

其次,逻辑是我们获取新知识、进行正确表达和思想论证的工具。逻辑学只为我们进行正确推理、获取新的知识和实现有效交际提供必要的逻辑手段和方法。或者说,逻辑学本身并不能直接提供给我们具体的思维内容和新知识,而只是作为一种规范我们推理形式的工具。并且,逻辑学所用的规范手段和方法也不是从具体的思维内容中简单归纳出来的。它们都是经过抽象并贯穿于所有具体推理和论证中的形式结构,是我们做每个正确推理都要遵循的。

例如:

"不劳动者不得食"

"谦虚使人进步"

"名不正则言不顺"

上述三句话,尽管在具体内容上各不相同,但他们都遵循了一个固定的逻辑结构:

"非……则非……"或"只有……才……"

　　既然上述都具有一个相同的逻辑结构,这就使得我们有可能去抽象并掌握这种类型的推理的逻辑形式特征,包括它在何种情况下为真或何种情况下为假,即这种逻辑形式的真值情况。正是逻辑学能从具体思维内容中抽取形式结构,从而指导我们进行正确推理,逻辑学才成为训练我们的思维能力的工具。

　　最后,逻辑是我们识别谬误、驳斥诡辩的工具。逻辑规则本身产生的错误、违背逻辑规则或不符合客观事实的推理和论证都称为谬误。如果有意为谬误作证明,或是通过错误的论证把本来正确的东西歪曲成错误的,就叫诡辩。逻辑学分析和讨论谬误及诡辩的目的在于帮助大家了解谬误产生的原因,从而能更有效地揭露谬误和避免谬误。

(二)人文性

　　沈有鼎先生在《墨经的逻辑学》一书中写道:"人类思维的逻辑规律和逻辑形式是没有民族性也没有阶级性的。但是作为思维的直接现实的有声语言则虽没有阶级性,却是有民族性的。中国语言的特性就制约着人类共同具有的思维规律和形式在中国语言中所取得的表现方式的特质,这又不可避免地影响到逻辑学在中国的发展,使其在在表达方面具有一定的民族形式。"① 由此,虽然我们不能说逻辑分为中国逻辑、印度逻辑和古希腊逻辑,但可以说有中国逻辑思想、印度逻辑思想和古希腊逻辑思想的区别。

　　在文化人类学的研究中,也有一种观点认为:民族社会差异的实质是文化的差异。文化应当包括人们的行为与思维两个方面。思维活动及与之相连的语言文字不仅有全人类的共性一面,也有个性的一面,即每个民族都有自己独特的思维方式。思维方式的差异正是构成不同文化类型、不同民族社会的重要原因之一。②

　　所谓思维方式,可以指长久稳定而又普遍起作用的思维方法、思维习惯、对待事物的审视趋向和公众认同的观点。例如,是侧重整体综合、直观联想以及非理性的感悟,还是倾向于分解分析、有效推论以及理性思考等,就是思维方式中思维方法、思维习惯的一些重要内容。③ 而这些思维方式的不同偏重及形成过程中展现出的特点,都或多或少与所处的社会和文化条件的不同有关。随着社会的不断发展,社会条件和文化条件的不断演化,受这种不断变化的历史背景的

---

①　沈有鼎:《墨经的逻辑学》,第90页。中国社会科学出版社,1980年。
②　参阅张岱年等:《中国思维偏向》,第1—6页。中国社会科学出版社,1991年。
③　参阅崔清田:"逻辑与文化"。载《云南社会科学》,2001年第5期,第9—12页。

影响,彼此不同的逻辑思想开始逐一发展。因而,我们在学习逻辑学的过程中,决不能忽视各种逻辑思想的文化价值取向和民族心态等因素,决不能忽视逻辑学的人文性底蕴。

以古代中国的逻辑思想为例,虽然逻辑学的对象是研究全人类的正确思维和有效交际,但在研究古代中国的逻辑思想时,我们也应该立足于当时的历史文化背景。这要求我们在对中国古代逻辑思想进行研究的同时,也要把哲学、文学等学科划入我们的视域之中。彼时,伦理和政治等方面的需求成为了文化发展的轴心。这一文化背景,使"诚意、正心、修身"的道德修养要求,以及"齐家、治国、平天下"的政治要求融为一体,成为古代中国社会思想与实践的主题。与之相应,人们的推理论证也就主要服务于伦理政治方面各种思想的教化与宣扬,以及不同主张之间正误当否的争辩。① 就是这样的文化背景使得中国古代的逻辑思想更具有人文性。但也因为过度追求说理及论证过程的直观和生动,中国古代也没能形成一套系统而严密的逻辑理论。

(三)无阶级性

逻辑是全人类共有的,没有阶级性。正因为逻辑学研究的是全人类的正确思维形式,逻辑学不是靠几个逻辑学家就能建立起来的,也不会局限于某一民族的思维形式。

在很长一段时间里,逻辑史的脉络和梳理对象一般都以传统逻辑理论的研究为范围。准确地说,就是以研究亚里士多德的演绎逻辑为基础,并研究其后续的发展。这是因为亚里士多德不仅系统研究了思维形式和逻辑的各种规律,更是将这些规律运用于科学活动中的推理以及建构科学理论。

但是逻辑学的发展不会是孤立的。正如亚里士多德的逻辑学与科学史有不可分割的联系,逻辑学的研究对象,是在科学认识的基础上展开的。亚里士多德除了总结了古希腊本土的科学成就之外,也吸收了埃及、阿拉伯地区的科学思想。此外,各种逻辑思想的发展也不会是孤立的。在《因明入正理论》中,其对形式的探讨与亚里士多德《前分析篇》中论前提与结论形式的思想确有相似之处;三支、五支式的推理认识和三段论推理虽各有异同,但都成为推理的一种认识方法。再把中国墨家的"三物三表"和亚里士多德演绎逻辑做对照,也说明人类逻辑思想的共同形式由于不同民族的社会文化条件和科学历史的不同,会有不同

---

① 参阅温公颐、崔清田主编:《中国逻辑史教程》,第5页。南开大学出版社,2012年。

形式的表现。

　　中国逻辑思想、古代印度逻辑思想和西方逻辑思想,都是立足于其自身发展需求的,它们虽然有不同的文化心态和科学知识基础,但是所具有的共同形式的逻辑地位是不能否认的,没有高低上下之别。那些认为逻辑只能在古希腊诞生,认为只有"西方精神"才能认识和发挥逻辑,发展逻辑学,都是狭隘的逻辑观。世界各种逻辑思想的互相交流和融合是历史长期以来的事实,也是未来发展不可阻挡的趋势。今天我们学习和研究逻辑学,就必须肯定逻辑是全人类的,是包括世界逻辑思想的逻辑学。

练习题

一、简答下列问题

1.什么是逻辑学的研究对象?

2.什么是思维形式? 什么是逻辑常项和逻辑变项?

3.逻辑学的性质有哪些?

4.什么是有效的推理?

5.为什么人类需要逻辑?

6.讨论逻辑方法在科学研究中的作用。

二、选择题(均为单选题)

1.有人说,彻底的无私包含两个含义:第一,无条件地实行为他人服务;第二,拒绝任何他人的服务。

　　下述哪项是上述观点的逻辑推论?

　　A.没有人是彻底无私的。

　　B.不可能所有的人都是彻底无私的。

　　C.如果有人接受了他人的服务,那么一定存在彻底无私的人。

　　D.如果有人拒绝了他人的服务,那么一定存在彻底无私的人。

　　E.彻底无私的人要靠教育来造就。

2.某珠宝店失窃,赵、钱、孙、李四人涉嫌被拘审。四人的口供如下:

　　赵:案犯是孙。

　　钱:李是罪犯。

　　孙:如果我作案,那么李是主犯。

　　李:作案的不是我。

　　四人口供中,只有一个是假的。

　　如果以上的断定为真,那么以下哪项是真的?

A. 说假话的是赵，作案的是钱。

B. 说假话的是李，作案的是孙和李。

C. 说假话的是钱，作案的是孙。

D. 说假话的是孙，作案的是孙。

E. 说假话的是赵，作案的是赵。

3. 思维的逻辑形式之间的区别取决于：

A. 思维的具体内容。

B. 语言表达式。

C. 逻辑常项。

D. 逻辑变项。

E. 逻辑常项和变项。

4. "要么 q，要么 p"和"或者 q 或者 p"这两个命题形式，它们有：

A. 相同的逻辑常项，相同的变项。

B. 相同的逻辑常项，不同的变项。

C. 不同的逻辑常项，相同的变项。

D. 不同的逻辑常项，不同的变项。

E. 完全一样的语言表达形式。

第二章　传统命题逻辑

　　逻辑学主要研究推理。而推理是由命题构成的,因此,逻辑学应从研究命题开始。

　　命题可以分为简单命题和复合命题。命题逻辑在对一个命题进行逻辑分析时,只分析到其中所含有的简单命题为止,而对简单命题的内部结构做进一步的分析则是谓词逻辑的任务。因之,命题逻辑主要研究复合命题及它们之间的推理关系。

　　命题逻辑分为传统命题逻辑和现代命题逻辑,两者的研究对象相同,但研究方法和理论描述工具不同。传统命题逻辑是用非形式化的方法去研究,理论描述工具是自然语言或日常语言。本章介绍传统命题逻辑。

一、传统命题逻辑概述

(一)命题及其分类

　　命题(proposition)是对事物有所断定并具有真假之别的思想。命题有两个基本特征,一是必须有所断定,即对思维对象要么肯定,要么否定,不置可否的思想不是命题。命题的另一个基本特征是有真假之分,即要么是真的,要么是假的,无所谓真假或有时真有时假的思想不表达命题。只有同时具备以上两个特征的思想才是命题。

　　根据命题的两个基本特征,命题与语句(sentence)既有区别,又有联系。所有命题都要通过语句来表达,但并非所有语句都表达命题。一般来说,只有陈述句才表达命题,而一般疑问句不表达判断,感叹句以及表达命令的祈使句也不表达命题,因为它们都没有明确断定思维对象。严格地说,命题与语句属于两个不同范畴,命题属于逻辑范畴,对命题的要求是有真假性;语句属于语言学范畴,对语句的要求是要符合语法。

命题同判断（judgement）也有区别。一个判断就是对对象的一种主观断定。既然是一种主观断定，当然就有是否符合事实的问题。这样，判断所表示的内容要么是真的，要么是假的，因此判断也是命题，即被断定了的命题。但命题不一定是判断。比如在命题"如果物体受到摩擦，那么物体发热"中，我们既没有断定"物体受到摩擦"，也没有断定"物体发热"，这一命题描述的只是前一事物情况是后一事物情况的充分条件，而这也是该命题所关心的。

还要把命题同命题函数（propositional function）区别开来。命题函数是有变项的判断，而一个命题中是没有变项的，否则就会因变项的不同赋值而有时真有时假。

考虑以下句子：

（1）所有哲学家都是精通逻辑的。

（2）火星上有生命。

（3）天鹅都是白色的吗？

（4）请把门关上。

（5）难道会有不导电的金属吗？

（6）如果天下雨，那么地就湿。

（7）一个数是偶数，当且仅当它能被 2 整除。

（8）3 是大于 x 的。

以上语句中，（1）和（2）都是陈述句，都是命题。其中（2）尽管暂时无法确定其真假，但终究会知道其真假，且真假只居其一。（3）是一般疑问句，不表达命题。（4）是祈使句，也不表达命题。（5）是反义疑问句，实际上等价于一个肯定的陈述句，从这个意义上看也表达命题。（6）和（7）均表达命题。（8）不是命题，而是命题函数，其中 x 是变项。

在以上五个命题中，命题（6）（7）与（1）（2）（5）有所不同。后者不能再继续分解为其他命题，是最基本的命题，称为简单命题。前者都可以进一步分解成为两个简单命题。这两个简单命题分别通过联结词"如果……那么……"和"当且仅当"联结起来，这种借助联结词把若干个简单命题联结起来的命题称为复合命题。

考虑以下命题：

（9）所有管委会成员都是受过大学教育的。

（10）有些选民支持所有候选人。

（11）如果物体摩擦，那么物体发热。

（12）并非所有天体都是发光的。

例(9)和(10)分解不出其他的命题,是简单命题。但这类命题在逻辑学中依然会被进一步分解。例如,(9)可以分解为"所有""管委会成员""是""受过大学教育的";(10)可以分解为"有些""选民""支持""所有""候选人"。其中"所有""是""有些"称为逻辑常项,"管委会成员""受过大学教育的""选民""支持""候选人"称为逻辑变项。它们都不是命题,而是词项。因此,简单命题的变量是词项。

例(11)和(12)都可以分解出其他的命题来,是复合命题。例如,(11)可以分解出"物体摩擦""物体发热"两个简单命题。(12)可以分解出"所有天体都是发光的"这样一个简单命题。复合命题的变量就其中所包含的简单命题。

简单命题可进一步分为直言命题和关系命题。直言命题是对思维对象的性质作出某种断定的命题,例(9)就是直言命题。关系命题就是对思维对象之间的关系作出某种断定的命题,例(10)就是关系命题,表达"选民"与"候选人"之间的关系("支持")。

根据复合命题中联结简单命题的联结词的不同,复合命题又可分为联言命题、选言命题、假言命题和负命题。本章所研究的就是这类命题,称为命题逻辑。

(二)推理及其分类

推理是从一个或者一个以上命题得出新命题的思维过程。推理分为前提和结论两部分。推理所依据的命题,叫做前提;通过推理所得到的命题,叫做结论。推理是逻辑学的主要研究对象。

考虑以下的推理:

(1)所有商品都是劳动产品。所以,有些劳动产品是商品。

(2)凡人皆有死,苏格拉底是人。所以,苏格拉底有死。

(3)所有正数大于所有负数,a 是正数。所以,a 大于所有负数。

(4)一个人的犯罪行为要么是故意的,要么是过失的,张山的犯罪行为不是故意的。所以,张山的犯罪行为是过失的。

(5)哪里有战争,哪里就有冲突,这个地区没有冲突。所以,这个地区没有战争。

(6)燕子会飞,大雁会飞,喜鹊会飞,天鹅会飞,黄鹂会飞,燕子、大雁、喜鹊、天鹅、黄鹂都是鸟。所以,所有鸟都会飞。

(7)甲厂和乙厂的生产规模类似,资金设备类似,员工素质类似,管理水平类似,甲厂产品成功打入国际市场了。所以,乙厂的产品也能打入国际市场。

在上述七个推理中,"所以"之前的部分是前提,"所以"之后的部分是结论。

在日常语言中,表达前提与结论关系的语词,除了"所以"之外,还有"因此""由此可见"等等。

一个推理实质上就是一个命题序列,序列中的命题具有逻辑上的相关性。我们可以根据命题的不同性质以及它们在逻辑上的不同相关性对推理做出分类:

第一种分类:根据结论所断定的范围相对于前提而言是一般性还是个别性,推理可分为三类,即演绎推理、归纳推理和类比推理。

演绎推理是从一般到个别的推理。例如上述的推理(1)—(5)。

归纳推理是从个别到一般的推理。例如上述的推理(6)。

类比推理是从个别到个别(或者从一般到一般)的推理。例如上述的推理(7)。

以上三种推理也可以认为是根据其思维进程的不同所做出的分类。

第二种分类:根据前提与结论之间是否有蕴涵关系,推理可分为两类,即必然性推理和或然性推理。

必然性推理就是前提蕴涵结论的推理,即当所有前提真时,结论一定真。

或然性推理就是前提不蕴涵结论的推理,即当所有前提真时,结论仅仅是可能真。

演绎推理属于必然性推理,因此,上述的推理(1)—(5)属于必然性推理。归纳推理(完全归纳推理除外)和类比推理属于或然性推理,因此,上述的推理(6)和(7)属于或然性推理。

演绎推理自古以来就是逻辑学的主要研究对象。根据演绎推理中命题序列之间的相关性是关于联结词的还是关于量词的,可以把这种推理分为关于联结词的推理和关于量词的推理,前者是命题逻辑的研究对象,后者是谓词逻辑的研究对象。

逻辑学关于推理的核心问题,就是推理的有效性问题。一个推理是有效的还是无效的,其判定的唯一依据,在于前提与结论之间的逻辑联系如何。一个推理是有效的,当且仅当,具有与该推理相同推理形式的任一推理都不出现前提真而结论假的情况。因此,一个推理是有效的,就是说其形式是有效的。推理是否有效与其前提和结论本身的真假并不直接相关,但与前提和结论之间的真假依存关系相关。就是说,一个前提假或者结论假的推理仍然可能是有效的,一个前提和结论都真的推理也可能是无效的,但从真前提推出假结论的推理肯定是无效的。可以通过以下表格显示推理的有效性与前提和结论真假之间的关系:

前提的真假	结论的真假	推理的有效性
前提真	结论真	可能有效,也可能无效
前提真	结论假	无效
前提假	结论真	可能有效,也可能无效
前提假	结论假	可能有效,也可能无效

由于一个推理如果是无效的,那么总可以找到一个具有该推理形式的另一个推理,具有前提真而结论假的情形,因此,我们可以通过举反例的方式,去证明一个推理是无效的。这种方法称为解释方法。例如:

(8)有些便宜货不是假货,所以,有些假货不是便宜货。

在这个推理中,前提和结论完全可以都是真的,但实际上这个推理是无效的。其推理形式是:

有些 S 不是 P,所以,有些 P 不是 S。

我们举一个具有该形式的推理:

(8′)有些劳动产品不是商品,所以,有些商品不是劳动产品。

这两个推理具有相同的推理形式,但在推理(8′)中,出现了"前提真而结论假"的情况,由此判定这一推理是无效的,其无效性直观上也是很清楚的。

尽管可以用举反例的方式证明某一推理是无效的,但从操作性角度看,无法通过举例的方式证明一个有效推理的有效性。因为如果一个推理是有效的,那么任何一个具有该形式的推理都不会出现前提真而结论假的情况,但这样的推理实际上是无穷的,并且永远不可能找到反例。所以,不可能通过简单的举例方式证明它是有效的。

逻辑学是通过给定推理规则的方式去判定一个推理是有效还是无效。一个推理是有效的,当且仅当它符合推理规则。这些推理规则是通过特定方式事先去证明其有效性的;或者来自于具有普遍性的思维习惯,即根据普遍的思维习惯而强制规定或约定俗成,或者根据已知的有效推理规则而演绎出新的推理规则。

考虑下面的推理:

(9)所有花都不是桂花。所以,所有桂花都不是花。

这一推理的前提和结论都与事实不符,都是假的,但它的确是一个有效推理。因为其推理形式是:

所有 S 都不是 P。所以,所有 P 都不是 S。

该形式符合这类推理的推理规则,任何与这一形式相同的推理都不会出现前提真而结论假这种情况。

我们把日常语言中所谓的一个推理是对的还是错的理解为逻辑上这个推理是有效的还是无效的。但日常生活中我们更多关心的是一个推理所推出的结论是否正确。从上面的讨论可知,一个推理要想保证推出的结论是正确的,必须满足以下两个条件:

其一,推理的前提都是真的;

其二,推理的形式是有效的。

逻辑学在研究推理时,所关心的是条件二。推理和论证都是逻辑学的研究对象,两者在逻辑结构上具有相似性和相互对应性,而在研究论证时,上述两个条件都是必须考虑的。

二、联言命题及其推理

(一)联言命题及其逻辑定义

联言命题就是陈述两个或者两个以上的事物情况同时存在的命题。例如:

(1)三峡水利工程使附近几十个县的农田受益,并且为华东地区的工业提供了动力。

(2)他是我们班唯一的校学生干部,并且年年被评为优秀。

例(1)陈述了三峡水利工程使附近几十个县的农田受益,以及为华东地区的工业提供了动力这样的两个情况。例(2)陈述了他是我们班唯一的校学生干部,以及他年年被评为优秀这样的两个情况。

上面两个联言命题都是通过“并且”联结两个简单命题。这两个命题相当于语言学中的并列复句。但联言命题并不等于并列复句,或者说,并不是每个联言命题都对应一个并列复句。在日常语言中,联言命题的语言表达形式是多种多样的,很多复句都可以表达。例如:

(3)他虽然球打得好,但正式比赛没参加几场。

(4)正确历史观,就是不仅要看现在国际形势什么样,而且要端起历史望远镜回顾过去,总结历史规律,展望未来、把握历史前进大势。

(5)每次科学发现都给科学知识增加了新的内容,同时也使人们了解到自然界更多的方面。

(6)鲁迅是 20 世纪中国杰出的文学家、思想家和革命家。

其至有些表达联言命题的语句没有任何语言形式的联结词。例如:

（7）保护生态环境就是保护生产力，改善生态环境就是发展生产力。

（8）消除贫困，自古以来就是人类梦寐以求的理想，是各国人民追求幸福生活的基本权利。

传统命题逻辑撇开了表达联言命题的联结词在自然语言上的多样性，用"并且"作为联言命题的标准逻辑联结词。逻辑联结词"并且"是对日常语言中所有那些表达联言命题的语词的逻辑抽象，为了避免把它与日常语言中的"并且"完全等价，可以用符号"∧"表示，读作"合取"。同时，把复合命题中分别陈述那些事物情况的命题称为支命题。在联言命题中，这些支命题就称为联言支，通常用小写字母 p，q 表示。这样，联言命题的逻辑形式就可以写成：

p 并且 q（或者 p∧q）。

考虑古典逻辑的习惯，本章中我们采用"p 并且 q"的自然语言形式。

逻辑学在考虑一个命题时，主要关心它的真假，或者说关心一个命题取值真假的条件。在复合命题中，所考虑的是就是联结词的逻辑属性，即在已知支命题的真假的情况下（逻辑学通常并不关心支命题本身的真假），联结词是如何决定整个复合命题的真假的。在联言命题与联言支之间存在着这样一种真假关系：如果联言支都是真的，那么，由它们所组成的联言命题是真的；如果有一个联言支是假的，那么，由它们所组成的联言命题就是假的。这就是联言命题的逻辑性质。联言命题与联言支之间的真假关系，可以用下面的真值表来表示，这可以看作是对联言命题的逻辑定义，也是对联言命题联结词的逻辑定义：

p	q	p 并且 q
真	真	真
真	假	假
假	真	假
假	假	假

（二）联言推理

联言推理就是关于联言命题的推理，它是根据联言命题的逻辑性质而进行的推理，在这一推理中，或者前提是联言命题，或者结论是联言命题。它有两种形式：

1.组合式

根据联言命题在其联言支都真时才为真的逻辑性质，可以给出如下的联言推理有效式：

        p，

        <u>q；   </u>

        所以，p 并且 q。

例如：

(1)发展中国家要保持政治上的独立性；

      <u>发展中国家要保持保持经济上的开放性；</u>

      所以，发展中国家既要保持政治上的独立性，又要保持经济上的开放性。

(2)哲学家要学习逻辑；

      <u>数学家要学习逻辑；</u>

      所以，无论是哲学家还是数学家都要学习逻辑。

例(1)和例(2)都是联言推理的组合式。

2.分解式

根据联言命题真，则其中各联言支都真的逻辑性质，从一个联言命题，可以推出其任一联言支，这就是分解式。它可以表示为：

      <u>p 并且 q；</u>

      所以，p。

或者：

      <u>p 并且 q；</u>

      所以，q。

例如：

(3)<u>兵不在于多而在于精；</u>

      所以，兵在于精。

(4)<u>言者无罪，闻者足戒；</u>

      所以，言者无罪。

例(3)和(4)都是联言推理的分解式。

联言推理虽然结构简单，但通常是多重复合命题推理过程的切入点。

三、选言命题及其推理

(一)选言命题及其逻辑定义

选言命题就是对事物的两个或者两个以上的可能情况作出陈述的命题。例如：

（1）产品滞销或者因为质量不好，或者因为经销商缺乏诚信。

（2）一个命题不是真的，就是假的。

例（1）陈述产品滞销有两个可能原因，一是质量不好，二是经销商缺乏诚信；例（2）陈述命题有两种可能情况，一是真的，二是假的，所以，都是选言命题。

选言命题所陈述的若干事物可能情况，有的可以同时存在，如例（1）中的"质量不好"和"经销商缺乏诚信"；有的则不可以同时存在，如例（2）中的"真的"与"假的"。所陈述的事物情况可以同时存在或者说至少有一个存在的选言命题，称为相容选言命题；所陈述的事物情况不可以同时存在或者说有且仅有一个存在的选言命题，称为不相容选言命题。

1. 相容选言命题

下面两个例子都是相容选言命题：

（3）太阳系中与地球相临的行星或者是金星，或者是火星。

（4）马谡失街亭可能是由于指挥失当，也可能是由于轻敌。

上面两个例子中的"或者……或者……""可能……可能……"都是日常语言中用于表达相容选言命题的联结词，除此以外，还有"也许……也许……""至少有一"等等。传统命题逻辑撇开表达相容选言命题的联结词在日常语言中的多样性，用"或者"作为相容选言命题的标准逻辑联结词。逻辑联结词"或者"是对日常语言中所有那些表达相容选言命题的语词的逻辑抽象，它不等同于日常语言中的"或者"，后者是有歧义的，有时表达形容的意思，有时也在不相容的意义上使用。例如：

（5）小张今年 25 岁，或者 26 岁。

小张不可能既是 25 岁，又是 26 岁，显然，二者是不相容的。

逻辑联结词"或者"是没有任何歧义的，它表示的就是若干事物情况至少有一个存在。可以用符号"∨"表示，读作"析取"。在相容选言命题中，我们把组成它的支命题就称为选言支，也用小写的 p，q 表示。这样，相容选言命题的逻辑形式就可以写成：

$$p \text{ 或者 } q（\text{或者 } p \lor q）。$$

按照惯例，我们仍然采用"p 并且 q"的自然语言形式。

根据定义，在相容选言命题与其选言支之间存在着这样一种真假关系：如果选言支至少有一个是真的，那么，由它们所组成的相容选言命题就是真的；如果选言支都是假的，那么，由它们所组成的相容选言命题就是假的。这就是相容选言命题的逻辑性质。可以用下面的真值表来表示，这可以看作是对相容选言命

题的逻辑定义,也是对其联结词的逻辑定义:

p	q	P 或者 q
真	真	真
真	假	真
假	真	真
假	假	假

2.不相容选言命题

下面两例都是不相容选言命题:

(6)要么故意犯罪,要么过失犯罪。

(7)违章开车要么罚款,要么吊销驾驶执照。

除了"要么……要么……"之外,日常语言中表达不相容选言命题的联结词还有"有且仅有""不是,就是""或者,或者,二者不可兼得"等等。传统命题逻辑则用逻辑联结词"要么"来表示。需要注意的是日常语言中的"要么……要么……"没有语义歧义。在例(7)中,虽然违章开车可能既被罚款,也可能同时被吊销驾驶执照,但由于这一命题是用"要么……要么……"来联结两种情况的,所以该命题所断定的只是其中的一种情况。

逻辑联结词"要么"也可以用符号"V̇"来表示,读作"不相容析取"。这样,不相容选言命题的逻辑形式可表示为:

$$要么 p,要么 q(或者:p \dot{\vee} q)。$$

我们采用"要么 p,要么 q"的形式。

根据定义,在不相容选言命题与其选言支之间存在着这样一种真假关系:如果选言支有且仅有一个是真的,那么,由它们所组成的不相容选言命题就是真的;如果选言支都是假的或者都是真的,那么,由它们所组成的不相容选言命题就是假的。用真值表表示就是:

p	q	p 要么 q
真	真	假
真	假	真
假	真	真
假	假	假

(二)选言推理

选言推理就是根据选言命题的逻辑性质而进行的推理。选言命题有相容与不相容之分,相应地,选言推理分为相容选言推理和不相容选言推理两种。

1. 相容选言推理

相容选言推理就是以相容选言命题为前提,根据相容选言命题的逻辑性质进行的推理。

相容选言命题的逻辑性质是,如果一个相容选言命题是真的,则它的选言支至少有一个是真的,也可能选言支都是真的。由此,相容选言推理就有三条规则:

规则 1　否定一部分选言支,就要肯定另一部分选言支。

规则 2　肯定一部分选言支,不能否定另一部分选言支。

规则 3　肯定一个命题,就要肯定以该命题为一部分选言支的任一相容选言命题。

相容选言推理可用公式表示如下:

推理[1]　否定肯定式:

　　　p 或者 q;

　　　非 p;＿＿＿＿

　　　所以,q。

或者表示为:

　　　p 或者 q;

　　　非 q;＿＿＿＿

　　　所以,p。

例如:

(1)中国革命的领导者或者是工业无产阶级,或者农民阶级,或者是小资产阶级,或者是民族资产阶级;

　　　领导者不能是农民阶级;

　　　领导者不能是小资产阶级;

　　　领导者不能是民族资产阶级;＿＿＿＿

　　　所以,中国革命的领导者只能是工业无产阶级。

规则 2 排除了关于相容选言命题的错误推理,即肯定否定式是不正确的。

例如:

（2）这个统计数字的错误或者是原始数据不准确或者是计算出了问题；

　　计算出了问题；

　　所以，原始数据是准确的。

这一推理是不正确的。因为统计数字的错误可能两方面的原因都有，两个选言支可以同时是真的。因此，肯定"计算出了问题"，不能否定"原始数据不准确"。

推理[2]　肯定肯定式：

　　p；_____

　　所以，p 或者 q。

例如：

（3）这一推理应用的是命题逻辑；

　　所以，这一推理应用的是命题逻辑或者谓词逻辑。

选言推理经常用于论证，称为选言论证。例如，笛卡尔对上帝（神）存在的本体论证明就是这样进行的：

当我对我所怀疑的东西进行思考的时候，我清清楚楚地意识到"我的存在"是不完满的，因为认识与怀疑相比是一种更大的完满。这也就是说，在我的心中还有一个比"我"更完满的实体的观念。那么，这种观念是从哪儿来的呢？不言而喻，它不可能来自虚无，因为这是一种逻辑上的不可能性，不能无中生有，不能凭空捏造出这个观念。同时它也不可能产生于我的思想，因为我的思想正在怀疑，是不完满的，而完满的东西决不可能依赖于不完满的存在者。此外，它也不可能来自外物，因为外物已经在我的怀疑之中。"那就只能说：把这个观念放到我心里来的是一个实际上比我更完满的东西，它本身具有我所能想到的一切完满，也就是说，干脆一句话，它就是神。"①

选言推理还可以用于说明某一事物是一个"谜"。所谓"谜"，就是说已经列举了与该事物相关的所有可能情况，但没有任何一种情况有足够的证据被证实或者证伪。例如厦门大学易中天教授讨论了"汉景帝遗诏之谜"：

汉军将领灌夫在丞相田蚡的婚宴上闹酒，来宾对前丞相窦婴不尊重，所以灌夫替窦婴抱不平，就找自家晚辈闹酒了，因此灌夫被抓。窦婴拿先帝遗诏（汉景帝给窦婴的诏书只有九个字：事有不便，以便宜论上）救灌夫，最后窦婴却以矫诏罪（伪造先帝遗诏）而被诛灭九族，因为武帝派人到上书房档案馆查，并没有备案。

---

①　笛卡尔：《谈谈方法》，第 29 页。王太庆译，商务印书馆，2000 年。

先帝遗诏到底有没有呢？本案的疑点有五个。

没有诏书：但伪造了一个诏书。

有诏书：景帝忘了存档；景帝故意不存档；存档的诏书被毁，抑或王太后或田蚡毁诏，抑或汉武帝毁诏。

易中天认为，毁诏的可能性不大。毁诏并不容易，汉代皇帝的诏书既存件又存目，即使毁诏也不太可能毁目。矫诏？窦婴也没那么大胆子。即使伪造文书，但印章不可伪造，汉代是个非常重视印信的朝代，所以矫诏也不太可能。只剩两种可能：忘了存档，或故意不存档。故意不存档可能性不大，汉景帝没必要害窦婴。那么只有一种可能：忘了存档！但这种可能性也不大，因为如此重要的诏书忘记存档，是不可思议的。

2. 不相容选言推理

不相容选言推理就是根据不相容选言命题的逻辑性质进行的推理。

不相容选言命题的逻辑性质是，如果一个不相容选言命题是真的则它的选言支有一个是真的，并且只有一个是真的。由此，不相容选言推理就有两条推理规则：

规则1　否定一部分选言支，就要肯定另一部分选言支。

规则2　肯定一部分选言支，就要否定另一部分选言支。

不相容选言推理可用公式表示如下：

推理[1]　否定肯定式：

　　　要么 p，要么 q；

　　　非 p；＿＿＿＿＿＿＿

　　　所以，q。

例如：

(4)要么报考工商管理硕士，要么报考工程硕士；

　　(因不符合条件)不可以报考工商管理硕士；

　　所以，报考工程硕士。

推理[2]　肯定否定式：

　　　要么 p，要么 q；

　　　p；＿＿＿＿＿＿＿

　　　所以，非 q。

例如：

（5）要么得鱼，要么得熊掌；

　　得鱼；_____

　　所以，不得熊掌。

四、假言命题及其推理

（一）假言命题及其逻辑定义

假言命题就是陈述一事物情况是另一事物情况的何种条件的命题，假言命题亦称条件命题。在假言命题中，其中任何一个支命题都没有被单独断定其真假。假言命题所考察的仅仅是支命题之间的真假关系，或者条件关系。

传统命题逻辑所考察的事物间的条件关系有三种：

充分条件：如果有事物情况 p，则必然有事物情况 q；如果没有事物情况 p 而未必没有事物情况 q，p 就是 q 的充分而不必要的条件，简称充分条件。

必要条件：如果没有事物情况 p，则必然没有事物情况 q；如果有事物情况 p 而未必有事物情况 q，p 就是 q 的必要而不充分的条件，简称必要条件。

充要条件：如果有事物情况 p，则必然有事物情况 q；如果没有事物情况 p，则必然没有事物情况 q，p 就是 q 的充要条件。

考虑下面三组条件之间的关系：

（1）p：云开；q：日出。

（2）p：破旧；q：立新。

（3）p：某数能被 2 整除；q：某数是偶数。

例（1）中的 p 是 q 的充分条件，例（2）中的 p 是 q 的必要条件，例（3）中的 p 是 q 的充要条件。

与此相应，假言命题也有三种，即充分条件假言命题、必要条件假言命题和充要条件假言命题。

1. 充分条件假言命题

充分条件假言命题就是陈述一事物情况是另一事物情况的充分条件的假言命题。例如：

（4）如果气温持续升高，那么海平面就会上升。

（5）只要坚持生态优先、绿色发展，就一定能把绿水青山变成金山银山。

在这两个充分条件假言命题中，"如果……那么……"和"只要……就……"是表达充分条件假言命题的联结词。日常语言中表达这类联结词的还有"如果……则……""有……就……""一旦……就……""假若(倘若)……就……""哪里……哪里就……"等等。古典逻辑学把这些日常语言联结词统一抽象为逻辑联结词"如果……那么……",其中"那么"前面的支命题称为前件,用 p 表示;"那么"后面的支命题称为后件,用 q 表示。也可以用符号"→"表示这一联结词,读作"蕴涵"。这样,充分条件假言命题的逻辑形式可表示为:

如果 p,那么 q(或者 p→q)。

充分条件假言命题与其支命题(前、后件)之间的真假关系是:当前件真而后件假,该充分条件假言命题就是假的;否则就是真的。这种真假关系通过下面的真值表来显示:

p	q	如果 p,那么 q
真	真	真
真	假	假
假	真	真
假	假	真

充分条件假言命题的前后件可以本身就是一个复合命题。例如:

(6)如果经营无方或者铺张浪费,那么公司将严重亏损。

(7)要想实施犯罪,就要既有作案动机,又有作案时间。

(8)如果懂得英语和西班牙语,那么在北美洲和南美洲都没有语言障碍。

命题(6)的前件是一个选言命题,命题(7)的后件是一个联言命题,命题(8)的前后件都是联言命题。

需要指出,充分条件假言命题当前件 p 是假的时,不管后件 q 是真的还是假的,这一命题都是真的。例如:

(9)如果给我一个支点,那么我可以把地球撬起来。

(10)如果语言能创造物质财富,那么夸夸其谈的人就会成为世界上的富翁。

例(9)的前件正常条件下是不可实现的,例(10)的前件则根本上就是假的,但这两个命题显然断定了假设前件能够实现时,后件也是可以实现的。这恰恰是充分条件的含义。从命题态度上看,例(10)的前件本来就是从否定的意义上去陈述的:假设语言能够创造物质财富,那么夸夸其谈的人就会成为世界上的富翁,但夸夸其谈的人不可能成为世界上的富翁,因此,这一假设不成立。

2. 必要条件假言命题

必要条件假言命题是陈述一事物情况是另一事物情况的必要条件的假言命题。例如：

(11)只有革命的理论，才有革命的运动。

(12)只有风调雨顺，农作物才能获得丰收。

在这两个必要条件假言命题中，"只有……才……"是表达必要条件假言命题的联结词。日常语言中表达这类联结词的还有"没有……就没有……""除非……否则……"等等。古典逻辑学把表达必要条件假言命题的日常语言联结词统一抽象为逻辑联结词"只有……才……"，其中"才"前面的支命题称为前件，用 p 表示；"才"后面的支命题称为后件，用 q 表示。也可以用符号"←"表示这一联结词，读作"逆蕴涵"。这样，必要条件假言命题的逻辑形式可表示为：

只有 p，才 q(或者 p←q)。

必要条件假言命题与其支命题(前、后件)之间的真假关系是：当前件假而后件真，该必要条件假言命题就是假的；否则就是真的。这种真假关系通过下面的真值表来显示：

p	q	只有 p，才 q
真	真	真
真	假	真
假	真	假
假	假	真

必要条件假言命题的前后件也可以是一个复合命题。例如：

(13)只有发挥中国制度优势，坚持政府主导，深化东西部协作，动员全社会参与，才能确保消除绝对贫困。

(14)除非遇到了劫机这样的意外，或者起飞前没有经过严格技术检查，或者飞行中没有遵守操作规程，否则飞机不会失事。

(15)只有懂得高超的计算机技术，才会被公司录用，并被委以重任。

命题(13)的前件是一个由四个联言支构成的联言命题，命题(14)的前件是一个选言命题，命题(15)的后件是一个联言命题。

3. 充要条件假言命题

充要条件假言命题是陈述一事物是另一事物的充要条件的假言命题。

例如：

(16)一个数是偶数，当且仅当它能被 2 整除。

在这个充要条件假言命题中，"当且仅当"是表达充要条件假言命题的联结词。日常语言中表达这类联结词的还有"如果……那么……并且只有……才……"等等。古典逻辑学把表达充要条件假言命题的日常语言联结词统一抽象为逻辑联结词"当且仅当"，并用符号"↔"表示，读作"等值"。这样，充要条件假言命题的逻辑形式可表示为：

$$p \text{ 当且仅当 } q（或者 } p \leftrightarrow q）。$$

充要条件假言命题就是既是充分又是必要条件的假言命题，因此其自身的真假与其支命题（前、后件）之间的真假关系是：当前件与后件同时为真或者同时为假时，该充要条件假言命题就是真的；否则就是假的。这种真假关系通过下面的真值表来显示：

p	q	p 当且仅当 q
真	真	真
真	假	假
假	真	假
假	假	真

日常语言中的充要条件假言命题可能在语言上没有任何联结词，但表示充要条件的内容。例如：

(17)人不犯我，我不犯人；人若犯我，我必犯人。

这个命题等价于：

(17′)只有人犯我，我才犯人；如果人犯我，我就犯人。

表达的是人犯我是我犯人的既充分又必要的条件。

(二)假言推理

根据假言命题的不同种类，相应地，也就有三种不同的假言推理：充分条件假言推理、必要条件假言推理、充要条件假言推理。

1.充分条件假言推理

充分条件假言推理就是根据充分条件假言命题的逻辑性质进行的推理。

如前所述，充分条件假言命题的逻辑性质是：当一个充分条件假言命题为真时,如果其前件是真的,那么,它的后件也必定是真的;如果它的后件是假的,那么,它的前件也必定是假的;如果它的前件是假的,那么,它的后件可能是假的,也可能是真的;如果它的后件是真的,那么,它的前件可能是真的,也可能是假的。据此,充分条件假言推理就有如下两条规则:

规则 1　肯定前件,就要肯定后件;否定后件,就要否定前件。

规则 2　否定前件,不能否定后件;肯定后件,不能肯定前件。

根据以上规则,充分条件假言推理有两个正确的形式:

推理[1]　肯定前件式:

　　　如果 p,那么 q;

　　　p;——————

　　　所以,q。

例如:

(1)如果两极地区持续大量降雪,那么就会有很厚的冰;

　　两极地区持续大量降雪;

　　所以,两极地区有很厚的冰。

推理[2]　否定后件式:

　　　如果 p,那么 q;

　　　非 q;——————

　　　所以,非 p。

(2)要想有真正的人权,就要首先解决生存权与发展权;

　　M 国枪支泛滥,种族流血冲突不断,人民生命财产受到严重威胁;

　　所以,M 国并没有真正的人权。

根据规则,否定前件式和肯定后件式都是无效的。例如:

(3)如果某人犯了罪,那么他在作案现场;

　　某人没犯罪;

　　所以,他不在作案现场。

(4)如果不遵守安全守则,矿山就会发生安全事故;

　　这家矿山发生了安全事故;

　　所以,这家矿山没有遵守安全守则。

例(3)和(4)都是不正确的充分条件假言推理,前者违反了"否定前件,不能否定后件"的规则,后者违反了"肯定后件,不能肯定前件"的规则。因而在前提都真的情况下,却推出了可能假的结论。

2.必要条件假言推理

必要条件假言推理就是根据必要条件假言命题的逻辑性质进行的推理。

必要条件假言命题的逻辑性质是:当一个必要条件假言命题为真时,如果其前件是假的,那么,它的后件也必定是假的;如果它的后件是真的,那么,它的前件也必定是真的;如果它的前件是真的,那么,它的后件可能是假的,也可能是真的;如果它的后件是假的,那么,它的前件可能是真的,也可能是假的。据此,必要条件假言推理就有如下两条规则:

规则 1 否定前件,就要否定后件;肯定后件,就要肯定前件。

规则 2 肯定前件,不能肯定后件;否定后件,不能否定前件。

根据以上规则,必要条件假言推理有两个正确的形式:

推理[1] 否定前件式:

> 只有 p,才 q;
>
> 非 p;＿＿＿＿＿＿＿
>
> 所以,非 q。

例如:

(5)只有所有国家都将人类视为命运共同体,世界才会实现可持续的发展;

　　当今某些国家为了一己私利而破坏人类命运共同体;

　　所以,当今世界难以实现可持续的发展。

推理[2] 肯定后件式:

> 只有 p,才 q;
>
> q;＿＿＿＿＿＿＿
>
> 所以,p。

(6)只有向社会传播正能量的影视作品,才能受到人民群众的普遍欢迎;

　　这部电影受到了人民群众的普遍欢迎(并成为一代经典);

　　所以,这部电影向社会传播了正能量。

根据规则,肯定前件式和否定后件式都是无效的。例如:

(7)只有每天摄入足量的牛奶,才会有充足的钙;

　　这些牧民每天摄入了足量的牛奶;

　　所以,这些牧民有充足的钙。

(8)只有严格服从国家的统一管理,才能有效控制疫情;

　　疫情没有得到有效控制;

　　所以,没有严格服从国家的统一管理。

例(7)和(8)都是不正确的必要条件假言推理,前者违反了"肯定前件,不能肯定后件"的规则,后者违反了"否定后件,不能否定前件"的规则。

3.充要条件假言推理

充要条件假言推理就是根据充要条件假言命题的逻辑性质进行的推理。

充要条件假言命题的逻辑性质是:当一个充分条件假言命题为真时,如果前件真,则后件也真;如果后件真,则前件也真;如果前件假,则后件也假;如果后件假,则前件也假。

据此,充要条件假言推理有如下两条规则:

规则1 肯定前件,就要肯定后件;肯定后件,就要肯定前件。

规则2 否定前件,就要否定后件;否定后件,就要否定前件。

根据规则,充要条件假言推理有四个正确的形式:

推理[1] 肯定前件式:

p 当且仅当 q;

p;_____

所以,q。

例如(9)一个数是偶数当且仅当它能被 2 整除;

这个数是偶数;_____

所以,这个数能被 2 整除。

推理[2] 肯定后件式:

p 当且仅当 q;

q;_____

所以,p。

例如(10)一个数是偶数当且仅当它能被 2 整除;

这个数能被 2 整除;_____

所以,这个数是偶数。

推理[3] 否定前件式:

p 当且仅当 q;

非 p;_____

所以,非 q。

例如(11)一个数是偶数当且仅当它能被 2 整除;

这个数不是偶数;_____

所以,这个数不能被 2 整除。

推理[4] 否定后件式：

　　p 当且仅当 q；

　　非 q；

　　所以，非 p。

例如(12)一个数是偶数当且仅当它能被 2 整除；

　　　　这个数不能被 2 整除；

　　　　所以，这个数不是偶数。

五、负命题及其推理

(一)负命题及其逻辑定义

负命题是否定一个命题而形成的复合命题。例如：

(1)不是所有的鸟都会飞。

(2)不存在一个正数小于负数。

(3)只要企业能够获利，管理者的素质就是好的，这个观点是不正确的。

(4)并非只有从事翻译工作才有必要学习外语。

以上命题都是负命题。其中命题(1)是对一个直言命题的否定，(2)是对一个关系命题的否定，(3)是对一个充分条件假言命题的否定，(4)是对一个必要条件假言命题的否定。这四个负命题中的"不是""不存在""不正确的""并非"都是负命题的标志性联结词。我们把这些日常语言联结词统一抽象为逻辑联结词"并非"(或"非")，也可以用符号"¬"表示，读作"并非"(或"非")。这样，负命题的逻辑形式可表示为：

　　　　　　　　并非 p(或者¬p)。

负命题的真假与被否定的支命题的真假是相反的：如果被否定的支命题为真，则负命题为假；如果被否定的支命题为假，则负命题为真。这种真假关系可通过真值表显示如下：

p	并非 p
真	假
假	真

(二)复合命题的负命题及其具有范式意义的等值命题

我们已经讨论了七种复合命题,因此,相应的就有七种复合命题的负命题,并且每一负命题都有无数个等值命题。在这些等值命题中,有些是具有范式意义的,即通过这些等值命题,能够反映出一些重要的逻辑性质,特别是关于联结词之间相互定义、相互转换的性质。本节中就每个负命题所给出的等值命题都是具有范式意义的等值命题。

1.联言命题的负命题

并非(p 并且 q)等值于(非 p 或者非 q)

根据联言命题的逻辑性质,一个联言命题是假的,当且仅当,它的联言支至少有一个是假的。因此,否定一个联言命题,等值于至少否定其一个联言支。例如:

(1)"并非物美并且价廉"等值于"物不美或者价不廉"。

2.相容选言命题的负命题

并非(p 或者 q)等值于(非 p 并且非 q)

根据相容选言命题的逻辑性质,一个相容选言命题是假的,当且仅当,它的选言支都是假的。因此,否定一个相容选言命题,等值于否定其全部选言支。例如:

(2)"并非刮风或者下雨"等值于"不刮风并且不下雨"。

上面给出的联言命题和选言命题的负命题的等值命题反映了逻辑联结词"并且"和"或者"之间的相互转化规律,这一规律就是德·摩根定律(简称DMG)。

德·摩根定律是日常思维中的重要定律。但是在汉语的日常使用中,甚至在一些重大的文件中,"不得 A 和 B"通常用来表达"不得 A 并且不得 B",在特定的语境下,往往也被这么理解。但这是一种不正确不规范的使用。如果把它直译成英语,必然导致理解的混乱。例如党章第十四条规定:"党员受到警告处分后,一年内不得在党内提升职务和向党外组织推荐担任高于其原任职务的党外职务。"根据其本来的意义,严格地说,应当改为:"党员受到警告处分后,一年内不得在党内提升职务或向党外组织推荐担任高于其原任职务的党外职务",即联词"和"应当改为"或"。因为"不得 A 和 B"的规范含义是:不得同时 A 和 B(即 A 可,只要不同时 B;B 可,只要不同时 A)。而"不得 A 或 B"的规范含义是:不得 A 并且不得 B。第十四条的含义显然是"不得 A 并且不得 B",因此,应当表述为"不得 A 或 B",不能表述为"不得 A 和 B"。第十五条和第十六条应当作同样的修改。

3. 不相容选言命题的负命题

并非(要么 p,要么 q)等值于[(p 并且 q)或者(非 p 并且非 q)]

根据不相容选言命题的逻辑性质,一个不相容选言命题是假的,当且仅当,选言支都是真的或者都是假的。因此,否定一个不相容选言命题,等值于肯定其全部选言支,或者否定其全部选言支。例如:

(3)"并非(要么罚款,要么吊销驾照)"等值于"(罚款并且吊销驾照)或者(不罚款并且不吊销驾照)"。

由两个支命题构成的不相容选言命题的负命题还有另一个重要的具有范式意义的等值命题:

并非(要么 p,要么 q)等值于(p 当且仅当 q)

根据不相容选言命题的逻辑性质,一个只有两个支命题的不相容选言命题是真的,必然一个选言支真则另一个选言支假,一个选言支假则另一个选言支真。因此,否定一个这样的不相容选言命题,等值于同时肯定或者同时否定两个选言支。例如:

(4)"并非(要么李明出差,要么张华出差)"等值于"(李明出差当且仅当张华出差)"。

4. 充分条件假言命题的负命题

并非(如果 p,那么 q)等值于(p 并且非 q)

根据充分条件假言命题的逻辑性质,一个充分条件假言命题是假的,当且仅当其前件真并且后件假。因此,否定一个充分条件假言命题,等值于肯定其前件并且否定其后件。例如:

(5)"并非只要詹姆斯上场比赛,湖人队就会获胜"等值于"詹姆斯上场比赛而湖人队不获胜"。

5. 必要条件假言命题的负命题

并非(只有 p,才 q)等值于(非 p 并且 q)

根据必要条件假言命题的逻辑性质,一个必要条件假言命题是假的,当且仅当前件假而后件真。因此,否定一个必要条件假言命题,等值于否定其前件并且肯定其后件。例如:

(6)"并非只有经济发达地区才重视生态文明建设"等值于"经济欠发达地区也要重视生态文明建设"。

充分条件假言命题和必要条件假言命题的负命题的等值命题,反映了逻辑联结词"蕴涵"与"逆蕴涵"同"并且"与"或者"之间的相互转换关系。

6. 充要条件假言命题的负命题

并非(p 当且仅当 q)等值于((p 并且非 q)或者(非 p 并且 q))

根据充要条件假言命题的逻辑性质,一个充要条件假言命题是假的,当且仅当前件真而后件假,或者前件假而后件真,即前后件恰好是矛盾的。因此,否定一个充要条件假言命题,等值于肯定其前件而否定其后件,或者否定其前件而肯定其后件。例如:

(7)"并非当且仅当获得了博士学位,才能担任博士生导师"等值于"获得了博士学位而不能担任博士生导师,或者没有获得博士学位却担任博士生导师"。

7. 负命题的负命题

并非(并非 p)等值于 p

否定一个负命题,也就是对其支命题的双重否定,它等值于该支命题。例如:

(8)"并非(约翰不是英国人)"等值于"约翰是英国人"。

(三)负命题的等值推理

上面给出的关于负命题的具有范式意义的等值命题,由于与负命题之间具有等值关系,因此,二者可以互相推理,这就是负命题的等值推理。

1. 并非(p 并且 q)与(非 p 或者非 q)可以互相推理。例如:

(1)并非物美并且价廉;

所以,物不美或者价不廉。

2. 并非(p 或者 q)与(非 p 并且非 q)可以互相推理。例如:

(2)并非刮风或者下雨;

所以,不刮风并且不下雨。

3. 并非(要么 p,要么 q)与((p 并且 q)或者(非 p 并且非 q))可以互相推理。例如:

(3)并非要么罚款,要么吊销驾照;

所以,罚款且吊销驾照或者不罚款且不吊销驾照。

4. 并非(如果 p,那么 q)与(p 并且非 q)可以互相推理。例如:

(4)并非喜鹊叫,客人就会到;

所以,喜鹊叫了,客人却没有到。

5.并非(只有 p,才 q)与(非 p 并且 q)可以互相推理。例如：

(5)并非只有读过大学才能入选 NBA；

　　所以,没有读过大学也能入选 NBA。

6.并非(p 当且仅当 q)与((p 并且非 q)或者(非 p 并且 q))可以互相推理。例如：

(6)并非当且仅当获得了博士学位,才能担任博士生导师；

　　所以,获得了博士学位而不能担任博士生导师,或者没有获得博士学位却担任博士生导师。

7.并非(并非 p)与 p 可以互相推理。例如：

(7)并非爱德华不是历史学家；

　　所以,爱德华是历史学家。

上述推理(1)—(6)也可以从结论推出前提。

六、其他关于复合命题的推理

除了上述复合命题标准推理外,还有以下关于复合命题的推理。这些推理的前提或者结论往往是由多种类型的复合命题构成的。

(一)假言易位推理

1.充分条件假言易位推理

"如果 p,那么 q"的逻辑性质是：p 真必然 q 真,因而 q 假必然 p 假。所以,从"如果 p,那么 q"可以推出"如果非 q,那么非 p",即一个充分条件假言命题与其逆否命题之间可以互相推理,推理形式如下：

　　如果 p,那么 q；

　　所以,如果非 q,那么非 p。

例如：

(1)如果 a 大于 b,那么 a+1 大于 b+1；

　　所以,如果 a+1 不大于 b+1,那么 a 不大于 b。

从逻辑上看,必要条件也有假言易位推理,但在日常思维中很少用到。

2.充分条件与必要条件相互转换的假言推理

在充分条件与必要条件之间存在着对偶关系,即如果 p 是 q 的充分条件,那么 q 是 p 的必要条件；如果 p 是 q 的必要条件,那么 q 是 p 的充分条件。根据这

一性质,可以构造如下推理:

推理[1]:

    如果 p,那么 q;

    所以,只有 q,才 p。

例如:

(2)如果这种物质是水,那么其密度比汽油重;

    所以,只有其密度比汽油重,这种物质才(可能)是水。

推理[2]:

    只有 p,才 q;

    所以,如果 q,那么 p。

例如:

(3)一个国家只有政治上稳定,经济上才会富有;

    所以,如果一个国家经济上富有,那么这个国家政治上就是稳定的。

(二)假言三段论

古典逻辑中,假言三段论与直言三段论一样被逻辑学家做了充分的研究,由斯多亚学派建构的假言三段论在逻辑学中的地位达到了亚里士多德直言三段论的高度。假言三段论是根据假言联结词的传递性而进行的推理,其前提是两个或两个以上的假言命题,结论也是假言命题,分为充分条件假言三段论和必要条件假言三段论。

1.充分条件假言三段论

充分条件假言三段论的推理形式是:

    如果 p,那么 q;

    如果 q,那么 r;

    所以,如果 p,那么 r。

例如:

(1)要做一个心理健康的人,就要保持自尊;

    要保持自尊,就要受到自己所尊敬的人的尊敬;

    要想受到自己所尊敬的人的尊敬,就不能用"追星"的方式来表达自己的尊敬感情;

    所以,要做一个心理健康的人,就不能用"追星"的方式来表达自己的尊敬感情。

在这个假言三段论中,前提是三个充分条件假言命题,结论也是一个充分条件假言命题。

2.必要条件假言三段论

必要条件假言三段论的推理形式是:

> 只有 p,才 q;
>
> <u>只有 q,才 r;</u>
>
> 所以,只有 p,才 r。

例如:

(2)只有有了第二味觉,哺乳动物才能够边吃边呼吸;

> <u>只有边吃边呼吸,哺乳动物才能保持高效率的新陈代谢;</u>
>
> 所以,只有有了第二味觉,哺乳动物才能保持高效率的新陈代谢。

(三)归谬推理

归谬推理的推理形式是:

> <u>如果 p,那么 q 并且非 q;</u>
>
> 所以,非 p。

"q 并且非 q"是逻辑上必定为假的命题。一个充分条件假言命题如果是真的,那么在它的后件为假的情况下,它的前件必定是假的。例如,下面就是归谬推理的一个著名的例子:

> 如果物体下落的速度与重量成正比,那么重物与轻物连在一起的降落速度大于重物(因为两物重量之和大于重物),并且重物与轻物连在一起的降落速度不大于重物(因为两物的合速不会比速度大者更大)。
>
> 所以,物体下落的速度与重量不成正比。

(四)反三段论

如果从两个前提推出一个结论的推理是有效的,那么,若结论为假并且其中一个前提为真时,则另一个前提必为假。其形式是:

> <u>如果 p 且 q,则 r;</u>
>
> 所以,如果非 r 且 q,则非 p。

或者:

> <u>如果 p 且 q,则 r;</u>
>
> 所以,如果非 r 且 p,则非 q。

以下两个推理都是反三段论,分别对应上面的两个推理形式:

(1)如果所有的鸟都会飞,并且鸵鸟是鸟,那么鸵鸟会飞;

　　所以,如果鸵鸟不会飞但鸵鸟是鸟,那么并非所有的鸟都会飞。

(2)如果一个推理的前提都真,并且推理形式有效,那么结论真;

　　所以,如果一个推理的结论假而前提都真,那么推理形式无效。

(五)二难推理

1.什么是二难推理

二难推理是假言选言推理的一种。所谓假言选言推理,是由充分条件假言命题和选言命题作为前提,并根据假言命题联结项的逻辑性质而推出结论的推理。假言选言推理的常见形式是从两个充分条件假言命题和一个包含两个选言支的选言命题推出结论。由于这种推理可以在论辩中置论敌于左右为难的境地,因而被人们称之为二难推理。

二难推理很早就被人们发现和利用。古希腊古典时期,有位非常著名的"智者"普罗泰戈拉,据说他收了一名学生欧提勒士,并向欧氏传授辩论和打官司技巧。普罗泰戈拉与学生签订了这样一份合同:欧氏入学时交一半学费,另一半学费则在他毕业后帮人打官司赢了之后再交。但欧氏毕业后一直没帮人打官司,普氏总得不到另一半学费。普罗泰戈拉于是把学生告上了法庭。法庭上,普氏首先陈辞:

如果欧式打赢了这场官司,那么按照当初我和他签订的合同,他应该给我另一半学费。如果欧式打输了这场官司,按照法庭的裁决,他也应该给我另一半学费。欧式或者打赢这场官司,或者打输这场官司。总之,他应该付给我另一半学费。

只见欧氏不慌不忙,针锋相对,做出了与老师的推理形式一样结论却截然相反的陈辞:

如果这场官司我打赢了,那么按照法庭的裁决,我不应该给您另一半学费。如果这场官司我打输了,那么按照当初我们签订的合同,我也不应该给您另一半学费。我或者打赢这场官司,或者打输这场官司。总之,我不应该付另一半学费。

这就是著名的"半费之讼"。

中国也有这么一个故事,清代学者纪晓岚自幼勤奋好学,当他还是个孩子的时候,就经常到书摊上去看书,掌柜的对他总是只看不买有点不耐烦。一天,掌柜的对他说:"孩子,我们是靠卖书吃饭的,你要看,就买回去看好了。"纪晓岚听了,显出不高兴的样子:"买书就得先看,不看,怎么知道哪本好?"掌柜的说:"你经常到我这看书,难道就没有一本好的值得你买?"纪晓岚见掌柜的发火了,就很和气地说:"你这书摊上好的书倒是不少,不过,我看完后也就会背了,买它有何用?""看完就能背?"掌柜显出一副不相信的神态,顺手拿起一本纪晓岚刚看过的书说:"要是你当着我的面能把这本书背下来,我就把它送给你,要是你背不下来,就永远别再来看我的书了!""好,一言为定。"纪晓岚果然把那本书背了下来。掌柜大吃一惊,连连称赞,并把那本书送给了纪晓岚。

这个故事中,纪晓岚前半部分的谈话里就包含了这样一个推理:如果是好书,我看完后就会背了,那么,我没必要买;如果不是好书,我看了后当然也没必要买;或者是好书,或者不是好书;总之,我只看不买。

2.二难推理的形式

依据结论是简单命题(或其负命题)还是选言命题,把二难推理分为简单式和复杂式两种;依据前提中的选言命题的选言支是肯定充分条件假言命题的前件还是否定其后件,可分为构成式和破坏式。这样,二难推理就可以分为简单构成式、简单破坏式、复杂构成式和复杂破坏式四种。

推理[1]　简单构成式:

如果 p,那么 r;

如果 q,那么 r;

p 或者 q;

所以,r。

例如(1):

如果你爱他,那么送他去纽约,因为那里是天堂;

如果你不爱他,那么送他去纽约,因为那里是地狱;

你或者爱他,或者不爱他;

总之,你送他去纽约。

推理[2]　简单破坏式:

如果 p,那么 q;

如果 p,那么 r;

非 q 或者非 r;

所以,非 p。

例如(2)：

如果这是一部好作品，那么它的思想内容一定好；

如果这是一部好作品，那么它的艺术水平一定高；

这部作品或者思想内容不好，或者艺术水平不高；

所以，这不是一部好作品。

推理[3]　复杂构成式：

如果 p，那么 r；

如果 q，那么 s；

p 或者 q；

所以，r 或者 s。

例如(3)：

针对媒体上充斥的关于某明星的八卦新闻，该明星应该怎样面对：

如果她不出面反驳，那些八卦新闻就会被大众信以为真；

如果她出面反驳，那么会引起更多人的关注；

她或者出面反驳，或者不出面反驳；

所以，关于该明星的八卦新闻或者被大众信以为真，或者引起更多人的关注。

这一推理的结论就是说，无论该名人怎么面对，她都无法阻止那些八卦新闻对她个人声誉的损害。这就是所谓的进退两难。

推理[4]　复杂破坏式：

如果 p，那么 r；

如果 q，那么 s；

非 r 或者非 s；

所以，非 p 或者非 q。

例如(4)：

如果他是一个态度好的领导，就要承认他的错误；

如果他是一个觉悟高的领导，就要反省他的错误；

他或者没有承认错误，或者没有反省错误；

所以，他或者不是态度好的领导，或者不是觉悟高的领导。

3.如何破斥二难推理

对于二难推理来说，不仅要求符合假言推理和选言推理的规则，而且必须是真正的"二难"。因此，二难推理必须遵守以下三个要求：第一，前提中的充分条件假言命题都是真的,即前件是后件的充分条件;第二,前提中的选言命题的选言支应该穷尽所有的情况,即没有其他选择,否则不是真正的二难;第三,符合推理规则。

在这三个要求中,第一、二条是关于前提的真实性的,第三条是关于推理的有效性的。违反了其中任何一个要求的二难推理都是错误的。破斥二难推理就是指出它的错误。与上述要求相应,破斥二难推理主要有三种方法:

一是指出前提中的充分条件假言命题不充分。例如(5):

如果这句话别人说了,我就没有必要说;

如果这句话别人没说,我就不应该说;

这句话或者别人说了,或者别人没说;

所以,我或者没必要说,或者不应该说。

显然这一推理的两个假言命题都是不正确的,前件不是后件的充分条件。因此,不是一个正确的二难推理。

二是指出前提中的选言命题的选言支没有穷尽所有可能的情况,还有其他选择,所以,并不是真正的二难。例如(6):

如果天气热,那么人感觉不舒服;

如果天气冷,那么人也感觉不舒服;

天气或者热或者冷;

所以,人总是感觉不舒服。

在这一推理中,选言命题"天气或者热或者冷"并没有穷尽天气的所有可能情况,因为存在"不冷不热"的天气,所以,"人总是感觉不舒服的"这一结论就是错误的。

三是指出违反了推理规则,即从前提推不出结论,推理本身就是无效的。例如,古希腊一个贫民的儿子准备外出演讲,他的父亲劝阻他,理由是:

(7)如果演讲时说真话,那么富人会反对你;

如果演讲时说假话,那么穷人会反对你;

演讲时或者说真话,或者说假话;

所以,人们总是反对你。

根据规则,在这一推理中,从前提只能推出一个选言命题"或者富人反对你,或者穷人反对你",实际上却推出了"人们总是反对你",即"富人和穷人都反对你"这样的联言命题。因此,是一个错误的二难推理。

破斥二难推理还有一种特殊的方法,即按照被破斥的二难推理的同样方法,构造一个与之结论相反的推理。这就是所谓的"以其人之道,还治其人之身"。

有两种情况：一种情况是，所构造的用来破斥的二难推理本身是正确的，由于使用了相同的推理方法，因此，这就说明被破斥的二难推理是错误的；另一种情况是，已知对方是在诡辩，构造一个同样的诡辩式推理去反驳。例如，有这么一个错误的二难推理。例（8）：

> 如果伤口已经感染了，那么消毒是不必要的；
>
> 如果没有感染，那么消毒也是不必要的；
>
> 伤口或者已经感染了，或者没有感染；
>
> 总之，消毒都是不必要的。

可以用下面这个推理破斥。例（9）：

> 如果伤口已经感染了，那么消毒是必要的（可以防止进一步感染）；
>
> 如果没有感染，那么消毒也是必要的（可以预防感染）；
>
> 伤口或者已经感染了，或者没有感染；
>
> 总之，消毒都是必要的。

这就是上述情况一，推理（9）是正确的，但其结论与推理（8）相反。这证明推理（8）是错误的。

在前述"半费之讼"例子中，实际上师生二人的推理都是错误的，都是诡辩。普罗泰戈拉的推理的形式是（用"p"表示"欧提勒士的官司打赢了"，"f"表示"按照法庭的判决"，"h"表示"按照合同的规定"，"q"表示"欧提勒士付另一半学费"）：

> （10）如果 p 并且 h，那么 q；
>
> 如果非 p 并且 f，那么 q；
>
> p 或者非 p；
>
> 所以，q。

或者其等值式：

> （10′）如果 p，那么如果 h，那么 q；
>
> 如果非 p，那么如果 f，那么 q；
>
> p 或者非 p；
>
> 所以，q。

欧提勒士的推理形式是：

> （11）如果 p 并且 f，那么非 q；
>
> 如果非 p 并且 h，那么非 q；
>
> p 或者非 p；
>
> 所以，非 q。

或者其等值式:

(11′)如果 p,那么如果 f,那么非 q;

　　　如果非 p,那么如果 h,那么非 q;

　　　p 或者非 p;

　　　所以,非 q。

显然,两个推理都不符合二难推理的规则,都不能直接推出偿还另一半学费或者不需要偿还另一半学费。但由于欧提勒士使用的是普罗泰戈拉完全一样的推理方式,这就是所谓以其人之道还治其人之身。所以,普罗泰戈拉无法对学生的推理提出反驳,否则就等于反驳自己。

七、传统命题逻辑的应用及案例分析

如前所述,我们对各种复合命题推理作了分析。复合命题推理是日常思维中的重要推理模式,是批判性思维的重要工具。推理是思维的主要形式,因此,我们只要思维,就会自觉或不自觉地应用包括复合命题推理在内的各种推理。但在实际思维中,各种复合命题推理通常并不是单一出现,而是综合应用。本节我们举出一些案例,来说明复合命题推理在日常思维中的应用。

案例 1　有一个猜扑克牌的智力游戏。

S 先生、X 先生、Y 先生都知道有如下 16 张牌:

黑桃:J、8、4、2、7、3

红桃:A、Q、4

方块:A、5

草花:K、Q、5、4、6

约翰教授从中挑出一张,把它的点数告诉 X 先生,把花色告诉 Y 先生,并问他们知不知道这张牌是什么牌? S 先生听到如下对话:

X 先生说:"我不知道这张牌。"

Y 先生说:"我知道你不知道这张牌。"

X 先生说:"我知道这张牌了。"

Y 先生说:"我也知道了。"

听罢以上对话,S 先生想了想之后,就正确地说出这张牌是什么牌。S 先生是通过怎样的推理知道的呢?我们来剖析一下 S 先生的推理过程:

他首先听到 X 先生说:"我不知道这张牌。"这时,S 先生想:X 先生是知道扑克牌的点数的。扑克牌的点数有两种情况:一种是唯一性的点数,如黑桃 J、8、

2、7、3，草花 K、6；另一种是共同性的点数，如 A、Q、4、5。

约翰教授告诉 X 先生的点数或者是唯一性的点数或者是共同性的点数；约翰教授告诉 X 先生的点数肯定不是唯一性的点数（因为如果是唯一性的点数，X 先生应立即就能知道这张扑克牌是什么牌，可是他却说"不知道"）；所以，约翰教授告诉 X 先生的点数必定是共同性的点数（不管 S 先生是自觉还是不自觉，他得出这一结论用到了选言推理否定肯定式，还用到了充分条件假言推理否定后件式）。

Y 先生对 X 先生说："我知道你不知道这张牌。"这句话耐人寻味。S 先生想：Y 先生只知道花色，扑克牌的花色有两种情况：一种是既有共同性的点数，又有唯一性的点数，如黑桃和草花；另一种是只有共同性的点数，如红桃和方块。约翰教授告诉 Y 先生的花色或者是黑桃和草花中的某一种或者是红桃和方块中的某一种；约翰教授告诉 Y 先生的花色肯定不是"黑桃和草花中的某一种（因为在黑桃和草花这两种花色中，都有唯一性的点数，如果约翰教授告诉 Y 先生的花色是黑桃和草花中的某一种的话，那么，Y 先生就不能对 X 先生说"我知道你不知道这张牌"这样的话，而现在 Y 先生却作出了明确的断言）；所以，约翰教授告诉 Y 先生的花色必定是"红桃和方块中的某一种"（S 先生得出这一结论，用的仍是选言推理和假言推理）。

现在只剩下 5 张扑克牌了：红桃 A、Q、4，方块 A、5。这 5 张扑克牌中的点数，也有两种情况：共同性的点数 A；唯一性的点数 Q、4、5。

S 先生听到 X 先生说："我知道这张牌了。"这时 S 先生想：这张扑克牌的点数或者是 A，或者是 Q、4、5 之中的某一个；肯定不是 A（因为如果是 A，X 先生还是无法知道这张牌究竟是什么牌，它可能是红桃 A，也可能是方块 A）；所以，约翰教授告诉 X 先生的点数必定是 Q、4、5 之中的某一个点数。

现在，只剩下 3 张扑克牌了：红桃 Q、4 和方块 5。这时，S 先生听到 Y 先生说："我也知道了"，S 先生想：约翰教授告诉 Y 先生的花色或者是红桃或者是方块；约翰教授告诉 Y 先生的花色肯定不是红桃（因为如果是红桃的话，Y 先生还是无法知道这张扑克牌的，它可能是红桃 Q，也可能是红桃 4。现在 Y 先生说"我也知道了"）；可见，约翰教授告诉 Y 先生的花色肯定是方块。这时剩下的方块花色的扑克牌只有方块 5。

S 先生就是这样通过反复应用选言推理和假言推理，最终推出这张扑克牌必定是方块 5 的。当然实际的推理过程未必严格按照我们所分析的这样一步一步进行。

案例 2　某岛上男性公民分为骑士和无赖。骑士只讲真话，无赖只讲假话。

骑士又分为贫穷的和富有的两部分。有一个姑娘只喜欢贫穷的骑士,一个男士只讲一句话,使得这姑娘确信他是一个贫穷的骑士。问该男士讲的是一句什么话?

解析: 这个案例来自古希腊。题设的关键信息是,姑娘确信说话的男士是一位贫穷的骑士。所谓确信,就是说无论男士说的是真话还是假话,都不影响姑娘的判断。这里实际上涉及二难推理:如果男士说的是真话,那么他是贫穷的骑士;如果男士说的是假话,那么他也是贫穷的骑士。还有另外的可能性:如果男士说的是真话,那么他是贫穷的骑士;而根据题设,男士的话是不可能假的。或者如果男士说的是假话,那么他是贫穷的骑士;而根据题设,男士的话是不可能真的。

从题设给定的信息,只有当男士说"我不是富有的骑士"时,姑娘才能确信他是贫穷的骑士:

如果男士说的这句话是真话,那么根据题设,他就是骑士,并且只能是贫穷的骑士;

如果他说的是假话,即"我不是富有的骑士"是假的,那么按照负命题的推理规则,他就是富有的骑士。一个富有的骑士说假话,显然与题设矛盾。因此,根据题设,这句话不可能是假的。这属于上面分析的第二种情况。

案例3 唐朝著名宰相狄仁杰以擅长断案著称。武则天垂拱二年(686),狄仁杰出任宁州刺史,下辖县令凡有凶杀大案必请狄公帮忙。一天,县令高雍又去州府找狄公断案,恰逢狄公外出。县令的案卷上面写道:"垂拱二年冬月十四日深夜子时,某古董店大量古董被抢,店老板与伙计被害。现场深深马蹄印显示,罪犯是携赃骑马逃跑。现已缉捕王三、李四、刘麻子三名嫌疑犯在案,已经查明并证实:除此三人外,该案与其他人没有牵连;刘麻子假如没有王三做帮凶,就不能到该店作案;李四自幼不会骑马。"

如果县令案卷的调查结果是可靠的,请对该案做出初审,分别判断三人是否作案。

解析:题设断定,罪犯携赃骑马逃跑。由此可知,只有会骑马才能单独作案。案卷断定李四自幼不会骑马。根据必要条件假言推理,李四不可能单独作案。再根据王三、李四、刘麻子三人至少一人作案,由相容的选言推理可以推出,王三、刘麻子至少一人作案。案卷同时断定,假如没有王三做帮凶,刘麻子就不能作案。因此,如果王三没有作案,那么刘麻子和李四也就不能作案。这与案卷矛盾。所以,王三一定作案了。

题设中的信息不足以断定李四、刘麻子有没有作案。

因此,初审的结果应该是:王三是盗窃犯,李四、刘麻子是否参与盗窃还须做进一步调查。

案例 4 几位足球记者就最近中超"黑哨"现象进行讨论。某李姓记者做了如下陈述:要杜绝令人深恶痛绝的"黑哨",必须对其课以罚款,或者永久性地取消"黑哨"的裁判资格,或者直至追究其刑事责任。事实证明,罚款的手段在这里难以完全奏效,因为在一些大型赛事中,高额的贿金往往足以抵消罚款的损失。因此,如果不永久性地取消"黑哨"的裁判资格,就不可能杜绝令人深恶痛绝的"黑哨"现象。

请分析该记者做出如此结论所必须的前提条件是什么?

解析:该记者的结论是:如果不永久性地取消"黑哨"的裁判资格,就不可能杜绝令人深恶痛绝的"黑哨"现象。作为该结论的已知依据是:

(1)如果要杜绝"黑哨",那么就必须对其课以罚款,或者永久性地取消"黑哨"的裁判资格,或者直至追究其刑事责任。

(2)罚款的手段难以完全奏效。

可以把结论的前件作为一个假设条件,与已知条件(1)和(2)组合起来,如果这一假设条件与已知依据,再加上补充的前提条件,能够一起推出结论的后件,那么本问题就解决了。

结论的后件是"'黑哨'现象不可能杜绝",这是否定前提(1)的前件。要使这一否定成立,根据充分条件假言推理,就必须对前提(1)的后件进行否定。后件本身是一个选言命题,条件(2)否定了第一个选言支,结论的前件否定了第二个选言支。如果某个命题断定了"否定第二个选言支,也等于否定了第三个选言支"的话,这一命题就是需要补充的假设。

所以,该记者的结论需要的前提条件是:

如果不永久性地取消"黑哨"的裁判资格,那么也等于没有追究"黑哨"的刑事责任。

这等于说:

如果要追究"黑哨"的刑事责任,那么就要永久性地取消"黑哨"的裁判资格。

案例 5 全国运动会举行女子 5000 米比赛,进入最后决赛的分别是辽宁队、山东队、河北队的各三名运动员。比赛前,四名体育爱好者在一起预测比赛结果。

甲说:"辽宁队的中长跑有着优良传统,这次前三名也非她们莫属。"

乙说:"今年与去年可不同了,金银铜牌辽宁队顶多拿一个。"

丙说:"据我估计,山东队或者河北队会拿牌的。"

丁说："第一名如果不是辽宁队的，就该是山东队的了。"

比赛结束后，发现以上四人只有一人言中。请问比赛最可能的排名是怎样的？

解析：

甲和丙两人的预测是矛盾关系，必定有一个真，有一个假。根据题意"四人只有一人言中"，那么，言中的人不是甲，就是丙，所以，乙和丁的预测都是错的。丁的预测错，就可以得出：并非"第一名如果不是辽宁队的，就该是山东队的了"，以此为前提，进行等值推理，可以推出：第一名既不是辽宁队，也不是山东队。所以，第一名是河北队。

乙的预测错，可以得出：辽宁队至少拿两个奖牌。已知金牌由河北队获得，所以，辽宁队拿到银牌和铜牌。

因此，比赛最可能的排名应是：第一名河北队，第二名辽宁队，第三名辽宁队。

需要注意的是，本问题中，甲、乙两人的预测并非矛盾关系，虽然它们不可同时为真，但当前三名辽宁队拿到两个时，两句话都是假的。这种关系称为反对关系。

案例 6　某地有两个奇怪的村庄，张庄的人在星期一、三、五说谎，李村的人在星期二、四、六说谎。在其他日子他们都说实话。一天，外地的王聪明来到这里，见到两个人，分别向他们提出关于日期的问题。两个人都说："前天是我说谎的日子。"

如果被问的两个人分别来自张庄和李村，那么，这一天到底是星期几？

解析：

根据题设，张庄的人在星期一、三、五说假话，那么他们在星期二、四、六、日就说真话；李村的人在星期二、四、六说谎，那么他们在星期一、三、五、日说真话。

这一天不可能是星期日，因为星期日他们都说真话。星期日的前天是星期五，在星期五李村的人也说真话，所以，李村的人不可能在星期日说"前天是我说谎的日子"。

这一天不可能是星期六，因为星期六的前天是星期四，这两天张庄的人都说真话，所以他不能在星期六说"前天是我说谎的日子"。

这一天不可能是星期五，因为星期五的前天是星期三，这两天李村人都说真话，所以，李村的人不可能在星期五说"前天是我说谎的日子"。

这一天不可能是星期四，因为星期四的前天是星期二，这两天张庄的人都说真话，所以他不能在星期四说"前天是我说谎的日子"。

　　这一天不可能是星期三,因为星期三的前天是星期一,这两天李村的人都说真话,所以,李村的人不可能在星期三说"前天是我说谎的日子"。

　　这一天也不可能是星期二,因为星期二的前天是星期日,这两天张庄的人都说真话,所以他不能在星期二说"前天是我说谎的日子"。

　　这一天只能是星期一,因为张庄的人在星期一说谎,而在星期一的前天即星期六说真话,可以在星期一说"前天是我说谎的日子";李村的人在星期一说真话,而在星期一的前天即星期六说谎,也可以在星期一说"前天是我说谎的日子"。

练习题

　　一、从五个备选答案中选择一个正确的答案,并作简要分析:

　　1.针对威胁人类健康的 H1N1 流感,研究人员研制出了相应的疫苗。尽管这些疫苗是有效的,但某大学研究人员发现,阿司匹林、羟苯基乙酰胺等抑制某些酶的药物会影响疫苗的效果。这位研究人员指出:"如果你服用了阿司匹林或者对乙酰氨基酚,那么你注射疫苗后就不会产生良好抗体反映。"

　　如果小张注射疫苗后产生了良好的抗体反映,那么根据上述研究结果,可以得出以下哪项结论?

　　A.小张服用了阿司匹林,但没有服用对乙酰氨基酚。

　　B.小张没有服用阿司匹林,但感染了 H1N1 流感病毒。

　　C.小张服用了阿司匹林,但没有感染 H1N1 流感病毒。

　　D.小张没有服用阿司匹林,也没有服用对乙酰氨基酚。

　　E.小张服用了对乙酰氨基酚,但没有服用羟苯基乙酰胺。

　　2.以下是一位西方经济学家陈述的观点:一个国家如果能有效率地运作经济,就一定能创造财富而变得富有;而这样的一个国家想保持政治稳定,它所创造的财富必须得到公正的分配;而财富的公正分配将结束经济风险;但是,风险的存在正是经济有效率运作的不可或缺的先决条件。

　　从这位经济学家的上述观点,可以得出以下哪项结论?

　　A.一个国家政治上的稳定和经济上的富有不可能并存。

　　B.一个国家政治上的稳定和经济上的有效率运作不可能并存。

　　C.一个富有国家的经济运作一定是有效率的。

　　D.在一个经济运作无效率的国家中,财富一定得到了公正的分配。

　　E.一个政治上不稳定的国家,一定同时充满了经济风险。

　　3.一个产品要畅销,产品的质量和经销商的诚信缺一不可。

以下各项都符合题干的断定,除了:

A. 一个产品滞销说明它或者质量不好,或者经销商缺乏诚信。

B. 一个产品只有质量高并且诚信经销才能畅销。

C. 一个产品畅销说明它质量高并有诚信的经销商。

D. 一个产品除非有高的质量和诚信的经销商品,否则不能畅销。

E. 一个质量好并且由诚信者经销的产品不一定畅销。

4. 在本年度篮球联赛中,长江队主教练发现,黄河队五名主力队员之间的上场配置有如下规律:

(1)若甲上场,则乙也要上场。

(2)只有甲不上场,丙才不上场。

(3)要么丙不上场,要么乙和戊中有人不上场。

(4)除非丙不上场,否则丁上场。

若乙不上场,则以下哪项配置合乎上述规律?

A. 甲、丙、丁同时上场。

B. 丙不上场,丁、戊同时上场。

C. 甲不上场,丙、丁都上场。

D. 甲、丁都上场,戊不上场。

E. 甲、丁、戊都不上场。

5. 某中药配方有如下要求:

(1)如果有甲药材,那么也要有乙药材;

(2)如果没有丙药材,那么必须有丁药材;

(3)人参和天麻不能都有;

(4)如果没有甲药材而有丙药材,则需要有人参。

如果药方中含有天麻,则关于该配方的断定哪项为真?

A. 含有甲药材。

B. 含有丙药材。

C. 没有丙药材。

D. 没有乙药材和丁药材。

E. 含有乙药材或丁药材。

6. 19世纪前,技术、科学发展相对独立。而19世纪的电气革命,是建立在科学基础上的技术创新,它不可避免地导致了两者的结合与发展,而这又使人类不可避免地面对尖锐的伦理道德问题和资源环境问题。

以下哪项符合题干的断定?

Ⅰ. 产生当今尖锐的伦理道德问题和资源环境问题的一个重要根源是电气革命。

Ⅱ. 如果没有电气革命,则不会产生当今尖锐的伦理道德问题和资源环境问题。

Ⅲ. 如果没有科学与技术的结合,就不会有电气革命。

A. 只有Ⅰ。

B. 只有Ⅱ。

C. 只有Ⅲ。

D. 只有Ⅰ和Ⅲ。

E. Ⅰ,Ⅱ和Ⅲ。

7. 如果他勇于承担责任,那么他就一定会直面媒体,而不是选择逃避;如果他没有责任,那么他就一定会聘请律师,捍卫自己的尊严。可是事实上,他不仅没有聘请律师,现在逃的连人影都不见了。

根据以上陈述,可以得出以下哪项结论?

A. 即使他没有责任,也不应该选择逃避。

B. 虽然选择了逃避,但是他可能没有责任。

C. 如果他有责任,那么他应该勇于承担责任。

D. 如果他不敢承担责任,那么说明他责任很大。

E. 他不仅有责任,而且他没有勇气承担责任。

8. 乐意讲或者听有关自己的有趣的故事或者笑话是极为自信的标志,这种品格常常只在人们较为成熟的时候才会具有,它比默许他人对自己开玩笑的良好品质还要豁达。

如果上述命题为真,最能支持以下哪个结论?

A. 当着一个人的面讲述他的有趣故事或笑话是表示对他尊重的一种方式。

B. 具有高度自信的人不讲别人的笑话或者有关别人的有趣的故事。

C. 高度自信的人讲述有趣的故事和笑话是为了让他的听众了解他的自信。

D. 许多人宁愿讲一个有趣的故事或笑话而不愿意听别人讲。

E. 一个缺乏自信的人既不乐意讲也不乐意听有关他自己的有趣的故事。

9. 总经理:根据本公司目前的实力,我主张环岛绿地和宏达小区这两项工程至少上马一个,但清河桥改造工程不能上马。

董事长:我不同意。

以下哪项,最为准确地表达了董事长的意思?

A. 环岛绿地、宏达小区和清河桥改造这三个工程都上马。

B. 环岛绿地、宏达小区和清河桥改造这三个工程都不上马。

C. 环岛绿地和宏达小区两个工程中至多上马一个,但清河桥改造工程要上马。

D. 环岛绿地和宏达小区两个工程都不上马,如果这点做不到,那么也不能保证清河桥改造工程上马。

E. 如果清河桥改造工程不能上马,那么环岛绿地和宏达小区两个工程都不上马。

10. 未完成某一电力安全程序课程的人不能够在加利福尼亚州成为一名电工。在加州州立技术大学主修计算机科技的所有学生在毕业前必须完成那门课程。因此,任何在加州州立技术大学主修计算机科技的毕业生都可以在加州登记成为一名电工。

上述论证是有问题的,除非它明确假定:

A. 完成电力安全程序课程的每个人对这个程序都一样了解。

B. 在加州州立技术大学主修计算机科技并且完成电力安全程序课程的所有学生最终都能够毕业。

C. 完成电力安全程序课程是在加州登记成为一名电工的充分必要条件。

D. 一个人想对电力安全程序了解的唯一方法是参加这些程序的课程。

E. 在加州州立技术大学有资格参加电力安全课程的学生仅是主修计算机科技的学生。

11. 古代一位国王率领张、王、李、赵、钱五位将军一起打猎,各人的箭上均刻有自己的姓氏。围猎中,一只鹿中箭倒下,但却不知是何人所射。国王令众将军猜测。

张说:"或者是我射中的,或者是李将军射中的。"

王说:"不是钱将军射中的。"

李说:"如果不是赵将军射中的,那么一定是王将军射中的。"

赵说:"既不是我射中的,也不是王将军射中的。"

钱说:"既不是李将军射中的,也不是张将军射中的。"

国王令人把射中鹿的箭拿来,看了看,说:"你们五位将军的猜测,只有两个人的话是真的。"

根据国王的话,可以判定以下哪项是真的?

A. 张将军射中此鹿。

B. 王将军射中此鹿。

C. 李将军射中此鹿。

D. 赵将军射中此鹿。

E. 钱将军射中此鹿。

12. 上海世博会盛况空前,200 多个国家场馆和企业主题馆让人目不暇接。大学生王刚决定在学校放暑假的第二天前往世博会参观。前一天晚上,他特别上网查看各位网友对相关热门场馆选择的建议,其中最吸引王刚的有三条:

(1)如果参观沙特馆,就不参观石油馆。

(2)石油馆和中国国家馆择一参观。

(3)中国国家馆和石油馆不都参观。

实际上,第二天王刚的世博会行程非常紧凑,他没有接受上述三条建议中的任何一条。关于王刚所参观的热门场馆,以下哪项描述正确?

A. 参观沙特馆、石油馆,没有参观中国国家馆。

B. 沙特馆、石油馆、中国国家馆都参观了。

C. 沙特馆、石油馆、中国国家馆都没有参观。

D. 没有参观沙特馆,参观石油馆和中国国家馆。

E. 没有参观石油馆,参观沙特馆、中国国家馆。

13. "草原酒家"是大草原上一家远近闻名的老字号饭店,但它有一些不成文的"规矩":如果"草原酒家"在某一天既卖红焖羊肉,又卖羊杂碎汤,那么它也一定卖烤全羊;该饭店星期日从不卖烤全羊;⋯⋯人们都熟悉这些"规矩",也习以为常。此外,我们还知道,只有当卖红焖羊肉时,王老板才去"草原酒家"吃饭。

如果上述断定是真的,那么以下哪项也一定是真的?

A. 星期日王老板不会去"草原酒家"吃饭。

B. 王老板不会同一天在"草原酒家"既吃红焖羊肉,又吃羊杂碎汤。

C. "草原酒家"在星期日不卖羊杂碎汤。

D. "草原酒家"只有星期日不卖红焖羊肉。

E. 如果"草原酒家"在星期日卖红焖羊肉,那么这天它一定不卖羊杂碎汤。

14. 每当法官面带微笑、所有陪审员正襟危坐的时候,律师便挥汗如雨。法官面带微笑但某些律师没有挥汗如雨,所以,某些陪审员不在座位上。

以下哪项中的推理形式与上述推理最相似?

A. 每当走读生与住宿生约会、学生家长向校方提出抗议的时候,班主任就会受到责备。走读生与住宿生约会但没有班主任受到责备,所以,没有学生家长向校方提出抗议。

B. 每当文明有所进步、曾经合理的观念被视为荒唐可笑的时候,这些观念就会在常识中消失。某些曾经合理的观念没有在常识中消失,所以文明还没有取得进步。

C. 如果空气中的温度合适，土壤中的湿度也合适，正常的种子就会发芽。空气中有了合适的温度但有些正常的种子并没有发芽，所以，有些土壤中的湿度不够。

D. 如果追求苗条和健壮的身材，就不能吃油腻的食物。所以，吃油腻食物的人身材不会苗条。

E. 如果农作物歉收，粮食的价格就会上涨，而且猪肉的价格也会上涨。农作物没有歉收，但猪肉的价格却大幅度上升。

15. 学校领导阶层在多次公开报道中都着重强调：公民很好地理解国际方面的事务是非常需要的。如果一个国家想在国际竞争的时代保持领先的地位，这种需要就是无可否认的。如果存在这样的需要，那么，就必须教我们的新教师国际方面的知识。

如果上述命题都为真，以下哪个必然真？

A. 如果学校的新教师没有国际方面的知识，那么这个国家想在国际竞争中保持领先地位是很困难的。

B. 如果准备教新教师国际方面的知识，这个国家将在国际竞争中保持领先地位。

C. 如果公民对国际事务有较好的理解，这个国家将在国际竞争中保持领先地位。

D. 如果一个国家在国际竞争中保持领先地位，就不需要公民去很好地理解国际事务。

E. 来自各种团体和会议的报道强调，老师需要教授更多的国际方面的知识。

16. 蟋蟀是一种非常有趣的小动物，宁静的夏天，草丛中传来阵阵清脆悦耳的鸣叫声，那是蟋蟀在唱歌。蟋蟀优美动听的歌声并不是出自它的好嗓子，而是来自它的翅膀。左右两翅一张一合，相互摩擦，就可以发出悦耳的声响了。蟋蟀还是建筑专家，与它那柔软的挖掘工具相比，蟋蟀的住宅真可以算得上是伟大的工程了。在其住宅门口，有一个收拾得非常舒适的平台。夏夜，除非下雨或者刮风，否则蟋蟀肯定会在这个平台上歌唱。

根据以上陈述，以下哪项是蟋蟀在无雨的夏夜所做的？

A. 修建住宅。

B. 收拾平台。

C. 在平台上歌唱。

D. 如果没有刮风,它就在抢修工程。

E. 如果没有刮风,它就在平台上歌唱。

二、分析题

1. 写出下列推理的形式,并分析其是否有效。

如果罗号逻辑学好并且学习努力,那么,他能考上逻辑学研究生;罗号没有考上逻辑学研究生;所以,他逻辑学不好,学习也不努力。

2. 下列两个命题是否具有矛盾关系?为什么?

A. 如果比尔是公司总裁,那么,比尔一定是 MBA。

B. 如果比尔是公司总裁,那么,比尔不一定是 MBA。

3. 如果小马喜欢表演,则他报考戏剧学院;如果小马不喜欢表演,则他可以成为戏剧理论家。如果他不报考戏剧学院,则不能成为戏剧理论家。

从上面的论断可否推出小马最终是报考戏剧学院还是成为戏剧理论家?写出推导过程,并说明应用的是何种形式的推理。

4. 欧几里德几何系统的第五条公理判定:在同一平面上,过直线外一点可以并且只可以作一条直线与该直线平行。在数学发展史上,许多数学家对这条公理是否具有无可争议的真理性表示怀疑。

请任写一个命题,使得数学家的上述怀疑成立。

5. 一群在海滩边嬉戏的孩子的口袋中,共装有 25 块卵石。他们的老师对此说了以下两句话:

(1)"至多有 5 个孩子口袋里装有卵石";

(2)"每个孩子的口袋中,或者没有卵石,或者至少有 5 块卵石。"

如果上述断定为真,则这两句话之间的真假关系是怎样的?

6. 针对作弊屡禁不止的现象,某学院某班承诺,只要全班同学都在承诺书上签字,那么,如果全班有一人作弊,全班同学的考试成绩都以不及格计。校方接受并实施了该班的这一承诺。结果班上还是有人作弊,但班长的考试成绩是优秀的。

请从逻辑的角度分析其中的原因。

7. 如果货币的储蓄额和销售回笼额都没增长,那么货币的证券投资额一定增长。请补充一个前提,逻辑地推出货币的储蓄额事实上增长。

8. 太阳风中的一部分带电粒子可以到达 M 星表面,将足够的能量传递给 M 星表面粒子,使后者脱离 M 星表面,逃逸到星大气中。为了判定这些逃逸的粒子,科学家们通过三个实验获得了如下信息:

实验一:或者是 X 粒子,或者是 Y 粒子。

实验二:或者不是 Y 粒子,或者不是 Z 粒子。

实验三:如果不是 Z 粒子,就不是 Y 粒子。

根据上述三个实验结果,证明这种粒子是 X 粒子。

9.一个热力站有 5 个阀门控制对外送蒸汽,使用这些阀门必须遵守以下操作规则:

(1)如果开启 1 号阀,那么必须同时打开 2 号阀并且关闭 5 号阀;

(2)如果开启 2 号阀或者 5 号阀,则要关闭 4 号阀。

(3)不能同时关闭 3 号阀和 4 号阀。

如果现在要打开 1 号阀,那么同时还需要打开的阀门是哪些?

10.几个大学生在一起议论现代社会中的某些难题。设他们的如下论断都是真的,则从中可以得出什么良策?说明在推导过程中的每一步用的是什么推理形式。

(1)要么保住耕地,要么饿肚子。

(2)如果人口增长,那么就要增加住房。

(3)只有多盖高楼,才能既增加住房,又保住耕地。

(4)人口在增长,又不能饿肚子。

11.某学院要提拔一个品行端正、学识渊博的教授担任学院领导,但这位教授只想在学术和教学上有所建树。便对同他谈话的组织代表说:"我不能胜任这个职务。"代表问:"为什么?"他答道:"如果我说的是真话,那就不应提拔我——明明不能胜任,干吗还要提拔? 如果我说的是假话,那就更不应提拔我——一个说假话的人,怎么能提拔呢?"

请写出教授的推理形式,并驳斥这一推理。

12.三位高中生赵、钱、孙和三位初中生张、王、李参加一个课外学习小组。可选修的课程有:文学、经济、历史和物理。已知:

(1)赵选修的是文学或经济;

(2)王选修物理;

(3)如果一门课程没有任何一个高中生选修,那么任何一个初中生也不能选修该课程;如果一门课程没有任何初中生选修,那么任何一个高中生也不能选修该课程;

(4)一个学生只能选修一门课程。

那么,如果有人选修了经济,则选修经济的学生中不可能同时包含哪两人?

13.中国国家排球队有 A、B、C、D、E、F、G、P、Q、R、S、T 等十二个队员。考虑到队员之间配合的默契问题,主教练在每次比赛时,对上场队员的组合都要考虑了以下原则：

(1)P 不上场,S 就不上场；

(2)G 上场的唯一条件是 D 不能上场；

(3)A 和 C 要么都上场,要么都不上场；

(4)D 上场,当且仅当 R 不上场；

(5)只有 R 不上场,C 才不上场；

(6)A 和 P 两人中,只能上一个；

(7)如果 S 不上场,那么 T 和 Q 也不上场；

(8)R 和 F 两人中只能上一个。

在某次世界排球锦标赛中,中国队同俄罗斯队进行半决赛。中国队上场了6 人,其中包含了 G。请问:在这场比赛中,中国队上场的是哪 6 个队员?

14.第五中学是一所普通高中,去年高考前四位任课老师对他们所在的理科毕业班学生的前景进行预测,他们特别关注班里的两个尖子生。

张老师说:"如果张华能考上浙大,那么李乐军也能考上浙大。"

李老师说:"依我看这个班没有人能考上浙大。"

王老师说:"不管李乐军能否考上浙大,张华都考不上。"

赵老师说:"我看李乐军考不上浙大,但张华能考上。"

高考结果证明,四位老师中只有一人的预测成立。请判断张华与李乐军是否考上了浙大。写出推理过程。

15.一对夫妻带着他们的一个孩子在路上碰到一个朋友。朋友问孩子:"你是男孩还是女孩?"朋友没听清孩子的回答。孩子的父母中某一个说,我孩子回答的是"我是男孩",另一个接着说:"这孩子撒谎。她是女孩。"这家人中男性从不说谎,而女性从来不连续说两句真话,也不连续说两句假话。

请根据上面的信息,判断父母俩第一个说话的是谁,孩子是男孩还是女孩。

第三章　基于真值表的命题逻辑

我们在传统命题逻辑中也提及并使用了真值表,但那只是相关自然语言的缩写,仍然属于传统逻辑的范围。现代命题逻辑则是在人工符号语言的基础上,运用形式化方法研究复合命题,构造命题演算。本章首先介绍命题演算的基础理论,包括真值联结词及其性质、重言式、推理有效性的判定以及范式。它们都是基于真值表。

一、真值联结词及真值表

命题逻辑研究复合命题。复合命题由简单命题通过联结词构成。命题逻辑在研究复合命题时,只把它分析到其中所含的简单命题成分为止,把简单命题作为整体来考察,不把一个简单命题再分析为非命题成分。由简单命题出发,使用命题联结词构造复合命题,然后研究复合命题的逻辑形式以及复合命题演算。复合命题的逻辑特征取决于联结词,所以,命题逻辑又称为联结词的逻辑。而联结词的逻辑特征可以通过真值表体现出来,真值表也被视为对联结词的直观定义。

(一)真值联结词及其逻辑定义

复合命题由简单命题和联结词构成。构成复合命题的命题称为支命题,支命题既可以是简单命题,又可以是复合命题。考察下面三个复合命题:

(1)如果物体受摩擦,那么它必然发热。

(2)a＞b 或者 a≤b。

(3)a＞b 并且 a≤b。

在命题(1)中,当"物体受摩擦"和"它必然发热"同时为真时,复合命题(1)是真的。这说明,复合命题的真假与构成它的支命题的真假有关。命题(2)是真的,而命题(3)是假的。这说明,复合命题的真假与构成它的联结词也有关系,当支命题的真假情况相同时,联结词不同的复合命题的真假情况可能不同。命题的真假在逻辑学中称为真值。

有一类命题,如"2>1并且雪是白的",两个支命题之间并无内在联系,但都是真的,它们通过联结词"并且"联结成一个复合命题,命题逻辑断定这个命题是真的,并推而广之,一切具有"p并且q"形式结构的复合命题,当p与q均取值为真时,命题取值为真。因为命题逻辑在考察一个复合命题的真假时,并不考虑构成复合命题的支命题之间在实际内容上有无联系,而只考虑支命题之间的形式结构,复合命题的真假完全取决于支命题的真假和其中所含有的联结词。从这个意义上,我们把联结词称为真值联结词,因为它反映的是复合命题与支命题之间的真假关系。

命题逻辑中有五种基本真值联结词:¬、∨、∧、→、↔,分别读作"非""析取""合取""蕴涵"和"等值"。在日常语言中,可以找到以下五个语词(自然语言联结词),其意义可以类似地化归为上述五种真值联结词,它们分别是:"并非""或者""并且""如果……那么……"和"当且仅当"。这类联结词还有很多。

但真值联结词与日常语言里的联结词是有所不同的。由于日常语言的歧义性、不确定性,因此根据日常语言里的联结词和支命题的真假,只能部分地确定复合命题的真假。比如,"并且"这个联结词,在日常语言里,用"并且"这个联结词构成的联言命题,不仅要求支命题都为真,而且要求支命题之间有一定的意义联系,有时还要求被联结的支命题不能颠倒语序。例如,"2+2=4并且雪是白的"这一联言命题,虽然它的两个支命题都是真命题,但是,在日常语言里,人们很难接受这种命题。其他联结词也有类似情况。我们知道,意义的联系是具体内容的联系,有时表面上看来似乎是互不相干的两个命题,在特殊场合实际上却有着密切的联系。因此,要确定两命题之间有无意义的联系,就必须对其具体内容作具体的分析,而不可能用一个公式将它固定下来。所以,有必要对日常语言里的联结词,如"并非""并且""或者""如果……那么……""当且仅当"等,进行科学的抽象。具体地说就是抽取复合命题与支命题之间的真假关系而撇开其他的含义。这样抽象所得的联结词就是真值联结词,它的应用范围比自然语言联结词大得多。

虽然从根本上讲,真值联结词是对自然语言联结词的逻辑抽象,但在命题逻辑中,真值联结词在没有进行专门的逻辑定义之前,没有任何意义。

我们通过下面的表格定义直观真值联结词。从定义可以看到五种真值联结词是如何反映复合命题与其支命题之间的真假关系。这种显示复合命题在其支命题的各种真值组合下所取真值的图表称为真值表。以 p,q 表示任意的简单命题形式,用"1"表示真,"0"表示假,各联结词的真值表如下:

1. 非

p	¬p
1	0
0	1

　　¬p 是 p 的否定。从表中可以看出,当 p 取值为真时,¬p 取值为假;当 p 取值为假时,¬p 取值为真。¬称为一元真值联结词。

2. 析取

p	q	p∨q
1	1	1
1	0	1
0	1	1
0	0	0

　　p∨q 称为析取命题形式。该真值表表明,当支命题 p 和 q 均取值为假时,析取命题形式 p∨q 是假的;当 p 和 q 至少有一个取值为真,p∨q 就是真的。

3. 合取

p	q	p∧q
1	1	1
1	0	0
0	1	0
0	0	0

　　从表格可以看出,合取命题形式 p∧q 在 p 与 q 均取值为真时是真的,其余情况下都是假的。

4.蕴涵

p	q	p→q
1	1	1
1	0	0
0	1	1
0	0	1

在蕴涵命题形式 p→q 中,支命题形式 p,q 分别称为前件和后件。真值表显示,只有当 p 取值为真同时 q 取值为假时,p→q 才是假的,其余情况下都是真的。

人们很容易把命题形式"p→q"与日常语言中的"如果 p,那么 q"和"p 推出 q"等同起来。实际上三者既有联系,又有很大的区别。"如果 p,那么 q"称为充分条件假言命题形式,它表示 p 与 q 之间在实际内容上存在着条件关系,即前件 p 是后件 q 的充分条件,当 p 真时 q 一定真,否则命题就是假的。而"p→q"仅仅是"如果 p,那么 q"的逻辑抽象,其中的真值联结词"→"并不反映 p 与 q 之间需要有什么条件关系或其他非逻辑上的联系,它仅表明假言命题的真假取决于其前后件的真假。因此,真值联结词"→"又称为真值蕴涵。

同样也不能把蕴涵关系简单理解为推理关系。两者的正确关系是:一个正确的推理对应于一个真的蕴涵命题形式,即若从 p 可以推出 q,则"p→q"就是真的;但并不能反过来说每一真的蕴涵式都表示一个正确的推理形式,"p 推出 q"仅表明当 p 真时可以推出 q 也是真的。而"→"所反映的命题之间的真假关系要比"推出"关系广泛得多,一个真的命题形式"p→q"除了表明 p 真时 q 也真,还表明 p 假时,q 既可以是真的,又可以是假的。

真值蕴涵又称为实质蕴涵。在实质蕴涵中,出现了所谓"实质蕴涵怪论",主要是诸如 p→(q→p)(表示一个真命题为任何命题所蕴涵)、¬p→(p→q)(表示一个假命题蕴涵任何命题)之类永真的蕴涵式在直观上不易被人们理解和接受,因而引起了对蕴涵词的争论。有些逻辑学家企图去定义新的蕴涵词,但至今为止,还没有找到一个比"→"更令人满意,更方便实用的蕴涵联结词。实际上,从逻辑真值的角度看,所谓的"实质蕴涵怪论"并不奇怪,恰恰是对某种逻辑规律的反映,无非是把这些逻辑规律通过定理的方式表达出来。

5.等值

等值命题形式 p↔q 的真假情况是:

p	q	p↔q
1	1	1
1	0	0
0	1	0
0	0	1

从表中可以看出,当 p 与 q 同取值为真或同取值为假时,p↔q 为真,否则为假。

以上 ∨、∧、→、↔ 都是二元真值联结词。

至此,我们已经考察了五种真值联结词所反映的命题之间的真假关系,以上真值表也可以看作是对 ﹁、∨、∧、→、↔ 的定义。

(二)复合命题的真值表

前面提到了真值表,并用真值表定义了五个基本真值联结词。真值表方法是命题逻辑中的一种重要方法和有力的工具,通过它可以确定任何一个复合命题形式的真值,并可以判断命题真值形式的一些重要性质。

下面讨论如何用真值表显示一个较为复杂的复合命题形式的真值,首先讨论真值联结词的结合力。

复合命题中都含有联结词。上一节中出现的命题形式大多是只含有一个真值联结词的命题形式,这是最简单、最基本的复合命题。构成它们的支命题都是简单命题。但命题逻辑中的复合命题绝大多数是比较复杂的命题。所谓复杂,是指命题中所含有的联结词一般都在一个以上,构成复合命题的支命题本身也是复合命题。比如上一节中出现的 p→(q→p) 和 ﹁p→(p→q)。

对于一些联结词较多的命题形式,如 ﹁p→q∨r∨s,如何确定其真值,这就涉及到联结词的结合力问题。例如 q∨r∧p 应被看作是 (q∨r)∧p 还是 q∨(r∧p) 呢?显然二者的真值是不一样的。为了避免歧义,采取加辅助性符号(如括号)的办法,加了括号的 (q∨r)∧p 和 q∨(r∧p) 就是确定的了。但有时一个命题形式中的括号太多反而会更看不清楚,这就需要减去一些不必要的括号。无论加括号或是减括号,都不应改变命题形式的原意。这里的关键问题是命题形式中出现的每一个联结词到底是先与哪一个支命题形式相结合,即联结词的结合力的强弱。命题逻辑规定,五个基本真值联结词的结合力(一般)按 ﹁、∧、∨、→、↔ 先后次序依次递减。例如 q∨r∧p 应是 q∨(r∧p),而不是 (q∨r)∧p,因为 ∨ 的结合力比 ∧ 弱。p→q∧r 应是 p→(q∧r),而不是 (p→q)∧r,因为 ∧ 的结合力比 → 强。而 ﹁p∨q 应是 (﹁p)∨q,而不是 ﹁(p∨q),因为 ﹁ 的结合力比 ∨

强。若是同一类型联结词,则其结合力从右至左递减,即按照右结合的原则。例如 p→q→r 应是 p→(q→r),而非(p→q)→r,p∨q∨r 应是 p∨(q∨r)而不是(p∨q)∨r。只要不改变命题形式的意义,可以按联结词的结合力任意增减命题形式中的括号。

一个复合命题形式可能有多个支命题,我们把支命题中的简单命题称为变项或命题变元。一个复合命题形式就是由变项和真值联结词,经过有限次的组合逐渐构成的。例如(¬p∧q)→(q∨¬r),其中的变项是 p,q,r,联结词是¬、¬、∨、∧,其构成过程是:

p,q,r;

¬p,¬r;

¬p∧q,q∨¬r;

(¬p∧q)→(q∨¬r)。

以(¬p∧q)→(q∨¬r)为例,复合命题形式的真值表按如下步骤组成:

(1)列出复合命题形式中的所有命题变元及其真值组合情况:

p	q	r
1	1	1
1	1	0
1	0	1
1	0	0
0	1	1
0	1	0
0	0	1
0	0	0

(2)在命题变元的基础上,由简到繁逐次地列出组成复合命题形式的各支命题形式,最后是复合命题形式本身:

p	q	r	¬p	¬r	¬p∧q	q∨¬r	(¬p∧q)→(q∨¬r)
1	1	1					
1	1	0					
1	0	1					
1	0	0					
0	1	1					
0	1	0					
0	0	1					
0	0	0					

（3）根据命题变元的真值，计算出各支命题形式的真值，最后得出复合命题形式本身的真值：

p	q	r	→p	→r	→p∧q	q∨→r	(→p∧q)→(q∨→r)
1	1	1	0	0	0	1	1
1	1	0	0	1	0	1	1
1	0	1	0	0	0	0	1
1	0	0	0	1	0	1	1
0	1	1	1	0	1	1	1
0	1	0	1	1	1	1	1
0	0	1	1	0	0	0	1
0	0	0	1	1	0	1	1

真值表方法可以用来显示命题形式的一些重要性质，比如一命题形式是否是永真式，两个命题形式之间的真假关系等等。

在上例中，真值表显示(→p∧q)→(q∨→r)在 p,q,r 取任何真值时均为真，所以是永真的命题形式。

下面的真值表显示了命题形式 p∧→p 与→(p∨→p)之间的真假关系：

把 p∧→p 与→(p∨→p)放在同一个真值表中：

p	→p	p∧→p	p∨→p	→(p∨→p)
1	0	0	1	0
0	1	0	1	0

从表中可知，(p∧→p)与→(p∨→p)在 p 取相同值时真值相同。像这种命题变元取相同真值时真值相同的命题形式称为等值的命题形式。本例中的两个命题形式既是等值的，又都是永假的。

再如，判定 p∧q 与→p∨→q 之间的真假关系。

首先列出两个命题的真值表：

p	q	→p	→q	p∧q	→p∨→q
1	1	0	0	1	0
1	0	0	1	0	1
0	1	1	0	0	1
0	0	1	1	0	1

表格显示，p∧q 与→p∨→q 在 p,q 取相同值时，真值恰好相反。因此，这两个命题之间是矛盾关系。

真值表方法还可以用来判定一个推理是否有效,我们将在第四节讨论这一问题。

(三)真值函数

1. 真值函数的定义

现代逻辑用函数的方法研究命题的真值形式。一个命题形式实质就是一个定义域和值域都是真值集合的真值函数。命题逻辑是二值逻辑,其真值只有真和假两种。用 1 和 0 分别表示真和假,则该真值集合为{1,0}。给定若干命题变元,由这些命题变元与五个真值联结词可以组成无数个命题形式。但在这些命题形式中,有许多(实际上绝大多数)是等值的,如上面提到的$(p \land \to p)$与$\to(p \lor \to p)$。根据函数的性质,命题变元相同(即定义域相同)并且值域相同的不同命题形式实质上是同一真值函数。由确定的若干个命题变元所构造的不同真值函数的个数也是确定的,它是由真值函数所含有的命题变元数 n、指派给每个命题变元的真值(0 或 1)数 2 以及在命题变元的每种真值指派组合情况下真值函数的真值数(0 或 1)2 三者决定的。一含有 n 个命题变元的 n 元真值函数,其命题变元的真值组合情况有 2n 种。在每种真值组合情况下真值函数都有真假二种值,故应有 2^{2^n} 种真值函数。

首先考察只含有一个命题变元 p 的真值函数。根据公式,一元真值函数有 $2^{2^1}=4$ 种,其真值表如下:

p	$f_1(p)$	$f_2(p)$	$f_3(p)$	$f_4(p)$
1	1	1	0	0
0	1	0	1	0

$f_1(p)$无论 p 取何值都是真的,是一永真的真值函数,如 $p \lor \to p$;$f_2(p)$的真值与命题变元的真值相同,即值域与定义域一致,如 $p \land p$;$f_3(p)$的真值与命题变元的真值相反,如$\to p$;$f_4(p)$无论命题变元取何值都是假的,是一永假的真值函数,如 $p \land \to p$。

以下考虑含有 p,q 两个命题变元的二元真值函数。根据定义,二元真值函数为 $2^{2^2}=16$ 种,记作 $f_1(p,q), f_2(p,q), \cdots, f_{16}(p,q)$,简记作 $f_1, f_2, \cdots, f_{16}$。列表如下:

p	q	f_1	f_2	f_3	f_4	f_5	f_6	f_7	f_8	f_9	f_{10}	f_{11}	f_{12}	f_{13}	f_{14}	f_{15}	f_{16}
1	1	1	1	1	1	1	1	1	1	0	0	0	0	0	0	0	0
1	0	1	1	1	1	0	0	0	0	1	1	1	1	0	0	0	0
0	1	1	1	0	0	1	1	0	0	1	1	0	0	1	1	0	0
0	0	1	0	1	0	1	0	1	0	1	0	1	0	1	0	1	0

$f_1(p,q)$无论 p,q 取何值均真,是一永真的真值函数。$f_{16}(p,q)$是一永假的真值函数。$f_2(p,q)$可以用 $p \lor q$ 表示。$f_8(p,q)$可以用 $p \land q$ 表示。$f_5(p,q)$可以用 $(p \to q)$ 来表示。$f_7(p,q)$可以用 $p \leftrightarrow q$ 表示。

用同样的方法可以考察三元乃至 n 元真值函数。

2. 真值函数的类型

以上给出了一元和二元真值函数的真值表。从表中可以看出,一元和二元真值函数都可以分为三种类型:重言式、矛盾式和偶真式。这种分类适用于任意 n 元真值函数。

重言式也称永真式。一真值函数是重言式,当且仅当在其命题变元真值指派组合的全部可能情况下,函数都得到一个真的真值。

矛盾式也称永假式。一真值函数是矛盾式,当且仅当在其命题变元真值指派组合的全部可能情况下,函数都得到一个假的真值。

一真值函数是偶真式,当且仅当在其命题变元真值指派组合的一部分情况下函数取真值为真,在其他情况下函数取真值为假。

重言式与偶真式统称可满足式。一真值函数是可满足式,当且仅当在其命题变元至少一种真值指派组合情况下,函数得到一个真的真值。

重言式、矛盾式、偶真式之间存在着重要的逻辑联系,主要有:

(1)任一重言式的否定均为矛盾式。

(2)任一矛盾式的否定均为重言式。

(3)任一偶真式的否定仍为偶真式。

(4)一真值函数是可满足式,当且仅当其否定不是重言式。

重言式是一类具有重要意义的命题形式,是本书所要讨论的重点内容。

二、联结词的性质

本节讨论联结词的性质,包括联结词的可定义性、完全性。

(一)联结词的可定义性

我们已经考察了真值函数,其中某些真值函数可以直接表达联结词的真值意义。例如在一元真值函数中,可以用 $f(p)$ 表示→的真值意义,它与→p 具有相同真值表。在二元真值函数中,可用 $f_2(p,q)$, $f_8(p,q)$, $f_5(p,q)$, $f_7(p,q)$ 分别表示 $\vee$, $\wedge$,→,↔的真值意义。它们分别与 $p\vee q$, $p\wedge q$, $p\to q$, $p\leftrightarrow q$ 具有相同的真值表。

一般地,如果一 n 元真值函数 $f(p_1,p_2,\cdots,p_n)$ 与由联结词 $g_1,g_2,\cdots,g_m$ 和命题变元 $p_1,p_2,\cdots,p_n$ 构成的命题形式具有相同的真值表,就说真值函数 $f(p_1,p_2,\cdots,p_n)$ 能够由 $g_1,g_2,\cdots,g_m$ 定义出。在上例中, $f_2(p,q)$ 能够由 $\vee$ 定义出, $f_8(p,q)$, $f_5(p,q)$, $f_7(p,q)$ 可分别由 $\wedge$ 、→、↔定义出。

如前所述,包含有相同命题变元、不同联结词的不同命题形式可以是等值的,即表达同一真值函数,因而一个真值函数可以由不同联结词去定义。这种情况反映了联结词的可定义性。给出命题形式的另一种表达方法:令 Φ^n 是一 n 元真值联结词, $A_1,A_2,\cdots,A_n$ 是命题形式,则 $\Phi^n(A_1,A_2,\cdots,A_n)$ 表示由支命题形式 $A_1,A_2,\cdots,A_n$ 和以 Φ^n 为主联结词构成的命题形式。联结词的可定义性定义如下:

定义 2.1　一 n 元联结词 Φ^n 是可以用 m 个联结词 $g_1,g_2,\cdots,g_m$ 定义的,当且仅当正好由联结词 $g_1,g_2,\cdots,g_m$ 和命题变元 $p_1,p_2,\cdots,p_N$ 构成的命题形式与命题形式 $\Phi^n(p_1,p_2,\cdots,p_n)$ 具有相同的真值表。即两个命题变元相同但联结词不同的命题形式表达同一真值函数。

例如,以 p,q 为支命题形式,以→为主联结词的命题形式 $p\to q$,与正好由→、$\vee$ 及命题变元 p,q 构成的命题形式→$p\vee q$ 有相同的真值表,所以→可以用→、$\vee$ 来定义,记作 $p\to q=$ df. →$p\vee q$ 。 $p\vee q$ 与→(→$p\wedge$→q) 有相同真值表,因此, $\vee$ 可由→、$\wedge$ 来定义,即 $p\vee q=$ df. →(→$p\wedge$→q) 。

出于命题演算系统尽可能精简的原则,上一章出现的不相容析取联结词和逆蕴涵联结词在命题演算中都被取消了。我们可以通过五个基本真值联结词去定义这两个联结词:

$$p\,\dot{\vee}\,q=\text{df. } (p\vee q)\wedge\neg(p\wedge q)$$
$$p\leftarrow q=\text{df. }\neg p\to\neg q$$

(二)联结词的完全性

我们只考察了五个真值联结词,在一般的逻辑学中,也仅使用$\rightarrow$、$\vee$、$\wedge$、$\rightarrow$、$\leftrightarrow$这五个联结词,而真值函数却有许多,命题形式更是无穷的。这里的问题是,由这五个联结词是否可以定义所有的真值函数?这就是联结词的完全性问题。

定义 2.2　一个联结词集是完全的,当且仅当它可以定义所有的联结词,或者说,当且仅当所有真值函数都能由仅含有该集合中的联结词的命题形式来表达。

定理 2.1　$\{\rightarrow,\vee,\wedge\}$是完全的联结词集。

证明　本定理的证明使用构造性方法,若能由这三个真值联结词构造出所有真值函数,则定理成立。

(1)设 $\Phi(p_1,p_2,\cdots,p_n)$是 n 元真值函数,用真值表来表达这个真值函数,则真值表中有 2^n 行不同的真值指派组合。

(2)从上至下考察真值表的各行,若在某行真值函数中取值为真,则写下合取式 $C_i = p_1^* \wedge p_2^* \wedge \cdots \wedge p_n^*$,$p_i^*$ 是这样规定的:若在该行指派 p_i 为真,则 p_i^* 为 p_i,否则为$\rightarrow p_i$。

(3)将每个 C_i 结合为一个析取式,记作 $D = C_1 \vee C_2 \vee \cdots \vee C_i$(根据构造方法,$0 \leqslant i \leqslant 2^n$)。如果 Φ 真值表的各行都取值为假,即 Φ 是矛盾式,则 D 就是析取项为 0 的析取式,这时把它表示为 $p \wedge \rightarrow p$。

显然,由此构造的命题形式 D 与真值函数 Φ 具有相同的真值表,它们都是可以用$\rightarrow$、$\wedge$ 和 $\vee$ 三个真值联结词定义的。由于 Φ 是任意假设的 n 元真值函数,根据定义 2.2,$\{\rightarrow,\wedge,\vee\}$是完全的联结词集。

下面举一例说明定理构造性证明的方法:

设三元真值函数 $\Phi(p,q,r)$的真值表如下:

p	q	r	$\Phi(p,q,r)$
1	1	1	1
1	1	0	0
1	0	1	0
1	0	0	1
0	1	1	0
0	1	0	0
0	0	1	1
0	0	0	1

其中有 4 行使 Φ 取值为真,分别记作 $C_1 = p \wedge q \wedge r, C_2 = p \wedge \neg q \wedge \neg r, C_3 = \neg p \wedge \neg q \wedge r, C_4 = \neg p \wedge \neg q \wedge \neg r$;所求的命题形式 $D = (p \wedge q \wedge r) \vee (p \wedge \neg q \wedge \neg r) \vee (\neg p \wedge \neg q \wedge r) \vee (\neg p \wedge \neg q \wedge \neg r)$,D 与 Φ 具有相同的真值表,并且都是由 $\neg$、$\wedge$、$\vee$ 定义的。

回到开始的问题,既然 $\{\neg, \wedge, \vee\}$ 为完全的联结词集,那么再加上 $\rightarrow$、$\leftrightarrow$ 则更能表达一切真值函数。讨论联结词的完全性的一个重要目的是要用尽量少的联结词去定义一切真值函数。下面讨论这个问题。

定理 2.2 $\{\neg, \wedge\}$ 是完全的联结词集。

证明 已证 $\{\neg, \wedge, \vee\}$ 是完全的联结词集,而 $\vee$ 可以用 $\{\neg, \wedge\}$ 来定义:

$p \vee q = df. \neg(\neg p \wedge \neg q)$。

所以 $\{\neg, \wedge\}$ 是完全的联结词集。

定理 2.3 $\{\neg, \vee\}$ 是完全的联结词集。

证明 已证 $\{\neg, \wedge, \vee\}$ 为完全的联结词集,而 $\wedge$ 可以用 $\{\neg, \vee\}$ 来定义:

$p \wedge q = df. \neg(\neg p \vee \neg q)$。

所以 $\{\neg, \vee\}$ 为完全的联结词集。

定理 2.4 $\{\neg, \rightarrow\}$ 是完全的联结词集。

证明 已证 $\{\neg, \wedge, \vee\}$ 是完全的联结词集,而 $\{\neg, \rightarrow\}$ 可定义 $\wedge$ 和 $\vee$:

$p \wedge q = df. \neg(p \rightarrow \neg q)$;

$p \vee q = df. \neg p \rightarrow q$。

所以 $\{\neg, \rightarrow\}$ 为完全的联结词集。

其中 $\{\neg, \wedge, \vee\}$ 称为三元完全集,$\{\neg, \wedge\}$ $\{\neg, \vee\}$ $\{\neg, \rightarrow\}$ 称为二元完全集。

在以上联结词的完全集中,都包含联结词 $\neg$。如果没有这个否定的联结词,即使包括了其他四个联结词,也不是一个完全集,也就是说,$\{\vee, \wedge, \rightarrow, \leftrightarrow\}$ 不是联结词的完全集。

三、重言式的逻辑分析

(一)常用的逻辑规律

重言式是关于真值联结词的逻辑规律,也是关于复合命题的逻辑规律,因而也是命题逻辑的规律。

引入一个符号"$\models$",$\models A$ 表示 A 是一个重言式。传统逻辑研究了三大逻辑规律:同一律、矛盾律、排中律。这三条规律同样适用于命题逻辑,它们分别对应于一个重言式,表示如下(括号中给出逻辑规律的名称):

(1) $\vdash A \to A$ 　　　　　　　　　　　　　　　　　　　(同一律)

(2) $\vdash \neg(A \wedge \neg A)$ 　　　　　　　　　　　　　　　　　(矛盾律)

(3) $\vdash A \vee \neg A$ 　　　　　　　　　　　　　　　　　　　(排中律)

此外,命题逻辑中还有如下常用的逻辑规律:

(4) $\vdash A \leftrightarrow A \vee A$;

　　$\vdash A \leftrightarrow A \wedge A$ 　　　　　　　　　　　　　　　　(等幂律)

(5) $\vdash A \vee (B \wedge \neg B) \leftrightarrow A$;

　　$\vdash A \wedge (B \vee \neg B) \leftrightarrow A$ 　　　　　　　　　　　(基元律)

(6) $\vdash A \vee (B \vee \neg B) \leftrightarrow B \vee \neg B$;

　　$\vdash A \wedge (B \wedge \neg B) \leftrightarrow B \wedge \neg B$ 　　　　　　(吸附律)

(7) $\vdash (A \to B) \wedge A \to B$ 　　　　　　　　　　　　　(分离律)

(8) $\vdash A \wedge B \to A$;

　　$\vdash A \wedge B \to B$ 　　　　　　　　　　　　　　　(合取分解律)

(9) $\vdash A \to A \vee B$ 　　　　　　　　　　　　　　　　(析取引入律)

(10) $\vdash \neg\neg A \leftrightarrow A$ 　　　　　　　　　　　　　　　(双重否定律)

(11) $\vdash A \wedge B \leftrightarrow B \wedge A$;

　　　$\vdash A \vee B \leftrightarrow B \vee A$ 　　　　　　　　　　　　(交换律)

(12) $\vdash (A \wedge B) \wedge C \leftrightarrow A \wedge (B \wedge C)$;

　　　$\vdash (A \vee B) \vee C \leftrightarrow A \vee (B \vee C)$ 　　　　　　(结合律)

(13) $\vdash A \vee (B \wedge C) \leftrightarrow (A \vee B) \wedge (A \vee C)$;

(14) $\vdash A \wedge (B \vee C \leftrightarrow A \wedge B) \vee (A \wedge C)$ 　　　(分配律)

由(13)、(14)产生两个推论:

(13′) $\vdash A \vee (B_1 \wedge B_2 \wedge \cdots \wedge B_n) \leftrightarrow (A \vee B_1) \wedge (A \vee B_2) \wedge \cdots \wedge (A \vee B_n)$ ($n \geqslant 1$)

(14′) $\vdash A \wedge (B_1 \vee B_2 \vee \cdots \vee B_n) \leftrightarrow (A \wedge B_1) \vee (A \wedge B_2) \vee \cdots \vee (A \wedge B_n)$ ($n \geqslant 1$)

(15) $\vdash (A \wedge B \to C) \leftrightarrow (A \to (B \to C))$ 　　　　　(移出律)

(16) $\vdash \neg(A \wedge B) \leftrightarrow \neg A \vee \neg B$;

　　　$\vdash \neg(A \vee B) \leftrightarrow \neg A \wedge \neg B$ 　　　　　　　(DMG)

(17) $\vdash (A \to B) \leftrightarrow \neg A \vee B$ 　　　　　　　　　　(蕴析律)

(18) $\vdash (A \leftrightarrow B) \leftrightarrow (A \to B) \wedge (B \to A)$ 　　　　(等值互蕴律)

在以上重言式中,A、B、C 可代之以任何命题形式,既可以是命题变元,也可以是复合命题。

(二)重言式的逻辑性质

重言式具有许多重要的性质,下面是关于重言式的一些定理。

定理 3.1　如果 ⊢A 并且 ⊢A→B,则 ⊢B。

证明　设 B 不是重言式,则存在一组对 B 中命题变元的真值指派,使得 B 取真值为假。由于 A 是重言式,故 A 是永真的,则在对 B 中命题变元的这一组真值指派情况下,A→B 是假的,这与 A→B 是重言式矛盾。因此,B 是重言式,即 ⊢B。

定理 3.2　已知 A 是一重言式,p_i 是 A 中的任意命题变元,B 是任意的命题形式,则由 B 同时去替换同一 p_i 在 A 中的所有出现而得到的另一命题形式 A′也是一个重言式。

例如,p→(q→p)是一个重言式,p 是其中的命题变元,设 r∧s 是一命题形式。用 r∧s 去替换 p,则经过替换后的 r∧s→(q→r∧s)也是一个重言式;若用 r∧s 去替换命题变元 q,则所得的命题形式 p→(r∧s→p)也是重言式。

证明　A′与 A 的差别仅在于把 A 中的 p_i 替换成了 A′中的 B,考虑 B 的真值,设为 t(t 是真,或是假),若让 p_i 也取 B 的真值 t,因 A 是重言式,因此,无论 t 是真的还是假的,A 都是真的。而 A′的真值与 A 在 p_i 取 B 的真值时的真值相同,故 A′也是重言式。

本定理称为重言代入定理,即用任意的命题形式对重言式中的命题变元作代入,其结果仍是一个重言式。使用重言代入定理。就可以使一个重言式变成无数多个重言式。

定理 3.3　设 A 是任意的命题形式,A(B)表示 B 是 A 的支命题形式,A(C)表示以命题形式 C 去置换 B 在 A 中的一处或多处出现而得到的新的命题形式,则:

(1) ⊨(C↔B)→(A(C)↔A(B));

(2)若 ⊢C↔B,则 ⊢A(C)↔A(B)。

本定理称为等值置换定理。意思是对一个命题形式中的同一支命题进行一次或多次等值转换,所得到的新的命题形式与原命题形式是等值的。

例如命题形式 p→(q→p),其中的支命题 q→p 与¬q∨p 是等值的,用¬q∨p 去置换 q→p 而得到新的命题形式 p→(¬q∨p)与 p→(q→p)也是等值的;把其中的 p 一次或两次置换成其等值式¬¬p 而得到的新命题形式¬¬p→(q→

p),p→(q→→→p)和→→p→(q→→→p)都与 p→(q→p)是等值的。

证明　先证(1)。设 C 与 B 是等值的,则 C↔B 取值为真,在计算 A(C)与 A(B)的真值时,两者的差别仅在于原来的 A(即 A(B))的真值是基于 B 的真值,而新的命题形式 A(C)的真值除了要考虑 C 的真值时,与 A(B)完全相同,因为 C 与 B 的真值相同,所以 A(C)与 A(B)的真值相同,A(C)↔A(B)的值为真,所以(C↔B)→(A(C)↔A(B))也取值为真。设 C 与 B 不等值,则 C↔B 的值为假,根据→的定义此时无论 A(C)↔A(B)的真假如何,(C↔B)→(A(C)↔A(B))都是真的。所以 ⊨(C↔B)→(A(C)↔A(B))。

证(2):由于⊨(C↔B)→(A(C)↔A(B)),并且 ⊨C↔B,根据定理 4.1,必有 ⊨ A(C)↔A(B)。

等值置换定理在命题形式的推演中具有重要作用。

在本节前述的逻辑规律中,其中(13′)、(14′)是从分配律中得出的两个推论,它可以通过其他的逻辑规律以及重言代入定理和等值置换定理得到证明。下面使用数学归纳法证明(13′)。

(13′)⊨ A∨(B₁∧B₂∧⋯∧Bₙ)↔(A∨B₁)∧(A∨B₂)∧⋯∧(A∨Bₙ)(n≥1)

证明　(1)当 n=1 时,等值式左边为 A∨B,右边为 A∨B,显然有 ⊨ A∨B₁↔A∨B₁。

(2)当 n=2 时,等值式左边为 A∨(B₁∧B₂),右边为(A∨B₁)∧(A∨B₂),根据分配律,⊨ A∨(B₁∧B₂)↔(A∨B₁)∧(A∨B₂)成立。

(3)假设当 n=k(k≥1)时成立,即 ⊨ A∨(B₁∧B₂∧⋯∧Bₖ)↔(A∨B₁)∧(A∨B₂)∧⋯∧(A∨Bₖ),根据重言代入定理,用(Bₖ∧Bₖ₊₁)代入其中的 Bₖ,得到的仍是一个重言式,即 ⊨ A∨(B₁∧B₂∧⋯∧(Bₖ∧Bₖ₊₁))↔(A∨B₁)∧(A∨B₂)∧⋯∧(A∨(Bₖ∧Bₖ₊₁))。根据联结词的结合力,左边可直接变为 A∨(B₁∧B₂∧⋯∧Bₖ∧Bₖ₊₁)。根据分配律和等值置换定理,右边可变为(A∨B₁)∧(A∨B₂)∧⋯∧((A∨Bₖ)∧(A∨Bₖ₊₁))。再根据联结词的结合力,右边可变为(A∨B₁)∧(A∨B₂)∧⋯∧(A∨Bₖ)∧(A∨Bₖ₊₁),所以 ⊨ A∨(B₁∧B₂∧⋯∧Bₖ∧Bₖ₊₁)↔(A∨B₁)∧(A∨B₂)∧⋯∧(A∨Bₖ)∧(A∨Bₖ₊₁)。故当 n=k+1 时也成立。

推论(14′)的证明请读者自己完成。

四、推理的有效性及判定方法

逻辑学主要研究有效的推理。因此,找到一种方法去判定某个推理是否有效是至关重要的。在一般的推理理论中,通常使用推理规则去判定一个推理的有效性,符合相关推理规则,则该推理有效,否则无效。本节我们将使用另一种方法,即真值表方法,去判定推理的有效性,这种方法简单而直观,包括完全真值表方法、简化真值表方法以及真值树方法。

(一)什么是有效推理

推理就是一个命题形式(或称公式)序列。其中序列的最后一个公式称为推理的结论,其余在前的所有公式都是前提。前提和结论是推理的两个基本组成部分。

一个推理是有效的,仅指其形式是有效的,即仅考虑前提和结论之间的真假关系,而与前提和结论本身的真假没有直接关系。

定义 4.1　推理"$A_1, A_2, \cdots, A_n, \therefore A$"是有效的,当且仅当在任何对其中出现的所有命题变元进行真值指派下,当 $A_1, A_2, \cdots, A_n$ 每个命题形式均取真值为真时,A 也取真值为真。

简单地说,有效的推理就是保证所有前提均真时结论必为真。判定一个推理是否是无效的,就是看是否存在一组对命题变元的真值指派,使得在所有前提均真时,结论为假。

(二)用完全真值表判定有效推理

完全真值表方法是一种方便能行的判定推理有效性的方法。

例 1　判定 $p \rightarrow q, q \rightarrow r; \therefore p \rightarrow r$ 是否是一有效推理。

首先列出前提和结论的完全真值表:

p	q	r	$p \rightarrow q$	$q \rightarrow r$	$p \rightarrow r$	
1	1	1	1	1	1	(Ⅰ)
1	1	0	1	0	0	(Ⅱ)
1	0	1	0	1	1	(Ⅲ)
1	0	0	0	1	0	(Ⅳ)
0	1	1	1	1	1	(Ⅴ)
0	1	0	1	0	1	(Ⅵ)
0	0	1	1	1	1	(Ⅶ)
0	0	0	1	1	1	(Ⅷ)
①	②	③	④	⑤	⑥	

真值表中,第④、⑤列是前提的真值,第⑥列是结论的真值。从表中可以看出,在对其中的命题变元 p,q,r 的各种真值指派组合下,两前提均取值为真的各行(第(Ⅰ)、(Ⅴ)、(Ⅶ)、(Ⅷ)行),结论也取值为真;并没有出现前提都取值为真,而结论取值为假的情况。因此,从 p→q,q→r 推出 p→r 是一有效的推理。

例 2　判定 p→q,¬p,∴¬q 是否有效推理。

先看完全真值表:

p	q	p→q	¬p	¬q	
1	1	1	0	0	(Ⅰ)
1	0	0	0	1	(Ⅱ)
0	1	1	1	0	(Ⅲ)
0	0	1	1	1	(Ⅳ)
①	②	③	④	⑤	

从真值表可以看出,在第(Ⅲ)行,当两个前提(③、④)都取真值为真时,结论(⑤)取值为假。因此,这是一个无效的推理。

(三)用简化真值表判定有效推理

简化真值表方法也可以判定一推理是否有效。简化真值表方法又称归谬赋值法,它是反证法在真值判定中的一种特殊应用。对于前提数量和命题变元较多的推理,简化真值表方法比完全真值表方法简便得多。它既可以判定某一公式是否是重言式,也可以用来判定一个推理的有效性。当应用于后者时,其原理是:首先假定该推理是无效的,即出现所有前提均真而结论假的情况。在这种假定下,按联结词结合力由弱到强计算各命题变元的真值。若在所有前提都真而结论假的情况下,出现其中至少一个命题变元必然既指派真值为真,又指派真值为假,说明前提真而结论假的假定会导致矛盾,这一假定是不成立的,因此,该推理是有效的。若在至少一次前提均真而结论假的情况下,没有出现命题变元同时既指派为真,又指派为假,说明前提均真而结论假的情况是存在的,因此,推理无效。

例 3　用简化真值表方法判定 p→(q→r),(p∧q),∴r 是否是有效推理。

假定前提均真而结论假,则前提和结论须按如下真值指派:

p→(q→r)	p∧q	∴r	
0 1　1 0 0	1 1 1	0	(Ⅰ)
1 1　0 1 0	1 1 1	0	(Ⅱ)
0 1　0 1 0	1 1 1	0	(Ⅲ)

从表中可以看出,结论假时,r 取值为 0。把 r 取值为 0 代入含有结合力较弱的联结词→的前提 p→(q→r)中,要让 p→(q→r)取值为真,则 p 与 q 的真值指派存在着三种组合。由于同时要让 p∧q 取值为真,此时 p,q 均须取值为真。这样,就出现了在组合(I)下,p 既赋值为真,又赋值为假;在组合(II)下,q 既赋值为真,又赋值为假;在组合(III)下,p 与 q 同时既赋值为真,又赋值为假的情况。因此,要使前提均真而结论为假必然会出现矛盾,所以该推理有效。

上述赋值过程也可以这样进行:在假定所有前提真而结论假的情况下,首先把那些命题变元只有唯一确定赋值的情况列出,然后代入其他命题变元不止一种赋值的命题,再检查会不会导致矛盾。因此,例 3 的赋值过程可以这样进行:

$$\frac{p \rightarrow (q \rightarrow r) \quad p \wedge q \quad \therefore r}{11 \ \ 101 \quad 110 \qquad 0}$$

在假定所有前提真而结论假的情况下,可以确定结论 r 的值为 0,前提 p∧q 的值为 1,此时 p∧q 中的 p 与 q 的值都唯一确定为 1。然后把 p,q 的值代入前提 p→(q→r)中。在确定 p 与 q 的赋值均为 1 的情况下,要使 p→(q→r)取值为 1,r 必须赋值为 1,这与结论 r 的值为 0 矛盾。因此,推理有效。

例 3 的赋值过程还可以这样进行:

$$\frac{p \rightarrow (q \rightarrow r) \quad p \wedge q \quad \therefore r}{10 \ \ 100 \quad 111 \qquad 0}$$

也就是说,首先确定结论 r 的值为 0,前提 p∧q 的值为 1,此时 p∧q 中的 p 与 q 的值都唯一确定为 1。然后把既有的 p,q,r 的值代入前提 p→(q→r)中。我们发现在这种赋值组合下,p→(q→r)取值为 0,这与假设所有前提都真矛盾。因此,推理有效。

按照这一思路,我们再举几个例子。

例 4　判定 p∨q,￢p,∴q 是否是有效推理。

构造其简化真值表:

$$\frac{p \vee q \quad \neg p \quad \therefore q}{000 \quad 10 \qquad 0}$$

假定所有前提都真而结论假,能够确定的是结论 q 赋值 0,前提￢p 赋值 1,因此,p 赋值 0。把 p 赋值 1 与 q 赋值 0 代入前提 p∨q,得出 p∨q 的值为 0。这与所有前提真而结论假的假设矛盾。因此,该推理有效。

例 5　判定(p∨q)→r,r,∴p∨q 是否是有效推理。

构造该推理的简化真值表:

$$
\frac{(p \lor q) \to r \quad r \quad \therefore p \lor q}{0\ 0\ 0\ 1\ 1 \quad 1 \qquad 0\ 0\ 0}
$$

从表中可以看出,当假定两前提均真而结论假时,可以确定结论 p∨q 中的变元 p 与 q 的值均确定为 0,前提之一 r 的值为 1。把它们的赋值组合代入另一个前提(p∨q)→r,得出其值为 1。这与假设并不矛盾,说明使前提都真而结论假的赋值组合是存在的。因此,该推理无效。

真值表方法对于检验推理的有效性是一种能行的方法。任何推理,不管其前提和结论有多复杂,都能用完全真值表或简化真值表在有限步骤内判定其是否有效。

(四)用真值树判定有效推理

真值树实际上也是简化真值表的一种特殊形式,但是比一般简化真值表更为直观。真值树方法就是将一个命题形式分解成只含有命题变元及其否定,构成一个树状结构的方法。

真值树方法的总规则是:当一个真值树所有分支都出现一个命题变元及其否定,那么这个真值树就是封闭的,原命题就是假的。我们在出现命题变元及其否定的各分支下写上"×"作为标记。

具体规则如下:

(1)合取分解:

$$
\begin{array}{l}
A \land B \quad \surd \\
A \\
B
\end{array}
$$

根据该规则,合取式被分解后,它的合取支写在该合取式下方的同一支上。真值形式被被分解后,写上"√"标记,表示该式已经过分解。

(2)析取分解:

$$
\begin{array}{c}
A \lor B \quad \surd \\
\diagup \diagdown \\
A \quad B
\end{array}
$$

根据该规则,析取支被分解后,它的析取支写在该析取式下方的不同分支上。

(3)双重否定分解:

$$
\begin{array}{c}
\neg \neg A \\
A
\end{array}
$$

　　基本规则只有这三条。根据联结词的完全性,任一真值联结都可由→、∨和∧定义,因此,依据以上三条规则可分解任意命题形式。为了操作方便,一般地,首先分解那些不产生新分支的真值形式;然后再分解那些能在同一分支上迅速产生一个命题变元及其否定的真值形式;如果这两条都不能满足,就先分解最复杂的真值形式。例如:

　　因为(A→B)↔(→A∨B),所以下面的分解成立:

$$
\begin{array}{c}
A{\to}B \quad \sqrt{} \\
\diagup\!\diagdown \\
{\to}A \quad B
\end{array}
$$

　　因为→(A∨B)↔(→A∧→B),所以下面的分解成立:

$$
\begin{array}{c}
{\to}(A{\vee}B) \quad \sqrt{} \\
{\to}A \\
{\to}B
\end{array}
$$

　　因为→(A∧B)↔(→A∨→B),所以下面的分解成立:

$$
\begin{array}{c}
{\to}(A{\wedge}B) \quad \sqrt{} \\
\diagup\!\diagdown \\
{\to}A \quad {\to}B
\end{array}
$$

　　因为→(A→B)↔(A∧→B),所以下面的分解成立:

$$
\begin{array}{c}
{\to}(A{\to}B) \quad \sqrt{} \\
{\to}A \\
B
\end{array}
$$

　　因为(A↔B)↔(A∧B)∨(→A∧→B),所以下面的分解成立:

$$
\begin{array}{c}
A{\leftrightarrow}B \quad \sqrt{} \\
\diagup\!\diagdown \\
A \quad {\to}A \\
B \quad {\to}B
\end{array}
$$

　　因为→(A↔B)↔(A∧→B)∨(→A∧B),所以下面的分解成立:

$$
\begin{array}{c}
{\to}(A{\leftrightarrow}B) \quad \sqrt{} \\
\diagup\!\diagdown \\
A \quad {\to}A \\
{\to}B \quad B
\end{array}
$$

　　真值树可以判定一系列命题之间是否存在矛盾。例如,某个案件,几名刑侦人员做出如下断定,判断其中是否存在矛盾:

　　谋杀至少由管家、女仆和园丁三人中一人参与；有证据说明，或者谋杀在室内发生，或者管家参与了谋杀；如果谋杀在室内发生，则园丁可排除作案的可能；如果使用了毒药，那么除非女仆作案，否则管家不会作案。但是，第一，女仆没参与作案，第二，谋杀确实使用了毒药。本问题可以应用真值树轻松解决。

　　令 p 表示"管家参与谋杀"，q 表示"女仆参与谋杀"，r 表示"园丁参与谋杀"，s 表示"谋杀在室内发生"，t 表示"谋杀使用了毒药"。

(1)	$p \lor q \lor r$　　✓		前提
(2)	$s \lor p$　　✓		前提
(3)	$s \to \lnot r$　　✓		前提
(4)	$t \to (\lnot q \to \lnot p)$　　✓		前提
(5)	$\lnot q$		前提
(6)	t		前提

$$\land$$

(7)	$\lnot t$　$\lnot q \to \lnot p$　　✓		(4)分解
	$\times$　$\land$		
(8)	$\lnot \lnot q$　$\lnot p$		(7)分解
(9)	q		(8)分解
	$\times$　$\land$		
(10)	s　p		(2)分解
	$\land$　$\times$		
(11)	$\lnot s$　$\lnot r$		(3)分解
	$\times$　$\land$		
(12)	p　q　r		(1)分解
	$\times$　$\times$　$\times$		

真值树各分支均封闭，所以刑侦人员的判断自相矛盾。

再如，用真值树方法判定下面推理是否有效：

如果"世界上没有真理"这个命题是真的，那么，它就是假的。因此，"世界上没有真理"这个命题是假的。

令 p 表示"世界上没有真理"，则上述推理的真值形式是：

$(p \to \lnot p) \to \lnot p$

如果该真值形式是重言式，那么（当且仅当）它的否定是矛盾式。因此，只要通过构造真值树来判定 $\lnot((p \to \lnot p) \to \lnot p)$ 是否为矛盾式就可以了。

构造 $\lnot((p \to \lnot p) \to \lnot p)$ 的真值树如下：

$(1) \to ((p \to \neg p) \to \neg p)$ 　　　√ 　　　　　　　　　前提

$(2)\ (p \to \neg p)$ 　　　　　　　　√ 　　　　　　　　　(1)分解

(3) 　　　$\to \neg p$ 　　　　　　√ 　　　　　　　　　(1)分解

(4) 　　　　p 　　　　　　　　　　　　　　　　　　　(3)双否

　　　　　　　∧

$(5) \to p \quad \neg p$ 　　　　　　　　　　　　　　　　　　　(2)分解

　　　×　　×

真值树封闭,因此推理有效。

(五)逻辑后承

从以上分析可知,一个有效的推理,在所有的前提都真时,结论必是真的,即有效推理的结论总是为前提所必然蕴涵,结论是前提的逻辑后承,以各前提的合取式作为前件,以结论作为后件的蕴涵式必是重言式,这就是有效推理与重言式的关系。

定义 4.2　A 是 $A_1, A_2, \cdots, A_n$ 的逻辑后承,当且仅当在对命题变元的任何真值指派下,当 $A_1, A_2, \cdots, A_n$ 均取值为真时,A 也取值为真,记作 $A_1, A_2, \cdots, A_n \vDash A$。

在命题逻辑中,逻辑后承与重言式是等价的,基于这一点,我们特别地把逻辑后承也称为重言后承(注意,仅在命题逻辑中才能这样做)。逻辑后承与重言式之间的等价关系可以通过以下定理及其推论反映出来。

定理 4.1　$A_1, A_2, \cdots, A_n \vDash B$,当且仅当 $\vDash A_1 \wedge A_2 \wedge \cdots \wedge A_n \to B$。其中 A_i $(1 \leqslant i \leqslant n)$,B 是任意命题形式,n 是自然数。

证明　先证从左到右。设 $A_1, A_2, \cdots, A_n \vDash B$ 成立。根据定义,在对命题变元的任何真值指派下,当 $A_1, A_2, \cdots, A_n$ 取值为真时,$A_1 \wedge A_2 \wedge \cdots \wedge A_n$ 必真,并且 B 也取值为真,因此,$A_1 \wedge A_2 \wedge \cdots \wedge A_n \to B$ 也是真的;若 $A_1, A_2, \cdots, A_n$ 中有一个或 $k(1 \leqslant k \leqslant n)$ 个命题形式取值为假,则 $A_1 \wedge A_2 \wedge \cdots \wedge A_n$ 也取值为假,此时无论 B 的真假,$A_1 \wedge A_2 \wedge \cdots \wedge A_n \to B$ 都是真的,因此 $\vDash A_1 \wedge A_2 \wedge \cdots \wedge A_n \to B$。

再证从右到左。设 $\vDash A_1 \wedge A_2 \wedge \cdots \wedge A_n \to B$ 成立,则当 $A_1 \wedge A_2 \wedge \cdots \wedge A_n$ 为真时,$A_1, A_2, \cdots, A_n$ 均须取值为真,此时 B 也必取值为真,因此有 $A_1, A_2, \cdots, A_n \vDash B$。

由定理 4.1 产生一个推论:$A \vDash B$ 当且仅当 $\vDash A \to B$。

定理 4.2　$A_1, A_2, \cdots, A_{n-1}, A_n \vDash B$,当且仅当 $A_1, A_2, \cdots, A_{n-1} \vDash A_n \to B$。

　　本定理是说，若一命题形式是若干作为前提的命题形式的逻辑后承，那么以前提之一为前件，以该命题形式为后件的蕴涵式也是其他前提的逻辑后承。这既是逻辑后承性质的反映，又是有效推理对应于一个重言蕴涵式的另一种表述。

　　证明　先从左至右。假设 $A_1, A_2, \cdots, A_{n-1}, A_n \models B$ 成立，我们证明 $A_1, A_2, \cdots, A_{n-1} \models A_n \rightarrow B$ 也成立。设 $A_1, A_2, \cdots, A_{n-1}$ 均取值为真，此时 A_n 或真或假。先假定 A_n 也是真的，即 $A_1, A_2, \cdots, A_{n-1}, A_n$ 均真，根据假设，必有 B 也取值为真，故 $A_n \rightarrow B$ 是真的；设 A_n 取值为假，此时，无论 B 的真假，$A_n \rightarrow B$ 必真。因此，当 $A_1, A_2, \cdots, A_{n-1}$ 均真时，无论 A_n 的真假，必有 $A_n \rightarrow B$ 的值为真。所以 $A_1, A_2, \cdots, A_{n-1} \models A_n \rightarrow B$。若 $A_1, A_2, \cdots, A_{n-1}$ 中有一个或 k($1 \leqslant k \leqslant n-1$) 个为假，则必有 $\models A_1 \wedge A_2 \wedge \cdots \wedge A_{n-1} \rightarrow (A_n \rightarrow B)$。据定理 4.1，显然有 $A_1, A_2, \cdots, A_{n-1} \models A_n \rightarrow B$。

　　再证从右到左。假设 $A_1, A_2, \cdots, A_{n-1} \models A_n \rightarrow B$ 成立，我们证明，$A_1, A_2, \cdots, A_{n-1}, A_n \models B$ 也成立。在对命题变元的各种真值指派下。当 $A_1, A_2, \cdots, A_{n-1}$ 均取值为真时，$A_n \rightarrow B$ 也取值为真，在这种情况下，若 A_n 也同时为真，根据对 $\rightarrow$ 的定义，B 也必为真，因此，$A_1, A_2, \cdots, A_{n-1}, A_n \models B$ 也成立。若 A_n 为假，则必有 $\models A_1 \wedge A_2 \wedge \cdots \wedge A_{n-1} \wedge A_n \rightarrow B$。据定理 4.1，必有 $A_1, A_2, \cdots, A_{n-1}, A_n \models B$。

　　根据定理 4.1 和 4.2 及其证明，一个重言的命题形式是任何命题形式的逻辑后承，而任何命题形式都是一个永假的命题形式的逻辑后承。

　　由定理 4.2 产生一个推论：$A_1, A_2, \cdots, A_{n-1}, A_n \models B$。当且仅当 $\models A_1 \rightarrow (A_2 \rightarrow (\cdots (A_{n-1} \rightarrow (A_n \rightarrow B)) \cdots))$。

　　证明　根据定理 4.2，重复 n 次操作，即可证明该推论。

　　定理 4.3　如果 $A_1, A_2, \cdots, A_n \models B_1$；$A_1, A_2, \cdots, A_n \models B_2$；$\cdots$；$A_1, A_2, \cdots, A_n \models B_m$；并且 $B_1, B_2, \cdots, B_m \models C$；则 $A_1, A_2, \cdots, A_n \models C$。其中 $A_i(1 \leqslant i \leqslant n)$，$B_i(1 \leqslant i \leqslant m)$，C 是任意的命题形式，$n, m \in \mathbf{N}$。

　　本定理说明逻辑后承具有传递性。

　　证明　设 A_i, B_i, C 如题设所述。则在对命题变元的任何真值指派下，当 $A_1, A_2, \cdots, A_n$ 均取值为真时，$B_1, B_2, \cdots, B_m$ 也取值为真。由于 $B_1, B_2, \cdots, B_m \models C$，所以此时 C 也必取值为真，因此 $A_1, A_2, \cdots, A_n \models C$。

　　逻辑后承的传递性可以通过定理 4.3 的推论更加直观地反映出来。该推论是：若 $A \models B$ 并且 $B \models C$，则 $A \models C$。运用定理 4.3，当 $n=1, m=1$ 时，即是对该推论的证明。

　　定理 4.4　若 $A_1, A_2, \cdots, A_n \models C$，则 $A_1, A_2, \cdots, A_n, B \models C$。

证明:在对命题变元的任何真值指派下,当 $A_1,A_2,\cdots,A_n,B$ 均真时,A_1 也必然是真的,因此有 $A_1,A_2,\cdots,A_n,B \vDash A_1$;同理有 $A_1,A_2,\cdots,A_n,B \vDash A_2$;$\cdots$;$A_1,A_2,\cdots,A_n,B \vDash A_n$。又因 $A_1,A_2,\cdots,A_n \vDash C$,根据定理 4.3,$A_1,A_2,\cdots,A_n,B \vdash C$ 显然成立。

本节定理对于以后的形式推演具有重要意义。

五、范式

在命题形式中,有些能直接地显示出真值函数的一些重要逻辑特征,比如一真值函数是否是重言式,是否是矛盾式等等。我们把这类带有典范性,并且在形式上有一定规范的命题形式称为范式。范式可以分为析取范式和合取范式。本节还将介绍析取范式和合取范式的两种特殊形式:完全析取范式和完全合取范式。

(一)范式的定义

定义 5.1　析取式和析取项:$A_1 \vee A_2 \vee \cdots \vee A_n (n \in \mathbf{N})$ 称为析取项为 $A_1,A_2,\cdots,A_n$ 的析取式。其中 $A_i(1 \leqslant i \leqslant n)$ 是任意的命题形式。例如 $p \vee q \vee r$ 就是析取项为 p,q,r 的析取式,$(p \wedge q) \vee r$ 是析取项为 $p \wedge q,r$ 的析取式。

定义 5.2　合取式和合取项:$A_1 \wedge A_2 \wedge \cdots \wedge A_n (n \in \mathbf{N})$ 称为合取项为 $A_1,A_2,\cdots,A_n$ 的合取式。其中 $A_i(1 \leqslant i \leqslant n)$ 可以是任意的命题形式。例如 $p \wedge q \wedge r$ 是以 p,q,r 为合取项的合取式,$p \wedge (q \vee r)$ 是以 $p,q \vee r$ 为合取项的合取式。

定义 5.3　简单析取式:析取项仅为命题变元或命题变元的否定的析取式。例如 $p,\rightarrow q,p \vee \rightarrow q,\rightarrow p \vee p,p \vee q \vee r$ 均为简单析取式,而 $(p \wedge q) \vee r$ 不是简单析取式。

定义 5.4　简单合取式:合取项仅为命题变元或命题变元的否定的合取式。例如 $p,\rightarrow q,p \wedge q,p \wedge \rightarrow q \wedge r$ 均是简单合取式,而 $p \wedge (q \vee r)$ 不是简单合取式。

利用简单析取或合取式,可以判定一命题形式是否是重言式或者矛盾式。判定规则为:

如果一简单析取式至少同时含有一个命题变元及其否定式,那么可判定它为重言式,否则判定它为非重言式;如果一简单合取式中至少同时含有一个命题变元及其否定式,那么可以判定它为矛盾式,否则判定它为非矛盾式。例如可判定,$p \vee \rightarrow q \vee q$ 为重言式,$p \wedge q \wedge \rightarrow p$ 为矛盾式。

定义 5.5　析取范式:以简单合取式为析取项的析取式。考虑以下命题形式：

(1)p

(2)￢q

(3)p∧￢q

(4)p∨q∨￢r

(5)(p∧q∧￢p)∨(p∧r∧￢r)

(6)p∨(q∧(p∨r))

其中(1)—(3)都分别是以一个简单合取式 p,￢q,p∧￢q 为析取项的析取范式,(4)是由三个简单合取式 p,q,￢r 构成的析取范式,(5)是由两个简单合取式 p∧q∧￢p,p∧r∧￢r 构成的。(6)不是析取范式。

定义 5.6　合取范式:以简单析取式为合取项的合取式。例如(p∨q∨￢p)∧(p∨r∨￢r)就是一个合取范式。在上述例子中,命题形式(1)(2)(4)分别是以一个简单析取式 p,￢q,p∨q∨￢r 为合取项的合取范式,(3)则是由两个简单析取式 p,￢q 构成的合取范式。

在以上析取(合取)式、简单析取(合取)式、析取(合取)范式中,都只出现￢、∨、∧ 三种真值联结词,而没有→、↔。￢、∨、∧ 称为限制性联结词,→、↔ 等其他联结词称为非限制性联结词。

也可以通过析取范式和合取范式判定一命题形式是否重言式或矛盾式。判定规则为:一析取范式是一矛盾式,当且仅当它的每一析取项都有一个命题变元及其否定式同时出现;一合取范式是一重言式,当且仅当它的每一合取项都有一个命题变元及其否定式同时出现。在定义 5.5 和 5.6 的例子中,(1)(2)(3)(4)既不是矛盾式,也非重言式。而根据析取范式判定规则,(5)必是矛盾式。根据合取范式判定规则,(p∨q∨￢p)∧(p∨r∨￢r)必是重言式。由此可知,给定一个命题形式,若能找出与之等值的析取或合取范式,那么就可以很快地确定它是否是重言式或矛盾式。

(二)范式存在定理及求范式方法

定理 5.1　(析取范式存在定理)任意的命题形式 A,都存在一个析取范式 A′,使得 A′与 A 等值,并且二者所含的命题变元相同。

证明:该定理的证明实质上只需借助一些等值置换规则,把 A 等值变形为析取范式 A′。本章第三节表达逻辑规律的那些等值的重言式可以直接作为等值置换规则使用。

(1)替换 A 中的非限制联结词→、↔。若 A 中存在形如 B→C 的支命题形式,则等值置换成→B∨C;若 A 中有支命题形式 B↔C,则等值置换或(B∧C)∨(→B∧→C)。设经过如此置换后的命题形式为 A_1,则 A_1 等值于 A,并且 A_1 中只有→、∨、∧三种联结词。

(2)对 A_1 进行等值置换。若 A_1 中存在形如→→B 的支命题形式,则置换成 B;若 A_1 中有→(B∧C)、→(B∨C)的支命题形式,则分别等值置换成→B∨→C、→B∧→C。设经过置换后的公式为 A_2,显然有 A_2 等值于 A_1,因而也等值于 A,而且 A_2 中的所有联结词→都出现在命题变元的直接左边(即在→和命题变元之间没有任何其他符号)。

(3)对 A_2 进行等值置换。若 A_2 中存在形如 B∧(C∨D)的支命题形式,则根据分配律等值置换为(B∧C)∨(B∧D)。设经过置换后的公式为 A',显然有 A'等值于 A_2,因而也等值于 A,并且 A'是一析取范式。

以上对析取范式存在定理的证明过程同时也是求一个命题形式的析取范式的过程。

例如,求下列命题形式的析取范式,并判定它是否矛盾式。

(1)((p→q)→r)∧r

解　((p→q)→r)∧r

↔ (→(p→q)∨r)∧r　　　　　　　　　　　　　　　　　　（蕴析律）

↔ (→(→p∨q)∨r)∧r　　　　　　　　　　　　　　　　　（蕴析律）

↔ ((p∧→q)∨r)∧r　　　　　　　　　　　　　　　　　　（DMG）

↔ ((p∧→q)∧r)∨(r∧r)　　　　　　　　　　　　　　　　（分配律）

↔ (p∧→q∧r)∨(r∧r)　　　　　　　　　　　　　　　　　（结合律）

(p∧→q∧r)∨(r∧r)就是所要求的析取范式。由于各析取项都没有一个命题变元及其否定同时出现,因此不是矛盾式。

(2)→(p∧(q∨→q)↔p)

解　→(p∧(q∨→q)↔p)

↔→((p∧q)∨(p∧→q)↔p)　　　　　　　　　　　　　　　（分配律）

↔→(((p∧q)∨(p∧→q)→p)∧(p→(p∧q)∨(p∧→q)))　（等值互蕴律）

↔→((p∧q)∨(p∧→q)→p)∨→(p→(p∧q)∨(p∧→q))　（DMG）

↔(((p∧q)∨(p∧→q))∧→p)∨(p∧(→(p∧q)∧→(p∧→q)))

　　　　　　　　　　　　　　　　　　　　　　　　　　（蕴析律、DMG）

↔((p∧q∧→p)∨(p∧→q∧→p))∨(p∧(→p∨→q)∧(→p∨q))

　　　　　　　　　　　　　　　　　　　　　　　　　　（结合律、DMG）

$\leftrightarrow(p\wedge q\wedge\neg p)\vee(p\wedge\neg q\wedge\neg p)\vee(((p\wedge\neg p)\vee(p\wedge\neg q))$

$\wedge(\neg p\vee q))$ （分配律、结合律）

$\leftrightarrow(p\wedge q\wedge\neg p)\vee(p\wedge\neg q\wedge\neg p)\vee(((p\wedge\neg p)\wedge(\neg p\vee q))$

$\vee((p\wedge\neg q)\wedge(\neg p\vee q)))$ （分配律）

$\leftrightarrow(p\wedge q\wedge\neg p)\vee(p\wedge\neg q\wedge\neg p)\vee((p\wedge\neg p\wedge\neg p)\vee(p\wedge$

$\neg p\wedge q)\vee(p\wedge\neg q\wedge\neg p)\vee(p\wedge\neg q\wedge q))$ （分配律）

$\leftrightarrow(p\wedge q\wedge\neg p)\vee(p\wedge\neg q\wedge\neg p)\vee(p\wedge\neg p\wedge\neg p)\vee(p\wedge$

$\neg p\wedge q)\vee(p\wedge\neg q\wedge\neg p)\vee(p\wedge\neg q\wedge q)$ （结合律）

$\leftrightarrow(p\wedge q\wedge\neg p)\vee(p\wedge\neg q\wedge\neg p)\vee(p\wedge\neg p\wedge\neg p)\vee(p\wedge$

$\neg q\wedge q)$ （等幂律）

在该析取范式中，所有析取项中都有一个命题变元及其否定式同时出现，所以是矛盾式。

定理 5.2 （合取范式存在定理）任意的命题形式 A，都存在一个合取范式 A′，使得 A′ 与 A 等值，并且两者所含的命题变元相同。

本定理的证明类似定理 5.1。第（1）、（2）步完全相同，只需对第（3）步略作改动：若 A_2 中有情如 $B\vee(C\wedge D)$ 的支命题形式，则等值置换为 $(B\vee C)\wedge(B\vee D)$，由此所得到的命题形式就是等值于 A 的合取范式。

例如，求下列命题形式的合取范式，并判定它是否重言式。

（1）$(p\wedge q)\vee(\neg q\leftrightarrow r)$

解 $(p\wedge q)\vee(\neg q\leftrightarrow r)$

$\leftrightarrow(p\wedge q)\vee((\neg q\rightarrow r)\wedge(r\rightarrow\neg q))$ （等值互蕴律）

$\leftrightarrow(p\wedge q)\vee((q\vee r)\wedge(\neg r\vee\neg q))$ （蕴析律）

$\leftrightarrow((p\wedge q)\vee(q\vee r))\wedge((p\wedge q)\vee(\neg r\vee\neg q))$ （分配律）

$\leftrightarrow(p\vee q\vee r)\wedge(q\vee q\vee r)\wedge(p\vee\neg r\vee\neg q)\wedge(q\vee\neg r\vee\neg q)$

（分配律、结合律）

在（1）的合取范式中，并非每个合取项都有一个命题变元及其否定式同时出现，因而不是重言式。

（2）$p\rightarrow((p\rightarrow q)\rightarrow q)$

解 $p\rightarrow((p\rightarrow q)\rightarrow q)$

$\leftrightarrow\neg p\vee(\neg(\neg p\vee q)\vee q)$ （蕴析律）

$\leftrightarrow\neg p\vee((p\wedge\neg q)\vee q)$ （DMG）

$\leftrightarrow\neg p\vee((p\vee q)\wedge(\neg q\vee q))$ （分配律）

$\leftrightarrow(\neg p\vee p\vee q)\wedge(\neg p\vee\neg q\vee q)$ （分配律、结合律）

可以判定(2)的合取范式是重言式。

任意命题形式都存在析取范式和合取范式,但这种范式不具有唯一性,在求析取或合取范式的过程中,所使用的等值置换规则的先后顺序不一样可能得出不同的范式。此外,使用析取范式和合取范式只能判定两种特殊的真值类型,它不能判定命题形式的全部真值类型。以下给出能克服这些局限性的两种特殊的范式:完全析取范式和完全合取范式,统称完全范式。

(三)完全析取范式与完全合取范式

1.完全范式的定义

定义 5.7　任意命题形式 A 的析取(合取)范式 A′若满足:

(1)A 中所出现的所有命题变元均在 A′的每一析取(合取)项中同时出现;

(2)A′中没有完全相同的析取(合取)项;

(3)A′的每一析取(合取)项中均没有相同的命题变元;

(4)A′的每一析取(合取)项中的命题变元均按 p_1,p_2,$\cdots$,p_N($n \in \mathbf{N}$)或 p,q,r,$\cdots$,的先后次序排列;

(5)各析取(合取)项的次序依命题变元的字典顺序排列,在此基础上,含有 p_i($i \in \mathbf{N}$,$1 \leqslant i \leqslant n$)的析取(合取)项排在含有 $\neg p_i$ 的析取(合取)项之前。

则 A′为 A 的完全析取(合取)范式,也叫优析取(合取)范式。

例如下列命题形式:

(1)$(p \wedge q \wedge r) \vee (p \wedge \neg q \wedge \neg r) \vee (\neg p \wedge q \wedge \neg r)$

(2)$(p_1 \wedge q) \vee (p_2 \wedge q) \vee (p_3 \wedge \neg q)$

(3)$(p \wedge q) \vee (p \wedge q) \vee (\neg p \wedge q)$

(4)$(p \wedge \neg p \wedge q) \vee (p \wedge \neg p \wedge \neg q)$

(5)$(p \wedge q \wedge \neg r) \vee (p \wedge q \wedge r) \vee (\neg p \wedge \neg q \wedge \neg r)$

均是析取范式,(1)符合定义 5.7 的五个条件,是完全析取范式。(2)—(5)均不是完全析取范式,其中命题形式(2)违反条件(1),(3)违反条件(2),(4)违反条件(3),(5)违反条件(5)。

在下列合取范式中:

(1)$(p \vee \neg q) \wedge (\neg p \vee q) \wedge (\neg p \vee \neg q)$

(2)$(p \vee \neg q \vee r) \wedge (p \vee \neg q \vee \neg r)$

(3)$(p \vee q) \wedge (\neg q \vee p) \wedge (\neg p \vee q)$

(1)、(2)均是完全合取范式,(3)不是完全合取范式,因为它违反了条件(4)。

2.完全析取范式的求解方法

定理 5.3 任意命题形式都有唯一的完全析取范式。

这就是完全析取范式存在定理。对本定理需要从完全析取范式的存在性与唯一性的两个方面去证明。

证明 首先证明存在性。对于任意的命题形式,如果都能找到一种方法,求出它的完全析取范式,则其存在性就得到了证明。设 A 是任意的命题形式,p_1, p_2,$\cdots$,p_n 是其所有的命题变元。构造 A 的完全真值表,考察真值表的各行。若第 i 行 A 取值为真,则构造一个合取式 C_i,$C_i = p_1^* \wedge p_2^* \wedge \cdots \wedge p_n^*$,若在此行 p_1 取值为真,则 p_1^* 为 p_1,否则为 $\rightarrow p_1$,p_2^*,p_3^*,$\cdots$,p_n^* 与 p_1^* 的取值方式相同。最后把每个这样的合取式联结成一个析取式 D。根据定理 3.1,这样构造的 D 与 A 有完全相同的真值表,二者是等值的,因而 D 就是 A 的析取范式。按照完全范式的要求对 D 进行调整,所得的命题形式 A′ 就是 A 的完全析取范式。

再证明唯一性。由于任意公式 A 的完全真值表是唯一确定的,上述构造过程完全是根据其真值表进行的一种机械操作,且每一步都是确定的,所得到的析取式 D 可能不同之处仅在于命题变元和各析取项的排列顺序,而按完全范式重新调整的过程也是唯一确定的,因此,最后所得到的命题形式 A′ 是唯一的。

上述对完全析取范式存在定理的证明过程实际上也是完全析取范式求解的方法。

例 1 求 $((p \rightarrow q) \rightarrow r) \wedge r$ 的完全析取范式。

构造 $((p \rightarrow q) \rightarrow r) \wedge r$ 的完全真值表:

p	q	r	$p \rightarrow q$	$(p \rightarrow q) \rightarrow r$	$((p \rightarrow q) \rightarrow r) \wedge r$
1	1	1	1	1	1
1	1	0	1	0	0
1	0	1	0	1	1
1	0	0	0	1	0
0	1	1	1	1	1
0	1	0	1	0	0
0	0	1	1	1	1
0	0	0	1	0	0

按照完全析取范式的构造方法，$C_1 = p \wedge q \wedge r$；$C_2 = p \wedge \neg q \wedge r$；$C_3 = \neg p \wedge q \wedge r$；$C_4 = \neg p \wedge \neg q \wedge r$；所以 $D = (p \wedge q \wedge r) \vee (p \wedge \neg q \wedge r) \vee (\neg p \wedge q \wedge r) \vee (\neg p \wedge \neg q \wedge r)$。D 就是所求的完全析取范式。

当然，不必一定要根据真值表来求完全析取范式，可以按照等值置换规则得到一个命题形式的完全析取范式。

例 2　求 $p \wedge q \to q$ 的完全析取范式：

解　$p \wedge q \to q$

$\leftrightarrow (\neg p \vee \neg q) \vee q$ （蕴析律、DMG）

$\leftrightarrow \neg p \vee \neg q \vee q$ （结合律）

$\leftrightarrow (\neg p \wedge (q \vee \neg q)) \vee (\neg q \wedge (p \vee \neg p)) \vee (q \wedge (p \vee \neg p))$　（添项/基元律）

$\leftrightarrow (\neg p \wedge q) \vee (\neg p \wedge \neg q) \vee (\neg q \wedge p) \vee (\neg q \wedge \neg p) \vee$

$(q \wedge p) \vee (q \wedge \neg p)$ （分配律）

按完全范式要求，上式变为：$(p \wedge q) \vee (p \wedge \neg q) \vee (\neg p \wedge q) \vee (\neg p \wedge \neg q)$，这就是 $p \wedge q \to q$ 的完全析取范式。

在本例求完全析取范式过程中，应用了"添项"规则，并删除了一些重复的析取项，现对此作一说明。"添项"规则是基元律在求完全范式中的应用。一般来说，求一个命题形式的完全析取范式，可以首先求出其析取范式。若某个命题变元 p_i 不在析取范式的某个析取项 C 中出现，则根据 $\vdash C \wedge (p_i \vee \neg p_i) \leftrightarrow C$ 添项，即用 $C \wedge (p_i \vee \neg p_i)$（分配后为 $(C \wedge p_i) \vee (C \wedge \neg p_i)$）去等值置换 C。对析取式中重复的析取项或析取项中重复的命题变元，根据等幂律 $\vdash A \vee A \leftrightarrow A$ 和 $\vdash A \wedge A \leftrightarrow A$ 进行删除。删去矛盾的析取项，即形如 $(p_i \wedge p_j \wedge \neg p_j)$ 的析取项，其根据是 $\vdash C \vee (p_i \wedge p_j \wedge \neg p_j) \leftrightarrow C$（$p_i, p_j$ 是任意命题变元）。若每一析取项都是矛盾式，则全部删去后，其析取项个数为 0，记作 $\Phi(\vee)$。最后按完全范式的要求，对析取项和各析取项中命题变元的次序进行调整，就可以得到完全析取范式。

用完全析取范式可以判定任何命题形式的真值类型，判定规则是：如果一个含有 n 个命题变元的命题形式的完全析取范式的析取项的个数 $k = 2^n$，那么可判定它为重言式；若 $k = 0$，则为矛盾式；若 $0 < k < 2^n$，则为偶真式，并且有 k 种对命题变元的真值指派，使得命题形式取值为真。

在上述例 1 中，可知 $((p \to q) \to r) \wedge r$ 既不是重言式，也不是矛盾式，而是偶真式，在对命题变元 p，q，r 的四种真值指派 $(1,1,1)$，$(1,0,1)$，$(0,1,1)$ 以及 $(0,0,1)$ 下，该命题形式取值为真。在例 2 中，$p \wedge q \to q$ 是重言式，因为其中只含有两个命题变元，而它的完全析取范式有 4 个析取项。

3.完全合取范式的求解方法

定理 5.4　任意命题形式都有唯一的完全合取范式。

这就是完全合取范式存在定理。证明略。

求完全合取范式的一般过程是：首先求出合取范式。若命题形式所包含的某个命题变元 p_i 不在合取范式的某个合取项 C 中出现，则根据 $\vdash C \vee (p_i \wedge \neg p_i) \leftrightarrow C$ 进行添项，即用 $C \vee (p_i \wedge \neg p_i)$（展开后即是 $(C \vee p_i) \wedge (C \vee \neg p_i)$）等值替换 C，使所有命题变元在每个合取项中均出现。然后根据等幂律删去重复的合取项和各合取项中重复的命题变元。删去重言的合取项，即根据 $\vdash C \wedge (p_i \vee p_j \vee \neg p_j) \leftrightarrow C$（$p_i$，$p_j$ 为任意命题变元），删去形如 $(p_i \vee p_j \vee \neg p_j)$ 的合取项。当合取项的个数为 0 时，记作 $\Phi(\wedge)$。最后按完全范式的要求，对合取项以及各合取项中命题变元的次序重新排列。所得到的就是完全合取范式。

例如，求下列命题形式的完全合取范式。

(1) $\neg(p \rightarrow p \vee q)$

解　$\neg(p \rightarrow p \vee q)$

$\leftrightarrow p \wedge \neg(p \vee q)$ 　　　　　　　　　　　　　　（蕴析律、DMG）

$\leftrightarrow p \wedge \neg p \wedge \neg q$ 　　　　　　　　　　　　　（DMG、结合律）

$\leftrightarrow (p \vee (q \wedge \neg q)) \wedge (\neg p \vee (q \wedge \neg q)) \wedge (\neg q \vee (p \wedge \neg p))$ 　（添项）

$\leftrightarrow (p \vee q) \wedge (p \vee \neg q) \wedge (\neg p \vee q) \wedge (\neg p \vee \neg q) \wedge (p \vee \neg q)$

$\wedge (\neg p \vee \neg q)$ 　　　　　　　　　　　　（分配律、交换律、结合律）

$\leftrightarrow (p \vee q) \wedge (p \vee \neg q) \wedge (\neg p \vee q) \wedge (\neg p \vee \neg q)$ 　（删去重复项）

(2) $p \wedge q \rightarrow p \vee q$

解　$p \wedge q \rightarrow p \vee q$

$\leftrightarrow \neg(p \wedge q) \vee (p \vee q)$ 　　　　　　　　　　　　（蕴析律）

$\leftrightarrow (p \vee \neg q) \vee (p \vee q)$ 　　　　　　　　　　　　（DMG）

$\leftrightarrow \neg p \vee \neg q \vee p \vee q$ 　　　　　　　　　　　　（结合律）

$\leftrightarrow \Phi(\wedge)$ 　　　　　　　　　　　　　　（删去重言的合取项）

(3) $(p \vee q) \wedge q \rightarrow \neg p$

解　$(p \vee q) \wedge q \rightarrow \neg p$

$\leftrightarrow \neg((p \vee q) \wedge q) \vee \neg p$ 　　　　　　　　　　　（蕴析律）

$\leftrightarrow ((\neg p \wedge \neg q) \vee \neg q) \vee \neg p$ 　　　　　　　　　（DMG）

$\leftrightarrow (\neg p \wedge \neg q) \vee (\neg q \vee \neg p)$ 　　　　　　　　　（结合律）

$\leftrightarrow (\neg p \vee \neg q \vee \neg p) \wedge (\neg q \vee \neg q \vee \neg p)$ 　　　　　（分配律）

$\leftrightarrow(\neg q \lor \neg p) \land (\neg q \lor \neg p)$ 　　　　（删去合取项中重复的命题变元）

$\leftrightarrow \neg q \lor \neg p$ 　　　　　　　　　　　　　　（删去重复的合取项）

$\leftrightarrow \neg p \lor \neg q$ 　　　　　　　　　　　　　　　　　　（交换律）

用完全合取范式也可以判定任何命题形式的真值类型,判定方法是:如果一含有 n 个命题变元的命题形式的完全合取范式的合取项的个数 $k=2^n$,那么可判定它为矛盾式,如上述例（1）;如果 $k=0$,那么可判定它为重言式,如上述例（2）;如果 $0<k<2^n$,则可判定它为偶真式,如上述例（3）。

完全范式还有许多其他重要作用,比如可以用来确定两个含有相同命题变元的命题形式是否等值,因为完全范式是唯一的。两个命题形式是等值的,当且仅当其完全析取（合取）范式是完全相同的。

例如,确定命题形式 $p \to q \lor r$ 与 $(p \to q) \lor (p \to r)$ 是否等值。

解　两者的完全合取范式分别为:

$p \to q \lor r$

$\leftrightarrow \neg p \lor q \lor r$ 　　　　　　　　　　　　　　　　　　（蕴析律）

$(p \to q) \lor (p \to r)$

$\leftrightarrow \neg p \lor q \lor \neg p \lor r$ 　　　　　　　　　　　　　（蕴析律）

$\leftrightarrow \neg p \lor q \lor r$ 　　　　　　　　　　　　（删去重复的命题变元）

两个命题形式的完全合取范式完全相同,因而是等值的。

练习题

一、用真值表方法判定下列命题形式是重言式、矛盾式还是偶真式。

1. $\neg((p \to q) \land p \to q)$

2. $(p \to q) \to ((p \to \neg q) \to \neg p)$

3. $(p \lor q) \land \neg(p \land q)$

4. $(p \to \neg(q \land r)) \leftrightarrow (p \lor r \to \neg q)$

5. $(p \to (q \to r)) \to (p \land q \to \neg q \land \neg r)$

6. $p \to (q \to (p \land q))$

7. $((p \leftrightarrow p_1) \land (q \leftrightarrow q_1)) \to ((p \land q) \leftrightarrow (p_1 \land q_1))$（要求本真值表只有 8 行）

8. $(p \to q) \land q \to p$

二、$|$ 为二元联结词,$|$ 的真值表如下:

p	q	p｜q
1	1	0
1	0	1
0	1	1
0	0	1

求证：

1. 当 A 和 A｜(B｜C)都真时,B 也是真的。

2. A｜(B｜C)与 A→B∧C 逻辑等值。

三、↓为二元联结词,↓的真值表如下：

p	q	p↓q
1	1	0
1	0	0
0	1	0
0	0	1

求只含有↓的命题形式,使之分别逻辑等值于下列命题：

1. →A∧B

2. A→(B→A)

四、我们称只含有联结词→、∨和∧的命题形式为限制的命题形式。求证：任意形式 A,都可以找到一个与之等值的限制命题形式 A′,并且 A′ 中所有的联结词→只出现在命题变元的直接前面(即→不出现在任何含有联结词的命题形式前面,如→→p,→(p∨q)等在 A′ 中不出现)。

五、用本章所给的逻辑规律(重言的等值式)证明下列公式也是命题逻辑规律。

1. ⊨→(A→B)↔A∧→B

2. ⊨(A→B)∨(B→A)

3. ⊨ A∧(B₁∨B₂∨⋯∨Bₙ)↔(A∧B₁)∨(A∧B₂)∨⋯∨(A∧Bₙ)(n≥1)

4. ⊨(A↔B)↔(A∧B)∨(→A∧→B)

5. ⊨(A→B)↔(→B→→A)

6. ⊨→(→A∨→B)↔A∧B

六、用简化真值表方法判定下列推理是否有效。

1. p→(q→r),p→q,∴p→r

2. p→q∧r,q,∴→r→→p

3. p∨q,r∨s,p→r,∴p→s

4. $p \rightarrow q, r \rightarrow s, \neg q \vee \neg s, \therefore \neg p \vee \neg r$

七、将以下推理符号化,并用真值树方法判明它们是否有效?

1. 如果甲队在这场球赛中取胜,则甲队将赢得这场联赛冠军。所以,如果甲队在这场球赛中取胜并且它继续打下面的场次,则甲队将赢得这场联赛冠军。

2. 只要执行正确的知识分子政策,就能发挥知识分子的积极性。如果不发挥知识分子的积极性,就不能使科技事业兴旺。所以,如果执行正确的知识分子政策,就能使科技事业兴旺。

3. 如果服用了阿司匹林或者对乙酰氨基酚,那么注射疫苗后就必然不会产生良好抗体反映。小张注射疫苗后产生了良好的抗体反映。因此,小张没有服用阿司匹林,也没有服用对乙酰氨基酚。

4. 经济学家:现在中央政府是按照 GDP 指标考核地方政府的政绩。要提高地方的 GDP,需要大量资金。在现行体制下,地方政府只有通过转让土地才能筹集大量资金。要想高价拍卖土地,则房价必须高,因此地方政府有很强的推高房价的动力。但中央政府已经出台一系列措施稳定房价,如果地方政府仍大力推高房价,则可能受到中央政府的责罚。因此,在现行体制下,地方政府可能受到中央政府的责罚,或者无法提高其 GDP 政绩。

5. 如果有人的灵魂不能进入天堂,则"上帝之爱"就不是普适的;如果"上帝之爱"不是普适的,则上帝的存在就不是合理的。如果所有人的灵魂都能进入天堂,那么,是否信仰上帝就没有重大区别,并且是否信仰某种宗教也没有重大区别。因此,如果上帝的存在是合理的,那么是否信仰上帝就没有重大区别。

6. 如果没有外国资本和劳动力注入,俄罗斯靠自己的力量将无法实现远东地区的振兴。但是,如果外国资本和劳动力进入远东地区,该地区有可能被外国移民"异化"。因此,如果不靠自己的力量又要实现远东地区的振兴,俄罗斯将面临该地区可能被外国移民"异化"的问题。

八、重言代入定理与等值置换定理有何区别?请举若干例子说明。

九、设 A,B 都是限制的命题形式,A^* 和 B^* 分别是把 A 和 B 中的 $\vee$ 换成 $\wedge$,$\wedge$ 换成 $\vee$,其余联结词和命题变元均保持不变,则称 A^* 和 B^* 分别是 A 和 B 的对偶。

求证:若 A^* 和 B^* 分别是 A 和 B 的对偶,则有

1. $\vDash \neg A$,当且仅当 $\vDash A^*$。

2. 如果 $\vDash A \leftrightarrow B$,那么 $\vDash A^* \leftrightarrow B^*$。

3. 如果 $\vDash A \rightarrow B$,那么 $\vDash B^* \rightarrow A^*$。

十、求以下公式的合取范式,指明是否重言式。

1. $(p\rightarrow q)\vee(\rightarrow p\rightarrow\rightarrow r)\rightarrow(q\wedge r)$

2. $p\rightarrow((p\rightarrow q)\rightarrow q)$

3. $(p\rightarrow\rightarrow q)\rightarrow\rightarrow q$

4. $\rightarrow(p\leftrightarrow q)$

十一、求以下公式的析取范式,指明是否矛盾式。

1. $(p\wedge q)\rightarrow(\rightarrow q\wedge r)$

2. $(p\wedge\rightarrow r)\vee(p\wedge q)\rightarrow(q\wedge r)$

3. $(p\wedge q)\vee((p\wedge r)\wedge\rightarrow r)\rightarrow p$

4. $(p\rightarrow q)\leftrightarrow(r\rightarrow s)$

十二、求下列命题形式的完全析取范式,并判定其真值类型。

1. $(p\wedge q)\wedge r\leftrightarrow p\wedge(q\wedge r)$

2. $(p\vee q)\wedge p\rightarrow\rightarrow q$

3. $\rightarrow(p\wedge q)\leftrightarrow\rightarrow(p\rightarrow\rightarrow q)$

4. $p\wedge(q\vee r)\leftrightarrow(p\wedge q)\vee(p\wedge r)$

十三、证明定理 5.4。

十四、求下列公式的完全合取范式,并判定其真值类型。

1. $(\rightarrow p\wedge q)\vee(p\wedge\rightarrow q)\vee(\rightarrow p\wedge\rightarrow q)$

2. $(p\rightarrow q)\wedge(q\rightarrow r)\rightarrow(\rightarrow r\rightarrow\rightarrow p)$

3. $p\vee(q\wedge r)\leftrightarrow(p\vee q)\wedge(p\vee r)$

4. $(p\rightarrow(q\rightarrow r))\rightarrow((p\rightarrow q)\rightarrow(p\rightarrow r))$

十五、求一个二元的命题形式,使其真值表的值为:1110;求一个三元的命题形式,使其真值表的值为:11000111。

第四章　命题演算形式系统

本章用形式化方法研究命题逻辑,构造命题演算形式系统。首先介绍形式系统的一般结构,然后建构命题演算形式系统 P。

一、形式系统概述

上一章讨论了真值函数、通过等值置换求命题形式的各种范式以及推理的有效性、逻辑后承等许多重要的命题逻辑问题。这种讨论是以真值表为基础的。尽管真值表方法具有直观性和易于操作性,但由于它没有把命题形式之间的转换当成一个演绎过程,没有把所有的重言式作为一个整体去研究,因而缺乏系统性和普遍适用性,许多更复杂的问题没法通过真值表方法解决。本章将用另一种方法即形式演算的方法研究命题形式。

(一)公理化和公理系统

科学是以理论形态存在的。作为一种理论体系,科学是由一系列概念和命题构成,但绝不是概念和命题的简单堆积,而是要建立命题之间的内在的逻辑推演关系。公理化方法就是一种构造科学理论体系的演绎方法。

把一个科学理论公理化,就是用公理方法研究它,建立一个公理系统。公理化的实现包括两个要点:

其一,从科学理论的概念集中,挑选出一组初始概念。初始概念不加定义,而其他所有概念均须由初始概念通过定义引入,从而建立起该理论的严格定义的概念体系。定义引入的概念称为定义概念。

其二,从科学理论的命题集中,挑选出一组初始命题作为公理,初始命题不加证明,而其他所有命题均须由初始命题通过逻辑推演规则推导出来,称为定理。定理的推演过程称为证明。运用逻辑推演规则、公理和已证定理,就可以进一步推导出一系列新的定理,从而构造科学理论体系。

用公理方法构造的系统称为公理系统。从以上分析可以看出,一个公理系统包括以下内容:

(1)初始概念;

(2)定义概念;

(3)公理;

(4)定理。

其中,初始概念和公理是公理系统的出发点。

公理方法经历了一个从古典公理学到现代形式公理学的发展过程。古典公理学又称实质公理学,古希腊著名数学家欧几里德(Euclid,约前 330—前 275)在其《几何原本》中建立了最具代表意义的古典公理学。古典公理系统一般是针对某一特定对象领域而建立的,因而是先有研究对象,然后才有反映研究对象的概念和公理。这使得古典公理学除了其自身对象领域外,一般不具有普遍应用性。古典公理系统还要求初始概念和公理都有直观的具体内容,公理的真实性应该是不证自明的,符合人们的直觉和经验。

1899 年,希尔伯特的《几何基础》一书的发表标志着现代形式公理学的产生。现代形式公理学具有以下特点:

(1)系统的初始概念和公理并不是针对某一特定对象领域而设定的,而是带有极大的普遍性,可以对公理进行任意的解释。

(2)初始概念和公理并没有直观的具体内容,系统本身也不对此作出具体规定,因而形式公理学的适用范围要比实质公理学大得多。

(3)更多关心的是系统的一致性,即不会推出矛盾;可靠性,即推出的都是真命题;完全性,即系统蕴涵了一切真命题。

(二)形式化和形式系统

对一个公理系统进行形式化,就是用专门设计的人工表意符号语言去陈述其理论。这种人工语言称为形式语言。具体地说,就是把公理系统的概念转换为形式语言中的符号,命题转换为符号公式,定理的推演转换为符号公式的变形,证明转换为公式的有穷序列。

完全形式化的公理系统就是形式系统,它是一种最精确、最严格的公理系统。一个形式化的逻辑推理系统类似于一个计算机程序,或者说逻辑演算建构推理系统的方法与在计算机上建构推理系统具有相似性。实际上,逻辑演算系统建构的重要目的就是为了实现应用计算机进行逻辑推理。

形式系统包括以下四个部分：

(1)初始符号。它是形式系统中允许出现的所有符号,并且系统本身不规定这些符号的任何意义。

(2)形成规则。系统中将会出现许多由初始符号组成的符号串。形成规则确定一种程序,借以判定哪些是系统中认可的符号串,即项或公式。

(3)公理。作为形式系统出发点的一个或一组公式,都是经过解释以后是真的命题。其真实性在系统中是不加推导的。

(4)变形规则。变形规则确定如何从一个或一组公式推演出另一个公式,又称推理规则或推演规则。如果作为出发点的一个或一组公式是已被断定了的,则推演出来的公式就是系统中的定理。

形式系统对其中的定理做了一个归纳定义：

(1)每一公理是定理;

(2)如果所有的前提都是定理,那么从这些前提出发,运用推理规则推演出来的公式也是定理;

(3)只有根据(1)、(2)所得的才是定理,其他的都不是定理。

形式系统关于定理的定义为我们指明了一个方向:如果要证明系统中的定理都有某种性质,只需证明：

(1)每一公理都有这种性质;

(2)若所有前提都有这种性质,那么由前提推演出的结论必有这种性质(因推理规则能保持这种性质在推演的前后不发生变化)。

这种证明方法称为对定理的归纳证明,(1)称为基始,(2)称为归纳。以后会经常用到。

形式系统中的每一定理都是需要证明的。如前所述,定理是从公理出发通过推理规则一步步得出的,定理的生成过程实质上就是对定理的证明过程。具体地说,形式系统中的证明是指一有穷长的公式系列,其中每个公式或者是一个公理,或者是序列中在前的公式运用推理规则推演出来的公式,我们把该公式序列作为对序列中最后一个公式的证明,这最后一个公式就称为定理。从证明的定义可知,公理本身就是对自身的一个证明。

对一个形式系统来说,还有一个最重要的要求,即具有可判定性,能够按照机械程序在有限步骤内对下述问题做出判定：

(1)任一符号是不是系统的初始符号;

(2)任一有穷长的符号串是不是系统的公式;

（3）任一公式是不是系统的公理；

（4）任一公式是不是从给定公式按照某条推理规则推演出来的公式；

（5）任一公式序列是不是系统的一个证明。

形式系统的四个组成部分可以让我们对这五个问题做出明确的判断，从而排除一切系统之外的东西，而不论这些东西在人们的直觉中是多么的"理所当然"。这样做的目的是使得形式系统更严格、明确，而不诉诸人们的直觉和语言环境。

（三）形式系统的其他重要概念

1. 语法和语义

形式系统不涉及到任何具体内容，或者说是抽象掉了任何具体内容的纯形式化的符号系统。形式系统的语法研究就是处理系统中的符号及其组合，即符号与符号之间的转换关系。从一定的意义上讲，形式系统自身只具有语法意义。其优点在于，符号及由符号构成的公式是确定的，不会引起歧义，而且易于掌握；而涉及的具体内容和意义的东西往往是比较抽象的，不同的人理解起来可能会有分歧。因此，用符号去构造系统比用含有具体内容的东西去构造系统要精确得多。语法研究包括一致性、完全性、可判定性等问题。

形式系统虽然抽象掉了具体内容，但建立形式系统的本意并不是不关心具体对象，相反，是要能处理更多的对象，使系统在不同对象领域有其广泛的应用性。因而在形式化的过程中，一般尽量使形式语言能反映对象的性质和意义。逻辑语义研究就是对形式系统的符号和公式进行解释，使之成为有意义和内容的概念、命题和推理，实现形式系统在一定的论域中精确而严格地描述具体的对象世界。因此，语义研究所要解决的是符号与其所反映的对象之间的关系问题，如真假、可满足性、意义等问题。

2. 对象语言和元语言

在自然语言中，没有明确的对象语言与元语言的区别。无论古代逻辑或者中世纪逻辑，其研究对象与研究工具，都是纯粹的自然语言。只是到了现代逻辑阶段，人们才有了对象语言与元语言之分。

构成形式系统的语言称为对象语言。它是系统的形式语言，包括初始符号以及由这些符号按照形成规则组合的各种符号串。对象语言是属于形式系统本身的，形式系统只识别自身的对象语言，并视一切不按规定引入系统的语言符号为"非法"的，一概予以排斥。

但仅有对象语言是不够的,人们需要对对象语言进行描述、定义和研究。比如为了定义对象语言,使用"初始符号""形式规则"等语词;为了建立形式系统,使用"公理""推理规则""定理""证明"等语词;为了证明形式系统的性质,使用"可靠性""一致性""完全性"等语词。这些语言都不是形式系统自身的,而是用来描述和研究形式系统的,称之为元语言或语法语言。元语言通常是自然语言。本书研究形式系统所使用的元语言就是汉语外加一些特定的符号。

3.对象理论和元理论

科学理论的理想结构模式应该包括对象、对象理论与元理论。

形式系统自身内部的理论称为对象理论。形式系统的每一个构成部分都是其对象理论。对象理论中,我们最关心的就是内定理。内定理就是由对象语言描述的、能在系统内得到证明的合式公式。不断地推演出内定理是建立一个形式系统的根本目的之一。

一个科学理论,在研究特定的对象世界的同时,应该把审视和研究自身作为本理论的一个组成部分。以形式系统自身为研究对象的理论称为元理论。如前所述,元理论从语法和语义两个方面去研究形式系统的性质,其中最重要的是一致性、可靠性、完全性、可判定性等理论。关于这些理论的定理称为元定理,即关于形式系统的定理。

二、命题演算系统 P 的结构

命题演算形式系统 P 是一种应用最广泛、最具代表性的演算系统。P 由以下三个部分构成。

(一)P 的形式语法

1.初始符号

(1)命题变元符号:$p_1, p_2, \cdots, p_n (n \in N)$;

(2)联结词符号:$\rightarrow, \twoheadrightarrow$;

(3)技术性符号:$(,)$,即左括号和右括号。

约定命题变元的开头五个符号为:p,q,r,s,t。初始符号是构成 P 系统的全部对象语言的基本符号,无论这种语言多么复杂,都是由这些初始符号经过不同组合而成的。为了更方便地描述 P,引入几个元语言符号,它们是:

(1)$X, Y, Z, X_1, Y_1, Z_1, \cdots$,表示 P 的任意表达式(可以是符合 P 的规则的,

也可以是不符合 P 的规则的）；

（2）A，B，C，D，A_1，B_1，C_1，D_1，…，表示 P 的任意公式。

2.形成规则（公式的形成规则）

（1）单独一个命题变元是公式，称为原子公式；

（2）若 X 是公式，则 →X 是公式；

（3）若 X，Y 是公式，则（X→Y）是公式；

（4）只有根据（1）—（3）规则形成的表达式才是公式。

P 的任意公式都是按照以上形成规则在有限步骤内构造出来的。形成规则的表达式是否属于 P 的公式具有可判定性。例如，判定下列表达式是否是 P 的公式，

（1）→（（p→q）→（→p→→q））

解：　①根据形成规则（1），p，q 都是公式；

②根据形成规则（2），→p，→q 都是公式；

③根据形成规则（3），（p→q），（→p→→q）都是公式；

④根据形成规则（3），（p→q）→（→p→→q）是公式；

⑤根据形成规则（2），→（（p→q）→（→p→→q））是公式。

（2）→p∨q

解　①根据形式规则（1），p，q 是公式；

②根据形成规则（2），→p 是公式；

③根据形成规则（4），→p∨q 不是 P 的公式。

按照 P 的初始符号，P 中没有第二章中出现的联结词∧、∨和↔。因此，含有这些联结词的表达式都不是 P 系统自身的公式。但如前所述，这些联结词在命题逻辑中是常用的基本联结词，它们可以通过→和→定义出。为了使 P 系统的应用范围更广，操作更加方便，我们可以通过定义把这些联结词引入 P，作为 P 的定义公式。但要注意，定义公式本质上不是 P 的公式，是为了方便起见而补充进来的。这些定义公式是这样引入的：若 X，Y 是 P 的公式，则下列表达式是 P 的定义公式：

（1）X∧Y

（2）X∨Y

（3）X↔Y

可以把它们分别定义成 P 的公式：

（1′）X∧Y＝df. →（X→ →Y），记作 $D_∧$。

$(2')X \lor Y = df. (\rightarrow X \rightarrow Y)$，记作 $D_\lor$。

$(3')X \leftrightarrow Y = df. (X \rightarrow Y) \land (Y \rightarrow X)$，记作 $D_{..}$。

在 P 的含有联结词→的公式中，都有括号。若这类公式很长，则括号可能会有很多；这使得写起来麻烦，看起来不清楚。为方便起见，我们仍采用上一章的作法，把可以省去的括号都省去。省去括号后的公式称为缩写公式，它们都不是严格意义上的 P 的公式。不过，引入缩写公式和定义公式后的系统 P 仍会保持其严密性。

(二)P 的公理模式

$P_1 \vdash A \rightarrow (B \rightarrow A)$

$P_2 \vdash (A \rightarrow (B \rightarrow C)) \rightarrow ((A \rightarrow B) \rightarrow (A \rightarrow C))$

$P_3 \vdash (\rightarrow A \rightarrow \rightarrow B) \rightarrow ((\rightarrow A \rightarrow B) \rightarrow A)$

P_1, P_2, P_3 是公理的代号，$\vdash$ 是元语言符号，表示其右边的公式是公理或定理。

以上是 P 的公理模式，凡具有这些模式的公式都是公理，每一公理模式代表无数多条公理。

例如，根据 P_1，$p \rightarrow (q \rightarrow p)$，$p \rightarrow (p \rightarrow p)$，$(q \rightarrow q) \rightarrow (p \rightarrow (q \rightarrow q))$ 都是公理。根据 P_2，$(p \rightarrow (q \rightarrow r)) \rightarrow ((p \rightarrow q) \rightarrow (p \rightarrow r))$，$(p \rightarrow ((q \rightarrow p) \rightarrow r)) \rightarrow ((p \rightarrow (q \rightarrow p)) \rightarrow (p \rightarrow r))$ 都是公理。根据 P_3，$(\rightarrow p \rightarrow \rightarrow q) \rightarrow ((\rightarrow p \rightarrow q) \rightarrow p)$，$(\rightarrow p \rightarrow \rightarrow \rightarrow q) \rightarrow ((\rightarrow p \rightarrow \rightarrow q) \rightarrow p)$ 是公理，而 $(\rightarrow p \rightarrow q) \rightarrow ((\rightarrow p \rightarrow \rightarrow q) \rightarrow p)$ 不是公理，它与 P_3 的公理模式有区别，它仅是 P 的一条定理。

(三)P 的推理规则

P 只有一条推理规则，即分离规则，简称 MP 规则：

从 $\vdash A$ 和 $\vdash A \rightarrow B$，可推出 $\vdash B$。

以上是 P 的基本结构。有了公理和推理规则之后，就可以构造 P 的内定理的证明，从而推演出无数个定理。

三、P 的内定理及其证明

P 的所有内定理都是需要证明的。

首先给出 P 的内定理(简称定理)的归纳定义：

(1)P 的每一公理是定理；

(2)若作为前提的公式 A_1，A_2，是定理，B 是应用 MP 规则从 A_1，A_2 推演出来的结论，则 B 是定理。

(3)只有根据(1)、(2)所得的公式才是定理。

所谓对 P 的定理的一个证明，是指一有穷长的公式序列 A_1，A_2，$\cdots$，A_n($n \in$ N)，其中每个 A_i($1 \leqslant i \leqslant n$)或者是 P 的一个公理，或者是序列中两个在前的公式应用 MP 规则而得到的公式。这个公式序列就称为对序列中最后一个公式 A_n 的一个证明，A_n 就称为定理。

(一)P 的定理的严格证明

完全按 P 关于证明的定义构造对定理的证明称为严格证明。

证明下列公式是 P 的定理，

定理 1 $\vdash A \to A$　　　　　　　　　　　　　　　　　　　　　　　[同一律]

证明：

(1) $\vdash A \to ((A \to A) \to A)$　　　　　　　　　　　　　　　　　　P_1

(2) $\vdash (A \to ((A \to A) \to A)) \to ((A \to (A \to A)) \to (A \to A))$　　P_2

(3) $\vdash (A \to (A \to A)) \to (A \to A)$　　　　　　　　　　　　　(1)(2)MP

(4) $\vdash A \to (A \to A)$　　　　　　　　　　　　　　　　　　　　　P_1

(5) $\vdash A \to A$　　　　　　　　　　　　　　　　　　　　　　　(3)(4)MP

定理 2 $\vdash (B \to C) \to ((A \to B) \to (A \to C))$　　　　　　　　[附加前件律]

证明：

(1) $\vdash (A \to (B \to C)) \to ((A \to B) \to (A \to C))$　　　　　　　P_2

(2) $\vdash ((A \to (B \to C)) \to ((A \to B) \to (A \to C))) \to ((B \to C) \to$

　　$((A \to (B \to C)) \to ((A \to B) \to (A \to C))))$　　　　　　　P_1

(3) $\vdash (B \to C) \to ((A \to (B \to C)) \to ((A \to B) \to (A \to C)))$　(1)(2)MP

(4) $\vdash ((B \to C) \to ((A \to (B \to C)) \to ((A \to B) \to A \to C)))) \to$

　　$((B \to C) \to ((A \to (B \to C)) \to ((B \to C) \to ((A \to B) \to (A \to C)))))$　P_2

(5) $\vdash (B \to C) \to ((A \to (B \to C)) \to ((B \to C) \to ((A \to B) \to (A \to C))))$

　　　　　　　　　　　　　　　　　　　　　　　　　　　　(3)(4)MP

(6) $\vdash (B \to C) \to (A \to (B \to C))$　　　　　　　　　　　　　P_1

(7) $\vdash (B \to C) \to ((A \to B) \to (A \to C))$　　　　　　　　　(5)(6)MP

定理 3 $\vdash (A \to B) \to ((B \to C) \to (A \to C))$　　　　　　　　[蕴涵传递律]

证明：

(1) ├(B→C)→((A→B)→(A→C))　　　　　　　　　[2]（表示定义2，余类推）

(2) ├(B→C)→((A→B)→(A→C))→(((B→C)→(A→B))→((B→C)→
(A→C)))　　　　　　　　　　　　　　　　　　　　　　P₂

(3) ├((B→C)→(A→B))→((B→C)→(A→C))　　　　　(1)(2)MP

(4) ├(((B→C)→(A→B))→((B→C)→(A→C)))→
((A→B)→((B→C)→(A→B)))→((A→B)→((B→C)→(A→C)))
　　　　　　　　　　　　　　　　　　　　　　　　　　[2]

(5) ├((A→B)→((B→C)→(A→B)))→((A→B)→((B→C→(A→C)))
　　　　　　　　　　　　　　　　　　　　　　　　(3)(4)MP

(6) ├(A→B)→((B→C)→(A→B))　　　　　　　　　　　P₁

(7) ├(A→B)→((B→C)→(A→C))　　　　　　　　　(5)(6)MP

定理3的证明直接使用了定理2作为前提，这是为了简化证明的长度，严格意义上应该把用来证明定理2的所有公式都补上。

定理4　├(A→(B→C))→(B→(A→C))　　　　　　[前件交换律]

证明：

(1) ├(A→(B→C))→((A→B)→(A→C))　　　　　　　　P₂

(2) ├((A→B)→(A→C))→(B→((A→B)→(A→C)))　　　　P₁

(3) ├(((A→B)→(A→C))→(B→((A→B)→(A→C))))→
(((A→(B→C))→((A→B)→(A→C)))→((A→(B→C))→(B→(A→
B)→(A→C))))　　　　　　　　　　　　　　　　　　[2]

(4) ├((A→(B→C))→((A→B)→(A→C)))→((A→(B→C))→(B→((A
→B)→(A→C))))　　　　　　　　　　　　　　　(2)(3)MP

(5) ├(A→(B→C))→(B→((A→B)→(A→C)))　　　　　(1)(4)MP

(6) ├(B→((A→B)→(A→C)))→((B→(A→B))→(B→(A→C)))　P₂

(7) ├(B→((A→B)→(A→C)))→((B→(A→B))→(B→(A→C)))→
((A→(B→C))→(B→((A→B)→(A→C))))→
((A→(B→C))→((B→(A→B))→(B→(A→C))))　　　　[2]

(8) ├(A→(B→C)→(B→((A→B)→(A→C))))→
((A→B→C))→((B→(A→B))→(B→(A→C)))　　　(6)(7)MP

(9) ├(A→(B→C))→((B→(A→B))→(B→(A→C)))　　(5)(8)MP

(10) ├((A→(B→C))→((B→(A→B))→(B→(A→C))))→
((A→(B→C))→(B→(A→B))→((A→(B→C))→(B→(A→

　　　　C)))) P₂

(11) ⊢((A→(B→C))→(B→(A→B)))→((A→(B→C))→(B→(A→C)))

　　　　　　　　　　　　　　　　　　　　　　　　　(9)(10)MP

(12) ⊢B→(A→B)　　　　　　　　　　　　　　　　　　　　P₁

(13) ⊢(B→(A→B))→((A→(B→C))→(B→(A→B)))　　　　　P₁

(14) ⊢(A→(B→C))→(B→(A→B))　　　　　　　　　　(12)(13)MP

(15) ⊢(A→(B→C))→(B→(A→C))　　　　　　　　　　(11)(14)MP

　　以上定理的证明只有[1]、[2]完全按证明的定义写出,[3]与[4]都引用了已证明过的定理作为前提。即使这样,有些定理的证明过程仍然相当复杂,公式序列很长。为了缓解这些问题,降低定理证明的难度,使之变得有规律可循,可借助一些导出规则和演绎定理来达到目的。下面首先介绍导出规则及其在定理证明中的应用。

(二)应用导出规则证明 P 的定理

　　运用导出规则可以简化定理的证明,但不会降低定理证明的严格性,因为导出规则都是严格地按证明的定义,从 P 的公理、已证的定理和 MP 规则推导出来的。以后可以把导出规则作为推理规则,直接用于定理的证明过程中。

　　[导1]　(导出规则1简称为[导1],下同)从⊢A,可以推出⊢B→A。

　　[导1]称为前件引入规则。

　　证明:

(1) ⊢A→(B→A)　　　　　　　　　　　　　　　　　　　P₁

(2) ⊢A　　　　　　　　　　　　　　　　　　　　　　　前提

(3) ⊢B→A　　　　　　　　　　　　　　　　　　　(1)(2)MP

　　[导2]　从⊢A→(B→C),可推出⊢(A→B)→(A→C)。

　　[导2]称为蕴涵分配规则。

　　证明:

(1) ⊢(A→(B→C))→((A→B)→(A→C))　　　　　　　　　P₂

(2) ⊢A→(B→C)　　　　　　　　　　　　　　　　　　前提

(3) ⊢(A→B)→(A→C)　　　　　　　　　　　　　　(1)(2)MP

　　[导3]　从⊢￢A→￢B 和⊢￢A→B,可推出⊢A。

　　[导3]称为反证规则。

　　证明:

(1) ├(┐A→┐B)→((┐A→B)→A)　　　　　　　　　　　　　　P₃

(2) ├┐A→┐B　　　　　　　　　　　　　　　　　　　　前提

(3) ├┐A→B　　　　　　　　　　　　　　　　　　　　前提

(4) ├(┐A→B)→A　　　　　　　　　　　　　　　　　(1)(2)MP

(5) ├A　　　　　　　　　　　　　　　　　　　　　　(3)(4)MP

[导4]　从├A→B 和├B→C,可推出├A→C。

[导4]称为蕴涵传递规则。

证明:

(1) ├(A→B)→((B→C)→(A→C))　　　　　　　　　　　　[3]

(2) ├A→B　　　　　　　　　　　　　　　　　　　　前提

(3) ├B→C　　　　　　　　　　　　　　　　　　　　前提

(4) ├(B→C)→(A→C)　　　　　　　　　　　　　　　(1)(2)MP

(5) ├A→C　　　　　　　　　　　　　　　　　　　　(3)(4)MP

[导5]　从├A→(B→C),可推出├B→(A→C)。

[导5]称为前件换位规则。

证明:

(1) ├(A→(B→C))→(B→(A→C))　　　　　　　　　　　[4]

(2) ├A→(B→C)　　　　　　　　　　　　　　　　　前提

(3) ├B→(A→C)　　　　　　　　　　　　　　　　　(1)(2)MP

运用这些导出规则,我们证明几个 P 常用的内定理,定理的编号续前。

定理5　├A→((A→B)→B)　　　　　　　　　　　　[后件输出律]

证明:

(1) ├(A→B)→(A→B)　　　　　　　　　　　　　　　[1]

(2) ├A→((A→B)→B)　　　　　　　　　　　　　　　(1)[导5]

定理6　├┐┐A→A　　　　　　　　　　　　　　　[双重否定律]

证明:

(1) ├(┐A→┐┐A)→((┐A→┐A)→A)　　　　　　　　　P₃

(2) ├(┐A→┐A)→((┐A→┐┐A)→A)　　　　　　　　　(1)[导5]

(3) ├┐A→┐A　　　　　　　　　　　　　　　　　　[1]

(4) ├(┐A→┐┐A)→A　　　　　　　　　　　　　　　(2)(3)MP

(5) ├┐┐A→(┐A→┐┐A)　　　　　　　　　　　　　　P₁

(6) ├┐┐A→A　　　　　　　　　　　　　　　　　　(5)(4)[导4]

定理7　├A→┐┐A　　　　　　　　　　　　　　　[双重否定律]

证明：

(1) $\vdash \neg\neg\neg A \to \neg A$ ［6］

(2) $\vdash (\neg\neg\neg A \to \neg A)\to((\neg\neg\neg A \to A)\to\neg\neg A)$ P_3

(3) $\vdash (\neg\neg\neg A \to A)\to\neg\neg A$ (1)(2)MP

(4) $\vdash A\to(\neg\neg\neg A \to A)$ P_1

(5) $\vdash A\to\neg\neg A$ (4)(3)［导4］

定理 6 和 7 是双重否定律的两种形式。

定理 8 $\vdash (\neg A\to\neg B)\to(B\to A)$ ［蕴涵易位律］

证明：

(1) $\vdash (\neg A\to\neg B)\to((\neg A\to B)\to A)$ P_3

(2) $\vdash (\neg A\to B)\to((\neg A\to\neg B)\to A)$ (1)［导5］

(3) $\vdash B\to(\neg A\to B)$ P_1

(4) $\vdash B\to((\neg A\to\neg B)\to A)$ (3)(2)［导4］

(5) $\vdash (\neg A\to\neg B)\to(B\to A)$ (4)［导5］

定理 9 $\vdash (\neg A\to B)\to(\neg B\to A)$ ［蕴涵易位律］

证明：

(1) $\vdash \neg B\to(\neg A\to\neg B)$ P_1

(2) $\vdash (\neg A\to\neg B)\to((\neg A\to B)\to A)$ P_3

(3) $\vdash \neg B\to((\neg A\to B)\to A)$ (1)(2)［导4］

(4) $\vdash (\neg A\to B)\to(\neg B\to A)$ (3)［导5］

定理 10 $\vdash (A\to B)\to(\neg B\to\neg A)$ ［蕴涵易位律］

证明：

(1) $\vdash \neg\neg A\to A$ ［6］

(2) $\vdash A\to((A\to B)\to B)$ ［5］

(3) $\vdash \neg\neg A\to((A\to B)\to B)$ (1)(2)［导4］

(4) $\vdash (A\to B)\to(\neg\neg A\to B)$ (3)［导5］

(5) $\vdash (\neg\neg A\to B)\to(\neg B\to\neg A)$ ［9］

(6) $\vdash (A\to B)\to(\neg B\to\neg A)$ (4)(5)［导4］

定理 11 $\vdash (A\to\neg B)\to(B\to\neg A)$ ［蕴涵易位律］

证明：

(1) $\vdash (A\to\neg B)\to(\neg\neg B\to\neg A)$ ［10］

(2) $\vdash (\neg\neg B\to\neg A)\to(\neg\neg A\to\neg B)$ ［9］

(3) $\vdash (A\to\neg B)\to(\neg\neg A\to\neg B)$ (1)(2)［导4］

$(4)\vdash(\rightarrow\rightarrow A\rightarrow\rightarrow B)\rightarrow(B\rightarrow\rightarrow A)$ 　　　　　　　　　　[8]

$(5)\vdash(A\rightarrow\rightarrow B)\rightarrow(B\rightarrow\rightarrow A)$ 　　　　　　　　　(3)(4)[导4]

定理 8—11 是蕴涵易位律的不同形式。

定理 12 　$\vdash(A\rightarrow\rightarrow B)\rightarrow((A\rightarrow B)\rightarrow\rightarrow A)$ 　　　　　　[归谬律]

证明：

$(1)\vdash A\rightarrow((A\rightarrow B)\rightarrow B)$ 　　　　　　　　　　　　[5]

$(2)\vdash((A\rightarrow B)\rightarrow B)\rightarrow(\rightarrow B\rightarrow\rightarrow(A\rightarrow B))$ 　　　　[10]

$(3)\vdash A\rightarrow(\rightarrow B\rightarrow\rightarrow(A\rightarrow B))$ 　　　　　　　　　(1)(2)[导4]

$(4)\vdash(A\rightarrow\rightarrow B)\rightarrow(A\rightarrow\rightarrow(A\rightarrow B))$ 　　　　　　(3)[导2]

$(5)\vdash(A\rightarrow\rightarrow(A\rightarrow B))\rightarrow((A\rightarrow B)\rightarrow\rightarrow A)[11]$

$(6)\vdash(A\rightarrow\rightarrow B)\rightarrow((A\rightarrow B)\rightarrow\rightarrow A)$ 　　　　　　(4)(5)[导4]

用导出规则去证明定理,可以大大简化公式长度和公式序列的长度,但还不足以显示定理构成的规律性和定理证明的规律性。应用演绎定理,可以彻底解决这些问题,使 P 变得有规律可循。

（三）应用演绎定理证明 P 的定理

1. 什么是推演

推演又称形式演绎,它是借助 P 的定理和推理规则,从一些假设前提推导出结论。下列给出推演的归纳定义：

设 Γ 是 P 的公式集,一个有穷长的公式序列 $A_1,A_2,\cdots,A_n(n\in\mathbf{N})$ 是从前提 Γ 可推演出的,当且仅当对于每个 $A_i(1\leqslant i\leqslant n)$,满足下列条件之一：

（1）A_i 是公式集 Γ 中的一个公式,记作 $A_i\in\Gamma$；

（2）A_i 是 P 的定理；

（3）A_i 是由序列中在前的两个公式 $A_j,A_k(l\leqslant j<i,l\leqslant k<i)$ 应用 MP 规则所得,而 A_j,A_k 都是从 Γ 可推演出的。

若 A_n 是序列中的最后一个公式,则称这个推演是从 Γ 到 A_n 的推演,记作 $\Gamma\vdash A_n$,并称 A_n 是这个推演的结论。

例如,构造从前提 $\{A\rightarrow B,\rightarrow A\rightarrow B\}$ 到 B 的一个推演。

$(1)A\rightarrow B$ 　　　　　　　　　　　　　　　　　前提1

$(2)\rightarrow A\rightarrow B$ 　　　　　　　　　　　　　　　前提2

$(3)(A\rightarrow B)\rightarrow(\rightarrow B\rightarrow\rightarrow A)$ 　　　　　　　　[10]

$(4)(\rightarrow A\rightarrow B)\rightarrow(\rightarrow B\rightarrow A)$ 　　　　　　　　[9]

$(5)\rightarrow B\rightarrow\rightarrow A$ $\qquad$ $(1)(3)$ MP

$(6)\rightarrow B\rightarrow A$ $\qquad$ $(2)(4)$ MP

$(7)(\rightarrow B\rightarrow\rightarrow A)\rightarrow((\rightarrow B\rightarrow A)\rightarrow B)$ $\qquad$ P_3

$(8)(\rightarrow B\rightarrow A)\rightarrow B$ $\qquad$ $(5)(7)$ MP

$(9)B$ $\qquad$ $(6)(8)$ MP

这个推演是严格按定义进行的,在推理规则上只使用了 MP 规则。若使用导出规则[3]即反证规则,则(7)、(8)两步可以省去。但在对推演进行理论分析时不把导出规则包含在内;在构造具体推演的过程中,我们仍然可以像前面定理证明一样引入导出规则。

由推演的定义可知,推演实质上是证明的推广。从 Γ 到 A_n 的推演同时又可以看作是对 A_n 的这样一个证明:Γ 的元素被暂时当作假设的公理使用。当 Γ 是一个空集时,推演就成了公理系统 P 严格意义上的证明。

2. 推演的性质定理

以下定理不同于 P 的内定理,它们都是元定理,讨论形式演绎的性质。

定理 3.1 $\quad$ (1) $A_1,A_2,\cdots,A_n\vdash A_i(i,n\in\mathbf{N};1\leqslant i\leqslant n)$。

(2)如果 $A_1,A_2,\cdots,A_n\vdash B_1$;$A_1,A_2,\cdots,A_n\vdash B_2$;$\cdots$;$A_1,A_2,\cdots,A_n\vdash B_m$;并且 $B_1,B_2,\cdots,B_m\vdash C$;则 $A_1,A_2,\cdots,A_n\vdash C(m\in\mathbf{N})$。

(3)设 Δ,Γ 是 P 的公式集,若 $\Delta\vdash B$,并且 $B\cup\Gamma\vdash C$,则 $\Delta\cup\Gamma\vdash C$。

(4)如果 $\Gamma\vdash C$,那么存在 Γ 的有穷子集 Δ(记作 Δ 记 Γ),使得 $\Delta\vdash C$。

证明:

(1)因为 $A_i\in\{A_1,A_2,\cdots,A_n\}$,根据推演的定义可知 $A_1,A_2,\cdots,A_n\vdash A_i$。

(2)本定理反映了推演的可传递性。设从 $A_1,A_2,\cdots,A_n$ 推演出 $B_1,B_2,\cdots,B_m$ 的推演分别为 $\Gamma_1,\Gamma_2,\cdots,\Gamma_m$;而 $B_1,B_2,\cdots,B_m\vdash C$ 为 Γ_{m+1},构造公式序列 $\Gamma_1,\Gamma_2,\cdots,\Gamma_m,\Gamma_{m+1}$。则 $\Gamma_1,\Gamma_2,\cdots,\Gamma_m$ 中的每一公式或是 $A_1,A_2,\cdots,A_n$ 中的公式之一,或是一条定理,或是序列中在前的公式应用 MP 规则所得,因而是一个以 $A_1,A_2,\cdots,A_n$ 为前提的推演;Γ_{m+1} 中的每一公式,或是 $B_1,B_2,\cdots,B_m$ 中的公式之一,因之也包含在 $\Gamma_1,\Gamma_2,\cdots,\Gamma_m$ 之中,或者是一条定理,或是序列中在前的公式应用 MP 规则所得。因此,$\Gamma_1,\Gamma_2,\cdots,\Gamma_m,\Gamma_{m+1}$ 也是一个以 $A_1,A_2,\cdots,A_n$ 为前提的推演,该推演的最后一个公式即 Γ_{m+1} 的最后一个公式 C,并且是推演的结论。所以,$A_1,A_2,\cdots,A_n\vdash C$。

(3)构造一个从 $\Delta\cup\Gamma$ 到 C 的推演,证明方法同(2)。

(4)如果 Γ 是有穷的公式集,令 Δ 即 Γ,则 Δ 则 Γ,因为 $\Gamma\vdash C$,故 $\Delta\vdash C$。若

Γ是无穷的公式集,根据推演的定义,从 Γ 到 C 的推演是一有穷公式序列,即只需要用到无穷集 Γ 中的有穷公式,把这些公式的集合记为 Δ,即有 Δ 即 Γ,并且 Δ⊢C。本定理实质上是定义推演是有穷的公式序列。

定理 3.2 (1)如果 $A_1,A_2,\cdots,A_{n-1}\vdash A_n\rightarrow B$,那么 $A_1,A_2,\cdots,A_n\vdash B$;特别地,若⊢A→B,则 A⊢B。

(2)如果⊢$A_1\rightarrow(A_2\rightarrow(\cdots(A_{n-1}\rightarrow(A_n\rightarrow B))\cdots))$,则 $A_1,A_2,\cdots,A_n\vdash B$。

证明:

(1)的第一部分。根据假设构造一个从 $A_1,A_2,\cdots,A_{n-1}$ 到 $A_n\rightarrow B$ 的推演 Γ。在公式序列 Γ 后加上公式 A_n 和 B,即是从 $A_1,A_2,\cdots,A_n$ 到 B 的推演,表示如下:

2. …

3. …

…

(n) $A_n\rightarrow B$ ⎫ 假设中给定的从 $A_1,A_2,\cdots,A_n$ 到 $A_n\rightarrow B$ 的推演 Γ。

(n+1) A_n　　　　　　　　　　　　　　　　　　第 n 个前提

(n+2) B　　　　　　　　　　　　　　　　　　(n+1)(n+2)MP

上述推演即是 $A_1,A_2,\cdots,A_n\vdash B$。

第二部分。根据假设,存在一个对 A→B 的证明,设为公式序列 $D_1,D_2,\cdots,D_m$。D_m 是 A→B,在 $D_1,D_2,\cdots,D_m$ 后加上公式 A 和 B,就是从 A 到 B 的一个推演,即 A⊢B。

(2)当 n=1 时,(1)的第二部分即是对本定理的证明。当 n>1 时,重复(1)的第一部分证明的 n 次操作,即证明了该定理。

定理 3.3　演绎定理

设 Γ 是 P 的公式集,若 Γ∪A⊢B,则 Γ⊢A→B;特别地,若 A⊢B,则⊢A→B。

证明:设 Γ∪A⊢B,施归纳于从 Γ∪A 到 B 的推演的长度 l,用数学归纳法证明,若有一个从 Γ∪A 到 B 的已知推演,则可构造从 Γ 到 A→B 的结果推演。

基始:当 l=1,从 Γ 和 A 到 B 的推演只有一个公式即 B。此时有三种情形:

(Ⅰ)B∈Γ;

(Ⅱ)B 就是 A;

(Ⅲ)B 是 P 的一条内定理。

我们证明 Γ⊢A→B。

情形(Ⅰ),B∈Γ。以下公式序列即是从 Γ 到 A→B 的推演:

（1）B　　　　　　　　　　　　　　　　　　　　　　　　B∈Γ

（2）B→（A→B）　　　　　　　　　　　　　　　　　　　　P₁

（3）A→B　　　　　　　　　　　　　　　　　　　　（1）（2）MP

情形（Ⅱ）：B 是 A。此时 A→B 即是 A→A，A→A 是已证定理，所以 Γ⊢A→A，即 Γ⊢A→B。

情形（Ⅲ），B 是 P 的内定理。以下公式序列是从 Γ 到 A→B 的推演：

$$\left.\begin{array}{l}\Gamma\\ \cdots\end{array}\right\}B\text{是 P 的内定理，则 B 可以从任意的公式集 } \Gamma \text{ 推出。}$$

（1）B

（2）B→（A→B）　　　　　　　　　　　　　　　　　　　　P₁

（3）A→B　　　　　　　　　　　　　　　　　　　　（1）（2）MP

归纳：设 l＝k，即有一个从 Γ∪A 到 B 的长度为 k 的推演，我们证明必能构造从 Γ 到 A→B 的推演。

假定从 Γ 和 A 到 B 的推演为公式序列 $B_1,B_2,\cdots,B_k$（显然有 B_k 即是 B），证明 $\Gamma\vdash A\rightarrow B_k$（即 Γ⊢A→B）。此时 B_k 有四种情形：

（Ⅰ）$B_k\in\Gamma$；

（Ⅱ）B_k 是 A；

（Ⅲ）B_k 是 P 的一条内定理；

（Ⅳ）B_k 是 $B_1,B_2,\cdots,B_k$ 序列中在前的两个公式 B_i,B_j；（显然 $B_j＝B_i\rightarrow B_k$，i，j＜k）应用 MP 规则而得。

情形（Ⅰ）（Ⅱ）（Ⅲ）的证明与 Ⅰ＝1 时类似，以下证明情形（Ⅳ）。

情形（Ⅳ），根据归纳假设，有 $\Gamma\vdash A\rightarrow B_i$，$\Gamma\vdash A\rightarrow(B_i\rightarrow B_k)$，下列公式序列即是从 Γ 到 $A\rightarrow B_k$ 的推演：

$$\left.\begin{array}{l}\Gamma\\ \cdots\end{array}\right\}\text{根据归纳假设，从 } \Gamma \text{ 到 } A\rightarrow B_k \text{ 的推演。}$$

（n）$A\rightarrow B_i$

…　　　　　　　　　　　　　　　　　　　　据归纳假设从 Γ 到

　　　　　　　　　　　　　　　　　　　　$A\rightarrow(B_i\rightarrow B_k)$ 的推演。

（n＋m）$A\rightarrow(B_i\rightarrow B_k)$

（n＋m＋1）$(A\rightarrow(B_i\rightarrow B_k))\rightarrow((A\rightarrow B_i)\rightarrow(A\rightarrow B_k))$　　　　　P₂

（n＋m＋2）$(A\rightarrow B_i)\rightarrow(A\rightarrow B_k)$　　　　　（n＋m）（n＋m＋1）MP

（n＋m＋3）$A\rightarrow B_k$　　　　　　　　　　　（n）（n＋m＋2）MP

∴Γ⊢A→B_k，即 Γ⊢A→B。

由基始和归纳，Γ⊢A→B 成立，当 Γ 为空集时，即是定理的第二部分。

由定理 3.3 产生一个推论：如果 A_1，A_2，$\cdots$，$A_n \vdash B$，则 $\vdash A_1 \rightarrow (A_2 \rightarrow (\cdots (A_{n-1} \rightarrow (A_n \rightarrow B)) \cdots))$。

证明：根据演绎定理的证明，重复 n 次操作即是对本推论的证明。

定理 3.2 和 3.3 反映了推演与证明的关系：如果一个公式是从一些假设的前提可推演的，那么以这些前提为前件，以该公式为后件的蕴涵式是可以证明的，即是 P 系统的内定理；反之，若一蕴涵式是可证明的，则以这个蕴涵式的前件为前提，可以推演出其后件，这种关系通过以下定理反映出来：

A_1，A_2，$\cdots$，$A_n \vdash B$，当且仅当 $\vdash A_1 \rightarrow (A_2 \rightarrow (\cdots (A_{n-1} \rightarrow (A_n \rightarrow B)) \cdots))$。

3. 应用演绎定理证明 P 的内定理

演绎定理为 P 的内定理的证明提供了一种新的方法，即借助于假设前提的方法。

例 1 证明 $\vdash (A \rightarrow (B \rightarrow C)) \rightarrow (B \rightarrow (A \rightarrow C))$

证明：

(1) $A \rightarrow (B \rightarrow C)$	Hyp1(表示假设前提 1，以下类推)
(2) B	Hyp2
(3) A	Hyp3
(4) $B \rightarrow C$	(1)(3)MP
(5) C	(2)(4)MP
(6) $A \rightarrow C$	(3)(5)演绎定理
(7) $B \rightarrow (A \rightarrow C)$	(2)(6)演绎定理
(8) $\vdash (A \rightarrow (B \rightarrow C)) \rightarrow (B \rightarrow (A \rightarrow C))$	(1)(7)演绎定理

在本定理的证明中，首先构造推演 $A \rightarrow (B \rightarrow C)$，$B$，$A \vdash C$，然后根据演绎定理得出定理：$\vdash (A \rightarrow (B \rightarrow C)) \rightarrow (B \rightarrow (A \rightarrow C))$。若在定理证明中应用演绎定理，可记作 $\rightarrow +$，也可以记作 HYP^-，表示消去了某个假设。

前面已严格证明过这个定理，使用演绎定理后，使证明的公式序列由原来的 15 个减少为 8 个，并且每个公式的长度大大缩短。应用演绎定理，P 的内定理的证明变得有规律可循。一般地，若待证定理是一个多重蕴涵式，则除了公式的最后一个非蕴涵式子公式外，可以把其他所有作为前件的子公式作为假设前提。若能从这些前提推演出最后一个非蕴涵式子公式，那么就可以根据演绎定理证明出待证定理。

待证定理不一定都是简单的多重蕴涵式，只借助于假设前提和演绎定理，对有些定理来说证明的难度仍然不小。为此，需要进一步引入一些导出规则，以便定理的证明更简洁。

[**导 6**]　Γ 是 P 的公式集,如果 Γ∪→A⊢B,→B,则 Γ⊢A。

[导 6]实质是[导 3]的推广,是一种更强的反证规则。

证明:

设 Γ∪→A⊢B,→B,构造从 Γ∪→A 到 B 和→B 的推演,我们证明 Γ⊢A:

$$
\left.
\begin{array}{l}
\Gamma \\
\to A \\
\cdots \\
(n)B
\end{array}
\right\}
\text{从 Γ 到 B 的假设推演}
$$

$$\left.\right\}\text{从 Γ 到→B 的假设推演}$$

(n+m) →B

(n+m+1) →A→B　　　　　　　　　　　　　　　　　　(n)→+

(n+m+2) →A→→B　　　　　　　　　　　　　　　　　　(n+m)→+

(n+m+3) (→A→→B)→((→A→B)→A)　　　　　　　　　　P_3

(n+m+4) (→A→B)→A　　　　　　　　(n+m+2)(n+m+3)MP

(n+m+5) A　　　　　　　　　　　　(n+m+1)(n+m+4)MP

∴Γ⊢A

[**导 7**]　设 Γ 是 P 的公式集,如果 Γ∪A⊢B,→B,那么 Γ⊢→A。

[导 7]称为归谬规则。

证明:

$$
\left.
\begin{array}{l}
\Gamma \\
\to A \\
\cdots \\
(n)B
\end{array}
\right\}
\text{从 Γ 到 B 的假设推演}
$$

$$\left.\right\}\text{从 Γ 到→B 的假设推演}$$

(n+m) →B

(n+m+1) A→B　　　　　　　　　　　　　　　　　　　(n)→+

(n+m+2) A→→B　　　　　　　　　　　　　　　　　　(n+m)→+

(n+m+3) (→→A→→B)→((→→A→B)→→A)　　　　　　　P_3

(n+m+4) →→A→A　　　　　　　　　　　　　　　　　　[6]

(n+m+5) →→A→B　　　　　　　　　(n+m+1)(n+m+4)[导 4]

(n+m+6)→→A→→B　　　　　　　　　(n+m+2)(n+m+4)[导 4]

(n+m+7) (→→A→B)→→A　　　　　　　(n+m+6)(n+m+3)MP

(n+m+8) →A　　　　　　　　　　　　(n+m+7)(n+m+5)MP

∴Γ⊢→A

[导 6]和[导 7]为 P 的内定理的证明提供了一种普遍适用的借助反证假设或归谬假设的证明方法,即当某个结论公式很难直接推出时,可以先以该公式的否定为假设前提,然后推出两个互相矛盾的公式(即一个公式及其否定式),从而根据反证规则或归谬规则推出该结论公式。

例 2　证明 $\vdash((A \to B) \to A) \to A$　　　　　　　　　　[皮尔斯定理]

证明:

(1)$(A \to B) \to A$	Hyp1
(2)$\neg A$	Hyp2(反证假设前提)
(3)$((A \to B) \to A) \to (\neg A \to \neg(A \to B))$	[10]
(4)$\neg A \to \neg(A \to B)$	(1)(3)MP
(5)$\neg(A \to B)$	(2)(4)MP
(6)$\neg A \to (\neg B \to \neg A)$	P_1
(7)$\neg B \to \neg A$	(2)(6)MP
(8)$(\neg B \to \neg A) \to (A \to B)$	[8]
(9)$A \to B$	(7)(8)MP
(10)A	(2)(5)(9)[导 6]
(11)$\vdash ((A \to B) \to A) \to A$	(1)(10)$\to +$

本定理称为皮尔斯定理,它是不借助于反证假设而比较难以得到证明的定理的典型。

例 3　证明 $\vdash (A \to (B \to C)) \to ((C \to D) \to (\neg(B \to D) \to \neg A))$

证明:

(1)$A \to (B \to C)$	Hyp1
(2)$C \to D$	Hyp2
(3)$\neg(B \to D)$	Hyp3
(4)A	Hyp4(归谬假设前提)
(5)$B \to C$	(1)(4)MP
(6)$B \to D$	(5)(2)[导 4]
(7)$\neg(B \to D) \to \neg(B \to D)$	[1]
(8)$\neg(B \to D)$	(3)(7)MP
(9)$\neg A$	(4)(6)(8)[导 7]
(10)$\neg(B \to D) \to \neg A$	(3)(9)$\to +$
(11)$(C \to D) \to (\neg(B \to D) \to \neg A)$	(2)(10)$\to +$
(12)$\vdash (A \to (B \to C)) \to ((C \to D) \to (\neg(B \to D) \to \neg A))$	(1)(11)$\to +$

注：(7)(8)两步是为了推演出已作为假设前提公式的→(B→D)。实际上，根据推演的定义，前提集中的任一公式都是从前提集可推演的，公式序列中在前的任一公式都可以在其后的任一位置反复出现。可以把它作为一条推演规则，记作 R。根据该规则，(7)(8)可以合成一个公式→(B→D)，在其后标明(3)R 即可。

在本定理的证明中，使用了归谬规则。由于引入了归谬假设前提 A，从而推演出了 B→D 和→(B→D)，故可推出→A。

(四)P 的定义式定理及其证明

前已提及，所有含有联结词∨、∧或↔的表达式都不是 P 系统的公式，而称其为定义公式。定义公式中的重言式可以作为 P 的定义式定理，根据一些有关这些联结词的特殊推演规则得到证明。包含有定义式定理的命题演算系统(可记作 P⁺ 系统)是 P 系统一致性的扩充：P⁺ 的定理集是 P 的定理集加上定义式定理集；P⁺ 的推演规则是 P 的推理规则和导出规则一致性的扩充，因此，P⁺ 关于∨、∧或↔的推演规则也同样称之为导出规则。今后将不再对 P⁺ 和 P 做出严格的区分，而把一切关于 P⁺ 的描述直接作为对 P 的描述。

为方便定义式定理的证明，首先给出定义置换规则：若 A＝df. B，则 A⊢B 并且 B⊢A。例如，因 A∨B＝df.→A→B，所以 A∨B⊢→A→B，→A→B⊢A∨B。关于∨、∧，↔的定义置换规则分别记作 D∨，D∧和 D↔。运用关于∨、∧和↔的导出规则，可使定义式定理的证明变得十分容易。有关∨的导出规则有两条：

[导8]　(Ⅰ)A⊢A∨B；(Ⅱ)A⊢B∨A。记作∨₊。

证明(Ⅰ)：

(1)A　　　　　　　　　　　　　　　　　　　　　　　　Hyp
(2)→B→A　　　　　　　　　　　　　　　　　　　　(1)[导1]
(3)(→B→A)→(→A→B)　　　　　　　　　　　　　　　　[9]
(4)→A→B　　　　　　　　　　　　　　　　　　　　(2)(3)MP
(5)A∨B　　　　　　　　　　　　　　　　　　　　　　(4)D∨

证明(Ⅱ)：

(1)A　　　　　　　　　　　　　　　　　　　　　　　　Hyp
(2)A→(→B→A)　　　　　　　　　　　　　　　　　　　P₁
(3)→B→A　　　　　　　　　　　　　　　　　　　　(1)(2)MP

(4) B∨A   (3)D$_∨$

[导9] 若 A⊢C 且 B⊢C,则 A∨B⊢C。记作∨₋

证明：

设 A⊢C 且 B⊢C,根据演绎定理可得：⊢A→C 且 ⊢B→C,以下公式序列是对[导9]的证明：

(1)⊢A→C   Hyp1

(2)⊢B→C   Hyp2

(3)A∨B   Hyp3

(4)→A→B   (3)D$_∨$

(5)→A→C   (4)(2)导[4]

(6)(A→C)→(→C→→A)   [10]

(7)→C→→A   (1)(6)MP

(8)(→A→C)→(→C→A)   [9]

(9)→C→A   (5)(8)MP

(10)C   (7)(9)[导3]

根据[导8][导9]以及前述的 P 的推理规则和导出规则,可以证明下列公式是 P 的定义式定理：

[13a]⊢A→A∨B

[13b]⊢A→B∨A

[14]⊢(A→C)→((B→C)→(A∨B→C))

[15]⊢A∨B→B∨A   (交换律)

[16a]⊢(A∨B)∨C→A∨(B∨C)   (结合律)

[16b]⊢A∨(B∨C)→(A∨B)∨C   (结合律)

[17a]⊢(A→B)→(A∨C→B∨C)

[17b]⊢(A→B)→(C∨A→C∨B)

[18]⊢(A→B)→((C→D)→(A∨C→B∨D))

以下选证其中几条定理

证明[15]：

(1)A∨B   Hyp

(2)→A→B   (1)D$_∨$

(3)(→A→B)→(→B→A)   [9]

(4)→B→A   (2)(3)MP

(5)B∨A   (4)D$_∨$

（6）├A∨B→B∨A　　　　　　　　　　　　　　　　　　（1）（5）→＋

证明[16a]：

（1）（A∨B）∨C　　　　　　　　　　　　　　　　　　　　Hyp1

（2）→A　　　　　　　　　　　　　　　　　　　　　　　　Hyp2

（3）→B　　　　　　　　　　　　　　　　　　　　　　　　Hyp3

（4）→C　　　　　　　　　　　　　　　　　　　　　　　　Hyp4

（5）（A∨B）∨C→C∨（A∨B）　　　　　　　　　　　　　［15]

（6）C∨（A∨B）　　　　　　　　　　　　　　　　　　　（1）（5）MP

（7）→C→（A∨B）　　　　　　　　　　　　　　　　　　（6）$D_\vee$

（8）A∨B　　　　　　　　　　　　　　　　　　　　　　（4）（7）MP

（9）→A→B　　　　　　　　　　　　　　　　　　　　　（8）$D_\vee$

（10）B　　　　　　　　　　　　　　　　　　　　　　　（2）（9）MP

（11）→B　　　　　　　　　　　　　　　　　　　　　　（3）R

（12）C　　　　　　　　　　　　　　　　　　　　　　　（4）（10）（11）［导6]

（13）→B→C　　　　　　　　　　　　　　　　　　　　（3）（12）→＋

（14）B∨C　　　　　　　　　　　　　　　　　　　　　（13）$D_\vee$

（15）→A→B∨C　　　　　　　　　　　　　　　　　　（2）（14）→＋

（16）A∨（B∨C）　　　　　　　　　　　　　　　　　　（15）$D_\vee$

（17）├（A∨B）∨C→A∨（B∨C）　　　　　　　　　　（1）（16）→＋

注：第（11）公式后面的标注"R"是relay的首字母，表明在证明或者推演的公式序列中，在前出现的任意公式都可以在后续公式序列中反复出现。

证明[17a]：

（1）A→B　　　　　　　　　　　　　　　　　　　　　　Hyp1

（2）A∨C　　　　　　　　　　　　　　　　　　　　　　Hyp2

（3）（A→B）→（→B→→A）　　　　　　　　　　　　　　［10]

（4）→B→→A　　　　　　　　　　　　　　　　　　　（1）（3）MP

（5）→A→C　　　　　　　　　　　　　　　　　　　　（2）$D_\vee$

（6）→B→C　　　　　　　　　　　　　　　　　　　　（4）（5）［导4]

（7）B∨C　　　　　　　　　　　　　　　　　　　　　（6）$D_\vee$

（8）A∨C→B∨C　　　　　　　　　　　　　　　　　　（2）（7）→＋

（9）├（A→B）→（A∨C→B∨C）　　　　　　　　　　（1）（8）→＋

关于∧的导出规则也有两条：

［导10]　A，B├A∧B。记作∧＋。

证明：

(1)A　　　　　　　　　　　　　　　　　　　　　　Hyp1

(2)B　　　　　　　　　　　　　　　　　　　　　　Hyp2

(3)A→￢B　　　　　　　　　　　　　　　　　　　Hyp3

(4)￢B　　　　　　　　　　　　　　　　　　　　(1)(3)MP

(5)B　　　　　　　　　　　　　　　　　　　　　　(2)R

(6)￢(A→￢B)　　　　　　　　　　　　　　　(3)(4)(5)[导7]

(7)A∧B　　　　　　　　　　　　　　　　　　　　(6)D∧

[**导11**]　（Ⅰ）A∧B⊢A;（Ⅱ）A∧B⊢B。记作∧₋。

证明(Ⅰ)：

(1)A∧B　　　　　　　　　　　　　　　　　　　　Hyp1

(2)￢(A→￢B)　　　　　　　　　　　　　　　　(1)D∧

(3)￢A→(B→￢A)　　　　　　　　　　　　　　　P₁

(4)￢A　　　　　　　　　　　　　　　　　　　　Hyp2

(5)B→￢A　　　　　　　　　　　　　　　　　　(3)(4)MP

(6)(B→￢A)→(A→￢B)　　　　　　　　　　　　[11]

(7)A→￢B　　　　　　　　　　　　　　　　　　(5)(6)MP

(8)￢(A→￢B)　　　　　　　　　　　　　　　　(2)R

(9)A　　　　　　　　　　　　　　　　　　　(4)(7)(8)[导6]

证明(Ⅱ)：

(1)A∧B　　　　　　　　　　　　　　　　　　　　Hyp1

(2)￢(A→￢B)　　　　　　　　　　　　　　　　(1)D∧

(3)￢B　　　　　　　　　　　　　　　　　　　　Hyp2

(4)￢B→(A→￢B)　　　　　　　　　　　　　　　P₁

(5)A→￢B　　　　　　　　　　　　　　　　　　(3)(4)MP

(6)￢(A→￢B)　　　　　　　　　　　　　　　　(2)R

(7)B　　　　　　　　　　　　　　　　　　　(3)(5)(6)[导6]

根据[导10]、[导11]以及其他推演规则,可证下列公式是 P 的定义式定理：

[19a]⊢A∧B→A

[19b]⊢A∧B→B

[20]⊢A→(B→A∧B)

[21]⊢A∧B→B∧A　　　　　　　　　　　　　　（交换律）

[22a]⊢(A∧B)∧C→A∧(B∧C)　　　　　　　　　（结合律）

[22b] $\vdash A\wedge(B\wedge C)\rightarrow(A\wedge B)\wedge C$　　　　　　　　　（结合律）

[23a] $\vdash(A\rightarrow B)\rightarrow(A\wedge C\rightarrow B\wedge C)$

[23b] $\vdash(A\rightarrow B)\rightarrow(C\wedge A\rightarrow C\wedge B)$

[24] $\vdash(A\rightarrow B)\rightarrow((C\rightarrow D)\rightarrow(A\wedge C\rightarrow B\wedge D))$

[25a] $\vdash(A\rightarrow(B\rightarrow C))\rightarrow(A\wedge B\rightarrow C)$

[25b] $\vdash(A\wedge B\rightarrow C)\rightarrow(A\rightarrow(B\rightarrow C))$

定理[19a]、[19b]和[20]根据[导10]、[11]直接得证。

下面选证其他定理。

证明[21]：

(1) $A\wedge B$　　　　　　　　　　　　　　　　　Hyp

(2) B　　　　　　　　　　　　　　　　　(1)导[11]

(3) A　　　　　　　　　　　　　　　　　(1)导[11]

(4) $B\wedge A$　　　　　　　　　　　　　　(2)(3)导[10]

(5) $\vdash A\wedge B\rightarrow B\wedge A$　　　　　　　　(1)(4)→＋

证明[23b]：

(1) $A\rightarrow B$　　　　　　　　　　　　　　　Hyp1

(2) $C\wedge A$　　　　　　　　　　　　　　　Hyp2

(3) C　　　　　　　　　　　　　　　　　(2)导[11]

(4) A　　　　　　　　　　　　　　　　　(2)导[11]

(5) B　　　　　　　　　　　　　　　　　(1)(4)MP

(6) $C\wedge B$　　　　　　　　　　　　　　(3)(5)导[10]

(7) $C\wedge A\rightarrow C\wedge B$　　　　　　　　　(2)(6)→＋

(8) $\vdash(A\rightarrow B)\rightarrow(C\wedge A\rightarrow C\wedge B))$　(1)(7)→＋

关于↔的导出规则有：

[导12]　（Ⅰ）$A\leftrightarrow B,A\vdash B$；（Ⅱ）$A\leftrightarrow B,B\vdash A$；（Ⅲ）$A\leftrightarrow B,\rightarrow A\vdash\rightarrow B$；（Ⅳ）$A\leftrightarrow B,\rightarrow B\vdash\rightarrow A$。[导12]记作↔₋。

证明（Ⅰ）：

(1) $A\leftrightarrow B$　　　　　　　　　　　　　　Hyp1

(2) A　　　　　　　　　　　　　　　　　Hyp2

(3) $(A\rightarrow B)\wedge(B\rightarrow A)$　　　　　　　(1)↔₋

(4) $A\rightarrow B$　　　　　　　　　　　　　　(3)导[11]

(5) B　　　　　　　　　　　　　　　　　(2)(4)MP

证明（Ⅱ）略。

证明（Ⅲ）：

(1) A↔B	Hyp1
(2) →A	Hyp2
(3) (A→B)∧(B→A)	(1)↔_
(4) B→A	(3)导[11]
(5) (B→A)→(→A→→B)	[10]
(6) →A→→B	(4)(5)MP
(7) →B	(2)(6)MP

证明（Ⅳ）略。

根据导[12]和演绎定理,以下四个推演成立:(Ⅰ')A↔B⊢A→B;(Ⅱ')A↔B ⊢B→A;(Ⅲ')A↔B⊢→A→→B;(Ⅳ')A↔B⊢→B→→A。可以把它们也作为 [导12]的一部分。

[导13] 若 Γ 是 P 的公式集或定义公式集,Γ∪A⊢B 且 Γ∪B⊢A,则 Γ⊢ A↔B。特别地,若 A⊢B 且 B⊢A,则 ⊢A↔B。[导13]记作↔_+。

证明：

设 Γ∪A⊢B 且 Γ∪B⊢A,据演绎定理有:Γ⊢A→B 且 Γ⊢B→A,以下公式 序列即是[导13]的证明:

Γ	
…	}假设前提 }假设前提
(n) A→B	
…	
(n+m) (B→A)	
(n+m+1) (A→B)∧(B→A)	(n)(n+m)[导10]
(n+m+2) A↔B	(n+m+1)D..

特别地,当 Γ 为空集时,即是[导13]的后半部分。

关于↔的定义式定理有：

[26a] ⊢(A↔B)→(A→B)

[26b] ⊢(A↔B)→(B→A)

[26c] ⊢(A↔B)→(→A→→B)

[26d] ⊢(A↔B)→(→B→→A)

[27] ⊢(A→B)→((B→A)→(A↔B))

[28] ⊢A↔A　　　　　　　　　　　　　　　　　　　（自返律）

[29a] ⊢(A↔B)↔(B↔A)　　　　　　　　　　　　　（等值对称律）

[29b] ⊢(A↔B)↔(→A↔→B)

[30] ⊢(A↔B)→((B↔C)→(A↔C))　　　　　　　　　　　（等值传递律）

[31] ⊢A∧B↔→(A→→B)

[32] ⊢A∨B↔→A→B

证明[30]：

(1)A↔B　　　　　　　　　　　　　　　　　　　　　　Hyp1

(2)B↔C　　　　　　　　　　　　　　　　　　　　　　Hyp2

(3)A→B　　　　　　　　　　　　　　　　　　　　　　(1)[导12]

(4)B→A　　　　　　　　　　　　　　　　　　　　　　(1)[导12]

(5)B→C　　　　　　　　　　　　　　　　　　　　　　(2)[导12]

(6)C→B　　　　　　　　　　　　　　　　　　　　　　(2)[导12]

(7)A→C　　　　　　　　　　　　　　　　　　　　　　(3)(5)[导4]

(8)C→A　　　　　　　　　　　　　　　　　　　　　　(6)(4)[导4]

(9)A↔C　　　　　　　　　　　　　　　　　　　　　　(7)(8)[导13]

(10)(B↔C)→(A↔C)　　　　　　　　　　　　　　　　　(2)(9)→＋

(11)⊢(A↔B)→((B↔C)→(A↔C))　　　　　　　　　　　(1)(10)→＋

可以根据 $D_\lor$、$D_\land$ 或 $D_{..}$ 的定义置换规则，把 P 的定义式定理，转换成 P 系统的定理，也可以把 P 的定理转换成定义式定理。这样做有时会让定理的证明难度和复杂度大大降低。但这需要用到等值置换定理和等值置换规则。

定理 3.4　（等值置换定理）令 A,B,C 为公式，B 是构成 A 的子公式，记作 A(B)，A(C) 表示用 C 去替换 B 在 A 中的一处或几处出现而得到的公式。如果 ⊢C↔B，那么 ⊢A(C)↔A(B)。

例如，设 A＝p→(q→r)，B＝q→r，C＝→q∨r，因为 ⊢→q∨r↔q→r，用 C 去替换 A 中的 B，则有 ⊢(p→(→q∨r))↔(p→(q→r))。

本定理可用数学归纳法证明。施归纳于公式中联结词的个数 n，证明当 n＝0（即原子公式）时定理成立；当 n＝k(k≥1)，公式具有形如→D 或(D₁→D₂)时，定理也成立。具体过程略。

等值置换规则：如果 ⊢B↔C，则 A(B)⊢A(C) 并且 A(C)⊢A(B)。记作 Rep。

证明：

(1)⊢B↔C　　　　　　　　　　　　　　　　　　　　　前提假设1

(2)B↔C⊢A(B)↔A(C)　　　　　　　　　　　　　　　　等值置换定理

(3)⊢(B→C)→(A(B)↔A(C))　　　　　　　　　　　　　(2)演绎定理

(4) ⊢A(B)↔A(C)	(1)(3)MP
(5) A(B)	前提假设 2
(6) A(C)	(4)(5)[导 12]
(7) A(C)	前提假设 3
(8) A(B)	(4)(7)[导 12]

由等值置换定理可知,若已证某一公式是定理,那么经过等值置换后的公式也是定理,即如果⊢B↔C,并且⊢A(B),则⊢A(C)。

可以把 Rep 规则作为一条推演规则应用于定理的证明中。

例 1 ⊢(A∨B)∨C→A∨(B∨C)

证明:

(1) ⊢A∨B↔→A→B	[32]
(2) ⊢→A∧→B↔→(→A→B)	[31]
(3) (A∨B)∨C	Hyp1
(4) (→A→B)∨C	(1)(3)Rep
(5) →(→A→B)→C	(4)D∨
(6) →A∧→B→C	(2)(5)Rep
(7) →A	Hyp2
(8) →B	Hyp3
(9) →A∧→B	(7)(8)[导 10]
(10) C	(6)(9)MP
(11) →B→C	(8)(10)→＋
(12) B∨C	(Ⅱ)D∨
(13) →A→(B∨C)	(7)(12)→＋
(14) A∨(B∨C)	(13)D∨
(15) ⊢(A∨B)∨C→A∨(B∨C)	(3)(14)→＋

例 2 ⊢A→(B→→(→A∨→B))

证明:

(1) ⊢A→(B→A∧B)	[20]
(2) ⊢A∧B↔→(A→→B)	[31]
(3) ⊢A→(B→→(A→→B))	(2)(1)Rep
(4) ⊢→A∨→B↔A→→B	[32]
(5) ⊢A→(B→→(→A∨→B))	(4)(3)Rep

也可以运用代入规则,从一些已证定理得出新的定理。

代入规则(记作 Sub,即 substitute):令 p_i 是 A 中的任意命题变元,记作 A(p_i),B 是任意公式,A(B)表示用 B 去替换 p_i 在 A 中的每次出现而得到的命题形式。如果 ⊢A(p_i),则 ⊢A(B)。

例如,已证 ⊢p→(q→p),则 ⊢B→(q→B)和 ⊢B→(C→B)均为定理。代入规则要求对同一命题变元的处处出现都同时作代入,否则不成立。

四、P 的元理论

到目前为止,对 P 的研究局限在如何根据 P 的公理、推理规则、导出规则以及演绎定理去构造定理的证明。尽管对推演的性质、推演与证明的关系等关于形式系统的性质问题有所涉及,但也仅仅是为了简化定理证明的复杂度。本节将以 P 系统本身为研究对象,从语义、语法两个方面去考察 P 的性质。主要有 P 的符号和公式表达什么意义,P 的定理具有什么性质,是否 P 的任意公式都可证明,什么样的公式才能成为 P 的定理等元理论问题。这些问题是一个形式演算系统的根本性问题,它关系到形式系统理论上是否成立,实践上是否具有广泛应用性。

(一)P 的语义解释与真值赋值

前几节都是从语法方面去研究符号的组合和公式的变形。这使得 P 系统只具有单纯的语法性质。只有在对 P 的符号及其组合作出语义解释之后,P 系统才成为表达某种意义的演绎系统。

命题演算系统 P 解释如下:

(1)将命题变元符号 $p_1,p_2,\cdots,p_n$ 解释为任意简单命题(或原子命题);

(2)将 ¬ 和 → 分别解释为命题逻辑否定联结词和实质蕴涵联结词(简称蕴涵联结词);

(3)将 P 的公式解释为简单命题和复合命题的真值形式;

(4)将 P 的公理和定理解释为命题逻辑的重言式;

(5)将 P 的推理规则 MP 解释为命题逻辑的分离规则。

经过如此语义解释后,P 的公式就不仅仅是单纯的符号组合,而是命题的真值形式。由于命题是有真假的,因而公式也是有真假的,这就需要对公式进行真值赋值。

定义 4.1 对 P 的公式进行真值赋值是指一个真值赋值函数 v,其定义域是 P 的所有公式集,值域是真假二值集{1,0},使得对任意公式 A,B:

(1)若是原子公式 p_i,则 $v(p_i)=1$ 或 $v(p_i)=0$;

(2) $v(\neg A)=1$,当且仅当 $v(A)=0$;

(3) $v(A \rightarrow B)=1$,当且仅当 $v(A)=0$ 或 $v(B)=1$。

对上述(2)、(3),也可以用真值表定义如下:

(2′)

A	$\neg A$
1	0
0	1

(3)

A	B	$A \rightarrow B$
1	1	1
1	0	0
0	1	1
0	0	1

定义 4.2 设 Γ 是 P 的公式集,若对于每个 $A \in \Gamma$ 都存在一个真值赋值 v,使得 $v(A)=1$,则称 Γ 是可满足的,并且 v 满足 Γ,记作 $v \vdash \Gamma$。

根据定义 4.2,公式集$(A \wedge B, A \vee B, A \rightarrow B, A \leftrightarrow B)$是可满足的,当 A,B 均取值为真时,公式集中的所有公式都是真的。

定义 4.3 (1)一个公式 A 称为重言式,当且仅当对每一真值赋值 v,A 均取值为真。记作:对每一 v,都有 $v \vdash A$(即 $v(A)=1$),或简记作 $\vdash A$。重言式也称永真式。

(2)一个公式 A 称为矛盾式,当且仅当对每一真值赋值 v,A 均取值为假。矛盾式也称作不可满足式或永假式。

(3)一个公式 A 称为偶真式,当且仅当在有些真值赋值下取值为真,在另一些真值赋值下取值为假。

(4)一个公式 A 称为可满足式,当且仅当至少有一真值赋值 v,使得 $v \vdash A$。重言式与偶真式统称为可满足式。

根据定义 4.1 和 4.3,可以用真值表方法判定 P 的公理都是重言式。例如 $P_3:(\neg A \rightarrow \neg B) \rightarrow ((\neg A \rightarrow B) \rightarrow A)$

A B	$\neg A$	$\neg B$	$\neg A \rightarrow \neg B$	$\neg A \rightarrow B$	$(\neg A \rightarrow B) \rightarrow A$	$(\neg A \rightarrow \neg B) \rightarrow ((\neg A \rightarrow \neg B) \rightarrow A)$
1 1	0	0	1	1	1	1
1 0	0	1	1	1	1	1
0 1	1	0	0	1	0	1
0 0	1	1	1	0	1	1

同样可用真值表证明 P 的 MP 规则具有保真性,即对任一真值赋值 v,若 v ⊨A 且 v ⊨A→B,则 v ⊨B。

A	B	A→B
1	1	1
1	0	0
0	1	1
0	0	1

在真值表的第一行,赋值满足 A 和 A→B,从而也满足 B。

由于 P 的公理都是永真式,P 的推理规则 MP 具有保真性,P 的任一导出规则都是由公理和 MP 规则推演出来的。因此,P 的定理也都是永真式,P 就是一个永真式系统。

定义 4.4　一个公式 A 称为公式集 Γ 的逻辑后承,当且仅当对每一真值赋值 v,如果 v ⊨Γ,则 v ⊨A。记作 Γ ⊨A。若 A 不是 Γ 的逻辑后承,记作 Γ|≠ A。

定义 4.5　任意公式 A 与 B 是逻辑等值的,当且仅当对每一真值赋值 v,都有如果 v ⊨A,则 v ⊨B,反之亦然。记作 A⇔B。

根据定义 4.4,重言式是任何公式集的逻辑后承,因为对任意公式集 Γ 来说,不存在一个真值赋值 v,使得 v ⊨Γ,而 v(A)=0。重言式 ⊨A 同时也表明 A 是空公式集的逻辑后承,因为每一真值赋值都满足空公式集。

根据定义 4.5,任何两个重言式都是逻辑等值的。

逻辑后承与公式或公式集的可满足性之间有着密切的联系。可通过如下定理反映出来:

定理 4.1　若 Γ 和 A 分别是 P 的任意公式集和公式,则 Γ ⊨A,当且仅当 Γ ∪{→A}是不可满足的。

证明:

设 Γ ⊨A,则对于任何真值赋值 v,若 v ⊨Γ,则 v(A)=1。据定义 4.1,v(→A)=0。因此,不存在一个真值赋值 v,使得 v ⊨Γ∪{→A},即 Γ∪{→A}是不可满足的。设 Γ∪{→A}是不可满足的,则对于每一真值赋值 v 来说,若 v ⊨Γ,则 v(→A)必取值为 0。因为若 v(→A)也取值为 1,就是肯定有一真值赋值使 Γ 和→A 都可以满足。即 Γ∪{→A}是可以满足的,这与假设矛盾。v(→A)取值为 0,据定义 4.1,v(A)的取值为 1,所以 Γ ⊨A。

(二)P 的可靠性

形式系统的可靠性问题是指其公式的推演是否具有保真性,即能否保证从真的前提推演出真的结论,能否保证系统的每一形式可证定理都是系统语义解释下的重言式。可靠性是一个形式系统最重要的问题之一。

形式系统的可靠性最关键的在于其推理规则是可靠的,即推理规则具有保真性。如前所述,P 系统的推理规则 MP 是可靠的,用逻辑后承表示就是:

$$A,A{\rightarrow}B \models B.$$

因此,应用 MP 规则,能够从真的前提得出真的结论。

定理 4.2 (P 的可靠性定理)设 Γ 是 P 的公式集,如果 $\Gamma{\vdash}A$,那么 $\Gamma \models A$。特别地,若 ${\vdash}A$,则 $\models A$。

证明:

首先证明定理的后半部分。在 P 真值赋值的基础上用真值表方法可以证明 P 的公理都是重言式,因为 MP 规则具有保真性,因此 P 的内定理(即 ${\vdash}A$)都是重言式(即 $\models A$)。

再证前半部分。设 $\Gamma{\vdash}A$,即 A 是从 Γ 可推演的。令 $A_1,A_2,\cdots,A_n$ 是从 Γ 得到 A 的形式推演,此时必有 $A_n=A$。施归纳于 $k=1,2,\cdots,n$,证明 $\Gamma \models A_k$,从而对于 $k=n$,有 $\Gamma \models A$。根据推演的定义,A_k 必具有如下三种情况之一:

(1)$A_k{\in}\Gamma$。

当 Γ 的公式都真时,A_k 不可能为假,因此 $\Gamma \models A_k$。

(2)A_k 是 P 的内定理。

已证 P 的内定理都是重言式,而重言式是任何公式集的逻辑后承。所以 $\Gamma \models A_k$

(3)A_k 是从 Γ 到 A 的推演公式序列中在前的两个公式 A_i,A_j(此时 $A_j=A_i{\rightarrow}A_k,i<k,j<k$)运用 MP 规则所得。根据归纳假设:$\Gamma \models A_i$,且 $\Gamma \models A_j$(即 $\Gamma \models A_i{\rightarrow}A_k$),则对于任意真值赋值 v,如果 $v \models \Gamma$,那么 $v(A_i)=1$ 且 $v(A_i{\rightarrow}A_k)=1$,必有 $v(A_k)=1$;所以 $\Gamma \models A_k$。

由(1)、(2)、(3)可知 $\Gamma \models A$。

定理 4.2 表明,P 系统是可靠的,应用 P 的公理和推理规则所推演出来的公式都是重言式,P 系统是一个重言的命题逻辑演算系统。当我们把 P 系统运用于其它领域的理论研究,或用于日常思维中的推理或论证时,绝不会从真前提推出假结论甚至逻辑矛盾。作为一种逻辑工具,我们可以放心地使用 P 系统去进行推理或论证。

(三)P 的一致性

一致性包括语义一致性和语法一致性两种。语义一致性是指系统中可证的公式都是真的,我们在本书中把语义一致性称为可靠性,而把语法一致性简称为一致性。若非特别说明,一致性均指语法一致性。

一致性又称协调性。形式系统的一致性问题是指系统中是否能推出逻辑矛盾。它与可靠性紧密相连,一个系统若是不可靠的,则极有可能隐涵着逻辑矛盾。

定义 4.6 一个公式集 Γ 是一致的,如果不存在公式 A,使得 A 和→A 都是从 Γ 可推演的,即 Γ⊢A 并且 Γ⊢→A。一个形式系统是一致的,如果不存在公式 A,使得 A 与→A 都是系统中形式可证的,即⊢A 并且⊢→A。

定理 4.3 (P 的一致性定理)形式系统 P 是一致的。

证明:

假设 P 是不一致的,则存在一个公式 A,使得 A 和→A 均在 P 中形式可证,即⊢A 并且⊢→A。根据 P 的可靠性定理,可得⊨A 并且⊨→A。但根据定义 4.1,对任何 P 的真值赋值 v,v(A)=1 当且仅当 v(→A)=0,A 与→A 都是重言式是不可能的。因此,形式系统 P 是一致的。

关于 P 系统的一致性,有以下的性质定理:

(1)公式集 Γ 是不一致的,当且仅当对所有公式 A,都有 Γ⊢A。

(2)⊢ΓA,当且仅当 Γ∪{→A}不一致。

(3)若 Γ 是一致的,并且 Γ⊢A,则 Γ∪{A}也是一致的。

(4)若 Γ 是一致的,则或者 Γ∪{A}是一致的,或者 Γ∪{→A}是一致的。

(5)Γ 是一致的,当且仅当它的每一有穷子集是一致的。

证明:

(1)设 Γ 是不一致的,则有一公式 B,使得 Γ⊢B 并且 Γ⊢→B。通过引入定理⊢B→(→B→A),两次运用 MP 规则,即可得 Γ⊢A。

设对所有公式 A,都有 Γ⊢A,则必有 B 和→B,Γ⊢B 并且 Γ⊢→B,因此 Γ 不一致。

由本定理可知,Γ 是一致的,当且仅当至少有一个公式不是从 Γ 可推演的。

(2)设 Γ⊢A,则显然有 Γ∪{→A}⊢A。又因为→A∈Γ∪{→A},所以 Γ∪{→A}⊢→A,故 Γ∪{→A}不一致。

设 Γ∪{→A}不一致,则有公式 B,使得 Γ∪{→A}⊢B 并且 Γ∪{→A}⊢→B,根据反证规则可得 Γ⊢A。

(3)假设 Γ∪{A}不一致,则有公式 B,使得 Γ∪{A}⊢B 并且 Γ∪{A}⊢→B,根据归谬规则,可推出 Γ⊢→A。已知 Γ⊢A,所以 Γ 是不一致的,与题设矛盾。

(4)假设 Γ∪{A}与 Γ∪{→A}均不一致,根据(2)、(3)的证明,可推知 Γ⊢→A 并且 Γ⊢A,所以 Γ 不一致,与题设矛盾。

(5)设 Γ 是一致的,则显然有 Γ 的每一有穷子集是一致的。

设 Γ 的每一有穷子集都一致而 Γ 不一致,则存在公式 A,使得 Γ⊢A 并且 Γ⊢→A。根据定理 3.1(4),若 Γ⊢A,则存在 Γ 的一有穷子集 Γ_1,Γ_1⊢A;若 Γ⊢→A,则存在 Γ 的一有穷子集 Γ_2,Γ_2⊢→A。所以 $\Gamma_1 \cup \Gamma_2$⊢A,并且 $\Gamma_1 \cup \Gamma_2$⊢→A,从而 $\Gamma_1 \cup \Gamma_2$ 不一致,这与 Γ 的每一有穷子集都是一致的假设矛盾,因此,Γ 是一致的。

由(5)可知,既然 P 系统是一致的,那么 P 的任一可证公式集都是一致的。

(四)P 的完全性

形式系统的完全性包括语义完全性和语法完全性。

一个形式系统是语义完全的,当且仅当任意语义可证公式 A 都是形式可证公式,即如果 ⊨A,则 ⊢A。

一个形式系统是语法完全的,当且仅当,如果把一个系统中不可证的公式作为公理加进系统,所得到的扩充系统就是不一致的。

形式系统的语法完全性是说,这个系统已提供了证明定理所需要的一切,如果想通过增加新的语法(比如公理)去证明更多的公式,那么系统就会推演出逻辑矛盾,从而导致一切公式都是可证的。

并非所有的形式系统都同时具有语义和语法完全性。现已建构成的形式系统,有些只具有语义完全性,而不具有语法完全性。

定理 4.4 (P 的完全性定理)形式系统 P 既具有语义完全性,又具有语法完全性。

证明：

先证明语义完全性定理,即如果 ⊨A,那么 ⊢A。

设 A 是重言式。则 A 有一合取范式 B,B=$B_1 \wedge B_2 \wedge \cdots \wedge B_n$,并且 B 是重言式,从而任意 B_i(i=1,2,…,n)都是重言式,即具有 $p_i \vee \rightarrow p_i \vee C$(C 表示任意的

简单析取式)的情形。已证⊢A∨￢A 和⊢A→A∨B,因此,p_i∨￢p_i∨C 也是可证的,即每个 B_i 都是可证的,⊢B_1,⊢B_2,…,⊢B_n。据[导 10]有 B_1,B_2,…,B_n⊢B_1∧B_2∧…∧B_n,根据演绎定理得 ⊢B_1→(B_2→(…(B_n→B_1∧B_2∧…∧B_n)…)),n 次使用 MP 规则,即有⊢B_1∧B_2∧…∧B_n,所以⊢B。因 B 与 A 等值,根据等值置换定理,必有⊢A。

再证语法完全性定理。假设把 P 的不可证公式 A 作为公理加进 P 系统,我们证明所得到的 P* 系统是不一致的。

设 A 有一合取范式 B。由于 A 不可证,据 P 的语义完全性定理,A 不是重言式,则 A 的合取范式 B 的合取项中至少有一个为非重言的简单析取,设为 B_k,B_k 中不可能同时出现一命题变元及其否定式,这样的 B_k 必具有如下情形:

　　p_i∨p_j∨￢p_k　　（p_i,p_j,p_k 表示任意不相同的命题变元）

由于 A 是 P* 的公理。因此有⊢A。A 的范式 B 及 B 的每一合取项也都是可证的,即⊢B 并且⊢B_k(也就是 ⊢p_i∨p_j∨￢p_k)。

根据代入规则 Sub,对⊢p_i∨p_j∨￢p_k 中的命题变元作代入:用 p 分别替换 p_i 与 p_j,用￢p 替换 p_k,可得

　　　　⊢p∨p∨￢￢p

据⊢￢￢p↔p 及等值置换规则 Rep,可进一步得到

　　　　⊢p∨p∨p

由于可证 ⊢A↔A∨A,据此,从⊢p∨p∨p 可得到⊢p。再用￢A 对 p 作代入,必有⊢￢A。前面已证⊢A,所以 P* 不一致。

P 的完全性定理表明,所有命题逻辑的可证公式都已包含在 P 系统之中,在 P 系统之外,再没有关于联结词的从真前提推出真结论的公理或推理形式了。这个系统已提供了证明命题逻辑定理所需要的一切,如果通过 P 系统无法去证明某一命题是真的,那么这一命题一定超越了命题逻辑的适用范围。

练习题

一、与传统命题逻辑相比,现代命题演算具有什么优势?

二、什么是形式系统? 它与公理系统有何区别?

三、对 P 的任意公式 A,都指定一个数,称为 A 的权。A 的权是这样规定的:A 中任一命题变元的每一出现都给予权－1,￢的每一出现给予权 0,→的每一出现给予权1,左括号的每一出现给予权 1,右括号的每一出现给予权－1,A 的权为其中每一出现的符号的权之和。求证:

任意公式 A 的权均为－1。

（提示：可用归纳法证明，施归纳于公式 A 的结构。）

四、不使用演绎定理，构造下列定理的的形式证明：

1. $\vdash \neg\neg A \to A$

2. $\vdash (A \to (A \to B)) \to (A \to B)$

五、证明下列 P 的内定理：

1. $\vdash \neg(A \to B) \to A$

2. $\vdash \neg(A \to B) \to \neg B$

3. $\vdash A \to (B \to \neg(A \to \neg B))$

4. $\vdash A \to (\neg A \to B)$

5. $\vdash (A \to (A \to B)) \to (A \to B)$

6. $\vdash ((A \to B) \to C) \to (B \to C)$

7. $\vdash (((A \to B) \to B) \to C) \to (A \to C)$

8. $\vdash (\neg A \to A) \to A$

9. $\vdash (A \to \neg A) \to \neg A$

10. $\vdash (A \to C) \to ((B \to C) \to ((\neg A \to B) \to C))$

六、证明下列 P 的定义式定理：

1. $\vdash A \to A \lor B$

2. $\vdash A \lor \neg A$

3. $\vdash (A \to C) \to ((B \to C) \to (A \lor B \to C))$

4. $\vdash A \lor (B \lor C) \to (A \lor B) \lor C$

5. $\vdash (A \to B) \to (C \lor A \to C \lor B)$

6. $\vdash (A \to B) \to ((C \to D) \to (A \lor C \to B \lor D))$

7. $\vdash (A \lor B \to C) \to (A \to C) \lor (B \to C)$

8. $\vdash (A \to B \lor C) \to (A \to B) \lor (A \to C)$

七、证明下列 P 的定义式定理：

1. $\vdash A \land (B \land C) \leftrightarrow (A \land B) \land C$

2. $\vdash (A \to B) \to (A \land C \to B \land C)$

3. $\vdash (A \to B) \to ((C \to D) \to (A \land C \to B \land D))$

4. $\vdash (A \land B \to C) \leftrightarrow (A \to (B \to C))$

5. $\vdash (A \to C) \land (B \to C) \to (A \lor B \to C)$

6. $\vdash (A \land B \to C) \to (A \to C) \lor (B \to C)$

7. $\vdash A \to A \land (B \lor \neg B)$

8. $\vdash A \lor (B \land \neg B) \to A$

八、证明下列 P 的定义式定理：

1. $\vdash (A \leftrightarrow B) \leftrightarrow (\to A \leftrightarrow \to B)$

2. $\vdash (A \leftrightarrow B) \leftrightarrow (A \wedge B) \vee (\to A \wedge \to B)$

3. $\vdash (A \leftrightarrow B) \leftrightarrow (\to A \vee B) \wedge (A \vee \to B)$

4. $\vdash \to (A \leftrightarrow B) \leftrightarrow (\to A \leftrightarrow B)$

5. $\vdash (A \leftrightarrow B) \to (A \wedge C \leftrightarrow B \wedge C)$

6. $\vdash (A \leftrightarrow B) \to (A \vee C \leftrightarrow B \vee C)$

7. $\vdash (A \leftrightarrow B) \to ((A \leftrightarrow C) \leftrightarrow (B \leftrightarrow C))$

8. $\vdash (A \leftrightarrow B) \to ((C \leftrightarrow D) \to ((A \to C) \leftrightarrow (B \to D)))$

九、P 的元定理与内定理有何区别？

十、试证明定理 3.4。

十一、试证明代入规则（Sub）是成立的。

十二、陈述形式系统可靠性、一致性、完全性的含义。

十三、完全性还有古典意义。一个形式系统在古典意义下是完全的，当且仅当其任意公式 A，或者 A 在系统中可证，或者 $\to A$ 在系统中可证。求证：形式系统 P 不具有古典意义下的完全性。

十四、若 P 的任意一致的公式集都是可以满足的，Γ 和 A 分别是 P 的公式集和公式。求证：如果 $\Gamma \vDash A$，那么 $\Gamma \vdash A$。（本定理称为 P 的强完全性定理）

十五、证明下列关于一致性的性质定理。

1. 如果 $\Gamma \cup \{\to A\}$ 与 $\Gamma \cup \{B\}$ 都不一致，并且 $(A \to B) \in \Gamma$，则 Γ 是不一致的。

2. 如果 $\Gamma \vdash \to (A \to B)$，并且 $\Gamma \cup \{A, \to B\}$ 是不一致的，则 Γ 是不一致的。

十六、P 的任意公式集 Γ 称为极大一致的，如果满足下面的两个条件：

（1）Γ 是一致的；

（2）Γ 不是任意一致的公式集 P 的真子集（即如果 Γ 是极大一致的，并且 Γ 是 ψ 的真子集，则 ψ 是不一致的）。

根据上述定义求证：

1. P 的任意公式集 Γ 是极大一致的，当且仅当 Γ 是一致的，并且对任意 P 的公式 A，或者 $A \in \Gamma$，或者 $\to A \in \Gamma$。

2. 若 Γ 是极大一致的，则 $A \to B \in \Gamma$，当且仅当 $\to A \in \Gamma$，或者 $B \in \Gamma$。

3. 若 Γ 是极大一致的，则 $A \in \Gamma$，当且仅当 $\to A \wedge A$。

4. 若 Γ 是极大一致的，并且 $\Gamma \vdash A$，则 $A \in \Gamma$。

十七、用形式系统 P，构造下列推理的有效性证明：

1. 如果小赵参加长跑比赛，那么小钱参加短跑比赛。如果小孙参加跳远比赛,那么小李参加跳高比赛。如果小钱参加短跑比赛,或者小李参加跳高比赛,那么甲班比赛得分将提高。如果甲班比赛得分提高,那么甲班同学受到鼓舞。小赵参加长跑比赛或者小孙参加跳远比赛。所以,甲班比赛得分提高并且甲班同学受到鼓舞。

2.如果围棋第一高手加盟东方队,那么东方队的实力大增,并且有望获得全国围棋甲级联赛的第一名或第二名。围棋第一高手加盟东方队,所以,东方队有望获得全国围棋甲级联赛的第一名或第二名。

3.如果天下雨,那么小林就不去游览西湖南线了。或许是天下雨,或许是家务事太多。要是公司里有很多事或者家务事太多,那么小林就不去看电影了。小林现在刚看完电影,所以,小林就不去游览西湖南线了。

4.某一场足球比赛,教练不派3号上场而派6号上场;如果派6号上场,那么或者是不派8号上场或者是派9号上场;如果派9号或者不派8号上场,那么5号定要上场,所以,5号一定上场。

5.如果校长提出的措施能够实施,那么,学校教育质量定能得到保证,除非全校教师不支持校长。如果校长提出的措施能够实施,那么如果学生的素质没有问题,那么全校教师定会支持校长。所以,如果校长提出的措施能够实施,那么,学校教育质量定能得到保证。

6.或者如果李某当选校长,那么他将改善学生生活,或者学生失望。倘若如果李某当选校长则他将改善学生生活,那么学生拥护李某。如果学生失望,那么学生自由散漫。所以学生拥护李某。因为学生没有自由散漫。

7.如果世界上存在着邪恶,那么,上帝或者不愿意清除邪恶,或者不能清除邪恶。如果上帝是仁慈的,那么上帝愿意清除邪恶。如果上帝是全能的,那么上帝能够清除邪恶。如果上帝存在,那么上帝既是仁慈的,又是全能的。或者世界上没有战争,或者世界上有邪恶。所以,上帝不存在。因为世界上有战争。

8.没有地狱,也没有天堂。所以,有地狱或者有神仙,当且仅当,有天堂或者有神仙。

第五章　概念逻辑

我们把从逻辑学的角度对概念进行的研究统称为概念逻辑。在本章中,我们将讨论概念的种类、概念外延之间的关系、概念的限制与概括、概念的定义与划分。本章也作为下一章传统词项逻辑的基础理论。

一、概述

(一)什么是概念

"概念"一词在生活中常能听到,它是构建思想和信念的基本成份,在认知过程中居于重要位置。很多学科都研究概念,包括心理学、语言学、哲学,尤其是一些跨学科的认知科学。

不同学科的研究角度不同,使得从本体论上回答"什么是概念"时,答案并不明确。流行的观点至少有三种:

(1)概念是一种心理表征,一种心理对象;或如中世纪唯名论所言,概念是一种心灵行为。

(2)概念是认知主体的一种特殊能力。

(3)概念是词语或短语的意义,是一种抽象对象,而不是心理对象。

从逻辑学的角度看,大部分教科书维持的观点是,"概念是对思维对象的反映","概念是最基本的思维形式之一,反映对象的本质属性或特有属性"。

对象的属性是指对象的性质,或者对象与其它对象的关系。对象的性质诸如大小、颜色、硬度、位置、气味等等。对象与其它对象的关系诸如父子、兄弟、同盟、前后、攻击等等。性质是对单个对象的描述,而关系涉及多个对象。

一个对象通常有许多属性,无论是性质还是关系,都有不少。以人为例,身高、眼睛大小、鼻子高低、肤色、出生地、智力、家庭背景等等都可算着它的性质,人又能与其它对象构成同学、会员等等关系。

在对象诸多属性当中,有些被认为是偶有属性,有些被认为是本质属性、固有属性或特有属性。例如,人是动物中的一类,那么如何区分人和其它动物呢?相比较于肤色,会使用语言,能直立行走、使用工具显得更加本质。单独的肤色没办法区分人与其它动物,而后三种性质能将人与部分动物甚至是大部分动物区分开来。

能清楚地将一个对象与其它对象区分开的属性,就是该对象的本质属性或特有属性。但要完整而准确地评估一个对象的本质属性并不容易。有人认为人的本质属性是能使用语言,有人认为人的本质属性是能使用和制作工具,有人说人是有理性的动物,又有人认为社会属性才是人的本质属性。

由以上论述可知,逻辑学对待概念,大体采用了一种混合的观点。它是对对象的反映,但不是心理表象,而是人的基本思维形式。而且逻辑非常注重词语与概念之间的区别与联系。

(二)概念与词语的关系

思想只有以语句的形式表达出来,人们才能理解它。作为思想基块的概念也必须以词语形式出现,人们才能理解。概念作为思维的基本形式,语词作为语言的基本形式,它们之间有着千丝万缕的联系。著名哲学家戴维森说:

"信念是一种个体态度,只有以语言进行解释,提供一种公共范式,才能被人理解。人们关于信念的概念只有经过语言的解释才能形成。从而,生物体为了获得信念这一概念,必须成为一个言语共同体的一员······更一般地说,只有能解释言语的生物体才能获得思想中的概念。"①

简单概括起来就是,"概念不能脱离词语而存在"。但这个判断是否正确其实存有争议。随着现代科学技术的不断发展,越来越多的神经科学家、认知科学家试图证明存在非语言形式的概念。他们用设备呈现实验对象的思维活动,特定情绪可能会与特定脑电波对应,也就表示特定概念可能会与特定脑电波对应。未来也许有一天人类可以发展出读心术一般的技术或设备。但至目前为止,人类显然还无法以非语言的形式进行思想交流。

概念与词语之间的联系也不是简单的一一对应。

(1)总体上,逻辑学认为概念是语词的思想内容,语词是概念的物质形式。

---

① Davidson, D. (1975), Thought and Talk. In his Inquiries into Truth and Interpretation, p. 170. Oxford: Oxford University Press.

但也认为不是所有词语都表示概念，如叹词、象声词、介词等等虚词，通常不表达概念，仅具有语法上的意义。只有名词、动词、形容词等等实词才能表达概念。

（2）词语在使用上比较灵活，相同的概念可能会以不同的词语形式表达。如"金星""晨星""昏星"虽然名称不同，但都指称同一个对象。"医生"和"大夫"是不同的词语，但也表示同一个职业。语法上通常将其称为同义词。

（3）词语具体表达什么意义内容，可能会受语境的影响。一个词语在不同的语境中可能表达不同的概念。如"园丁"一词，常规上指称修缮管理花园的工作人员，但特定语境下也可能指称老师这一职业。"先生"一词，在不同语境下可能会分别指称老师、丈夫、有名望的人等不同的对象。语法上这类词通常被称为多义词。

如果不注意词语表达形式的灵活性和多样性，没有注意到同义词表达着相同的概念，作一些不必要的争论，就形成了一种徒劳的文字之争；如果在使用多义词时不加分辨，混淆同一个词语所表达的不同概念，在逻辑上就形成了一种混淆概念的谬误。

逻辑学主要是通过词语研究概念。但词语除了包含逻辑内容之外，有时也可能包含非常强烈的情感因素等非逻辑的内容。而逻辑在处理上通常抛弃词语的情感内容，只保留它的逻辑内容，此时词语也被称为词项（term）。

（三）概念的内涵与外延

1. 什么是内涵和外延

概念反映对象的本质属性或特有属性。每个不同的概念，会有不同的本质属性。这些本质属性构成了具体概念的内涵，而具有这些本质属性的对象汇集成概念的外延。如"三角形"的内涵是"由不在同一直线上的三条线段围成的一个封闭图形"，而它的外延是无限个具体三角形的汇集，如下图（a,b,c,…）。

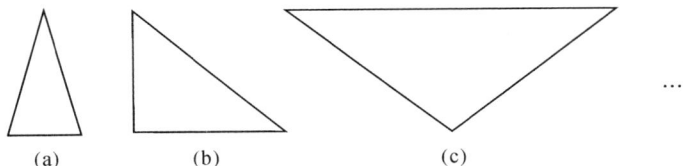

（a）　　　（b）　　　（c）　　　…

概念的内涵表明思维对象"是什么"，是概念"质"的反映；概念的外延表明思维对象"有哪些"，反映概念的"量"。

概念的内涵与外延之间有明确的依赖关系。概念的内涵决定外延，外延不能决定内涵。例如"等角三角形"与"等边三角形"有相同的外延,但是"等角三角形"的内涵是"三个内角相等的三角形","等边三角形"的内涵是"三条边相等的三角形",它们的内涵不同。所以概念的外延不决定概念的内涵,而是内涵决定外延。

尽管同一个概念在不同语境中的外延可能不同,如前文列举的"园丁",但不同语境中它的内涵肯定也发生了变化,它仍然遵从"内涵决定外延"。

2.明确概念的要求

概念有内涵和外延两个方面。因此,要明确概念,既要明确概念的内涵,又要明确概念的外延。如果不能正确反映对象的特性或本质,不能准确揭示对象的数量范围,就无法形成有关对象的明确概念,也就无法借助概念将对象与别的对象正确区别开来。所以准确把握内涵和外延对明确概念很重要。

《刑法》中有一条故意伤害罪,"故意伤害他人身体的,处三年以下有期徒刑、拘役或管制"。假如你和一个朋友闹别扭,最后你用力推了他一下,那这属于故意伤害吗?为了合理合法地作出判决,司法实践中有进一步的司法解释,"构成故意伤害罪的程度限于轻伤、重伤、伤害致死三种情况。轻伤以下的轻微伤和一般的殴打行为,不构成本罪"。那什么是"轻伤"?什么是"轻微伤"?你不小心碰到他的鼻子,使得鼻子骨折了;或者你将他推倒擦伤了手肘,这些是重伤、轻伤还是轻微伤?公检法机关在《人体重伤鉴定标准》和《人体轻伤鉴定标准(试行)》中作了进一步规定。

明确概念不仅在司法领域很重要,日常生活中明确概念也有助于提升人们的理解能力,更准确地使用词语的能力。

二、概念的种类

根据概念的内涵和外延特征,可以对概念进行分类。

(一)单独概念、普遍概念和空概念

根据概念所反映思维对象的数量,或者说概念的外延大小,可以把概念分为单独概念、普遍概念和空概念。

单独概念是反映某一特定对象的概念,它的外延有且只有一个对象。表达单独概念的语词形式有两种情况:

(1)专有名词表达的概念通常都是单独概念,如:

人名:"姚明""成龙""袁隆平"等

地名:"北京""成都""枣庄"等

国名:"埃塞俄比亚""法国""菲律宾"等

……

(2)有些摹状词也可以表达单独概念。摹状词是对思维对象某个特征进行描述的词语,可分为限定摹状词与非限定摹状词。其中主要是限定摹状词表达单独概念,如:

"地球上最高的人"

"有记录以来历史最高的气温"

"14 与 19 之间的素数"

……

普遍概念是反映了某一类思维对象的概念,它的外延至少包括两个对象。通常词语中的普通名词、动词以及形容词表达的概念都是普遍概念,如:

普通名词:律师、排球等

动词:唱歌、跑步、回忆等

形容词:聪明、开心、漂亮等

动词和形容词是普遍概念,这是因为它们反映了某一类对象表现出相同的动作或性质。就拿"唱歌"来说,在某个限定的范围内,如果对象 a 在唱歌,那么它属于概念"唱歌"的外延;同样,如果某个对象 b 是聪明的,那么它属于概念"聪明"的外延。

有些摹状词也表达普遍概念,其中主要是非限定莫状态表达普遍概念,如"12 与 18 的公约数"。

空概念又被称为虚概念,它反映的思维对象在现实中不存在,其外延是个空类,不包括任何现实的对象。如虚构的名称"孙悟空",说明特定理论性质的词语"永动机",不可能出现的日期"2 月 30 日"等等都是空概念。

(二)集合概念和非集合概念

集合概念就是反映集合体的概念。集合体的特点是,集合体所具有的属性,组成集合体的个体不一定具有,多半是不具有。

集合概念很常见,如"森林""手机"都可能是集合概念。"森林"能隔挡风沙,也具有一些生态功能,而构成森林的各种各样的树木、花草等植被,单独并不具有与森林相似的功能,所以森林是个集合概念。现代生活中不可缺少的"手机",能观看视频、浏览信息,但组成手机的各种零部件,独自并不能实现相同的功能,从这个角度来说,手机是个集合概念。

非集合概念就是反映非集合体的概念。非集合体,通常是指事物类,事物类的特点是,事物类所具有的属性,组成事物类的分子一定个个都具有。如"教师"表达的概念是个非集合概念,它反映着一个事物类,如果某个对象 a 是这个类的一个成员,那么对象 a 肯定具备教师的本质属性。

一个概念是集合概念还是非集合概念,情况并不固定,与具体的语境有关,应该具体情况具体分析。"人民是历史的创造者,我张三就是一个人民,所以我张三就是历史的创造者"中,第一个"人民"应该是个集合概念,第二个"人民"是个非集合概念,如果不能准确分别它们,混淆它们之间的差异,就很容易陷思维于混乱之中,也容易受到一些别有用心的人的干扰。

(三)正概念和负概念

根据概念所反映的对象是否具有某种属性,可以将其分为正概念和负概念。这种划分强调对象"有没有"某种属性,而不是强调对象的属性"是什么"。

正概念也叫肯定概念,它们从正面反映对象具有某种属性。如"勇敢""成年人""限定词"都是正概念。

负概念也叫否定概念,它们从反面反映对象不具有某种属性。如"不勇敢""未成年"、"非限定词"都是负概念。

表达负概念的语词通常都含有否定词"不""非""未""无"等,但并非以这些否定词开头的词语都是负概念,如"不屑""非难""未来""无线电"。表达负概念的语词中的否定词都应该是可分离的,如果否定词不是对后面词语所表达概念的否定,那么它不是负概念。

单独概念与普遍概念和空概念、集合概念与非集合概念、正概念与负概念,三种分类分别是从不同角度、根据不同标准所进行的分类。一个概念在同一语境下不能同时属于某种分类中不同的概念类别,但不同分类之间不是一种排斥关系。例如,一个概念在同一语境下,不可能既是普遍概念又是单独概念,但可以既是普遍概念又是集合概念。"森林可以防治风沙"中的"森林"首先是一个集合概念,但它同时也是一个普遍概念,因为单就中国已有很多著名的森林,如"天山雪岭云杉林""西双版纳热带雨林"等等。

三、概念外延间的关系

前文说过,概念的外延由具有相同属性的对象汇集而成。那么不同概念的外延中的对象有可能部分或全部相同,或者两个概念的外延中所有对象都不同。逻辑学根据这种性质,将两个概念间的外延关系细分成全同关系、真包含和真包含于关系、交叉关系、全异关系。

(一)全同关系

全同关系也叫同一关系,是指两个概念外延中的对象完全相同。对于概念 P 和 Q,如果所有 P 都是 Q,同时所有 Q 都是 P,那么 P 与 Q 之间的关系就是全同关系。

逻辑学习惯使用较为直观的欧拉图表现概念之间的外延关系。它最早由 17 世纪的数学家和逻辑学家欧拉提出并使用,所以称为欧拉图。

欧拉图中每个概念的外延范围都对应一个封闭图形(通常是圆形)。如果两个概念 P 和 Q 的外延相同,那么表示概念 P 外延的圆与表示概念 Q 外延的圆重合。例如,假设 P 是"等边三角形"表达的概念,Q 是"等角三角形"表达的概念,那么 P 和 Q 的欧拉图关系如图 2-1 所示。

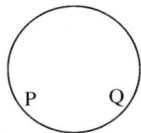

图 2-1　全同关系

具有全同关系的两个概念,在表述时,有时可以互相替换。如"鲁迅是一个伟大的革命战士"与"《少年闰土》的作者是个伟大的革命战士"。为了增加文章的可阅读性或文采,很多作者经常会在写作过程中使用外延相同的概念进行替换。

具有全同关系的两个概念,可以用"即"字联结;不具有全同关系的概念不能用"即"字联结。

(二)真包含和真包含于关系

真包含关系也叫属种关系,真包含于关系也叫种属关系。如果概念 Q 外延中的任意对象同时也是概念 P 外延中的对象,且 P 外延中有对象不是 Q 外延中的对象,那么 P、Q 两个概念中,P 是属概念,Q 是种概念。

假设 P 是"学生",Q 是"大学生",显然所有的"大学生"都是"学生",且有"学生"不是"大学生",所以两者之间"学生"是属概念,"大学生"是种概念,如图 2-2 所示:

"学生"与"大学生"之间是属种(真包含)关系,那么反过来说"大学生"与"学生"之间就是种属(真包含于)关系。

属种关系是一种相对关系,而不是绝对的关系。一个概念是属概念还是种

概念,要看它与什么概念相比。与"学生"相比,"大学生"是
个种概念;而与"浙江大学的学生"相比,"大学生"就是个属
概念。

为了避免逻辑上的错误,应区别属种关系与整体和部分
关系,不可混淆。属种关系存在于一个对象类与其子类之
间,种概念必定具有属概念的所有内涵;整体与部分的关系
中,部分不一定具有整体的所有内涵。如"手机"与"华为手机"是属种关系,所有
的华为手机必定具有手机所有的属性;而"华为手机"与"麒麟芯片"是整体与部
分的关系,麒麟芯片是华为手机的核心构件之一,是手机的构成部分,但是芯片
并不具备手机的本质属性。如果混淆了概念间的属种关系与整体和部分的关
系,就会在理解上犯错误。

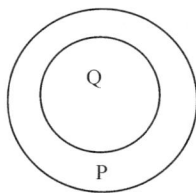

图 2-2　属种关系

(三)交叉关系

两个概念 P 和 Q 是交叉关系,当且仅当,P 外延的对象与 Q 外延的对象有
部分重合。部分重合的意思是说,有 P 是 Q,同时
有 P 不是 Q 且有 Q 不是 P。如"学生"与"动漫爱好
者"是交叉关系,因为有些学生爱好动漫,也有学生
不爱动漫,同时有些爱好动漫的人不是学生。交叉
关系的欧拉图如图 2-3 所示:

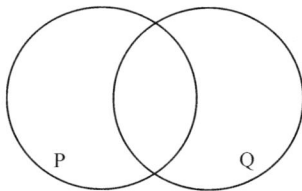

具有交叉关系的概念,一般不能并列使用。如
"爱国者中有工人、有农民、有知识分子和许许多多的青少年",青少年中既有工
人,也有农民和知识份子,把青少年和他们并列放在一起,显得对爱国者的划分
很错乱。

图 2-3　交叉关系

(四)全异关系

两个概念 P 和 Q 是全异关系,当且仅
当,P 的外延中与 Q 的外延中没有相同的
对象。如"男人"和"女人"是全异关系,如
果一个对象是男人,那么他不可能是女人,
如果一个对象是女人,那么她也不能是
男人。

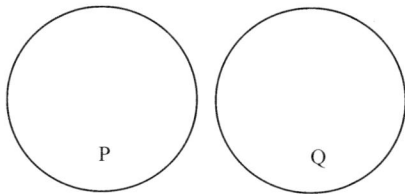

全异关系的欧拉图如图 2-4 所示:

图 2-4　全异关系

全异关系也叫不相容关系,前面的全同关系、属种关系和交叉关系又统称为相容关系。主要判断标准是看两个概念的外延中是否有相同对象,有相同对象就是相容关系,没有相同对象就是不相容关系。

全异关系又可以进一步分为矛盾关系和反对关系。

全异关系的概念 P 和 Q 是矛盾关系,当且仅当,概念 P 和 Q 都是某个概念 R 的种概念,且 P 和 Q 的外延之和刚好等于 R 的全部外延。如"男学生"和"女学生"都是"学生"的种概念,同时"男学生"和"女学生"的外延之和刚好等于"学生"的外延,所以"男学生"与"女学生"是矛盾关系。如图 2-5 所示。

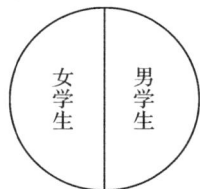

图 2-5　矛盾关系

全异关系的概念 P 和概念 Q 是反对关系,当且仅当,概念 P 和 Q 都是某个概念 R 的种概念,且 P 和 Q 的外延之和小于 R 的全部外延。如"桃花"和"桂花"都是"花"的种概念,但它们的外延之和小于花的外延,所以"桃花"和"桂花"之间是一种反对关系。如图 2-6 所示。

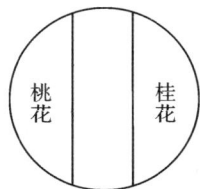

图 2-6　反对关系

四、概念的概括与限制

(一)概念的内涵与外延之间的反变关系

前文说过概念的内涵与外延之间有很强的依赖关系,概念的内涵决定概念的外延。

更深入地说,为一个概念的内涵添加属性时,它的外延通常会变小。如概念"人"、"活着的人"和"活着的黄种人",三者的内涵依次递增,而它们的外延依次递减。所以一些逻辑学家将其归纳为"具有属种关系的概念之间,外延越大,则内涵越少;反之,外延越小,则内涵越多",这种关系也被称为概念的内涵与外延之间的反变关系。

但是严格说来,反变关系不是在所有情况下都成立。如"活着的人"和"活着的年龄不超过三百岁的人",后者的内涵增加了,但是两者的外延依然相等。所以准确地说,随着概念内涵的增加,它们的外延处于一种非递增状态,即外延范围变小或不变。

(二)什么是概括与限制

概念的概括,亦称概念外延的扩大法,它是通过减少某一概念的内涵,从而使该概念变为外延较大的一个概念的逻辑方法。它的一般公式是:

被概括概念－某种内涵＝概括概念

如概念"猫科动物"减少"猫科"这一内涵,就得到概念"动物"。"猫科动物"和"动物"两个概念中,"动物"的外延比"猫科动物"大,"猫科动物"是种概念,"动物"是属概念。所以概念的概括是一个由种概念过渡到属概念的思维过程。

由种概念到属概念的概括,在语言形式上最常见的是取消限定词。如取消"猫科动物"的限定词"猫科",得到"动物";取消"特级教师"的限定词"特级",得到"教师";取消"正整数"的限定词"正",得到"整数"等。但取消限定词不是唯一的方式,也可以由多个种概念直接过渡到属概念。如"猪""牛""羊"直接被概括为"家畜";"葡萄酒""黄酒""白酒"直接被概括为"酒精饮料"。

概念的概括可以一次性完成,也可以连续进行。如由"东北虎"概括为"虎",再概括为"猫科动物",再概括为"动物"。

在表达和交流思想的过程中,对某些概念进行必要概括有助于把人们的认识从个别上升到一般,扩展对事物本质的认识。但概念概括过程中,应注意适当,避免发生一些逻辑错误。如"这次演唱会要用到小提琴、吉他、钢琴等许多弦乐器"中,钢琴不能概括为弦乐器;"他平时净做些乱吐痰、乱倒垃圾、毁坏公物等不道德的行为"中,毁坏公物已经超出道德范畴,属于法律范畴。

概念的限制,亦称概念外延的缩小法,它是通过增加某一概念的内涵,从而使该概念变为外延较小的一个概念的逻辑方法。它的一般公式是:

被限制概念＋某种内涵＝限制概念

概念限制的过程显然就是概念概括的反向过程,是由属概念过渡到种概念的思维过程。如将"电脑"限制为"笔记本电脑。因为是反向过程,所以概念限制的一些操作与概念概括相反,当然另有一些操作与概念概括相似。

概念限制在语言形式上常见的是添加限定词。如将"农民"限制为"贫农"、"中农"和"富农";将"学生"限制为"浙江大学的学生"。概念限制也可由属概念直接限制为种概念,如将"文具用品"限制为"钢笔";将"文学家"限制为"小说家"。

概念的限制可以一次性完成,也可以连续进行。如将"中国人"限制为"华东地区的人民",再限制为"浙江人",再限制为"杭州人"。

对概念进行限制时,也应当适当,避免发生逻辑错误。如"美国一直为中国获取高新技术设置障碍:把中国高科技公司列入实体清单,限制中国技术人员与外国的交流,以及挑唆周边国家与中国对立"中,挑唆周边国家与中国对立不是合适的概念限制,它的主要目的不是为中国获取高新技术设置障碍。

五、定义

(一)定义及其组成

1.什么是定义

清晰思维的一个基本条件是明确所使用的概念。明确概念一方面要明确概念的内涵,另一方面要明确概念的外延。

定义就是一种常见的明确概念内涵的逻辑方法。定义不是要列出一个概念的所有内涵,而是使用简洁、明确的语句描述概念所反映对象的本质属性或特有属性,以将其与其它事物类区别开来。如"圆是平面上到定点的距离等于定长的所有点组成的图形"。

为了与语词定义相区别,人们也把这种定义叫做事物定义,或者叫做真实定义。

2.真实定义的组成

尽管具体的概念千差万别,语言表达形式也复杂多变,定义的基本逻辑结构还是可以归结为三个部分,分别是被定义项、定义联项和定义项。

(1)被定义项,就是其内涵要被揭示的概念或者说定义想要加以说明的概念。通常用符号 DS 表示。

(2)定义项,就是用来揭示被定义项内涵的概念,也就是对被定义项进行具体解释说明的内容。通常用符号 DP 表示。

(3)定义联项,它的作用在于把被定义项和定义项联结起来组成一个定义。定义联项的语词形式如:……就是……、……当且仅当……、……叫做……等。

定义的一般形式可表示为:

      DS　就是/当且仅当/叫做……　DP

如"集合 A 等于集合 B 就是 A 中的任一元素也是 B 中的元素且 B 中的任一元素也是 A 中的元素"。

除了一些几何上或数学上的概念,大部分概念所反映的对象有许多规定性。不同领域、不同学科对具体对象的关注点不同,可能会对同一个对象形成不同的概念,定义当然也不同。如从化学角度说,"水是分子式为 H_2O 的化合物";从物理学角度说,"水是一个大气压下沸点为 100℃、冰点为 0℃、比重为 1、密度在 4℃时最大的一种无色、无味的透明液体"。而且随着人类对客观世界认识的加深,对一些对象理解的加深,概念的内涵可能会发生变化,定义也随之改变。

(二)下定义的方法

真实定义最常用的是邻近的属加种差方法,它的一般步骤是:

第一步,找出被定义项的邻近的属概念。

第二步,找出种差。

种差是指同一个属概念下不同种概念之间的差异。如"医生"作为属概念来说,"牙科医生"和"皮肤科医生"都是它的种概念,两者的种差主要体现在能诊断和医治的身体组织不同。

第三步,用种差限制邻近的属概念形成定义项。

第四步,用定义联项联结被定义项和定义项。

属加种差定义可以用公式表示成:

被定义项＝种差＋邻近的属概念

如对"偶数"进行定义时,先找出它的属概念"整数",再找出它与"整数"的其它种概念"奇数"的种差,即"能被 2 整除",最后用种差限制属概念,并用联项联结,就得到"偶数"的定义:"偶数是能被 2 整除的整数"。

(三)真实定义的种类

根据种差内容的不同,属加种差定义又可分为性质定义、关系定义、发生定义和功用定义。

性质定义以概念所反映对象的性质为种差。如"短消息是字符数小于 140 的消息"。

关系定义以概念所反映对象与其他对象的特有关系为种差。如"叔叔是指与父亲同辈分且年龄较小的男子"。

发生定义以概念所反映对象的发生过程为种差。如"受贿罪指国家工作人员利用职务上的便利,索取他人财物,或者非法收受他人财物,为他人谋取利益的行为"。

功用定义以概念所反映对象的特有功能为种差。如"雷达是利用电磁波探测目标的电子设备"。

(四)语词定义

概念通常是以语词的形式呈现。在明确概念的过程中,时常有必要明确语词的含义。语词定义就是一种揭示语词含义的方法,包括规定的语词定义和说明的语词定义。但语词定义不能揭示被定义项的本质或特有属性。

1.规定的语词定义

规定的语词定义是以人为的方式规定某个词语的含义或其附加含义。具体情况大致可分为:

(1)确定新近使用语词的含义。

如在网络世界中,众多网友用"喜大普奔"一词表达"喜闻乐见、大快人心、普天同庆和奔走相告"的意思,一定程度上这就成了"喜大普奔"的规定性含义。

(2)赋予现有语词附加的含义。

如在学术交流过程中,人们经常使用"大牛"一词表达某位学者学术成就突出、学术地位尊贵。

(3)给冗长的词组创造一个简短的表达式。

如"富强、民主、文明、和谐、自由、平等、公正、法治、爱国、敬业、诚信、友善"被归纳成"社会主义核心价值观"。

(4)规定专门用语的严格意义。

如法律条例对"正当防卫"的规定是,"对正在进行不法侵害行为的人,而采取的制止不法侵害的行为,对不法侵害人造成损害的属于正当防卫,不负刑事责任"。

2.说明的语词定义

说明的语词定义是对某个语词已经确立的意义进行说明,主要用于古文语词、方言语词、音译语词或多义词的解释说明,也被称为"词典定义"。

(1)古文词语。

"粤若稽古,圣人之在天地间也,为众生之先。"

稽:考察。

先:先知。

(2)方言词语。

老坐:南昌话中的尊称,意思同"师傅"。

(3)音译词语。

拿铁:Latte 的音译,意大利语中的"牛奶",拿铁咖啡也就是牛奶咖啡。

（4）多义词语。

抖包袱：这里的包袱指相声、快书等曲艺中的笑料，抖包袱就是把笑料说出来。

（五）定义的规则

为了得到合理的定义，在下定义的过程中应该遵从一些基本的规则。

（1）定义项的外延与被定义项的外延必须是全同的。违反这一规则，就会犯"定义过宽"或"定义过窄"的错误。

定义过宽是指定义项的外延大于被定义项的外延。如"商品就是劳动产品"犯了定义过宽的错误。劳动者在生产出劳动产品后，一部分产品用于交换货币或其它的劳动产品，还有一部分产品留着自用。只有用于交换的劳动产品才是商品，留着自用的劳动产品不是商品。

定义过窄是指定义项的外延小于被定义项的外延。如"雨衣是一种防水塑料制成的外衣"犯了定义过窄的错误。制作雨衣的材料除塑料以外，还包括胶布、油布等防水布料。

（2）定义项不能直接或间接地包含被定义项。违反这一规则，就会犯"同语反复"或"循环定义"的错误。

定义的目的是为了揭示被定义项的内涵，假如定义项直接或间接地包含了定义项，就达不到定义的目的，因为定义项本身也有待明确。

同义反复是定义项直接包含了被定义项，循环定义是定义项间接包含了被定义项。这些错误时常出现，即便是一些专业领域的专家也可能犯这种错误。如一本医学杂志有一篇文章包含了"本项研究把压力定义为一种特有形态的、生物化学的、生理学的和（或）行为的变化，这种变化是有机体经历的对压力活动或施压者的回应"。在这有关压力的一长串定义中，定义项也出现了压力一词，这就是定义犯了同语反复的错误。又如"成直角的两条直线叫做相互垂直"犯了循环定义的错误，因为直角概念里已包含了垂直的概念。

（3）定义必须使用含意确定的语词。违反这一规则，就会犯"定义含混"的错误。

定义项用来明确被定义项的内涵，这要求定义项本身使用的概念应该是明确的、易于理解的，不应该包括一些歧义、晦涩的语词。如"进化就是物质与伴随运动的消耗整合过程。在这个过程中，物质从一种无限的、不连续的同质性过度到一种有限的、连续的异质性；并且在这个过程中，运动也进行着与之平行的转变。"就显得非常晦涩难懂,读了整个定义之后,依然对"进化"没有具体的理解。

不过晦涩、容易理解也是一种相对的东西。对某些人晦涩的词汇对另一些人可能很清晰;对业余者晦涩的词对专业人士可能极其浅显易懂。如"浮点数"对一般人来说可能很难理解,但对于精通数学或计算机的人来说一点也不难理解。

(六)辅助定义的方法

(1)实指法

实指法就是以实际具体的对象来说明一个概念的方法。通常直接用手或其它姿势指着某对象来定义。如孩子还在幼儿时期,父母经常用手指着物体告诉孩子"这是牙刷""那叫月亮""那是只大公鸡"等等。

(2)描述法

描述法是通过指出对象的各种特征,把该对象与其他对象区别开来的一种方法。如一些家长有时会和孩子描述以前的穷苦生活:"日出而耕,日落而熄,但还是吃不饱饭,生活物资极度匮乏……"。

(3)比喻法

如果只是用一个人们已明了的概念来说明一个新的或复杂的概念,那么这种方法就叫做比喻法。尽管它不是属加种差的定义,但有时能更好地帮助人理解。如把"梦想"解释成"一盏能指引人不断前进的灯"。

六、划分

(一)什么是划分

定义的主要功能是明确概念的内涵,而划分的主要功能是明确概念的外延,主要方法是把一个属概念分为若干种概念,从而明确概念的外延。

如"火山分为活火山、死火山和休眠火山"中,"火山"是属概念,"活火山"、"死火山"和"休眠火山"是种概念。进行划分后,"火山"的外延显得更清晰明确。

划分有三个要素:母项、子项与划分的标准。

母项就是被划分的属概念,如"火山";

子项就是划分所得的种概念,如"活火山"、"死火山"和"休眠火山"。

划分的标准也叫"划分的根据"。每次划分的实行都必须以对象的一定属性作根据,作根据的属性就是划分的标准。如上述对"火山"划分的标准是"火山现在和未来的活动情况((是否会再次爆发、是否会周期性爆发"。若对象是多属性的综合体,以不同的属性作为根据,可以对对象进行不同的划分。如"货币",根据是否是实物形态可分成"实物货币"和"电子货币";根据背后发行的主体可以分为"人民币""美元""欧元"等。

划分不同于分解。划分是属种关系,属概念具有的属性,种概念也都具有;分解是把对象分成若干个组成部分,它的基础是整体与部分的关系,整体具有的属性部分通常不具有。如"电脑"可以划分成"台式电脑"和"笔记本电脑",划分后的种概念依然具有电脑的属性;"电脑"也可以分解为"显示器""主板""处理器""内存""硬盘"等,分解后的部分不再具有电脑的属性。

划分也不同于列举。列举是揭示概念部分外延的逻辑方法。

(二)划分的方法

1.一次划分与连续划分

一次划分就是只包含母项与子项两层,不再对子项作进一步的划分。如果进行一次划分后,仍然对部分子项进行再次或多次的划分,就叫连续划分。如将"电脑"划分成"台式电脑"和"笔记本电脑"后,可以再次按价位将"笔记本电脑"划分为"万元以上的笔记本电脑"、"七千至一万的笔记本电脑"、"五千至七千的笔记本电脑"和"五千以下的笔记本电脑"。如果有必要,还可以按品牌对某个价位的笔记本电脑再次划分。

连续划分有助于人们较为完整地把握概念外延的层次关系。当然在实际过程中,应该根据现实需要决定是否对概念进行划分,或应该进行多少次划分。

2.二分法和非二分法

二分法是指母项被划分成两个子项,一个是正概念,一个是负概念,且两个概念之间是一种矛盾关系。二分法通常是根据对象是否具有某种属性作为划分的标准。如就两个国家之间是否具有同盟关系,可以将国与国之间的关系分为"同盟国"与"非同盟国"。

如果划分后子项数量超过两个,那么它不是二分法的划分。如将国与国的关系分为"友好国"、"敌对国"和"中立国"。

如果划分后只有两个子项,但不是一个正概念和一个负概念,那么它也不是划分。如把"电脑"划分成"台式电脑"和"笔记本电脑"不是二分法,二分法的划分应该是"台式电脑"与"非台式电脑"。

3.科学分类

科学分类是根据对象的本质属性或显著特征将对象分为若干个类。它是划分的特殊形式。所有的分类都是划分,但并非所有划分都是分类。划分的标准可以是一切能区分对象的属性;但分类的标准必须是对象的本质属性或显著特征。划分适用的范围更广,可以是科学领域,也可以是非科学领域;而分类主要用于科学领域。分类一般比划分更具有稳定性,有助于科学知识的系统化,如生物学家按界、门、纲、目、科、属、种七大级别对地球上的各种生物进行了分类。

(三)划分的规则

1.每次划分只能根据一个标准。违反这一规则,就会犯"划分标准不一"的错误。

如"参加此次会议的有许多企业家、科研工作人员、政府工作人员,还有许多外国人",其中前三类"企业家"、"科研人员"和"政府工作人员"是根据职业属性分类,而最后一个"外国人"是根据国别属性进行的分类。两个分类标准不一样,其对参会人士的划分不是一个正确的划分。

2.子项外延之和应与母项的外延为全同关系。违反这一规则,就会犯"划分不全"或"多出子项"的错误。

划分不全是指划分后子项的外延之和小于母项的外延。如"概念包括单独概念和普遍概念"就是划分不全,因为它漏掉了"空概念"。

多出子项是指划分后子项的外延之和大于母项的外延。如"太阳系的行星包括金星、木星、水星、火星、土星、地球、天王星、海王星、冥王星"属于多出子项,因为冥王星被确认为矮行星而不是行星。

3.各子项的外延应是全异关系,或者说,应互相排斥。违反这一规则就会犯"子项相容"的错误。

如果子项的外延不互相排斥,那么就存在某个对象或某些对象同时出现在两个或多个子项的外延中,达不到明确母项外延的目的。

假如把"大学"划分成"双一流大学"、"非双一流大学"和"综合性大学"就犯了"子项相容"的错误,"综合性大学"里面既含有双一流大学,也含有非双一流的大学。

练习题

一、填空题

1."抗日战争"是_____概念。

2. 概念之间的外延关系包括_____。

3. 如果概念 P 能被限制为 Q,那么 P 和 Q 外延较小的是_____。

4. 定义"撤职是撤销国家机关或企业、事业单位等工作人员现任职务的行政处分"中,属概念是_____,种差是_____。

5. 如果 P 是划分的母项,那么根据划分的规则,P 不能是_____概念。

二、选择题(均为单选题)

1."中华儿女是勤劳勇敢的"中的"中华儿女"是:

A. 普遍概念

B. 集合概念

C. 非集合概念

D. 负概念

2."电影"与"国产电影"之间的概念关系是:

A. 种属关系

B. 交叉关系

C. 矛盾关系

D. 对立关系

3. 下列概念的概括中,正确的是:

A."温酒斩华雄"概括为"《三国演义》"

B."共产党员"概括为"共产党"

C."人才竞争"概括为"竞争"

D."北京"概括为"中华人民共和国首都"

4. 下列定义中没有违反定义规则的是:

A. 原因是指导致某种结果的东西。

B. 噪音是任何不希望有的声音。

C. 书是开启智慧之门的钥匙。

D. 羔羊指未满一岁或未长恒齿的羊

5. 划分定义中,如果 P 是母项,P_1、P_2、P_3 是子项,那么 P_1 和 P_2 的关系是:

A. 矛盾关系

B. 交叉关系

C. 属种关系

D. 反对关系

三、简答题

1. 用欧拉图表示"有的非洲国家是发展中国家,例如南非,但并非所有发展中国家都在非洲"中划线词语的外延关系。

2. 下列定义是否合适,如果不合适,它违反了什么定义规则。

(1) 云是大团的半透明物质,它具有羊毛状的结构,悬浮于大气中,形状连续而变化多端。

(2) 客串是指非专业演员临时参加专业演出。

(3) 所谓分析就是分析事物的矛盾。

3. 对于概念的内涵与外延,你认为哪一个更重要?

第六章　传统词项逻辑

在命题逻辑中,研究的最小单位是简单命题,至于构成简单命题的词项则不作进一步的分析。因此,尽管命题逻辑的推理功能很强,但不是一种完备的分析思维的逻辑形式的工具,最明显的就是类似于下述常用的推理的正确性无法在命题逻辑中体现出来:

(1)凡人皆有死,

　　苏格拉底是人,

　　所以,苏格拉底有死。

(2)所有有理数都是实数,

　　所以,有些实数是有理数。

按照命题逻辑,这两个推理中的命题都是不可继续分析的最基本命题。若把它们都分别表示为命题逻辑中推理的形式结构,则(1)是 p,q⊢r,(2)是 p⊢q。显然这两个推理在命题逻辑中都是推不出来的。但实际上,它们都是有效推理,其有效性在于命题内部的逻辑结构。命题逻辑没有去分析它,因而本来是正确的推理对于命题逻辑而说却是无效的。为此,有必要提供一种更有效的逻辑分析方法,以解决上述问题。本章和第七章正是适应这种需要的逻辑理论,这就是谓词逻辑,即集中研究构成命题的词项(尤其是量项)的逻辑。

依据研究和分析的方法不同,谓词逻辑分为传统谓词逻辑和现代谓词逻辑。传统谓词逻辑又称传统词项逻辑或者词项逻辑,由亚里士多德创建,以自然语言为主要研究工具,其中心内容是以三段论为核心的关于直言命题的推理。

我们在上一章已经介绍了词项逻辑的基础理论,即关于概念的理论。本章介绍传统词项逻辑的推理部分。

一、直言命题的逻辑分析

传统谓词逻辑主要研究直言命题及其推理。

(一)什么是直言命题

所谓直言命题,就是反映事物具有或不具有某种性质的命题。例如:

(1)亚里士多德是传统逻辑的创始人。

(2)所有金属都是导电的。

(3)有些逻辑学家不是数学家。

都是直言命题。例(1)表示,亚里士多德这个人具有传统逻辑创始人的性质。例(2)表示,所有金属都具有能导电这一性质。例(3)则表示,有些逻辑学家不具有数学家的性质。

从上述三例可以看出,直言命题是由若干概念构成的。构成直言命题的概念称为词项,因此,可以说,直言命题是由词项构成的,词项是直言命题的基本单位。

一个具有完整逻缉结构的直言命题包括以下四个词项:

主项:表示命题中被断定对象的词项,通常用 S 表示。如例(1)中的"亚里士多德",例(2)中的"金属",例(3)中的"逻辑学家"。

谓项:表示命题中被断定对象具有或不具有某种性质的词项,通常用 P 表示。如例(1)中的"传统逻辑的创始人",例(2)中的"导电的",例(3)中的"数学家"。

联项:联结主项和谓项的词项。如例(1)和例(2)中的"是",例(3)中的"不是"。"是"是肯定联项,它断定主项具有什么性质;"不是"是否定联项,它断定主项不具有什么性质。所以,联项通常被称为命题的质。

量项:表示主项所反映的事物的数量的词项,通常称为命题的量。如例(2)中"所有",例(3)中"有些"。例(1)中,主项"亚里士多德"表示的是确定的个体,本身就隐含其数量是单个的。

(二)直言命题的种类

传统词项逻辑根据命题的质和量对直言命题进行了分类。

1.根据命题的质,可把直言命题分为肯定命题和否定命题。

表达直言命题的质的联项通常用"是"或者"不是"。以"是"把主项和谓项联结起来的直言命题,肯定主项所表示的事物具有某种性质,叫做肯定命题;用"不是"把主项和谓项联结起来的直言命题,否定谓项所表示的性质为主项所反映的事物所具有,故而称之为否定命题。例如:

(1)有些国家是发展中国家。

(2)马克思主义是唯物主义。

(3)有些学生不是党员。

(4)有些物质不是非金属。

其中(1)、(2)是肯定命题,(3)、(4)是否定命题。

2.根据命题的量可把直言命题分为全称命题、特殊命题和单称命题。

表达直言命题的量的量项有全称量项、特称量项和单称量项。全称量项表示主项所反映的是一类事物的全部个体对象,一般用"所有""一切"等来表示。主项受全称量项限制的直言命题称为全称命题。例如:

(5)所有鱼类都是水生动物。

(6)一切事物都不是静止的。

都是全称命题。

特称量项表示主项所反映的是一类事物中至少一个个体对象,一般用"有些""有的"等来表示。主项受特称量项限制的直言命题称为特称命题。例如:

(7)有些鸟不会飞。

(8)有的哲学家是唯心主义哲学家。

都是特称命题。需要指出,逻辑学中的量项"有些"或"有的"与日常语言中的"有些"或"有的"有所不同。作为直言命题量项的"有些"是指至少有一个,至于是多少,则不确定,可以是一个,也可以是所有。如直言命题"有些科学家精确逻辑",意为至少有一个科学家精通逻辑。而日常语言中所谓"有些"大多指"仅仅有些",比如当说"有些鸟会飞"时,通常同时意味着"有些鸟不会飞"。两者的区别是必须注意的。由于特称量项"有些"表示至少有一个对象存在,因此,特称命题又称为存在命题。

单称量项表示主项反映的是某个特定的个体对象。如"这个""那个"等表示的就是单称量项。主项受单称量项限制的直言命题称为单称命题。例如:

(9)这个人不是英国人。

(10)那种思想是不可知论。

就是单称命题。也可以使用专名或带摹状词的单独概念作主项来表达单称命题。例如:

(11)李白是唐代诗人。

(12)中国的首都是世界最大城市之一。

都是单称命题。

3.按照命题的质和量的结合,可以把直言命题分为如下六种:

[1] 全称肯定命题:反映某类对象的全体都具有某种性质的命题。例如:

(13)所有自然数都是有理数。

[2] 全称否定命题:反映某类对象的全体都不具有某种性质的命题。例如:

(14)所有原子都不是分子。

[3] 特称肯定命题:反映某类对象至少一个个体具有某种性质的命题。例如:

(15)有些自然资源是可再生资源。

[4] 特称否定命题:反映某类对象至少一个个体不具有某种性质的命题。例如:

(16)有些天体不是发光的。

[5] 单称肯定命题:反映某个特定的对象具有某种性质的命题。例如:

(17)司马迁是《史记》的作者。

[6] 单称否定命题:反映某个特定的对象不具有某种性质的命题。例如:

(18)杭州不是中国最大的城市。

传统逻辑以为,单称命题的主项反映的是某一特定对象,也就等于表示主项反映了某类对象的全体,因此把单称命题当作全称命题来处理。这样,共有四个标准直言命题,其逻辑形式分别是:

全称肯定命题:所有 S 都是 P。符号化为 SAP,简记为 A。

全称否定命题:所有 S 都不是 P。符号化为 SEP,简记为 E。

特称肯定命题:有些 S 是 P,符号化为 SIP,简记为 I。

特称否定命题:有些 S 不是 P,符号化为 SOP,简记为 O。

(三)直言命题形式的欧拉图示

直言命题是主项(S)、谓项(P)通过联项联结而成的。词项间结合的本质,传统上被明确理解为与词项相对应的概念外延间的关系。这种关系可以借助于欧拉图得到说明。

主项(S)和谓项(P)之间的外延关系有且仅有以下五种:

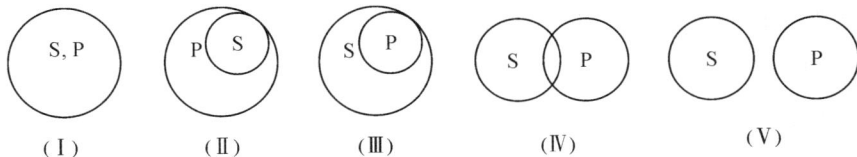

（Ⅰ）　　（Ⅱ）　　（Ⅲ）　　（Ⅳ）　　（Ⅴ）

A 命题在图 I、图 II 两种情况下为真,在其他情况下都为假。因此,SAP 命题反映的是 S 与 P 全同或者 S 真包含于 P。

E 命题只在图 V 这一情况下为真,在其他情况下都为假。因此,SEP 命题反映的是 S 与 P 全异。

I 命题在图 I、图 II、图 III、图 IV 四种情况下为真,只有在图 V 这一情况下为假。因此,SIP 命题反映的是 S 与 P 是相容的。

O 命题在图 III、图 III、图 V 三种情形下为真,在其他情况下为假。因此,SOP 命题反映的是 S 真包含 P,或者 S 与 P 交叉,或者 S 与 P 全异。

这就是欧拉图与直言命题真假之间的对应关系,也可以看作是通过欧拉图对直言命题进行定义。

需要注意的是,上述欧拉图解有一个预设,即直言命题的主项不是空概念。空概念所反映的对象在现实世界中是不存在的。但是特称命题只有在主项不是空概念的情况下才可能是真的,如果一个直言命题的主项是空概念,那么,就可能出现这样一种情况:A 命题为真而 I 命题为假。例如:

(1)所有不受外力作用的物体都作匀速直线运动。

(2)有不受外力作用的物体作匀速直线运动。

(1)和(2)中的主项"不受外力作用的物体"就是一个空概念,这样的物体在现实世界是不存在的。例(1)是一个科学命题,无疑是真的。但例(2)作为存在命题,其逻辑意义是,至少存在一个物体,它不受外力作用,并且作匀速直线运动,很显然不是真的。可见,欧拉图解不适用于主项仅仅为空概念的直言命题。

(四)词项的周延性

词项的周延性在直言命题中特指主、谓项的周延性。

所谓直言命题的主项、谓项的周延性,是指对构成其主项和谓项的概念的外延数量的断定情况。如果对构成主项(或谓项)的概念的全部外延都作出了断定,那么这个命题的主项(或谓项)就是周延的;如果没有对其全部外延都作出断定,那么这个命题的主项(或谓项)就是不周延的。

我们根据前述的欧拉图对直言命题的定义,确定 A、E、I、O 四种命题的主项和谓项的周延情况。

欧拉图表明,A 命题对主项的全部外延都作了断定,但并没有断定,所有 S 都是所有 P,或者所有 P 都是 S,所以,A 命题的主项周延,谓项不周延。E 命题断定所有 S 不是 P,欧拉图同时显示该命题也断定了所有 P 不是 S,因而主项和谓项都是周延的。I 命题断定有些 S 是 P,因此主项不周延;从图中还可以看出,I 命题对 P 的全部外延也没有加以断定,所以,它的谓项也是不周延的。O 命题的主项与 I 命题一样,也是不周延的;但从图中可以看出,谓项 P 的全部外延都被排除在被断定了的 S 的外延之外,所以,它是周延的。需要说明的是,单称命题主谓词的周延情况与全称命题相同。正是在这一点上,传统逻辑把单称命题当作全称命题来处理。

从以上分析可以归纳出直言命题主谓项周延性的一般情况:

1. 全称和单称命题的主项周延。

2. 特称命题的主项不周延。

3. 肯定命题的谓项不周延。

4. 否定命题的谓项周延。

我们把传统词项逻辑重点考察的四种基本直言命题主谓项的周延情况列表如下:

周延性　　　　词项 命题类型	主项 S	谓项 P
A	周　延	不周延
E	周　延	周　延
I	不周延	不周延
O	不周延	周　延

需要注意的是,周延性是一个形式问题,判定一个词项是否周延,仅仅是看命题是否从逻辑上对其主项或谓项的外延情况作出断定,而不能根据主项和谓项所反映的对象类之间的客观关系而去判定判断中的项的周延情况。例如 A 命题"所有偶数都是能被 2 整除的数",不可因为所有能被 2 整除的数都是偶数而认为谓项"能被 2 整除的数"是周延的。就"偶数"和"能被 2 整除的数"这两个概念所反映的对象在现实中的实际关系来说,二者确实是相等的,但是,命题的词项的周延性不是说这种对象之间的客观存在的关系问题,而是说人们在命题中对主谓项的外延的断定问题。就"偶数是能被 2 整除的数"这一命题而言,它所告诉我们的仍然是"偶数"的全部分子是包括在"能被 2 整除的数"之中,而并未同时断定后者的全部分子也包含在前者之中。因此,我们仍然只能说,其谓项"能被 2 整除的数"是不周延的。当有人认为该谓项周延时,他们所根据的事实上已经不是这一命题本身,而是根据别的命题。例如,由于他们根据具体知识的

分析,已经确知该命题是一个定义,因而,他们所根据的事实上是下述这样一个命题:"不仅偶数是能被 2 整除的数,而且能被 2 整除的数是偶数"(事实上,定义的命题形式正好是"S 是 P 并且 P 是 S",而不单纯是"S 是 P")。既然如此,当然可以说"能被 2 整除的数"是周延的,但这已经不是根据给定的原有命题,而是按另外的某个命题了,即根据"能被 2 整除的数是偶数"这一命题来进行分析了。

基于此,在命题"北京是中国的首都"中,尽管中国的首都只有一个,从这个意义上看,"中国的首都"的全部外延都得到了断定,但作为肯定命题的谓项,该命题中"中国的首都"仍然是不周延的。而在命题"上海不是中国的首都"中,"中国的首都"是周延的,因为它是一个否定命题的谓项。对于直言命题中词项的周延性,可以看作是为了构造有效推理,而特地对它们的一种形式上的定义。

(五)直言命题之间的对当关系

主项和谓项相同而量项和联项不同的直言命题称为同一素材的直言命题,它们之间存在一般的逻辑关系,即固定的真假制约关系。例如,当全称否定命题"所有没有解决温饱问题的国家都不发展航天事业"这一 E 命题真时,特称肯定命题"有些没有解决温饱问题的国家发展航天事业"必假。当特称否定命题"有些法语词汇没有古典拉丁语根源"为假时,全称肯定命题"所有法语词汇都有古典拉丁语根源"必真。

主项和谓项相同的直言命题之间的逻辑关系,逻辑史上称之为对当关系。可通过下面的图表显示出来,称为逻辑方阵图:

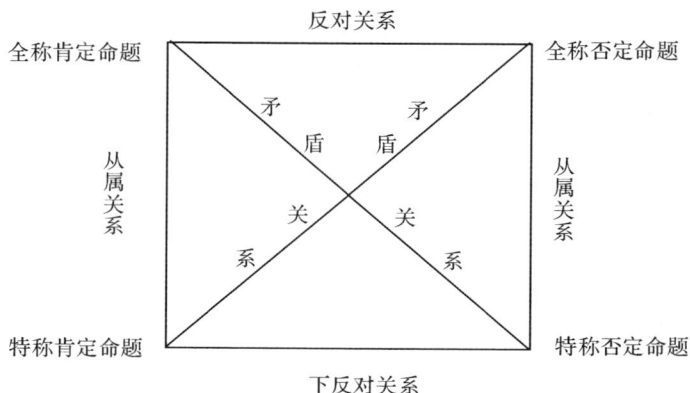

在这个方阵图中,存在着四种关系:

（1）矛盾关系

矛盾关系存在于 A 命题与 O 命题、E 命题与 I 命题之间。具有矛盾关系的两个命题，一个为真，则另一个为假；一个为假，则另一个为真。即属于不同真、不同假的关系。

（2）反对关系

反对关系存在于 A 命题与 E 命题之间。具有反对关系的两个命题，一个为真，则另一个为假；一个为假，则另一个可能为真，也可能为假，即真假不定。即属于不同真可同假的关系。

（3）下反对关系

下反对关系存在于 I 命题与 O 命题之间。具有下反对关系的两个命题，一个为假，另一个为真；一个为真，则另一个可能为假，也可能为真，即真假不定。即属于不同假、可同真的关系。

（4）从属关系

从属关系存在于 A 命题与 I 命题、E 命题与 O 命题之间。在上述两对具有从属关系的命题中，全称命题真，则特称命题真，特称命题真，而全称命题真假不定；特称命题假，则全称命题假，全称命题假，而特称命题真假不定。

同一素材的直言命题之间的对当关系，还可以通过欧拉图得到证明：

命题的真假判断类型 ＼ 外延关系	S, P	P⊃S	S⊃P	S∩P	S P
SAP	真	真	假	假	假
SEP	假	假	假	假	真
SIP	真	真	真	真	假
SOP	假	假	真	真	真

这张表说明对当关系是成立的。例如，当 SAP 真（表格第二、三列）时，SEP 必假，SIP 必真，SOP 必假；当 SAP 假（表格第四、五、六列）时，SEP 真假不定，SIP 真假不定，而 SOP 必真。

关于直言命题间的对当关系，有两点值得注意：

（1）直言命题间的反对关系、下反对关系和从属关系，都预设主项不是空概念。当主项为空概念时，只有矛盾关系依然成立，其他关系都不成立。比如，"有的鬼不是蓝眼睛的"（SOP）为假，根据下反对关系，"有的鬼是蓝眼睛的"（SIP）应当为真,但实际上后者仍然为假,因为它断定至少有一事物是鬼,并且是蓝眼睛。这里的真假制约关系之所以不能成立,原因就在于"鬼"这个主项是一个外延为零的空概念。

(2)同素材的单称肯定命题与单称否定命题之间为矛盾关系,而不是反对关系。比如,单称命题"约翰不是英国人"与"约翰是英国人"之间就是矛盾关系。这意味着,就命题间真假关系而言,单称命题有别于全称命题。

二、直言命题直接推理

直言命题推理就是前提和结论都是直言命题的推理。这种推理不同于命题逻辑中的推理,后者是依据命题中联结词的逻辑性质进行推演,而直言命题推理则是依据直言命题的内部结构(主要是量项或量词)进行推演。依据前提的数目,直言命题推理可分为直言命题直接推理和三段论。前者是以一个直言命题为前提推演出另一个直言命题,后者则是从两个直言命题推演出另一个直言命题。

本节介绍直言命题直接推理,包括对当关系推理和直言命题变形推理。

(一)对当关系推理

根据对当关系,从一个直言命题推出另一个直言命题的推理称为对当关系推理。

1. 根据矛盾关系的对当推理

两个具有矛盾关系的直言命题,不同真,也不同假。据此,由一个命题的真可推出另一个命题的假;由一个命题的假可推出另一命题的真:

[1]由 SAP 真,推出 SOP 假。

[2]由 SEP 真,推出 SIP 假。

[3]由 SIP 真,推出 SEP 假。

[4]由 SOP 真,推出 SAP 假。

[5]由 SAP 假,推出 SOP 真。

[6]由 SEP 假,推出 SIP 真。

[7]由 SIP 假,推出 SEP 真。

[8]由 SOP 假,推出 SAP 真。

例如,以"有的大学生是喜欢踢足球的"可以推出"并非所有大学生都不是喜欢踢足球的",反之亦然。从"并非所有金属都是固体"可以推出"有些金属不是固体",反之亦然。

2. 根据反对关系的对当推理

两个具有反对关系的直言命题,不同真、可同假。据此,由一个命题的真可推出另一个命题的假。但是,由一个命题的假不可推出另一个命题的真(也不能推出另一个命题的假),所以,以反对关系为依据的对当推理,只能由真推假:

[9]由 SAP 真,推出 SEP 假。

[10]由 SEP 真,推出 SAP 假。

例如,从"所有事物都是发展变化的"可以推出"并非所有事物都不是发展变化的"。从"所有迷信都不是科学"可以推出"并非所有迷信都是科学"。

3. 根据反对关系的对当推理

两个具有下反对关系的直言命题,不同假,可同真。据此,由一个命题的假,可推出另一个命题的真。但是,由一个命题的真不可推出另一个命题的假(也不能推出另一个命题的真),所以,以下反对关系为依据的对当推理只能由假推真:

[11]由 SIP 假,推出 SOP 真。

[12]由 SOP 假,推出 SIP 真。

例如,从"并非有的金属不是有延展性的"可以推出"有的金属是有延展性的"。从"并非有的金刚石是软的"可以推出"有的金刚石不是软的"。

4. 根据从属关系的对当推理

根据同质(即同为肯定或同为否定)的全称命题和特称命题之间存在从属关系,即如果全称命题真,则特称命题真;如果特称命题假,则全称命题假。据此,以从属关系为依据的对当推理有以下有效的推理式:

[13]由 SAP 真,推出 SIP 真。

[14]由 SEP 真,推出 SOP 真。

[15]由 SIP 假,推出 SAP 假。

[16]由 SOP 假,推出 SEP 假。

以从属关系为依据的对当推理,要注意的是,由全称命题的假,不可推出特称命题的假(也不可推出特称命题的真);由特称命题的真,不可推出全称命题的真(也不可推出全称命题的假)。

例如,从"所有合理意见都是应接受的"可以推出"有的合理意见是应接受的"。从"并非有些海水是淡的"可以推出"并非所有海水都是淡的"。

如前所述,直言命题直接推理是建立在主项不是空概念的基础之上,否则只有根据矛盾关系进行的推理成立,其他推理都不成立。

（二）直言命题变形推理

改变直言命题的形式，从一个直言命题推出另一个直言命题的推理，称为直言命题变形推理。包括换质法、换位法、换质位法三种推理形式。

1. 换质法推理

换质法推理就是改变前提的质，从肯定命题推出否定命题，或从否定命题推出肯定命题。其规则是：不改变作为前提的直言命题的主项和量项，而把构成其谓项的概念换成与之相矛盾的概念，并且改变前提的质，从而推出一个新的直言命题。

A、E、I、O 四种直言命题都可以进行换质法推理。推理形式为：

[1]"所有 S 是 P"推出"所有 S 不是非 P"。

[2]"所有 S 不是 P"推出"所有 S 是非 P"。

[3]"有些 S 是 P"推出"有些 S 不是非 P"。

[4]"有些 S 不是 P"推出"有些 S 是非 P"。

举例如下：

（1）"所有自然数都是有理数"可以推出"所有自然数都不是无理数"。

（2）"所有有神论者都不是马克思主义者"可以推出"所有有神论者都是非马克思主义者"。

（3）"有些哲学家是逻辑学家"推出"有些哲学家不是非逻辑学家"。

（4）"有些理论不是真理"推出"有些理论是非真理"。

换质命题的谓项与原命题的谓项应是矛盾关系，否则换质法的推理不是有效的。例如从"有些产品不是优等品"推不出"有些产品是劣等品"。"优等品"与"劣等品"不是矛盾关系，而是反对关系，因为有些产品既不是优等品，也不是劣等品。所以，当前提"有些产品不是优等品"为真时，结论"有些产品是劣等品"可能为真，也可能为假。

2. 换位法推理

换位法推理就是交换前提中主、谓项的位置，而不改变前提的质，从而推出一个新的直言命题的推理。

其规则是：

（1）把前提的主项作为结论的谓项，前提的谓项作为结论的主项。

（2）作为结论的直言命题的质与作为前提的直言命题的质保持一致。

（3）前提中主项和谓项若不周延，则在结论中也不得周延。

换位法推理有如下形式：

[5]"所有 S 是 P"（限量）换位推出"有些 P 是 S"。

[6]"所有 S 不是 P"换位推出"所有 P 不是 S"。

[7]"有些 S 是 P"换位推出"有些 P 是 S"。

说明：(1)SAP 命题，由于 P 在前提中不周延，因而在结论中也不得周延。因此，结论只能是 PIS，而不是 PAS。这种换位叫做限量换位。A 命题只可进行限量换位推理。例如，从"所有老虎都是猫科动物"可以推出"有些猫科动物是老虎"，而推不出"所有猫科动物都是老虎"。从"所有商品都是用来交换的劳动产品"只可以换位推出"有些用来交换的劳动产品是商品"，而不能推出"所有用来交换的劳动产品都是商品"，尽管事实上的确所有用来交换的劳动产品都是商品。

还有一点需要注意，对 A 命题进行换位推理，必须预设 A 命题的主项不是空概念。

(2)SEP 的主谓项都周延，因而可直接换位。例如，从"所有分子都不是最小的基本粒子"可以推出"所有最小的基本粒子都不是分子"。

(3)SIP 的主谓项都不周延，而 PIS 的主谓项也不周延，故可直接换位。例如，从"有些科学家是自学成才"可以推出"有些自学成才的是科学家"。

(4)SOP 的主项不周延，若换位成 POS，则 S 在结论中周延了，违反了换位推理的规则，所以 SOP 不可进行换位法推理。例如，从"有些假货不是便宜货"推不出"有些便宜货不是假货"，而从"有些人不是党员"推出"有些党员不是人"显然是一个荒唐推理。

3.换质位法推理

换质位法推理就是换质法和换位法综合运用的推理。分两种情形：一是先换质，再换位，再连续换质，换位……直到推演出所要得到的结论；二是先换位，再换质，再连续的换位，换质……直至推演出所要达到的结论。换质、换位不必交替进行。

在进行换质位法推理时，必须同时遵守换质法和换位法两种推理的规则。

例 1 用换质位法推理，从"所有 S 是 P"推演出"有些非 S 是非 P"。

解：

"所有 S 是 P"推出（换质）"所有 S 不是非 P"，推出（换位）"所有非 P 不是 S"，推出（换质）"所有非 P 是非 S"，推出（换位）"有些非 S 是非 P"。

例 2 判断推理：

<u>所有唯物主义者都不是有神论者，</u>

所以，有些非唯物主义者不是无神论者。

是否有效。

解：

前提和结论的逻辑形式分别为"所有 S 不是 P"和"有些非 S 不是非 P"。本问题可以转化为能否从"所有 S 不是 P"推出"有些非 S 不是非 P"。下述推演过程证明该推理是有效的：

"所有 S 不是 P"推出（换位）"所有 P 不是 S"，推出（换质）"所有 P 是非 S"，推出（换位）"有些非 S 是 P"，推出（换质）"有些非 S 不是非 P"。

在实际推理过程中，可根据具体情况，决定是先进行换质，还是先进行换位。上述例 1 是首先换质，然后换位，例 2 则是首先换位，然后换质。

上面介绍的对当关系推理和直言命题变形推理可以综合运用。例如，证明"所有 S 是 P"推出"并非有些非 P 不是非 S"是有效推理。

证明：

首先用换质位法推理，从"所有 S 是 P"推出（换质）"所有 S 不是非 P"，推出（换位）"所有非 P 不是 S"，推出（换质）"所有非 P 是非 S"。再根据对当关系的矛盾关系推理，从"所有非 P 是非 S"推出"有些非 P 不是非 S"为假，后者可以直接表示为"并非有些非 P 不是非 S"。所以，本推理有效。

三、三段论

在传统词项逻辑中，三段论构成了推理的核心部分。但从现代逻辑的眼光看，三段论仅仅是推理的一小部分。不少现代逻辑学家认为，现代形式逻辑在理论上已可以取代传统形式逻辑，这当然是很有道理的。不过，三段论是最能反映传统演绎逻辑特征的一种推理，在日常思维中经常使用，具有直观而实用的特点。从这个意义上看，仍然有其独立存在的价值。

（一）三段论的基本概念

以两个包含有一个共同词项的直言命题为前提，推导出一个新的直言命题的推理，叫做直言三段论（与假言三段论相对），简称三段论。显然，一个三段论，有且仅有三个不同的词项，并且每个词项都在其中的两个不同命题中各出现一次。例如：

　　所有有理数是实数　　……①
　　所有整数是有理数　　……②
　　所以，所有整数是实数　……③

　　这里，①②③都是直言命题，有且仅有三个不同的词项："有理数"、"实数"和"整数"。其中，"有理数"在①和②中各出现一次，"实数"在①和③中各出现一次，"整数"在②和③中各出现一次。

　　三段论的各组成部分按如下的方式加以命名：

　　首先，作为结论谓项的词项称为大项，用 P 表示。如上例中的"实数"。作为结论主项的词项称为小项，用 S 表示。如上例中的"整数"。在结论中不出现而只出现在前提中的词项，称为中项，用 M 表示。如上例中的"有理数"。这样，上例的逻辑形式可以表示为：

　　　　所有 M 是 P　　……①
　　　　所有 S 是 M　　……②
　　　　所以，所有 S 是 P　……③

　　中项 M 是三段论的核心词项。结论中小项 S 和大项 P 的联系正是通过 M 而确立起来的。下边的欧拉图直观地反映了中项 M 是如何把大项和小项联系起来：

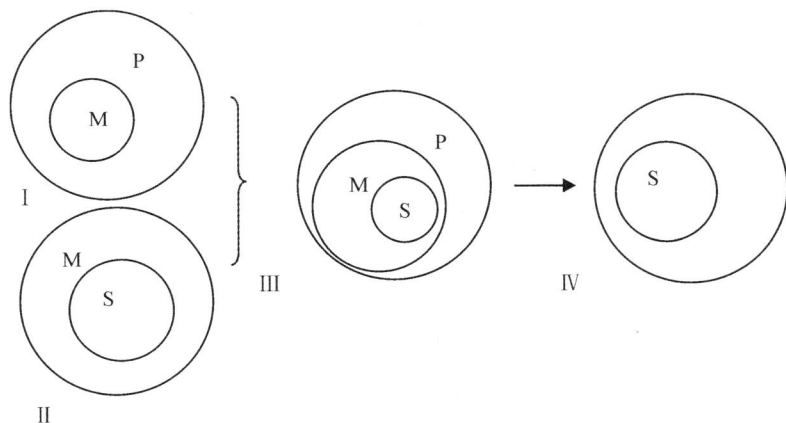

　　其中图 I 代表命题①，图 II 代表命题②，图 III 反映中项 M 把命题①、②联系起来，图 IV 是通过中项 M 把命题①、②联结起来而得出的结论。

　　其次，作为大项和小项的词项，在两个前提中都出现一次。规定包含大项的前提，称为大前提，如上例中的"所有有理数是实数"；包含小项的前提，称为小前提，如上例中的"所有整数是有理数"。

一般地，三段论的三个直言命题按照大、小前提和结论的次序排列，这称为标准形式的三段论。但日常思维中的三段论并不一定是按这样的次序排列的，而且其中可能会省略大前提、小前提和结论中的某个部分。

考虑以下四个三段论：

(1)苏格拉底有死，因为苏格拉底是人，而凡人皆有死。

(2)凡人皆有死，所以，苏格拉底有死，因为苏格拉底是人。

(3)苏格拉底是人，所以，苏格拉底有死，因为凡人皆有死。

(4)苏格拉底有死，因为凡人皆有死。

这四个三段论都是以下标准形式的三段论：

(5)凡人皆有死，苏格拉底是人，所以，苏格拉底有死。

的变形。其中推理(1)、(2)、(3)改变了前提和结论的标准排序，而推理(4)则省略了其中一个前提。但无论怎么变化或者省略推理的什么部分，这四个推理的逻辑形式都是相同的，即大项、中项、小项，以及大前提、小前提、结论都是固定的。

(二)三段论的一般规则

三段论的一般规则是判定一个三段论是否有效的依据。一个三段论是有效的，当且仅当遵守了三段论的一般规则。这些规则包括五条基本规则和两条导出规则。

1. 基本规则

[1]中项必须至少在一个前提中周延；

[2]前提中不周延的词项，在结论中也不得周延；

[3]从两个否定前提不能得出结论；

[4]前提之一否定，结论也必须否定；

[5]两个肯定前提不能得出否定的结论。

规则[1]强调中项的重要性。中项在三段论中起着联系大项和小项的作用。中项在前提中至少要周延一次，就是要求中项的全部外延至少有一次和大项或小项建立联系，否则就有可能出现这种情况：中项的一部分外延与大项建立联系，另一部分外延与小项建立联系，从而大项和小项就不能通过中项建立确定的联系。若一个三段论的中项在前提中一次也不周延，则不论结论如何，该三段论都是无效的。例如：

凡有鲈鱼出现的水域都有鲹鱼和浮藻，

漠亚河中有鲦鱼并长满浮藻，

所以，漠亚河中有鲈鱼。

就是违反规则[1]的无效三段论。

规则[2]是针对大项和小项的。若大项和小项在前提中不周延而在结论中周延了，就意味着结论所断定的范围超出了前提所断定的范围，这样的结论就不是从前提可必然地推出来的，因而不能保证从真前提推出真结论。违反本规则有两种情况，一是大项在前 提中不周延而在结论中周延了，称为大项（外延）扩大的错误。例如：

所有自然科学都是科学，

所有社会科学都不是自然科学，

所以，所有社会科学都不是科学。

就犯了大项扩大的错误。二是小项在前提中不周延而在结论中周延了，称为小项（外延）扩大的错误，例如：

所有恒星都是发光的，

恒星是天体，

所以，天体都是发光的。

就犯了小项扩大的错误。

规则[1][2]是针对词项的，主要是周延性问题。下面考虑另三条规则。

规则[3]指出，从两个否定前提不能得出结论。因为若两前提皆为否定，则大项和小项的全部或部分外延均被排斥在中项的全部外延之外，中项也就起不到媒介作用。根据本规则，一个有效的三段论至少有一个前提是肯定命题。

规则[4]是说，若有一前提是否定命题，则结论也必须是否定命题。有两种情况：或者大前提否定，从而大项与中项相排斥；或者小前提否定，从而小项与中项相排斥。无论哪种情况都是导致小项和大项在结论中互相排斥，因而结论必然是否定的。例如：

所有商品都是劳动产品，

空气不是劳动产品，

所以，空气不是商品。

下面的三段论尽管前提和结论均真，但却是违反规则[4]的无效推理：

有的学生不是三好学生，

所有学生都是人，

所以，有些人是三好学生。

规则[5]断定从两个肯定的前提推不出否定的结论。假设从两个肯定的前提推出一个否定的结论,那么,小项和大项在结论中就是相互排斥的,由此可推知大项和小项至少有一个与中项相排斥,意味着至少有一个前提是否定命题,这与假设矛盾。因此,若前提都是肯定的,则结论必然也是肯定的。规则[5]还说明,若已知一有效三段论的结论是否定的,则必有一个前提是否定的(据规则[3],也仅有一个前提是否定的)。

2. 导出规则

根据五条基本规则,可以推导出下面的两条常用规则,称为导出规则。

[**导出规则 1**]　从两个特称前提不能得出结论。

证明:

当两个前提都为特称命题时,其组合情况有如下四种:

①I,I　　②I,O

③O,I　　④O,O

假设为情况①,由于I命题主项和谓项都不周延,所以,中项一次也不周延。这样,不论得出什么结论,都违反基本规则[1]。

假设为情况②,据规则[4],如果要得出结论,只能得出否定结论,这样大项就周延。但是大前提为I命题,大项无论作为主项还是谓项都是不周延的。这样就违反了规则[2]。

假设为情况③,同上也只能得出否定结论,因而大项周延。又因为大前提为O命题,要使该推理不违反规则[2],大项必须处于谓项位置,这时处于主项位置的中项是不周延的。在小前提I中,中项无论作为主项还是谓项都不周延。这就违反了规则[1]。

假设为情况④,因两个前提都是否定的,据规则[3]不能得出结论。

综上所述,由两个特称前提不能得出结论。

[**导出规则 2**]　如果前提之一特称,结论也必须特称。

证明:

假设有一前提是特称的,根据[导出规则 1],另一前提只能是 A 或 E 命题。这样前提的组合有四种可能情况:

①A,I　　②A,O

③E,I　　④E,O

根据基本规则[3],可直接排除上述情况④。

若是情况①,在 A 命题和 I 命题中,只有 A 命题的主项周延。由于中项在前提中至少要周延一次,因此,前提中唯一周延的词项必须作为中项,则小项在前提中不周延。根据规则，小项在结论中也不得周延。由于小项是结论的主项，故结论为特称命题。

若是情况②，两个前提中有一个是 O 命题，则结论必然否定，故大项周延。根据规则，大项须在前提中周延。前提中 A 命题的主项周延，O 命题的谓项周延，这两个周延的词项其中之一要作为大项，另一个必须作中项，故小项在前提中不周延，因此，小项在结论中也不得周延，所以结论是特称命题。

若是情况③，证明类似情况②。

综上，若前提之一特称，则结论也必须特称。

遵守三段论的一般规则，是一个三段论有效的充要条件。

（三）三段论的格

由于中项在前提中的位置不同而形成的三段论的不同形式，称之为三段论的格。中项在两个前提中各出现一次，而大项只在大前提中出现，小项只在小前提中出现。因此，中项的位置一旦确定，大项和小项的位置也随之确定下来。

三段论有以下四个格：

（1）中项在大前提中处于主项位置（这样，大项就处于谓项的位置），在小前提中处于谓项位置（这样，小项就处于主项的位置），称为第一格。其形式为：

例如：所有马克思主义者都是无神论者，

　　　毛泽东是马克思主义者，

　　　所以，毛泽东是无神论者。

第一格最典型地反映了三段论的逻辑特征，因此，又称典型格。

（2）中项在大、小前提中都处于谓项位置，称为第二格。其形式为：

例如：所有鱼类都是卵生的，

　　　鲸不是卵生的，

　　　所以，鲸不是鱼类。

（3）中项在大、小前提中都处于主项位置，称为第三格。其形式为：

例如：鲁迅是文学家，

　　　鲁迅是革命家，

　　　所以，有些革命家是文学家。

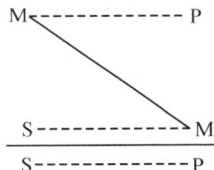

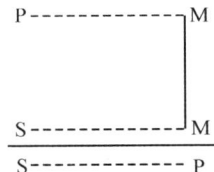

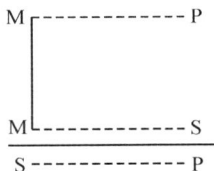

（4）中项在大前提中处于谓项位置,在小前提中处于主项位置,称为第四格。其形式是：

例如:有些导电体是液体,

　　　所有液体都是无定形的,

　　　所以,有些无定形的是导电体。

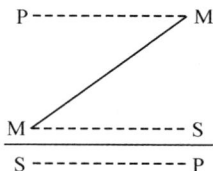

```
P - - - - - - - - - M
            /
M - - - - - - - - - S
S - - - - - - - - - P
```

三段论每格都有自己的特殊规则,这些规则只适用于所在的格,对其他格不起作用。这些特殊规则分别是：

第一格:[1]小前提须肯定;[2]大前提须全称。

第二格:[1]前提中须有一个是否定命题;[2]大前提须全称。

第三格:[1]小前提须肯定;[2]结论须特称。

第四格:[1]如果两个前提有一个是否定命题,则大前提须是全称的;[2]任何前提都不能是 O 命题;[3]若大前提肯定,则小前提须全称;若小前提肯定,则结论须特称;[4]结论不能是 A 命题。

各格的特殊规则可以根据一般规则得到证明,读者可以自己完成。

（四）三段论的式

如果仅仅从格的方面描述三段论的形式,是不完全的。因为同一格的三段论可以有不同的形式。试考虑：

（1）所有 M 是 P,

　　　有的 S 是 M,

　　　所以,有的 S 是 P。

（2）有的 M 是 P,

　　　有的 S 不是 M,

　　　所以,有的 S 不是 P。

它们都是第一格的三段论。但是,就作为前提和结论的直言命题的逻辑形式看,两者是很不相同的。若按大、小前提和结论的次序,前者的逻辑形式是 AII 的形式,后者是 IOO 的形式。正是这一不同,使得前者有效,而后者无效。因此,要充分描述三段论,还必须对其中的直言命题的逻辑形式加以说明。从直言命题的逻辑形式考虑而显示出的不同的三段论形式,称为三段论的式。

从格和式两个方面,可以充分说明三段论的形式。那么,理论上有多少个可能的不同的三段论形式呢? 作为前提和结论的性质命题,有 A、E、I、O 四种可能的形式。这样,大前提、小前提和结论各有四种可能性,共有 64（4×4×4）种可能的组合形式。每种组合都可能在四个格的任一格出现,因此有 256(64×4)种可能的不同三段论形式。

在陈述了三段论的一般规则和各格的特殊规则之后,可以判定,在 256 种可能式中,绝大多数都是无效的。例如,以 EE,EO,OO,OE,II,IO,OI,OO 等为大、小前提的任何三段论都是无效的。因为它们要么两个前提都是否定的,要么都是特称的,这都违反三段论的规则。那么,到底哪些式是有效的呢? 在传统词项逻辑中,若假定全称命题主项所反映的对象不是空概念,则三段论四个格共有 24 个有效式,列举如下:

第一格:AAA　　(AAI)　　AII　　EAE　　(EAO)　　EIO
第二格:AEE　　(AEO)　　AOO　　EAE　　(EAO)　　EIO
第三格:AAI　　AII　　EAO　　EIO　　IAI　　OAO
第四格:AAI　　AEE　　(AEO)　　EAO　　EIO　　IAI

在以上各格的有效式中,有些被加上了括号,比如第一格中的 AAI 和 EAO 式,它们被称为弱式。所谓弱式,是指能够得出全称的结论,但实际却得出了特称的结论。比如第一格以 AA 为前提,可以得出全称结论 A 命题,组成 AAA 式,但却得出了特称结论 I 命题,组成 AAI 式。这是因为当 A 命题真时,I 命题必真,所以若从前提 AA 可推出 A 命题,则必然可推出 I 命题。这样,第一格的 AAI 式可以认为是 AAA 式的派生式,第一格的 EAO 式可以认为是 EAE 式的派生式。其他各格的弱式情形同上。

可以认为弱式是一种不完全的推理。若把它们排除在外,三段论四个格一共有 19 个标准的有效式。

现代谓词逻辑中,并不假定全称命题的主项所反映的对象一定实际存在,所以可以存在空类。在空类存在的情况下,主项为空类的全称命题可以为真,但是同一素材的特称命题不可能是真的,因而全称命题并不蕴涵特称命题。因为特称命题必须假定主项所反映的对象一定存在,这就是所谓特称命题的存在输出规则,因此,特称命题又称存在命题。从两个全称命题推出特称命题的三段论被认为是无效的推理,我们将会在一阶谓词演算中看到这一点。在如此规则下,第三格和第四格的 AAI 式和 EAO 式都是无效式。这样,在现代逻辑中,三段论的有效式只有 15 个:

第一格:AAA　　AII　　EAE　　EIO
第二格:AEE　　AOO　　EAE　　EIO
第三格:AII　　EIO　　IAI　　OAO
第四格:AEE　　EIO　　IAI

四、传统词项逻辑的应用及案例分析

与命题逻辑一样,传统词项逻辑推理也是日常思维中的重要推理模式,是批判性思维的重要工具。下面我们通过案例,来说明这类推理在日常思维中的应用。

案例 1 一天,日本京都大学佛学教授柳田圣山教授来到上海玉佛寺参观访问。在大雄宝殿,柳田教授就洪钟使用的规矩、方法请教玉佛寺的法师。这位法师说,寺庙做隆重佛事的时候,七七四十九天,日日夜夜都要敲击洪钟。柳田教授听后,表示不赞同。他说:"'七七'期间,白天敲钟,夜里是不敲的。因为佛教寺庙的规矩是'晨钟暮鼓',夜里敲钟,佛教经典上无此记载。"

法师听后,未予置辩。他们一道走出殿堂,来到卖品部,柳田教授仔细观赏着清人俞樾手书的唐诗《枫桥夜泊》,甚为喜爱。这时,法师走上去,随手在"姑苏城外寒山寺,夜半钟声到客船"中的"寒山寺""夜半钟声"上画了几个圈圈,提请教授注意。教授略有所思,大为震惊,很快就立正、低头、合掌,连连向法师致敬。

为什么柳田教授见到法师在这两句诗上画上圈之后,就如此大为震惊,并连连向法师致敬呢?

解析:

柳田教授之所以大为震惊,是因为他从法师所圈出的"寒山寺""夜半钟声"上,悟到自己一直深信不疑的"晨钟暮鼓"说是不成立的。

根据直言命题间的对当关系,"一切佛教寺庙夜里都不会敲钟的"与"有的佛教寺庙夜里会敲钟的"之间是不同真、不同假的矛盾关系。现有唐朝诗人张继的《枫桥夜泊》为据,证明"有的佛教寺庙夜里会敲钟的"为真,由此就可推出"一切佛教寺庙夜里都不会敲钟的"为假。

案例 2 某县领导参加全县的乡计划生育干部会,临时被邀请上台讲话。由于事先没有做调查研究,也不熟悉县里计划生育的具体情况,只能说些模棱两可、无关痛痒的话。他讲道:"在我们县 14 个乡中,有的乡完成了计划生育指标;有的乡没有完成计划生育指标;李家集乡就没有完成嘛。"在领导讲话时,县计划生育委员会主任手里捏了一把汗,因为领导讲的三句话中有两句不符合实际,真后悔临时拉领导来讲话。

根据上述论断确定该县计划生育工作的实际情况。

解析:

该领导的三句话是:

(1)有的乡完成了计划生育指标。

(2)有的乡没有完成计划生育指标。

(3)李家集乡没有完成计划生育指标。

由于第(1)、(2)句话是两个同一素材的特称直言命题,它们之间具有下反对关系,因而不可能都是假的,其中至少一真。由于题干断定三句话中只有一句话是真的,所以,(3)一定是假的。由此推出李家集乡完成了计划生育指标,进而推出(1)也是真的。根据只有一句话为真这一条件,(2)是假话,因此,与之矛盾的命题"14个乡都完成了计划生育指标"就是真的。

案例3　有这样一段相声:

甲:不会说话净得罪人。明明是好意呀,别人听了也不舒服。

乙:有这样的事?

甲:我大爷就因为不会说话,老得罪人。有一次,我大爷请客,请了四位客人到饭馆吃饭。约好下午六点钟,到了五点半,来了三位,有一位没来,这位还是主客。

乙:那就再等会儿,实在不来就吃吧!

甲:我大爷可是个守信用的人,一直等到六点半,那位还没有来。他急啦,自言自语地说:"该来的不来嘛!"其中有一位就不痛快啦:"怎么该来的不来? 那我是不该来的呀! 我走吧!"他下楼走啦!

乙:得,气走了一位。

甲:我大爷在楼上左等右等,那位主客还是没有来。不但那位没有来,还走掉了一位。我大爷又说啦:"唉! 又走了一位,真是,不该走的走啦!"另外一位又嘀咕了:"什么? 不该走的走啦,没诚意请我呀! 我也走吧!"他也走啦。

乙:有这么说话的吗? 又气走了一位。

甲:就剩下一位啦! 这位跟我大爷是老交情,他对我大爷说:"兄弟,你以后说话可要注意点,哪有这么说话的呀! 不该走的走啦! 那人家还不走? 以后可别这么说话啦!"我大爷解释说:"大哥,我没有说他俩呀!""哦! 说我呀,我也走吧!"

乙:全气走啦!

从大爷说的话通过命题变形,可以推出怎样的结论?

解析:

"该来的不来",通过换位质,可得:"来的是不该来的",怪不得已来的客人听了不舒服。"不该走的走了",通过换质位,可得"不走的不是不该走的",再换质,可得"不走的是该走的。"所以,不走的客人生气了。

我们知道,如果一个推理是有效的,而它的结论不是真的,那么必定是它的前提不是真的。因为老大爷邀请的客人是四位,来了三位,只有一位没有来,因此不应不加限量地说"该来的不来",最多只能说"有的该来的不来",这是一个O命题,它是不能换位质的,不能得:"有的来的是不该来的",这样就不会气走客人。

案例 4 我国已故著名逻辑学家金岳霖小时候听到"金钱如粪土""朋友值千金"这两句话后,感觉有问题,因为它们会推出荒唐结论。请指出这一荒唐结论是什么?

解析:

"金钱如粪土"与"朋友值千金"这两句话可以组成一个三段论的两个前提,从而得出"朋友如粪土"的结论:

金钱如粪土

朋友值千金(金钱)

所以,朋友如粪土。

这一推理没有违反三段论的推理规则,因此,假设前提都真,结论一定也是真的。由于结论是假的,因此,题干中的两句话是不可并立的,其中至少有一句为假。

案例 5 有些台独分子论证说:凡属中华人民共和国政府管辖的都是中国人,台湾人现在不受中华人民共和国政府管辖,所以,台湾人不是中国人。

以下哪一个推理明显说明上述论证不成立?

A. 犯罪行为都是违法行为,违反行为都应受到社会的谴责,所以,所有犯罪行为都应受到社会谴责。

B. 所有正数大于所有负数,a不是正数,所以a不大于所有负数。

C. 商品都有使用价值,空气当然有使用价值,所以,空气当然是商品。

D. 所有技术骨干都刻苦学习,小张是技术骨干,所以,小张是刻苦学习的人。

E. 所有商业成功人士都要按国家规定纳税,我现在不是商业成功人士,所以,我不必按国家规定纳税。

解析:

台独论者的论证是一个三段论推理,但犯了大项扩大的逻辑错误:大项"中国人"在前提中是不周延的,而在结论中周延了。要驳斥这一论证的错误,只须找一个与之具有相同形式的推理,这一推理的前提都是正确的,但按照台独论者的逻辑,推出了一个错误的结论。

台独分子论证的逻辑形式是:所有 M 是 P,S 不是 M,所以,S 不是 P。这是第一格的 AEE 式。选项 E 是与此具有相同格和式的三段论,但从真前提推出了假结论,所以可以有效地反驳台独分子的言论。

选项 B 看似类似于题干的推理,但其实不是严格意义上的三段论,而是关系推理。

案例 6 所有四川来杭打工人员都办理了暂住证;所有办理了暂住证的人员都获得了就业许可证;有些四川来杭打工人员当上了门卫;有些业余武术学校的学员也当上了门卫;所有业余武术学校的学员都未获得就业许可证。

如果上述断定都是真的,那么除了以下哪项,其余的断定也必定是真的?

A.所有四川来杭打工人员都获得了就业许可证。

B.没有一个业余武术学校的学员办理了暂住证。

C.有些四川来杭打工人员是业余武术学校的学员。

D.有些门卫没有就业许可证。

E.有些门卫有就业许可证。

解析:

应用三段论,由题干中的第 1 个和第 2 个断定可以推出:"所有四川来杭打工人员都获得了就业许可证"(A)。由题干中的第 2 个和第 5 个断定可以推出:"所有业余武术学校的学员都未办理暂住证",换句话说,"没有一个业余武术学校的学员办理了暂住证"(B)。由题干中的第 4 个和第 5 个断定可以推出:"有些门卫没有就业许可证"(D)。根据题干中的第 3 个断定和已推出的 A 作为前提,可以推出:"有些门卫有就业许可证"(E)。

在题干中的断定都是真的这一题设条件下,应用三段论,逻辑地推出的选项 A、B、D、E,也必定是真的。因此,正确的选项只有 C。

根据题干中的第 1 个断定和已推出的 B 为前提,可以推出:"所有四川来杭打工人员都不是业余武术学校的学员",这一命题与选项 C 为矛盾关系,前者为真,后者必为假。由此也可判定本题的正确答案应选择 C。

案例 7 某些东方考古学家是美国斯坦福大学的毕业生,因此,斯坦福大学的某些毕业生对中国古代史很有研究。为保证上述结论成立,必须补充什么命题作为前提?

解析:

题干中的推论实际上是一个省略了大前提的三段论推理。显然"东方考古学家"是中项。由于中项在已知前提中不周延,根据中项在前提中至少周延一次的规则,补充的前提中必须保证中项周延。题干的结论是肯定的,因此,所有前提都必须肯定。已知前提是特称命题,所以,补充前提应是全称命题。据此,这一前提应是"所有东方考古学家都对中国古代史很有研究"。

案例8 下面这几段话是鲁迅先生在《论辩的魂灵》一文中所概括的当时顽固派和反革命者的奇谈怪论:

"洋奴会说洋话。你主张读洋书,就是洋奴,人格破产了! 受人格破产的洋奴崇拜的洋书,其价值从可知矣! 但我读洋文是学校的课程,是政府的功令,反对者,即反对政府也,无父无君之无政府党,人人得而诛之。"

"你说中国不好。你是外国人么? 为什么不到外国去? 可惜外国人看你不起……"

"你说甲生疮。甲是中国人,你就是说中国人生疮了。既然中国人生疮,你是中国人,就是你也生疮了。你既然也生疮,你就和甲一样。而你只说甲生疮,则竟无自知之明,你的话还有什么价值? 倘你没有生疮,是说诳也。卖国贼是说诳的,所以你是卖国贼。我骂卖国贼,所以我是爱国者。爱国者的话是最有价值的,所以我的话是不错的,我的话既然不错,你就是卖国贼无疑了!"

请用三段论的逻辑知识,揭露顽固派和反革命者的奇谈怪论。

解析:

顽固派和反革命者的奇谈怪论违反了三段论的推理规则。我们选择其中几条进行说明。

1."洋奴会说洋话。你主张读洋书,就是洋奴,人格破产了!"这几句话包含着两个三段论:

(1)洋奴会说洋话,

你主张读洋书,

所以,你就是洋奴。

这是一个企图以三段论的方式构造的推理,却违反了三段论的基本定义。因为第一个前提中的两个概念和第二个前提中的两个概念都是不同的,没有一个共同的词项作为中项,所以,不能得出一个必然的结论。有人认为"说洋话"、"读洋书"的意思差不多,可以看成是一个概念。但即使当它们是同一概念,这个推理还是错误的:

(1′)洋奴会说洋话,

你主张说洋话,

所以,你是洋奴。

因为它仍是四个概念,没有中项。退一步说,我们把"会说洋话"同"主张说洋话"当着同一个意思,而得出"你是洋奴"的结论,也违反了"中项至少要周延一次"的规则(因为中项都是肯定判断的谓项,都是不周延的),同样错误。

(2)洋奴是没有人格的(被省略的大前提),

　　你是洋奴(前一个推理的结论),

　　所以,你是没有人格的("人格破产了!")。

这是个省略了一个大前提的推理,这个推理就其形式结构来说是正确的,但是,它的小前提却是虚假的。因为它是第一个错误推理的结论。前提虚假,当然结论也不是必然正确的。

2."你说中国不好。你是外国人么? 为什么不到外国去?"这几句话,也包含着两个三段论:

(1)说中国不好的都是外国人(被省略的大前提),

　　你说中国不好,

　　所以,你是外国人。

这个推理尽管形式正确,但大前提明显错误,因此结论也是错误的。顽固派故意省略这一前提,当把他们的"言外之意"补回来时,诡辩的本性就暴露无遗。

(2)外国人应该到外国去(被省略的大前提),

　　你是外国人(推理(1)的结论),

　　所以,你应该到外国去。

这个推理的小前提是虚假的,因为它是前一个推理错误前提的结论。其大前提也是虚假的。

3."你说甲生疮。甲是中国人,你就是说中国人生疮了。"这里包含着这样一个三段论:

　　甲生疮,

　　甲是中国人,

　　所以,中国人生疮。

这个推理显然违反了"前提中不周延的项在结论里也不得周延"的规则。因为"中国人"在前提中是肯定命题的谓项,不周延,而在结论中却作为全称命题的主项,就是周延的了。

还有很多类似于前述的逻辑错误,这里不再一一列举。

练习题

一、欧拉图解题。

1.已知"有些 S 是 P"为真,请用欧拉图表示 S 和 P 之间所有可能的外延关系。

2.已知"有些 S 不是 P"为假,请用欧拉图表示 S 和 P 之间所有可能的外延关系。

3.已知 SAP 假,而 POS 真,请用欧拉图表示 S 与 P 之间的外延关系。

4.已知 SIP 与 SOP 不可同真并且不可同假时,请用欧拉图表示 S 与 P 之间的外延关系。

二、假定下列命题都是真的。先把它们化为标准的直言命题,然后写出同一素材的其他所有命题,并判定其真假。

1.没有人是长生不老的。

2.这些与会者有相当一部分人没有执业证书。

3.并非所有命题形式都不是不可满足的。

4.不存在无因之果。

5.哲学是时代精神的精华。

6.坚定的马克思主义者无一不是爱国主义者。

三、根据对当关系,指出能驳斥下列判断的相应判断。

1.人的本性都是自私的。

2.没有一种金属是液体。

3.太阳系的有些行星不是沿椭圆轨道绕太阳运行的。

4.有些神学家是唯物主义者。

四、用直言命题直接推理证明下列推论是有效的。

1.所有非 S 不是非 P,所以,有些 S 不是 P。

2.并非所有 S 都是 P,所以,有些非 P 不是非 S。

3.所有非 S 都是 P,所以,有些 S 不是 P。

4.有些非 S 不是非 P,所以,并非所有 P 都是 S。

五、浙江大学的学生都是严格选拔出来的。其中,有些学生是共产党员,但所有学生都不是民主党派成员。有些学生学理科,有些学生学文科;很多学生爱好文学。无论这些差别有多大,可以肯定的是,有些学生今后将成为杰出人士。

假设以上陈述都是事实,可以推出下列哪些命题也是真的?

1.并非所有浙江大学学生都不是共产党员。

2.有些非民主党派成员不是非浙江大学学生。

3.并非所有学文科的都是非浙江大学学生。

4.有些今后不会成为杰出人士的人不是浙江大学学生。

5.有些浙江大学的学生今后不能成为杰出人士。

6.有些浙江大学学生是非民主党派成员。

六、确定下列三段论是否有效。如果无效，指出违反了哪条规则。

1. 亚里士多德是哲学家，亚里士多德是逻辑学家，所以，并非所有哲学家都不是逻辑学家。

2. 真正的马克思主义者都是不否认历史的，历史虚无主义者都不是真正的马克思主义者，所以，历史虚无主义者都是否认历史的。

3. 水银是液体，有的液体是导电的，所以，水银是导电的。

4. 所有去年被评为先进党员的都要参加抗击疫情工作，我去年没被评为先进党员，所以，我不要参加抗击疫情工作。

5. 真理都是符合客观世界的认识，符合客观世界的认识没有不是经过实践检验的，所以，经过实践检验的认识都是真理。

6. 第一格三段论的小前提都是肯定的，这个命题是肯定的，所以，这个命题是第一格三段论的小前提。

7. 所有基本粒子都不是肉眼能看见的，所有昆虫都不是基本粒子，所以，所有昆虫都是肉眼能看见的。

8. 所有犯罪行为都要负刑事责任，偷窃小额财物是违法行为，所以，偷窃小额财物不要负刑事责任。

9. 这本法律期刊的编辑们写了许多法律方面的文章，小马是其中的一名编辑，所以他也写过许多法律方面的文章。

10. 真正的自由意味着责任，很多人并不想承担责任，所以，很多人并不是要真正的自由。

七、证明题。

1. 证明三段论各格的特殊规则。

2. 在对当关系中，已知矛盾关系和从属关系成立，求证：反对关系也成立。

3. 在对当关系中，已知矛盾关系和从属关系成立，求证：下反对关系也成立。

八、在下列括号中填入适当的符号，使之构成正确的三段论。

1. M　　O　　P
　（　）（　）（　）
∴（　）（　）（　）

2. P　（　）　M
　M　　A　　S
∴　S　（　）　P

3. （　）（　）（　）
　（　）　I　（　）
∴　S　　O　　P

4. （　）（　）（　）
　（　）（　）（　）
∴　S　　A　　P

九、根据三段论的规则，回答下列问题。

1. 以 O 判断为小前提的正确三段论应是哪一格的哪一式？

2.以Ⅰ判断为大前提可组成哪些格哪些式的正确三段论？

十、证明。

1.一个有效三段论，如果结论是全称命题，则它的中项不可周延两次。

2.由特称命题作大前提，否定命题作小前提不能构成有效的三段论。

十一、下列各题各有五个备选项，从中选出一个正确的答案。

1.近期流感肆虐，一般流感患者可采用抗病毒药物治疗。虽然并不是所有流感患者均需接受达菲等抗病毒药物的治疗，但不少医生仍强烈建议老人、儿童等易出现严重症状的患者用药。

如果以上陈述为真，则以下哪项一定为假？

Ⅰ.有些流感患者需接受达菲等抗病毒药物的治疗。

Ⅱ.并非有的流感患者不需接受抗病毒药物的治疗。

Ⅲ.老人、儿童等易出现严重症状的患者不需要用药。

A.只有Ⅰ。

B.只有Ⅱ。

C.只有Ⅲ。

D.只有Ⅰ和Ⅱ。

E.只有Ⅱ和Ⅲ。

2.去年4月，股市出现了强劲反弹，某证券部通过对该部股民持仓品种的调查发现，大多数经验丰富的股民都买了小盘绩优股，而所有年轻的股民都选择了大盘蓝筹股，而所有买了小盘绩优股的股民都没买大盘蓝筹股。

如果上述情况为真，则以下哪项关于该证券部股民的调查结果也必定为真：

Ⅰ.有些年轻的股民是经验丰富的股民。

Ⅱ.有些经验丰富的股民没买大盘蓝筹股。

Ⅲ.年轻的股民都没买小盘绩优股。

A.只有Ⅱ。

B.只有Ⅰ和Ⅱ。

C.只有Ⅱ和Ⅲ。

D.只有Ⅰ和Ⅲ。

E.Ⅰ，Ⅱ和Ⅲ。

3.人应对自己的正常行为负责，这种负责甚至包括因行为触犯法律而承受制裁。但是，人不应该对自己不可控制的行为负责。

以下哪项能从上述断定中推出？

Ⅰ. 人的有些正常行为会导致触犯法律。

Ⅱ. 人对自己的正常行为有控制力。

Ⅲ. 不可控制的行为不可能触犯法律。

A. 只有Ⅰ。

B. 只有Ⅱ。

C. 只有Ⅲ。

D. 只有Ⅰ和Ⅱ。

E. Ⅰ,Ⅱ和Ⅲ。

4. 小李将自家护栏边的绿地毁坏,种上了黄瓜。小区物业管理人员发现后,提醒小李:护栏边的绿地是公共绿地,属于小区的所有人。物业为此下发了整改通知书,要求小李限期恢复绿地。小李对此辩称:"我难道不是小区的人吗? 护栏边的绿地既然属于小区的所有人,当然也属于我。因此,我有权在自己的土地上种黄瓜。"

以下哪项论证,和小李的错误最为相似?

A. 所有人都要对他的错误行为负责,小梁没有对他的这次行为负责,所以小梁的这次行为没有错误。

B. 所有参展的兰花在这次博览会上被订购一空,李阳花大价钱买了一盆花,由此可见,李阳买的必定是兰花。

C. 没有人能够一天读完大仲马的所有作品,没有人能够一天读完《三个火枪手》,因此,《三个火枪手》是大仲马的作品之一。

D. 所有莫尔碧骑士组成的军队在当时的欧洲是不可战胜的,翼雅王是莫尔碧骑士之一,所以翼雅王在当时的欧洲是不可战胜的。

E. 任何一个人都不可能掌握当今世界的所有知识,地心说不是当今世界的知识,因此,有些人可以掌握地心说。

5. 某旅游团去木兰围场旅游,团员们骑马、射箭、吃烤肉,最后去商店购买纪念品,已知:

Ⅰ. 有人买了蒙古刀。

Ⅱ. 有人没有买蒙古刀。

Ⅲ. 该团的张先生和王女士买了蒙古刀。

如果以上三句话中只有一句为真,则以下哪项肯定为真?

A. 张先生、王女士、郭小姐都没有买蒙古刀。

B. 张先生买了蒙古刀,但王女士没有买蒙古刀。

C. 该旅游团的李先生买了蒙古刀。

D. 张先生和王女士都买了蒙古刀。

E. 该旅游团的胡大爷没买蒙古刀。

6. 一些麋鹿的骨盆骨与所有猪的骨盆骨具有许多相同的特征。虽然不是所有麋鹿都有这些特征,但是一些动物学家声称,所有具有这些特征的动物都是麋鹿。

如果以上陈述和动物学家的声明都是真的,以下哪项也一定是真的?

A. 麋鹿与猪的相似之处要多于它与其他动物的相似之处。

B. 一些麋鹿与猪在其他方面的不同之处要少得多。

C. 所有麋鹿都是猪。

D. 所有猪都是麋鹿。

E. 不可能所有猪都是麋鹿,也不可能所有麋鹿都是猪。

7. 所有极地冰都是由降雪形成的。特别冷的空气不能保持很多的湿气,因而不能产生大量的降雪。近几年来,两极地区的空气无一例外地特别冷。

以上资料最有力地支持了以下哪个结论?

A. 如果现在的极地冰有任何增加和扩张,它的速度也是极其缓慢的。

B. 在两极地区,为使雪转化成冰,空气必须特别冷。

C. 最近几年,两极地区的降雪实际上是连续不断的。

D. 较厚的极地冰与较冷的空气是相互矛盾的。

E. 没有一定量的降雪,就没有冰。

8. 只有公司相应部门的所有员工都考评合格了,该部门的员工才能得到年终奖金;财务部有些员工考评合格了;综合部所有员工都得到了年终奖金;行政部的赵强考评合格了。

如果以上陈述为真,则以下哪项可能为真?

Ⅰ. 财务部员工都考评合格了。

Ⅱ. 赵强得到了年终奖金。

Ⅲ. 综合部有些员工没有考评合格。

Ⅳ. 财务部员工没有得到年终奖金。

A. 只有Ⅰ和Ⅱ。

B. 只有Ⅱ和Ⅲ。

C. Ⅰ,Ⅱ,Ⅳ。

D. Ⅰ,Ⅱ,Ⅲ。

E. Ⅱ,Ⅲ,Ⅳ。

9. 学军中学所有骑自行车上学的学生都回家吃午饭,因此,有些家在郊区的学军中学的学生不骑自行车上学。

为使上述论证成立，以下哪项关于学军中学学生的断定是必须假设的？

A. 骑自行车上学的学生家都不在郊区。

B. 回家吃午饭的学生都骑自行车上学。

C. 家在郊区的学生都不回家吃午饭。

D. 有些家在郊区的学生不回家吃午饭。

E. 有些不回家吃午饭的学生家不在郊区。

10. 学年末，某中学初一年级进行了学年评定，有些学生干部当上了区三好学生，有些学生入了团。在推选共青团员的活动中，所有校三好学生都递交了入团申请，所有区三好学生都没有写入团申请。

如果以上断定为真，以下哪项也必定为真？

A. 所有学生干部都是三好学生。

B. 有些学生干部递交了入团申请。

C. 所有团员都是校三好学生。

D. 有些学生不是校三好学生。

E. 并非所有校三好学生都是学生干部。

11. 所有名词是实词，动词不是名词，所以动词不是实词。

以下哪项推理与上述推理在结构上最为相似？

A. 凡细粮都不是高产作物。因为凡薯类都是高产作物，而凡细粮都不是薯类。

B. 先进学生都是遵守纪律的，有些先进学生是大学生，所以大学生都是遵守纪律的。

C. 铝是金属，又因为金属都是导电的，因此铝是导电的。

D. 虚词不以独立充当句法成分，介词是虚词，所以介词不能独立充当句法成分。

E. 实词能独立充当句法成分，连词不能独立充当句法成分，所以连词不是实词。

12. 有些具有优良效果的护肤化妆品是诺亚公司生产的，所有诺亚公司生产的护肤化妆品都价格昂贵，而价格昂贵的护肤化妆品无一例外地受到女士们的信任。

以下各项都能从题干的断定中推出，除了：

A. 受到女士们信任的护肤化妆品中，有些实际效果并不优良。

B. 有些效果优良的化妆品受到女士们的信任。

C. 所有诺亚公司生产的护肤化妆品都受到女士们的信任。

D. 有些价格昂贵的护肤化妆品是效果优良的。

E. 所有被女士们不信任的护肤化妆品价格都不昂贵。

第七章　一阶谓词逻辑

本章介绍现代谓词逻辑，主要讨论一阶谓词逻辑，包括一阶谓词逻辑的基本概念、形式结构、语法与语义，以及一阶谓词演算形式系统 F。

一、从传统谓词逻辑到现代谓词逻辑

传统谓词（词项）逻辑主要是研究直言命题及其推理（以三段论为核心）的逻辑。在传统谓词逻辑中，所有命题都是仅仅具有如下四种形式的命题：

A——所有 S 都是 P

E——所有 S 都不是 P

I——有些 S 是 P

O——有些 S 不是 P

至于具有"这个 S 是 P"和"这个 S 不是 P"之形式的命题则被笼统地处理成相应的 A 命题和 E 命题。无疑，对于可以分析成这种形式的命题来说，传统谓词逻辑中的方法很有实用性。但这种分析方法同时也存在着很大的局限性和过于笼统化的问题。试看如下命题：

（1）张山比李斯年纪大。

（2）上海位于南京和杭州之间。

（3）有的提案得到了所有议员的欢迎。

它们和具有上述 A、E、I、O 四种形式的命题有着明显的区别，称为关系命题，即表达个体对象之间是否具有某种关系。由这些命题构成的推理称为关系推理。例如：

张山比李斯年纪大，

李斯比王武的年纪大，

所以，张山比王武的年纪大。

很明显这个推理是有效的,并且其有效性正是在于命题的内部结构。类似于这个推理的关系推理显然应该成为着重分析命题内在逻辑结构的谓词逻辑的研究对象。但关系命题和关系推理都超出了传统谓词逻辑力所能及的范围。传统谓词逻辑仅仅研究直言命题,而且仅仅研究三段论或是对直言命题的形式稍作变化的推理。

尽管传统谓词逻辑也属于谓词逻辑,但它对谓词的研究极其有限。谓词有多种类型,有一元、二元乃至多元谓词,有一阶、二阶乃至高阶谓词。一元谓词是表示一个个体对象的性质的谓词,二元及二元以上的谓词则是表示两个或两个以上的个体对象之间的关系的谓词。传统谓词逻辑所研究的直言命题是只包含一元谓词的命题,三段论也仅是关于一元谓词的逻辑理论。对于包含二元及二元以上的谓词的关系命题及其相关的关系推理形式,传统谓词逻辑完全没有研究。其根本原因在于传统谓词逻辑的理论体系根本无法表达这类命题和推理。

自传统谓词逻辑产生以来,早就有逻辑学家意识到了这一问题,并且做了大量的工作企图去弥补这一缺陷(可参阅一些论及关系命题和关系推理的以传统逻辑为主的逻辑教材或著作)。但事实证明,凡是在传统谓词逻辑理论框架内去解决这一问题,都是不会取得令人满意的结果的;而对于现代谓词逻辑来说,解决这一问题是一件轻而易举的事。关系命题及其推理是现代谓词逻辑的最基本内容,在其理论体系中,关系命题及其推理与直言命题及其推理并无实质性的区别,仅仅是包含不同的谓词而已。

谓词逻辑重在研究量词的逻辑性质。传统谓词逻辑把量词归结为"所有"和"有些",并进而把命题归结为全称命题和特称命题,而对于日常语言中经常出现的单称命题基本上是回避。为了不致使其理论产生矛盾,对量词理论采取了种种限制,例如规定被量词约束的词项不能是空类等。在现代谓词逻辑中,一切词项都可以是空类,逻辑应该尽量满足一切可能性,只有这样才具有普遍应用性。传统逻辑采取"限制"的办法从根本上说是不得已的。实际上,如果取消这一限制,传统谓词逻辑理论除了极少的一部分外,基本上都是无效的。因此,这种理论就不具备完整性。

更为重要的是,量词是和谓词的元数相关的。一个仅含有一元谓词的命题是一种最简单的情形,是谓词逻辑所研究的最基本命题。对于包含多元谓词的命题,情况马上变得复杂起来。因为量词的某些逻辑性质,只有在量词同时出现的场合下才充分显示出来,也只有在这种情况下,才能体现出量词的重要意义。由于传统谓词逻辑完全没有研究包含多元谓词和多重量词的关系逻辑,在传统逻辑的框架内就不可能揭示出量词的重要逻辑性质和规律。这使得传统谓词逻辑的内容贫乏,应用范围狭窄。

造成传统谓词逻辑的局限性和缺陷的根本原因在于其研究工具。传统谓词逻辑主要是用自然语言建立起来的逻辑理论,即使后来的一些逻辑学家引入了许多现代逻辑符号也不能从根本上解决问题,因为这些符号在相当大的程度上是对传统逻辑所使用的自然语言的一种缩写,其本意不是并且实际结果也不能使逻辑理论尤其是推理系统化、严格化。逻辑和数学一样,作为一门工具性的科学,其本身的语言和理论应该相当精确而严格,不能有任何歧义。而自然语言具有不可克服的歧义性和多义性,用自然语言极易混淆不同的逻辑关系,如"是"这个词项,在不同的命题中可以表达许多不同的逻辑关系。自然语言不仅不能精确地表述各种逻辑形式和逻辑规律,而且也不能构造逻辑演算。后者在现代逻辑理论中已被证明是多么的重要,离开了逻辑演算的逻辑理论是很难想象的。

现代谓词逻辑克服了传统谓词逻辑的局限性,因为它系统地使用了不会产生任何歧义的符号,尤其是表达个体变元、谓词变元和量词的符号,并在此基础上应用了形式化方法,因而就可以把直言命题、关系命题及其推理纳入谓词逻辑的统一体系之中,构造严密而精确的谓词演算。

现代谓词逻辑把传统谓词逻辑的研究对象作为自己研究对象的一部分,运用现代逻辑的工具重新去描述传统谓词逻辑理论。从考察推理的逻辑形式以确定推理的有效性——这一点正是逻辑理论的核心所在——的角度看,现代谓词逻辑可以取代传统谓词逻辑。除了作为逻辑发展史中的一种逻辑理论的价值外,传统谓词逻辑的存在意义也仅仅在于它比较直观,符合人们的日常思维习惯。

现代谓词逻辑是现代逻辑最基本的逻辑理论。它把命题逻辑作为自己的子系统,或者说,现代谓词逻辑是命题逻辑理论一致性的扩充。但为了研究的方便,我们把命题逻辑作为一个独立的系统,在第三、四章首先介绍,而在谓词逻辑中则系统地研究量词理论。

现代谓词逻辑可分为一阶谓词逻辑和高阶谓词逻辑。一阶谓词逻辑是只研究一阶谓词(即仅指称个体对象的性质或个体对象之间的关系,而不指称个体对象的性质的性质、性质之间的关系或个体对象之间的关系的关系、关系的性质的谓词)和个体量词(即只约束个体对象,而不约束个体对象的性质或个体对象之间的关系的量词)的谓词逻辑,又称狭义谓词逻辑,是现代谓词逻辑中研究得最彻底最成熟的逻辑理论。

由于高阶谓词逻辑最终可以化归为一阶谓词逻辑,所以我们在本书中也只介绍一阶谓词逻辑。

二、命题的一阶谓词逻辑分析

一阶谓词逻辑主要研究量化命题。本节在运用一阶谓词逻辑语言着重分析量化命题的同时，也分析不含量词的原子命题，并对这些命题进行符号化。

首先引入几个基本概念。

(一)个体词、个体函数词、谓词

考察下面一组命题或命题函数：

(1)3 是质数。

(2)约翰的父亲是苏格兰人。

(3)所有 x 都是化合物。

(4)张山与李斯是同学。

(5)上海在杭州与北京之间。

其中，"3""约翰""x""张山""李斯""上海""杭州""北京"表示的都是个体对象。在现代谓词逻辑中，用来指称这些个体对象的符号称为个体词。个体词又分为个体变元(或个体变项)和个体常元(或个体常项)。个体常元指称某一确定的具体对象，例如指称个体对象"3""约翰""张山""李斯""上海""杭州""北京"的个体词就是个体常元。个体变元指称某一个体对象类中任意的个体，如例(3)中的"x"，其中的个体对象类是个体的取值范围，称为论域或个体域。个体常元一般用 a，b，c，…来表示，个体变元则用 x，y，z 来表示。

我们注意到，例(2)与例(1)是有差别的。例(1)的主项(为表述的方便，借用传统谓词逻辑"主项"这一概念)是某个确定的个体对象本身，而例(2)的主项尽管也是某个确定的个体对象，但它是由另一个确定的对象通过某种关系确定下来的，这种关系就是函数关系。如该例中的"……的父亲"。再如"2 的平方是偶数"中的主项也是由个体对象"2"通过函数关系"……的平方"来确定的。

由于这种函数的定义域是个体对象，值域也是个体对象，因此，指称这种函数关系的符号就称为个体函数词，简称函数词。个体函数词代表的是一种对个体对象的运算，实质上起的是个体词的作用。在前述的例子中，"约翰的父亲"指称的是个体常元，"2 的平方"指称的也是个体常元"4"。因此，可以把个体函数词作为一种特殊的个体词。

谓词是指称对象(在一阶谓词中是个体对象)所具有的性质或对象之间所具有的关系的符号。所有普遍概念都是谓词，并且只有普遍概念才是谓词。普遍概念无论出现在命题的什么位置，都是谓词。谓词可以分为谓词常元（或谓词常项）和谓词变元（或谓词变项）。表示某一确定论域中的特定的性质或关系的谓词称为谓词常元，如前例中的"质数""苏格兰人""化合物""同学""在……之间"。不表示某一确定论域中的特定性质或关系的谓词称为谓词变元。谓词变元一般用符号 F，G，H，…来表示。

根据谓词指称的个体对象的数目（称为元数），可以把谓词分为一元谓词、二元谓词，……，n 元谓词。一元谓词只指称一个个体对象，显然表达的就是个体对象的性质，如"质数""苏格兰人""化合物"就是一元谓词。二元谓词指称两个个体对象，表达的是其间的关系，如"同学"。三元谓词表达的是三个个体对象之间的关系，如"在……之间"。谓词的元数可以明确地标示出来，如 F^1 表示 F 是一元谓词，G^2 表示 G 是二元谓词，等等。

（二）量词

量词是谓词逻辑中最重要的研究对象。谓词逻辑也因之称为量词逻辑。

量词是构成简单命题的成分。简单命题分为不含有量词（仅含有个体词或函数词、谓词）的原子命题和含有量词的量化命题。原子命题是谓词逻辑中最简单的命题，而谓词逻辑的逻辑特征主要通过量化命题显示出来，因此谓词逻辑所研究的简单命题主要是量化命题。

量词是表示被其约束的对象的数量的逻辑符号。依据它所指的是某对象类中的所有对象还是至少一个对象，量词可分为全称量词和存在量词。全称量词用"∀"表示，自然语言中的"所有""凡""任一个""每一个""一切"等都表示全称量词。其准确含义是"对任一……来说"。存在量词用"∃"表示，自然语言中的"有些""有的""至少有些""部分"等表示的都是存在量词，其准确含义是"至少存在一个……"。

根据量词所约束的对象是个体词还是谓词，可以把量词分为一阶量词、二阶量词以至高阶量词。一阶量词是只约束个体词的量词，即这种量词所限制的只是个体对象。一阶谓词逻辑只研究一阶量词。二阶量词所约束的是一阶谓词，三阶量词所约束的是二阶谓词，依此类推，它们都是高阶谓词逻辑的研究对象。

有了个体词、个体函数词、一阶谓词、一阶量词等概念和符号，就可以对命题进行逻辑分析和符号化。

根据是否含有量词可以把命题分为量化命题和原子命题。根据命题的复杂度又可把命题又可以分为简单命题和复合命题。下面将按这两种标准，对命题进行符号化。

(三)原子命题的符号化

原子命题可以分为简单原子命题和复合原子命题。

1.简单原子命题的符号化

简单原子命题是不含有量词的简单命题。下列命题都是简单原子命题：

(1)3 是质数。可符号化为：$F(a)$。

(2)张山与李斯是同学。可符号化为：$G(a,b)$。

(3)上海在杭州与北京之间。可符号化为：$H(a,b,c)$。

(4)约翰的父亲是苏格兰人。可符号化为：$F(f(a))$。

以上简单原子命题符号化后的表达式称为简单原子命题形式,简称简单原子式。简单原子式也可以是简单原子命题函数(关于命题与命题函数之区别将在后面详述)的逻辑形式。例如：

(1)x 等于 y 与 3 之和。可符号化为：$H(x,y,a)$。

(2)x 是化合物。可符号化为：$F(x)$

(1)与(2)都是简单原子式。

2.复合原子命题的符号化

复合原子命题是由联结词和简单原子命题构成的复合命题。复合原子命题或复合原子命题函数符号化后的表达式称为复合原子式。考虑以下命题(函数)：

(1)x 不是有理数。可符号化为：$\rightarrow F(x)$。

(2)亚里士多德既是哲学家,又是逻辑学家。可符号化为：$F(a) \wedge G(a)$。

(3)或者甲是被告,或者乙是被告。可符号化为：$F(a) \vee F(b)$。

(4)如果 x 能被 2 整除,那么 y 也能被 2 整除。可符号化为：$H(x,a) \rightarrow H(y,a)$。

(5)张山尊敬李斯,当且仅当李斯也尊敬张山。可符号化为：$H(a,b) \leftrightarrow H(b,a)$。

符号化后的这五个表达式是最基本的复合原子式,它们均分别只含有一个联结词。

由复合原子式通过联结词可构成多重复合原子式。例如：

(6)$F(x) \vee \rightarrow F(x)$

(7)$F(x) \rightarrow (G(y) \rightarrow F(x) \wedge G(y))$

（8）F（x）∧G（y）→（F（x）↔G（y））

都是多重复合原子式。

（四）量化命题的符号化

1. 量化命题和量化式

含有量词的命题称为量化命题。量化命题（或命题函数）符号化后的表达式称为量化命题形式。简称量化式。

量化式可以分为基本量化式和复合量化式。

基本量化式是仅由量词和简单原子式构成的命题形式。例如，以下命题形式都是基本量化式：

（1）∀xF（x）

（2）∃yG（y）

（3）∀x∃yH（x，y）

（4）∃x∀yH（x，y）

（5）∀x∀yH（x，y）

（6）∃x∃yH（x，y）

复合量化式是由量词和复合命题形式组成的命题形式。例如，下列命题形式均是复合量化式：

（1）∀x→F（x）

（2）→∀x→F（x）

（3）∀x（F（x）↔∃（y））

（4）∃y（A∧B）

（5）∀x（A→B）

（6）∀xA∨∃yB

2. 对传统谓词逻辑 A、E、I、O 四种命题的符号化

一阶谓词逻辑对 A、E、I、O 四种命题的符号化与传统谓词逻辑有着根本的区别。

首先考虑 A 命题。例如：

（1）所有金属都是导电的。

现代谓词逻辑对 A 命题有两种符号化的方法。

方法一：先设定个体域（论域），然后再符号化。（1）的个体域是金属，在此前提下，用 F 表示谓词"是导电的"，则（1）可符号化为：

∀xF(x)。

方法一存在着明显的缺陷。不同的命题必须设定不同的个体域,这使得个体词是事先带着某种确定的意义作为命题形式的个体变元,从而就使量化式反映不出同类命题形式的共性。更有甚者,当一个命题形式中须要用到多个个体变项时,每一个体变项的论域都必须规定,这极易引起混乱。因此,方法一不具有普遍应用性。

现代谓词逻辑一般应用方法二:把直言命题的主项也用谓词表示出来,从而使个体域反映在谓词之中。

应用方法二,(1)可以分析为:

对任一个体而言,如果它是金属,那么它是导电的。可以符号化为:

∀x(S(x)→P(x))。

该复合量化式具有普遍应用性,其中个体变项 x 的论域是一切事物,当对 S 与 P 作不同的解释时,就可以得到任何 A 命题。

E 命题的符号化类似于 A 命题。例如:

(2)所有共产党员都不是有神论者。

可以分析为:对任一个体而言,如果它是共产党员,那么它不是有神论者。符号化为:

∀x(S(x)→ᄀP(x))。

再看 I 命题。例如:

(3)有些天鹅是黑色的。

可以分析为,至少存在一个个体,它是天鹅并且是黑色的。符号化为:

∃x(S(x)∧P(x))。

我们把 I 命题分析成上述的合取式,而不是像全称命题一样,分析成蕴涵式:∃x(S(x)→P(x))。因为若这样,就会使一假的命题可能成为真命题。例如:

有些人是神仙。

这是一个假命题。若分析为蕴涵式∃x(S(x)→P(x)),表示"至少存在一个体,如果它是人,那么它是神仙"。该量化式可变形为∃x(ᄀS(x)∨P(x)),它表示"至少存在一个体,它或者不是人,或者是神仙",这等于说"或者存在一个不是人的个体,或者存在一个是神仙的个体。"(因为∃x(ᄀS(x)∨P(x))↔(∃xᄀS(x)∨∃xP(x)),我们将在以后证明这一等值式是成立的)最后这个选言命题很容易满足,是一真命题。这意味着"有些人是神仙"也是真命题。因此,I 命题不可用蕴涵式来表示。当用合取式表示时,能够保持与原命题相同的真值。

与此相反,全称命题不可分析为合取式。例如,$\forall x(S(x)\rightarrow P(x))$表示任何是 S 的东西都是 P,而 $\forall x(S(x)\wedge P(x))$表示任何东西都既是 S,又是 P。二者含义差别极大。只有前者才是诸如"所有金属都是导电的"等 A 命题的正确符号化。同样,E 命题也不能符号化为 $\forall x(S(x)\wedge\rightarrow P(x))$,而应是 $\forall x(S(x)\rightarrow\rightarrow P(x))$。

O 命题与 I 命题一样,其命题形式也是分析成合取式。例如:

(4)有些天体不是行星。

可以分析为:"至少存在一个体,它是天体,并且不是行星"。符号化为:

$$\exists x(S(x)\wedge\rightarrow P(x))。$$

至此,可以把传统谓词逻辑与现代谓词逻辑对四种基本直言命题符号化的不同方法比较一下:

所有 S 都是 P：SAP；$\forall x(S(x)\rightarrow P(x))$

所有 S 都不是 P：SEP；$\forall x(S(x)\rightarrow\rightarrow P(x))$

有些 S 是 P：SIP；$\exists x(S(x)\wedge P(x))$

有些 S 不是 P：SOP；$\exists x(S(x)\wedge\rightarrow P(x))$

两者的根本区别在于现代谓词逻辑引入了个体词和量词,从而丰富了量化理论。通过个体词(x)分别与主项(S)和谓词(P)之间的属于关系,可以精确地描述 S 和 P 之间的关系,从而确定直言命题的逻辑形式。全称量词和存在量词的引入使得可以对任意的命题形式进行量化表达,从而克服了传统谓词逻辑只能对主项(S)作出量化表达的局限性。用量化的蕴涵式和量化的合取式分别表示全称命题形式和特称命题形式充分显示了这两种命题形式的严格区别。

四种基本直言命题在一阶谓词逻辑中的逻辑形式都是复合量化式。

3.带量词的关系命题的符号化

在原子命题的符号化中,已经考察了诸如"张山与李斯是同学"这样不带量词的关系命题。接下来分析含有一个或一个以上量词的关系命题。

(1)每一事物影响有些事物。

若用个体词 x 表示影响其他事物的事物,用个体词 y 表示被其他事物影响的事物。用谓词 H 表示"影响"这一关系,则(1)可以理解为:

对任一个体 x 而言,都存在一个体 y,x 与 y 有 H 关系。可以符号化为:

$(1')\ \forall x\exists yH(x,y)$

(2)有些事物影响每一事物。

可以理解为:至少有一个体 x,对任一个体 y 而言,x 与 y 有 H 关系。可以符号化为：

(2′)∃x∀yH(x,y)

(3)任一事物影响任一事物。

它可以理解为：对任一个体 x,y 而言,x 与 y 都有 H 关系。可以符号化为：

(3′)∀x∀yH(x,y)

(4)有些事物影响有些事物。

可以理解为：至少存在一个体 x,至少存在一个体 y,x 与 y 有 H 关系。可以符号化为：

(4′)∃x∃yH(x,y)

(1′)—(4′)都是含有两个量词和一个由二元谓词构成的简单原子式的命题形式。它们都是基本量化式。

下面考察含有多重量词与多个谓词的更为复杂的例子。

(5)有些人尊重所有人。

这个命题中的个体词是"人",它不同于例(1)—(4)的个体词"事物"。前者须要用谓词定义,而后者是指称任何个体,因而无须用谓词定义。

(5)可以理解为：

至少存在一个体 x,x 是人,并且对任一个体 y 而言,如果 y 是人,则 x 尊重 y。

若用谓词 F 表示"人",用谓词 H 表示"尊重",则本命题可符号化为：

(5′)∃x(F(x)∧∀y(F(y)→H(x,y)))

(6)每个人都尊重有些人。

这个命题可理解为：对任一个体 x 而言,如果 x 是人,则至少存在一个体 y,y 是人,并且 x 尊重 y。可符号化为：

(6′)∀x(F(x)→∃y(F(y)∧H(x,y)))

(7)没有液体能溶解所有东西,但有些东西能被所有液体溶解。

它可以理解为：并非至少存在一个体 x,x 是液体,并且 x 能溶解所有 y;并且,至少存在一个体 y,对任一个体 x 而言,如果 x 是液体,则 x 能溶解 y。若用谓词 F 表示"液体",用谓词 H 表示"溶解",则(7)可符号化为：

(7′)⌐∃x(F(x)∧∀yH(x,y))∧∃y∀x(F(x)→H(x,y))

(7)也可以理解为：

并非至少存在一个体 x,x 是液体,并且 x 能溶解所有 y;并且,对任一个体 x 而言,如果 x 是液体,则至少存在一个体 y,x 能溶解 y。可以符号化为：

(7″)⌐∃x(F(x)∧∀yH(x,y))∧∀x(F(x)→∃yH(x,y))

$(7'')$与$(7')$在形式上虽有所不同,但实际上是等值的。

$(1')$—$(7')$以及$(7'')$都是复合量化式。由于这类命题形式是由多个量词、谓词和联结词构成的,最能反映量词的逻辑性质,因而是一阶谓词逻辑所研究的最主要的命题形式。

从以上对直言命题和关系命题的分析可知,一阶谓词逻辑把"关系"看作是与"性质"类似的谓词,二者的区别仅仅在于表达"性质"的谓词是一元的,而表达"关系"的谓词是二元的或二元以上的。这种统一性将在一阶谓词演算形式系统中得到更充分的反映。

4.包含数量量词的命题的符号化

利用数量量词符号,可以很方便地表达诸如"至少有一个个体""至多有一个个体""恰好有一个个体"等表达数量的量词。这些数量量词与一般的存在量词和全称量词有所不同,但都能通过后者表示出来。特别地,我们引入表示"相等"的关系谓词"$=$",以及表达"不相等"的关系谓词"$\neq$"。

数量量词的逻辑表达如下:

(1)至少有一个个体。

可表示为:$\exists_{\geqslant_1} x$;$\exists_{\geqslant_1} x = df. \exists x_1$。

(2)至少有两个个体

可表示为:$\exists_{\geqslant_2} x$;$\exists_{\geqslant_2} x = df. \exists x_1 \exists x_2 (x_1 \neq x_2)$。

(3)至少有三个个体。

可表示为:$\exists_{\geqslant_3} x$;$\exists_{\geqslant_3} x = df. \exists x_1 \exists x_2 \exists x_3 (x_1 \neq x_2 \wedge x_1 \neq x_3 \wedge x_2 \neq x_3)$。

(4)一般地,至少有 n 个个体

可表示为:$\exists_{\geqslant n} x$;$\exists_{\geqslant n} x = df. \exists x_1 \exists x_2 \cdots x_n (x_1 \neq x_2 \wedge \cdots \wedge x_1 \neq x_n \wedge x_2 \neq x_3 \wedge \cdots \wedge x_{n-1} \neq x_n)$。

(5)至多有一个个体。

可表示为:$\exists_{\leqslant_1} x$;$\exists_{\leqslant_1} x = df. \forall x_1 \forall x_2 (x_1 = x_2)$。

(6)至多有两个个体。

可表示为:$\exists_{\leqslant_2} x$;$\exists_{\leqslant_2} x = df. \forall x_1 \forall x_2 \forall x_3 (x_1 = x_2 \vee x_1 = x_3 \vee x_2 = x_3)$。

(7)一般地,至多有 n 个个体。

可表示为:$\exists_{\leqslant n} x$;$\exists_{\leqslant n} x = df. \forall x_1 \forall x_2 \cdots \forall x_{n+1} (x_1 = x_2 \vee \cdots \vee x_1 = x_{n+1} \vee x_2 = x_3 \vee \cdots \vee x_n = x_{n+1})$。

(8)恰好有一个个体。

可表示为:$\exists_1 x$;$\exists_1 x = df. \exists_{x \geqslant 1} x \wedge \exists_{\leqslant_1} x$。

(9)恰好有两个个体。

可表示为：$\exists_z x$；$\exists_2 x = df. \exists_{\geq 2} x \wedge \exists_{\leq 2} x$。

(10)一般地，恰好有 n 个个体。

可表示为：$\exists_n x$；$\exists_n x = df. \exists_{\geq n} x \wedge \exists_{\leq n} x$。

含有数量量词的命题的逻辑形式既可以用专门的数量量词表达，也可以用一般的存在量词或全称量词表达，前者可使公式的长度大大缩短。例如：

(11)至少有两名专家参加这次经济论坛。

逻辑形式可以表示为：$\exists_{\geq 2} x(F(x) \wedge G(x,a))$，其中 F 表示"专家"，G 表示"参加"，a 表示"这次经济论坛"。

也可以是：$\exists x_1 \exists x_2 (F(x_1) \wedge F(x_2) \wedge x_1 \neq x_2 \wedge G(x_1,a) \wedge G(x_2,a))$。

(12)至多有两种金属是液体。

逻辑形式可以表示 $\exists_{\leq 2} x(F(x) \wedge G(x))$。其中 F 表示"金属"，G 表示"液体"。

也可以表示为：$\forall x_1 \forall x_2 \forall x_3 (F(x_1) \wedge F(x_2) \wedge F(x_3) \wedge G(x_1) \wedge G(x_2) \wedge G(x_3) \to x_1 = x_2 \vee x_1 = x_3 \vee x_2 = x_3)$。

(13)一元 n 次方程恰好有 n 个根。

逻辑形式可表示为：$\forall y(F(y) \to \exists_n x(G(x) \wedge H(x,y)))$。其中 F 表示"一元 n 次方程"，G 表示"根"，H(x,y)表示"x 是 y 的根"。

5. 包含时间算子的命题的符号化

有些命题涉及到时间或者谓词的时效性，此时需要引入时间算子。我们用 t 表示命题中谓词的时效性，$F(x)_{(t)}$ 表示 x 在 t 时刻（一般用 $t_1, t_2, \cdots, t_k$ 表示某个时刻，t_i 表示任意时刻）具有性质 F，$G(x,y)_{(t)}$ 表示 x，y 在 t 时刻具有关系 G。

例如，古希腊哲学家赫拉克利特的著名命题"人不能两次踏进同一条河流"，可以解读为标准的一阶谓词逻辑命题：对任何事物 x 而言，如果 x 是人，那么不存在一个事物 y，y 是河流，并且 x 可以在 t_1 和 t_2 两个不同的时刻踏入 y。符号化就是：

$\forall x(M(x) \to \neg \exists y(R(y) \wedge S(x,y)_{(t_1)} \wedge S(x,y)_{(t_2)}))$。其中 M 表示"人"，R 表示"河流"，S 表示关系"踏入"。

三、一阶谓词语言的语法和语义

一阶谓词语言简称一阶语言。它是命题逻辑形式语言一致性的扩充。除了包含有命题逻辑形式语言外，还增加了谓词逻辑特有的个体词、个体函数词、谓词和量词。现代谓词逻辑迄今已发展出了许多等价或不等价的一阶语言。本书将介绍一种最常用的一阶语言——L_1。一阶语言 L_1，包括带等词的和不带等词的两种。为求语言的简洁性，在不破坏理论的系统性和严格性的前提下，本书将略去带等词的谓词逻辑。

一阶语言 L_1 包括语法和语义两部分。

(一)L_1 的语法

L_1 的语法由初始符号、项形成规则、合式公式形成规则和定义四部分构成，合称 L_1 的形式语言。

1.初始符号

(1)个体变元 x_i(用 x,y,z,x_1,y_1,z_1,…表示)；

(2)个体常元 a_i(用 a,b,c,a_1,b_1,c_1,…表示)；

(3)n 元谓词变元 F_i^n(用 F,G,H,F_1,G_1,H_1,…表示)；

(4)n 元函数变元 f_i^n(用 f,g,h,f_1,g_1,h_1,…表示)；

(5)命题变元 p_i(用 p,q,r,p_1,q_1,r_1,…表示)；

(6)量词：$\forall$；

(7)联结词：$\rightarrow$,$\twoheadrightarrow$；

(8)技术性符号(辅助符号)：(,)，,(即左、右括号和逗号)。

L_1 中只有以上八类符号，其中个体常元和函数变元可以没有。L_1 的任意表达式都是由初始符号按一定规则组合而成的符号串。在各种符号串中，我们感兴趣的是项和合式公式。

2.项的形成规则

(1)任意 L_1 的个体变元 x_i 是项；

(2)任意 L_1 的个体常元 a_i 是项；

(3)若 f^n 是 L_1 的 n 元函数变元，$t_1,t_2,\cdots,t_n$ 是 L_1 的项，则 $f^n(t_1,t_2,\cdots,t_n)$ 是项；

(4)只有按(1)—(3)的规则而形成的符号串才是 L_1 的项。

例如，令 f,g 分别是一元函数变元和二元函数变元，x,a 分别是个体变元和个体常元，则 x,a 是项；f(x),f(a)是项；g(x,a),g(f(x),f(a))等都是项。

3.合式公式的形成规则

合式公式简称公式。L_1 的公式按以下规则形成：

(1)任意命题变元 p_i 是公式；

(2)若 F^n 是一 n 元谓词符号，$t_1, t_2, \cdots, t_n$ 是项，则 $F^n(t_1, t_2, \cdots, t_n)$ 是公式；

(3)若 A 是公式，则 $\neg$A 是公式；

(4)若 A、B 都是公式，则 A→B 是公式；

(5)若 A 是公式，x 是个体变元，则 $\forall$xA 是公式；

(6)L_1 的所有公式只按(1)—(5)规则形成。

L_1 的公式是命题逻辑公式的扩充，凡命题逻辑的公式都是 L_1 的公式。

4. 定义

L_1 语言中，只有 $\neg$、→两种联结词和 $\forall$ 一个量词。但可以通过定义把常用的 $\lor$、$\land$、$\leftrightarrow$ 等联结词和等量词引入 L_1，凡包括这些联结词或量词的公式都称为 L_1 的定义公式。

定义如下：

(1)$A \lor B =$ df. $\neg A \to B$，记作 $D_\lor$。

(2)$A \land B =$ df. $\neg(A \to \neg B)$，记作 $D_\land$。

(3)$A \leftrightarrow B =$ df. $(A \to B) \land (B \to A)$，记作 $D_\leftrightarrow$。

(4)$\exists xA =$ df. $\neg \forall x \neg A$，记作 $D_\exists$。

今后将不对 L_1 的公式和定义公式作严格区分，L_1 的定义公式可直接作为公式。

5. 量词和联结词的辖域

量词的辖域即量词的作用范围。一个量词的辖域是这个量词右边最短的公式，换句话说，若 $\forall$xB 是 A 的子公式，则称 B 为紧接其左边的 $\forall$x 在 A 中的辖域；若 $\exists$xB 是 A 的子公式，则称 B 为紧接其左边的 $\exists$x 在 A 中的辖域。

例如：

(1)$\forall xF(x) \to G(x)$

(2)$\exists x(F(x) \land G(y)) \to F(x)$

(3)$\forall x(\exists yF(y) \to G(x))$

公式(1)中，$\forall$x 的辖域为 F(x)。

公式(2)中，$\exists$x 的辖域是 $F(x) \land G(x)$。

公式(3)中，$\forall$x 的辖域为 $\exists yF(y) \to G(x)$，$\exists$y 的辖域为 F(y)。

联结词的辖域即联结词的作用范围。可定义为：若 $\neg$B 是 A 的子公式，则称 B 为紧接其左边的 $\neg$在 A 中的辖域；若 B→C 是 A 的子公式，则称 B 和 C 为 B→C 中的→在 A 中的辖域，其中 B 为左辖域，C 为右辖域。

6. 自由变元与约束变元

这里的变元是指个体变元。一个变元在公式中的出现有两种不同情形:自由出现和约束出现。

凡量化变元(指紧接量词右边的第一个个体变元)或在量词的辖域内出现的与量化变元相同的变元均为约束变元,否则为自由变元。

一个变元作为约束变元在某公式中出现称为约束出现,否则为自由出现。一变元若在其公式中约束出现,则称该变元在公式中是约束的,否则为自由的。在公式"$F(y) \to \forall x \exists y (F(y) \to G(x))$"中,y 的第一次出现是自由的,第二、三次出现是约束的。x 的两次出现都是约束的,是约束变元。

量化变元不一定必须出现在量词的辖域之内,因而存在着空约束的可能。

对 L_1 的任意公式 A 中的任意变元 x 是否是自由变元或约束变元,也可以采用以下的归纳定义:

(1)若 $A = p_i$,则 A 中既没有自由变元,也没有约束变元。

(2)若 $A = F^n(t_1, t_2, \cdots, t_n)$,则 x 在 A 中的每一出现都是自由的。

(3)若 $A = \to B$,则 x 在 A 中的某一特定出现是自由的,当且仅当 x 的这一出现在 B 中是自由的。

(4)若 $A = B \to C$,则 x 在 A 中的某一特定出现是自由的,当且仅当 x 的这一出现在 B 或 C 中是自由的。

(5)若 $A = \forall x B$,则 x 在 A 中的每一出现都是约束的。若 $A = \forall y B$,x 是 B 中的变元,并且 $x \neq y$,那么 x 在 A 中的某一特定出现是自由的,当且仅当 x 的这一出现在 B 中也是自由的。

任一个体变元在一公式中既可自由出现,也可约束出现。一个不含有任何自由变元的公式称为闭公式,而至少含有一个自由变元的公式称为开公式。闭公式与开公式的逻辑意义是不同的。以下两个公式:

(1)$H(x, y)$

(2)$\forall x(F(x) \to G(x, a))$

公式(1)中的 x,y 都是自由变元,所以(1)是开公式。而(2)中的 x 是约束变元,a 是个体常元,所以(2)是闭公式。令(1)的个体域是"数",把 H 解释为">"关系,则 $H(x, y)$ 表示"x>y"。显然 $H(x, y)$ 是真假不定的,它取决于对 x,y 的赋值。若指定 x 为 5,y 为 3,则 $H(x, y)$ 为真,若指定 x 为 3,y 为 5,则 $H(x, y)$ 为假。

同样,令(2)的个体域也是"数",把 F 解释为"偶数",指定 $a = 2$,把 G 解释为

"被 2 整除"关系,则(2)表示"所有偶数都能被 2 整除",这是一个真命题。

一般地,开公式经过解释后还不是命题,而是命题函数,其真假是不确定的。闭公式经过解释后成为命题,非真即假。反之,一命题函数符号化之后的公式是一个开公式,而命题符号化之后的公式都是闭公式。

(二)L_1 的语义

任何一个语法系统在未得到某种语义之前都只是纯符号组合串,只有经过某种语义解释,才能成为该语义系统的语法系统,并判定其真假,确定其他的逻辑性质。对 L_1 的语义解释分为两个部分,一个是语义模型,另一个是真值语义解释。

1.L_1 的语义模型

定义 3.1 语义模型是指能使一种语言的公式集都为真的解释。L_1 的语义模型是一个由个体对象类和关系所组成的代数结构 I,I 由如下部分构成:

(1)一个非空集 D,称为 I 的个体域或论域,D 中的元素称为 I 的个体。

(2)一个函项,对 L_1 中的每个谓词符号 F,都指定 D 中的一个关系 F^I。如果 F 是一 n(n≥2)元谓词符号,那么 F^I 是 D 中的一 n 元关系;如果 F 是一元谓词符号,那么 F^I 是 D 中的一个子类。

(3)一个函项,对 L_1 中的每个函数符号 f,都指定 D 中的一个运算 f^I。如果 f 是一 n 元函数符号,那么 f^I 是 D 中的一 n 元运算。

(4)一个函项,对 L_1 中的每个个体常元符号 a,都指定 D 中的一个个体 a^I。

由以上部分组成的代数结构 I 就是 L_1 的语义模型。

2.L_1 的真值语义解释

L_1 的真值语义解释就是在语义模型 I 的基础上,对 L_1 的项和公式进行赋值(因此亦称模型赋值),使之获得真值语义。

L_1 的一个赋值是由一个语义模型 I 和 I 中一个指派函数 β 所组成的有序二元组 v,v=(I,β)。v 对 L_1 的每一个体变元 x 指派 I 的个体域 D 中的一个元素为值,记作 β(x),即 v(x)=β(x);对每一函数符 f,指派 I 中一 n 元运算 f^I 为值,即 v(f)=f^I;对每一谓词符号 F,指派 I 中一 n 元关系 F^I 为值,即 v(F)=F^I;对每一个体常元 a,指派 I 的个体域 D 中一个体 a^I 为值,即 v(a)=a^I。I 的个体域 D 也称之为 v 的个体域。

定义 3.2 任意 L_1 的项 t 在赋值 v 下的值 v(t)可定义如下:

(1)若 t 是一 L_1 的个体变元 x,则令 v(x)=β(x);

(2)若 t 是一 L_1 的个体常元 a,则令 v(a)＝a^I;

(3)若 f 是一 L_1 的 n 元函数符,t_1,t_2,$\cdots$,t_n 是 L_1 的项,则令 v(f(t_1,t_2,$\cdots$,t_n))＝f^I(v(t_1),v(t_2),$\cdots$,v(t_n))。

通俗地说,对项的赋值就是在论域中为个体变元、常元以及函数关系指派一个值。

定义 3.3 任意 L_1 的公式 A 在赋值 v 下的值 v(A)可定义为:

(1)如果 A 是 F(t_1,t_2,$\cdots$,t_n),F 是 L_1 的一 n 元谓词符,t_1,t_2,$\cdots$,t_n 是项,则

$$v(F(t_1,t_2,\cdots,t_n))=\begin{cases}1,若\ v(t_1),v(t_2),\cdots,v(t_n)\in v(F);\\0,否则。\end{cases}$$

(2)如果 A 是→B,则

$$v(\rightarrow B)=\begin{cases}1,若\ v(B)=0;\\0,否则。\end{cases}$$

(3)如果 A＝B→C,则

$$v(B\rightarrow c)=\begin{cases}1,若\ v(B)=0\ 或\ v(c)=1;\\0,否则。\end{cases}$$

(4)如果 A＝$\forall$xB,则

$$v(\forall xB)=\begin{cases}1,若对每一\ a_i(a_i\in D),都有\ v(B(x/a_i))=1;\\0,否则。\end{cases}$$

对上述定义作一说明:

(1)是说,一个具有 F(t_1,t_2,$\cdots$,t_n)形式的命题是真的,当且仅当。项 t_1,t_2,$\cdots$,t_n 表示的对象之间具有谓词 F 所表示的关系,或者说,t_1,t_2,$\cdots$,t_n 表示的对象处在谓词 F 所表示的关系之中。

(4)可以直观地理解为,$\forall$xB 是真的,当且仅当 B 适合论域中所有对象。从逻辑上看,$\forall$xB 的值为 1,当且仅当把论域 D 中任意个体 a_i 赋给 B 中的 x,都有 v(B)＝1,即 v(B(x/a_i))＝1;若 x 不在 B 中出现,则 v($\forall$xB)＝1 当且仅当 v(B)＝1。例如,公式 $\forall$xF(x)表示"所有 x 都是 F",设其论域为 D,则对任意个体 a_i $\in$D,若 v(F(a_i))＝1,则 $\forall$xF(x)的值必为 1,即 v($\forall$xF(x))＝1。对公式 $\forall$xF(y)(x 不同于 y)而言,由于 x 不在 F(y)中出现,故当 v(F(y))＝1 时,必有 $\forall$xF(y)也取值为 1,反之亦然。

借用这一方式,我们对存在量词 $\exists$ 进行定义:如果对某一 a_i(a_i $\in$D),有 v(B

$(x/a_i))=1$,那么 $v(\exists xB)=1$。

3. L_1 的普遍有效式、可满足式、不可满足式

如果一个赋值 v,使得公式 A 取真值为 1,即 $v(A)=1$,则称赋值 v 满足公式 A,记作 $v \vDash A$。赋值 v 满足公式集 Γ,当且仅当对任意 $A \in \Gamma$,都有 $v \vDash A$,记作 $v \vDash \Gamma$。

经过赋值后的 L_1 的公式有三种可能情况:普遍有效式、可满足式和不可满足式。

一个公式 A 是普遍有效式,当且仅当它为每一特定的赋值 v_i 所满足,即用任一特定的命题替代其中的命题变项,用任一特定的个体词替代其中的个体变元和个体常元,用任一特定的谓词、函效词替代其中的谓词变元、函数变元,其结果总是真的。或者说,一个公式是普遍有效式,当且仅当任一解释都使之取值为真。若 A 是普遍有效的,记作 $v_i \vDash A$,简记为 $\vDash A$。传统逻辑中的同一律、矛盾律和排中律在表示为现代谓词逻辑公式后,分别是:

(1) $\forall x(F(x) \rightarrow F(x))$

(2) $\forall x \rightarrow (F(x) \wedge \rightarrow F(x))$

(3) $\forall x(F(x) \vee \rightarrow F(x))$

可以看出,以上三个公式都是普遍有效式,所以它们被作为逻辑规律。再如:

(4) $\forall x(F(x) \rightarrow G(x)) \rightarrow \forall x(F(x) \rightarrow \rightarrow \rightarrow G(x))$

这是直言命题的换质推理。

(5) $\rightarrow \forall xF(x) \rightarrow \exists x \rightarrow F(x)$

这是直言命题的对当关系的推理。

(6) $\forall x(F(x) \rightarrow G(x)) \wedge \forall x(G(x) \rightarrow H(x)) \rightarrow \forall x(F(x) \rightarrow H(x))$

这是直言三段论的 AAA 式。

以上这些都是正确的推理形式。用谓词公式表示的正确的推理形式,也都是普遍有效式。

一个公式 A 是可满足式,当且仅当至少存在一个赋值 v_x,使 A 取值为真。记作 $v_x \vDash A$。例如公式:

(7) $\forall xF(x)$

就是可满足式,当确定个体域为"自然界的事物",把 F 解释为"运动变化"时,公式就是真的。再如:

(8) $p \wedge q$

是命题逻辑的公式，是偶真式，它同时也是谓词逻辑中的公式，是可满足的。比如，当我们用真的命题替代 p 和 q，其结果就是真的。

一个公式 A 是不可满足式，当且仅当不存在任何赋值，使 A 取值为真。记作 $v_x \not\models A$。例如：
$$\exists x(F(x) \land \neg F(x))$$

就是不可满足式，因为不可能存在一个对象同时既是 F，又是非 F，实际上这是排中律的否定。以上同一律、矛盾律的负命题都是不可满足式。

从以上定义可知，公式 A 是普遍有效式，当且仅当 $\neg A$ 是不可满足式。普遍有效式和不可满足式之间的关系类似于命题逻辑中重言式和矛盾式之间的关系。

这里需要说明重言式与普遍有效式之间的关系。在命题逻辑中，我们讨论了重言式。由谓词逻辑是命题逻辑的扩充，在命题逻辑中取值为真的公式在谓词逻辑中也应是真的，因此，凡命题逻辑中的重言式都是谓词逻辑中的普遍有效式，简言之，若公式 A 是重言式，则 A 是普遍有效式。但反之则不必然成立。因为重言式是通过真值赋值确定的，而普遍有效式是通过模型赋值确定的。模型赋值与真值赋值之间的关系密切，但两者也存在着很大的区别。模型赋值需要一个结构模型 I 和一个指派 β，而真值赋值就是 1 或 0。任一模型赋值都会导出一个真值赋值，即经过语义解释后的公式都是有真假的，但并非每一真值赋值都是由于某个模型赋值而引出。请看公式：
$$\forall xF(x) \to \exists xF(x)$$

这是一个普遍有效式，在任何赋值下都是永真的。但当对 $\forall xF(x)$ 赋以真值真，对 $\exists xF(x)$ 赋以真值假时，它就是假的。因而不是重言式。

4. 逻辑后承

公式 A 是公式集 Γ 的逻辑后承，当且仅当对每一赋值 v，如果 $v \models \Gamma$，则 $v \models A$，记作 $\Gamma \models A$。若 Γ 只有一个公式 B，则 $B \to A$ 是普遍有效式，即 $\models B \to A$。若 Γ 是空的公式集，则 A 是普遍有效式。

下面引入逻辑等值的概念。对于任意 L_1 的公式 A 和 B，A 逻辑等值于 B，当且仅当 $A \models B$，并且 $B \models A$，记作 $A \Leftrightarrow B$。

四、一阶谓词逻辑的语义推理

代入、字母变易是一阶谓词逻辑的两种基本语义推理方法，由此衍生出对一阶谓词逻辑公式的语义解释。

(一)代入

在命题逻辑中,我们讨论了重言式代入定理和代入规则,即对一个重言式中的命题变元作代入后,可以得到另一个重言式。重言式代入定理和代入规则在谓词逻辑中同样适用。本章将在此基础上,着重讨论另一种代入规则——对一阶谓词逻辑项和公式中的自由变元作代入,从而得到新的项和公式。

对一个普遍有效式中的自由变元作代入,所得的公式仍然是一个普遍有效式。但与命题逻辑不同,谓词逻辑中的代入规则适用于任何含有自由变元的公式或项。

1.对项中自由变元的代入

对项中自由变元的代入可定义为:

定义 4.1　令 s 和 t 是 L_1 的项,s(x)表示 x 是项 s 中的自由变元,s(x/t)表示用 t 去替换 x 在 s 中的每一出现而得到的新项。则 s(x/t)包括如下三种情形:

(1)s 是个体变元。此时分两种情况,若 s＝x,则 s(x/t)＝t;若 s＝y,y 是不同于 x 的变元,则 s(x/t)＝y。

(2)s 是个体常元。设 s＝a,则 s(x/t)＝a。

(3)s 是 $f(s_1, s_2, \cdots, s_n)$,其中 f 是一 n 元函数符,$s_1, s_2, \cdots, s_n$ 都是项。$s(x/t)＝f(s_1(x/t), s_2(x/t), \cdots, s_n(x/t))$。

2.对公式中自由变元的代入

一个体变元在公式中可自由出现,也可约束出现。代入只对公式中自由变元施行。用一个项 t 去对一个公式 A 中自由变元 x 作代入的条件是 t 须对 x 在 A 中的每一出现都作代入,并且 t 对 A 中的 x 而言是自由的,否则代入就是不正确的。所谓 t 对 A 中的 x 是自由的,就是说用 t 去替换 x 在 A 中的每一出现,必须没有改变 x 自由变元的身份,代入后的 t 在原来 x 出现的每一位置都是自由的。特别地,若 t 是一常项 a,则 t 对 A 中任意自由变元都是自由的。

例如,公式 $\forall x(F(x) \rightarrow G(z))$,可以用 y 去代入其中的 z 而得到 $\forall x(F(x) \rightarrow G(y))$,二者的含义完全相同,这种代入是正确的。但是,不可以用 x 去代入其中的 z,因为 x 对 z 而言不是自由的,当用 x 去替换 z 而得到 $\forall x(F(x) \rightarrow G(x))$ 时,原来 G(z)中的 z 是自由的,而在代入后的公式中被量词约束了,因此,这种代入是错误的。

定义 4.2　用项 t 去代入公式 A 中的 x 而得到的新公式记作 A(x/t),可定义如下：

(1)如果 A 是原子公式 $F(s_1,s_2,\cdots,s_n)$，则 t 对 A 中的 x 而言都是自由的，$A(x/t)=F(s_1(x/t),s_2(x/t),\cdots,s_n(x/t))$。

(2)如果 $A=\neg B$，则 t 对 A 中的 x 而言是自由的，当且仅当 t 对 B 中的 x 而言是自由的。若 t 对 B 中的 x 而言是自由的，则 $A(x/t)=(\neg B)(x/t)=\neg(B(x/t))$。

(3)如果 $A=B\rightarrow C$，则 t 对 A 中的 x 而言是自由的，当且仅当 t 对 B 和 C 中的 x 而言都是自由的。若 t 对 B 和 C 中的 x 而言都是自由的，则 $A(x/t)=(B\rightarrow C)(x/t)=B(x/t)\rightarrow C(x/t)$。

(4)如果 $A=\forall yB$，那么 t 对 A 中的 x 而言是自由的，当且仅当满足下列条件之一：

①A 中的 x 不是自由的。

②A 中的 x 是自由的（此时显然有 $x\neq y$），并且 t 对于 B 中的 x 是自由的，y 不在 t 中出现。

若是情形①，则 $A(x/t)=A$；若是情形②，则 $A(x/t)=\forall yB(x/t)$。

根据该定义，容易看出，若 t 中的个体变元都不在 A 中约束出现（即或者自由出现，或者不出现），则 t 对 A 中的 x 而言就必然是自由的。

定理 4.1　如果 t 对于 A 中的 x 而言是自由的，则对每一赋值 v，都有：$v(A(x/t))=v(A)$。

证明略。

根据定理 4.1，可对公式中的自由变项作代入，从而从已有公式，得到与之等值的公式，从一个普遍有效式得到另一个与之等值的普遍有效式。

可以用代入的方法，对一阶谓词逻辑公式进行语义解释。这种方法可以用来证明两个公式是否逻辑等值，又称为赋值法。

例如，用赋值法分别证明以下两个公式是逻辑等值的：

$(1)\neg\forall xA(x)\Leftrightarrow\exists x\neg A(x)$

$(2)\neg\exists xA(x)\Leftrightarrow\forall x\neg A(x)$

证明：

设个体域 $D=\{a_1,a_2,\cdots,a_n\}$，则

$(1)\neg\forall xA(x)\Leftrightarrow\exists x\neg A(x)$

$$\neg\forall xA(x)\Leftrightarrow\neg(A(a_1)\wedge A(a_2)\wedge\cdots\wedge A(a_n)) \qquad [自由变项代入]$$

$$\Leftrightarrow\neg A(a_1)\vee\neg A(a_2)\vee\cdots\vee\neg A(a_n) \qquad [DMG]$$

$$\Leftrightarrow\exists x\neg A(x) \qquad [存在量词的定义]$$

(2) $\rightarrow \exists xA(x) \Leftrightarrow \forall x \rightarrow A(x)$

$\rightarrow \exists xA(x) \Leftrightarrow \rightarrow (A(a_1) \lor A(a_2) \lor \cdots \lor A(a_n))$ ［自由变项代入］

$\Leftrightarrow \rightarrow A(a_1) \land \rightarrow A(a_2) \land \cdots \land \rightarrow A(a_n)$ ［DMG］

$\Leftrightarrow \forall x \rightarrow A(x)$ ［全称量词的定义］

(二)字母变易

一个体变元在任意公式中或者自由出现或者约束出现。用一个项 t 去替换公式中的自由变元称为代入,而对公式中约束变元的替换称为字母变易,也称约束变元改名。

定义 4.3 $\forall yA(x/y)$ 是 $\forall xA$ 经其中的约束变元 x 字母变易为 y 而得到的公式,当且仅当 y 不是 A 中的自由变元,并且 y 对 A 中的 x 而言是自由的。

该定义给出了对公式中约束变元进行字母变易的两个限制条件,违反了其中任何一条,都可能会改变公式的本意,而得到一个并不等值的公式。例如,公式 $\forall x(F(x) \rightarrow F(y))$ 是一可满足式,而非普遍有效式。若把其中的约束变元 x 替换成 y,就得到公式 $\forall y(F(y) \rightarrow F(y))$,后者显然是一普遍有效式,与原式并不等值。因此,这里的字母变易是错误的,其原因在于 y 在 $(F(x) \rightarrow F(y))$ 中是自由的。

又如公式 $\forall x \forall y(H(x,y) \rightarrow H(y,x))$,若把其中的约束变元 x 易名为 y,将得到公式将 $\forall y \forall y(H(y,y) \rightarrow H(y,y))$,等值于 $\forall y(H(y,y) \rightarrow H(y,y))$。字母变易后的公式与原公式所表达的含义完全不同。原公式表示 H 具有对称关系,而字母变易后的公式表示 H 具有自返性的关系。因此,这里的字母变易也是错误的。其原因在于 y 对于 $\forall y(H(x,y) \rightarrow H(y,x)$ 中的 x 而言不是自由的,尽管 y 在 $\forall y(H(x,y) \rightarrow H(y,x))$ 中不是自由变元。

如果 y 根本不在公式中出现,就能同时满足两个限制条件,y 就可以对公式中任意约束变元进行字母变易。因此,在对公式进行字母变易时,尽量选择那些不在公式中出现的个体变元。例如,对 $\forall x \forall y(H(x,y) \rightarrow H(y,x))$,可以用 z 去替换其中的 x,而得到 $\forall z \forall y(H(z,y) \rightarrow H(y,z))$,这两个公式是完全等值的。

定理 4.2 如果 $\forall yA(x/y)$ 是从 $\forall xA$ 字母变易而得到的公式,则这两个公式是逻辑等值的。

证明略。

根据定理 4.2,任一公式都可以通过字母变易得到与之等值的另一个公式,任一普遍有效式都可以通过字母变易得到多个普遍有效式。

五、前束范式

在命题逻辑中我们已讨论过范式。它们都是能显示命题逻辑的某些重要逻辑特征(例如一公式是否是重言式或矛盾式等),并具有规范的形式结构的命题公式。谓词逻辑也有范式。本节将介绍一阶谓词逻辑最常用的一种范式:前束范式。

定义 5.1 一阶谓词逻辑公式 A 称为前束范式,当且仅当它具有形式

$$Q_1 x_1 Q_2 x_2 \cdots Q_n x_n B。$$

其中 $n \in \mathbf{N}$,$Q_i (0 \leqslant i \leqslant n)$ 是量词 $\forall$ 或 $\exists$,B 是不含有量词的一阶谓词逻辑公式,个体变元 $x_1, x_2, \cdots, x_n$ 各不相同,并且均在 B 中出现。量词串 $Q_1 x_1 Q_2 x_2 \cdots Q_n x_n$ 称为前束词,B 称为主式。

根据定义 5.1,以下公式均是前束范式:

(1) $\forall x \exists y F(x, y)$

(2) $\exists x \exists y \exists z (F(x) \wedge G(y) \rightarrow H(x, y, z))$

(3) $\forall x_1 \forall x_2 (H(x_1, y) \wedge H(x_2, y) \rightarrow H(x, y))$

而以下公式:

(4) $\forall x \forall y (F(x) \rightarrow \exists y H(x, y))$

(5) $\exists x \exists y \exists z (F(x) \wedge H(x, y) \rightarrow G(y))$

(6) $\forall x \exists x G(x)$

都不是前束范式。其中(4)的主式含有量词的,(5)中的量化变元 z 没有在主式中出现,(6)中含有相同量化变元。

定理 5.1 如果公式 A 至少有一量词,那么必有一形如 QxB(x 是 A 中的量化变元,Q 是 $\forall$ 或 $\exists$)的公式,QxB 与 A 逻辑等值,并且 B 中的量词比 A 少一个。

本定理是说,一阶谓词逻辑公式 A 中的任意量词都可以从公式中的任意位置左移到公式的最前面,而不改变公式的真值。

定理 5.2 任意一阶谓词逻辑公式 A,都存在一个与之逻辑等值的前束范式。

本定理称作前束范式存在定理。

上述两个定理可以通过提供一种求前束范式的能行方法而得到证明。

一般地,任意一阶谓词逻辑 L_1 的公式(包括定义公式)A 的前束范式可按如下步骤求得:

(1)应用→→B⇔B 销去公式中所有双重否定。

(2)应用 L₁ 的定义公式的∃xB＝df. →∀x→B,把紧接在量化公式 QxB 左边的→右移到 Q′x 的辖域之中,使→QxB 变换成 Q′x→B,当 Q 为∃时,Q′为∀,当 Q 为∀时,Q′为∃。

(3)通过必要的字母变易,并根据当 x 不在 B 中自由出现时,B⇔QxB(可用代入法证明),销去空约束(即量词的辖域内没有出现量化变元)和重复约束,使得前束词中量化变元互不相同。

(4)应用以下的等值式(可用代入法证明):

(∀xB→C)⇔∃x(B→C)(通过字母变易使 x 不在 C 中自由出现时成立);

(∃xB→C)⇔∀x(B→C)(通过字母变易使 x 不在 C 中自由出现时成立);

(B→∀xC)⇔∀x(B→C)(通过字母变易使 x 不在 B 中自由出现时成立);

(B→∃xC)⇔∃x(B→C)(通过字母变易使 x 不在 B 中自由出现时成立)。

把公式中所有量词都左移到公式的左边,形成形如 $Q_1 x_1 Q_2 x_2 \cdots Q_n x_n B$(B 中无量词)的公式。

以上各种变换都是等值置换,因而按此方法形成的公式即是 A 的前束范式。

例如,求下列公式的前束范式:

(1)∃x∃yH(x,y)→∀x∀y(F(x)∧F(y)→→∃zG(x,y,z))

解:

∃x∃yH(x,y)→∀x∀y(F(x)∧F(y)→→∃zG(x,y,z))

⇔∀x∀y(H(x,y)→∀x∀y(F(x)∧F(y)→→∃zG(x,y,z)))

⇔∀x₁∀y₁(H(x₁,y₁)→∀x₂∀y₂(F(x₂)∧F(y₂)→→∃zG(x₂,y₂,z)))

[施行字母变异,以便后续量词前移]

⇔∀x₁∀y₁(H(x₁,y₁)→∀x₂∀y₂(F(x₂)∧F(y₂)→∀z→G(x₂,y₂,z)))

⇔∀x₁y₁(H(x₁,y₁)→∀x₂∀y₂∀z(F(x₂)∧F(y₂)→→G(x₂,y₂,z)))

⇔∀x₁∀y₁∀x₂∀y₂∀z(H(x₁,y₁)→(F(x₂)∧F(y₂)→→G(x₂,y₂,z)))

(2)∀xF(x,y)→∃yF(y,z)∨∃zF(x,z)

解:

∀xF(x,y)→∃yF(y,z)∨∃zF(x,z)

⇔∃x(F(x,y)→∃yF(y,z)∨∃zF(x,z))

⇔∃x(F(x,y)→(→∃yF(y,z)→∃zF(x,z)))

⇔∃x(F(x,y)→(∀y→F(y,z)→∃zF(x,z)))

⇔∃x(F(x,y)→∃y∃z(→F(y,z)→F(x,z)))

$\Leftrightarrow \exists x \exists y \exists z(F(x,y) \rightarrow (\rightarrow F(y,z) \rightarrow F(x,z)))$

公式的前束范式不是唯一的,量词左移的次序不同可得出不同的前束范式。例如,求公式 $\forall xF(x) \vee \rightarrow \forall xG(x)$ 的前束范式。

解法 1：

$\forall xF(x) \vee \rightarrow \forall xG(x)$

$\Leftrightarrow \rightarrow \forall xF(x) \rightarrow \rightarrow \forall xG(x)$

$\Leftrightarrow \exists x \rightarrow F(x) \rightarrow \exists x \rightarrow G(x)$

$\Leftrightarrow \forall x(\rightarrow F(x) \rightarrow \exists x \rightarrow G(x))$

$\Leftrightarrow \forall x(\rightarrow F(x) \rightarrow \exists y \rightarrow G(y))$

$\Leftrightarrow \forall x \exists y(\rightarrow F(x) \rightarrow \rightarrow G(y))$

解法 2：

$\forall xF(x) \vee \rightarrow \forall xG(x)$

$\Leftrightarrow \rightarrow \forall xF(x) \rightarrow \rightarrow \forall xG(x)$

$\Leftrightarrow \exists x \rightarrow F(x) \rightarrow \exists x \rightarrow G(x)$

$\Leftrightarrow \exists x \rightarrow F(x) \rightarrow \exists y \rightarrow G(y)$

$\Leftrightarrow \exists y(\exists x \rightarrow F(x) \rightarrow \rightarrow G(y))$

$\Leftrightarrow \exists y \forall x(\rightarrow F(x) \rightarrow \rightarrow G(y))$

$\forall x \exists y(\rightarrow F(x) \rightarrow \rightarrow G(y))$ 与 $\exists y \forall x(\rightarrow F(x) \rightarrow \rightarrow G(y))$ 都是 $\forall xF(x) \vee \rightarrow \forall xG(x)$ 的前束范式,因而它们也是等值的。

由于一个公式的前束范式与该公式是等值的,因此,在判定一公式是否是普遍有效式或可满足式时,就可以只考虑它的前束范式,而对前束范式真值的研究显然比对一般公式真值的研究方便得多。

六、一阶谓词演算系统 LNP

前几节主要从语义的角度研究了一阶谓词逻辑的各种公式。本节我们构造公式之间的形式推演,即一阶谓词演算。一阶谓词演算实际上包括公理系统和自然推理系统,本书仅介绍一阶谓词演算自然推理系统 LNP。

LNP 是在命题演算系统的基础上建立起来的,是前者一致性的扩充。本书前面所介绍的命题逻辑的所有推理规则都是谓词逻辑自然推理的规则。谓词逻辑推理与命题逻辑推理的主要区别在于增加了关于量词的规则。命题推理的规则前面已作过介绍,这里主要介绍谓词逻辑特有的关于量词的处理规则。此外,LNP 仍延续本章前述的一阶谓词语言 L_1。

（一)量词销去与引入的规则

1. 全称量词销去规则（简称全称销去）

从公式∀xA(x)，可以推出 A(x/t)，其中 t 是任一对 A 中的 x 施行代入的项，并且 t 对 A 中的 x 是自由的。

例如：

从∀x(F(x)→G(x))可推出 F(x)→G(x)

从∀x(F(x)→G(x))可推出 F(a)→G(a)

销去全称量词的规则是说，从断定全域或某对象域所有个体具有某种性质或某种关系，可推出该域中某个体具有这一性质或这一关系。它相当于在具有某种性质或某种关系的事物中找一个实例，因此，这一规则又被称作全称例示。

一个全称命题在销去全称量词后，将得到一个单称命题，这时，所得到的这个单称命题既可以是一个确定个体的命题，也可以是一个不确定个体的命题。例如从

[1]所有外交家都有巧妙应对的本领。

可以推出：

[2]周恩来有巧妙应对的本领。

也可以推出：

[3]某某外交家有巧妙应对的本领。

全称量化式的个例例示要注意的是，销去全称量词后，量词辖域中受量词约束的个体变项可以用任何个体词（个体变项和个体常项）来替代，但是替代时，必须予以一致的替代，并且要替代该变项的每一次出现；替代得到的变项不得受其他量词所约束，即这种代入是自由的。因此，如下的替代是不合法的：

从∀xR(x,x)得到 R(x,y)。

从∀x(F(x)→G(x))得到 F(a)→G(b)。

从∀x∃y(F(x)↔F(y))得到∃y(F(y)↔F(y))。

利用全称销去规则可以证明以下推理的有效性：

[4]所有画家都是艺术家，所有艺术家都是长于形象思维的，齐白石是画家，所以，齐白石是长于形象思维的。

证明：令

F(x)：x 是画家；

G(x)：x 是艺术家；

H(x):x 是长于形象思维的;

a:齐白石,

上面这一推理的推理形式,可用符号表示如下:

$\forall x(F(x)\rightarrow G(x))$

$\forall x(G(x)\rightarrow H(x))$

F(a)

$\therefore H(a)$

可以给这一推理建立以下形式证明:

(1) $\forall x(F(x)\rightarrow G(x))$　　　　　　　　　　　　　　前提 1

(2) $\forall x(G(x)\rightarrow H(x))$　　　　　　　　　　　　　　前提 2

(3) F(a)　　　　　　　　　　　　　　　　　　　前提 3

(4) F(a)→G(a)　　　　　　　　　　　　　　(1)全称销去

(5) G(a)→H(a)　　　　　　　　　　　　　　(2)全称销去

(6) F(a)→H(a)　　　　　　　　　　　　　　(4)(5)假言连锁

(7) H(a)　　　　　　　　　　　　　　　　　　(3)(6)肯定前件

2. 全称量词引入规则(简称全称引入)

如果 Γ 可以推出 A(t),并且 t 在 A 中是不带标记的,则 Γ 可推出则 $\forall xA$ (x/t)。

销去量词是为了进行推理,推理最后得到的公式是不带量词的。但实际上带量词的命题作前提的推理得到的结论一般都是带量词的命题。这就要给推理中得到的公式加量词。

全称引入是说,如果从前提集合 Γ 能推出某个体域任取的某个体有某种性质,则从 Γ 可推出该个体域任一个体都有该性质。这一规则,也叫全称概括规则。

t 在 A 中是不带标记的,类似于 t 不是自由出现的。自由变元是前面出现并定义过的概念,考虑到本节是构造自然推理,所以,我们采用"不带标记"这一贴近日常思维的术语。

给一公式添加全称量词不是随意的。当我们知道某类中一事物有某种性质时,并不能随意推论该类任一事物都有该性质。例如,不能从"李时珍是药物学家",推论出"所有古人都是药物学家"。

引入全称规则规定了给得到的公式加全称量词的条件:个体变项 t 是不带标记的。当一个带全称量词的公式在销去量词后,其中受全称量词约束的个体变项在形式上不受量词约束了。但实际上在我们的头脑中仍对这样的公式有印象,即记得它们原是受全称量词约束的。对于这样的个体变项,我们称它们是不带标记的。含有这样的个体变项的公式,以及由它们得到的公式,称作不加标的公式。对于这些不加标的公式,可以对其中的不带标记的个体变项施行全称引入规则,添加全称量词以约束它们。实际上,只有对销去全称而得到的变元才可以施行全称概括。凡不是通过全称销去而引入的个体变元或者常元,均须加标,并且不得施行全称概括。任何一个依据加标公式而得到的公式都是加标公式,都必须在该公式的后面添加标记,避免施行错误的全称概括。

为了具体地说明全称引入规则的使用,让我们看下面这一推理:

[5]所有智能动物都是有智慧的,所有黑猩猩都是智能动物,所以,所有黑猩猩都是有智慧的。

这是一个传统逻辑的直言三段论,它的有效性是显然的。

证明:令

S(x):x 是黑猩猩;

M(x):x 是智能动物;

P(x):x 是有智慧的,

这一推理的推导过程可以精确地表述如下:

(1) $\forall x(M(x) \rightarrow P(x))$ 前提 1

(2) $\forall x(S(x) \rightarrow M(x))$ 前提 2

(3) $M(x) \rightarrow P(x)$ (1)全称销去

(4) $S(x) \rightarrow M(x)$ (2)全称销去

(5) $S(x) \rightarrow P(x)$ (3)(4)假言连锁

(6) $\forall x(S(x) \rightarrow P(x))$ (5)全称引入

在这一推理过程中,由(5)推出(6),其依据就是全称引入规则。这一推理是有效的,说明我们在这一推理过程中使用全称引入规则是正确的。现在我们要探讨:为什么这里使用全称引入规则是正确的?我们看到有这样一个条件,即(5)中的个体变项 x 分别是在(3)和(4)中使用全称销去规则时才出现的,这表示个体变项 x 是不带标记的,或者说,它的指称完全是任意的。这里的 x 相当于说某某,不是特定的某某,而是任一某某。而这也就是全称命题 $\forall x(S(x) \rightarrow P(x))$ 的意思,正是在这样的条件下,我们可以运用全称引入规则,添加一个全称量词,从而由(5)推出(6)。

如果无条件地使用全称引入规则,就会导致无效的推理。请看下面推理:

(1) $\forall x(F(x) \rightarrow G(x))$ 前提

(2)F(x)　　　　　　　　　　　　　　　　　　　　　x,假设

(3)F(x)→G(x)　　　　　　　　　　　　　　　(1)全称销去

(4)G(x)　　　　　　　　　　　　　　　x,(2)(3)肯定前件

(5)∀xG(x)　　　　　　　　　　　　　(4)全称引入(误用)

令:

F(x):x是有奉献精神的人;

G(x):x是高尚的,

那么,上述推理的前提和结论可以解读如下:

[6]凡是有奉献精神的人都是高尚的,某某是有奉献精神的人,所以,一切东西都是高尚的。

显然,这不是一个有效的推理。即使两个前提都是真的,而结论却是假的。这说明推理过程中必定是推理规则的使用有误。检查上述推理过程,第3步使用全称销去规则和第4步使用肯定前件规则都是没有问题的,因此问题必定出在第5步不正确地使用了全称引入规则。我们看到在(4)的右边有一个标记符号x,表示(4)G(x)中的x是带标记的,不能对该公式施全称引入规则,也就是说,不能得全称结论。为什么(4)G(x)中的x是带标记的呢? 因为前提(2)F(x)中的x不是全称量词销去后得到的x,F(x)相当于说"某某是F",这里的"某某"不是任一的个体,而是一种假定,我们假定"某某是有奉献精神的人",对这样的x用加标的办法,其目的就是为了表示它与全称量词销去后得到的x有别。带有标记的公式称作加标公式。任何一个依据加标公式得到的公式都是加标公式,都必须在该该公式的后面添加标记。在这一推理过程中,第2行是加标公式,而第4行是由第2行和第3行得到的,所以,第4行也必须加标记。对加标公式带标记的个体变项不能施行全称引入规则。

3.存在量词引入规则(简称存在引入)

从 A(t)可推出∃xA(x/t)。

带量词命题的推理,有的最后要得到特称命题(存在命题)的结论。这样由推理最后得到的公式要添加存在量词,以表明推理的结论是一存在命题。存在引入规则是说,从知道一个体有某性质,可推出至少存在一个体有某性质。这一规则也叫存在概括规则。下面就是一个需要应用存在引入规则的推理:

[7]如果林军是法律系学生,那么,他必修逻辑学;林军是法律系学生,所以,有人必修逻辑学。

证明:令

a：林军；

F(a)：a 是人；

G(a)：a 是法律系学生；

H(a)：a 必修逻辑学，

这个推理的推理形式是：

F(a)∧G(a)→H(a)

F(a)∧G(a)

∴∃x(F(x)∧H(x))

对于这一推理形式可以构造如下的形式证明：

(1)F(a)∧G(a)→H(a)　　　　　　　　　　　　　　　　前提 1

(2)F(a)∧G(a)　　　　　　　　　　　　　　　　　　　前提 2

(3)H(a)　　　　　　　　　　　　　　　　　　(1)(2)肯定前件

(4)F(a)　　　　　　　　　　　　　　　　　　　(2)合取销去

(5)F(a)∧H(a)　　　　　　　　　　　　　　　(3)(4)合取引入

(6)∃x(F(x)∧H(x))　　　　　　　　　　　　　　(5)存在引入

在这一推理过程中，由(5)推出(6)的依据就是存在引入规则。这一推理的有效性是显然的。下面这一推理也要使用存在引入规则。

[8]所有计算机专家都是科技工作者，赵爱国是知识分子，但不是科技工作者，所以，有些知识分子不是计算机专家。

证明：令

F(x)：x 是计算机专家；

G(x)：x 是科技工作者；

H(x)：x 是知识分子；

a：赵爱国，

这一推理的形式证明可建立如下：

(1)∀x(F(x)→G(x))　　　　　　　　　　　　　　　　前提 1

(2)H(a)∧¬G(a)　　　　　　　　　　　　　　　　　前提 2

(3)F(a)→G(a)　　　　　　　　　　　　　　　(1)全称销去

(4)¬G(a)　　　　　　　　　　　　　　　　　　(2)合取销去

(5)¬F(a)　　　　　　　　　　　　　　　　　(3)(4)否定后件

(6)H(a)　　　　　　　　　　　　　　　　　　(2)合取销去

(7)H(a)∧¬F(a)　　　　　　　　　　　　　　(5)(6)合取引入

(8)∃x(H(x)∧¬F(x))　　　　　　　　　　　　　(7)存在引入

4.存在量词销去规则(简称存在销去)

从公式∃xA(x)可推出 A(a/x)。

这是关于销去存在量词的规则,这一规则是说,从知道有事物有某种性质,可推断总有某个个体有该性质。其中 a 为不确定的个体词(其实是一个不确定的个体常元),并且 a 不在前面的证明中出现。

我们知道,一个存在命题的谓词公式是说,至少有一个个体具有 A 性质,至于这一个体究竟是哪一个,我们或许并不知道。但是,总可以肯定这一个体是存在的,我们姑且用 t 来代表这一个体,它被假定为该存在命题所断定的个体。这样我们就可以从一个存在命题的谓词公式得到该命题形式的个体的替换实例(用任意 t 替换),这就是存在例示的含义。因此,存在销去规则,也叫存在例示规则。下面这一推理就要用到这一条规则:

[9]所有相扑运动员都是大力士;有些人是相扑运动员,所以,有些人是大力士。

证明:令

F(x):x 是相扑运动员;

G(x):x 是大力士;

M(x):x 是人,

这一推理的推理形式是:

∀x(F(x)→G(x))

∃x(M(x)∧F(x))

∴∃x(M(x)∧G(x))

对这一推理形式可以构造如下的形式证明:

(1)∀x(F(x)→G(x))　　　　　　　　　　　　　　　前提 1

(2)∃x(M(x)∧F(x))　　　　　　　　　　　　　　　前提 2

(3)M(a)∧F(a)　　　　　　　　　　　　　　a,(2)存在销去

(4)F(a)→G(a)　　　　　　　　　　　　　　(1)全称销去

(5)F(a)　　　　　　　　　　　　　　　　　a,(3)合取销去

(6)G(a)　　　　　　　　　　　　　a,(4)(5)肯定前件

(7)M(a)　　　　　　　　　　　　　　　　　a,(3)合取销去

(8)M(a)∧G(a)　　　　　　　　　　　a,(6)(7)合取引入

(9)∃x(M(x)∧F(x))　　　　　　　　　　　　(8)存在引入

关于这一推理,有两点需要说明:

第一，我们首先在（3）中使用存在销去规则销去前提（2）中的存在量词，然后才是对前提（1）使用全称销去规则。这样做是为了避免推理中出现不同的个体词。如果首先对前提（1）使用全称销去规则，那么当销去前提（2）中的存在量词时，就必须使用与前面已有的个体符号不同的个体符号。由于两个前提中的个体符号不同，推理也就无法继续。我们看以下推理：

（1）$\forall x(F(x) \rightarrow G(x))$　　　　　　　　　　　　　　　　前提 1

（2）$\exists x(M(x) \wedge F(x))$　　　　　　　　　　　　　　　　前提 2

（3）$F(x) \rightarrow G(x)$　　　　　　　　　　　　　　　　（1）全称销去

（4）$M(a) \wedge F(a)$　　　　　　　　　　　　　　　　a,（2）存在销去

到了（4），推理无法继续。这一实例告诉我们，正确地使用存在销去规则，必须受这样一个限制：当我们使用存在销去规则时，所选用的个体符号不能在推导的先行步骤中出现。如果违背了这一限定，就会导致前提真而结论假的无效推理。例如：

（1）$\exists x(F(x) \wedge G(x))$　　　　　　　　　　　　　　　　前提 1

（2）$\exists x(F(x) \wedge \neg G(x))$　　　　　　　　　　　　　　前提 2

（3）$F(a) \wedge G(a)$　　　　　　　　　　　　　　　　a,（1）存在销去

（4）$F(a) \wedge \neg G(a)$　　　　　　　　　　　　　　a,（2）存在销去（误用）

（5）$\neg G(a)$　　　　　　　　　　　　　　　　a,（4）合取销去

（6）$F(a) \wedge G(a) \wedge \neg G(a)$　　　　　　　　　　a,（3）（5）合取引入

（7）$\exists x(F(x) \wedge G(x) \wedge \neg G(x))$　　　　　　　　（6）存在引入

如果令

F(x)：x 是人；

G(x)：x 是接受过大学教育的。

则前提（1）可解读为"有些人是接受过大学教育的"；前提（2）可解读为"有些人不是接受过大学教育的"，这两个前提无疑都是真命题，而结论解读出来却是："有些人既是接受过大学教育的又不是接受过大学教育的"，这是一个假命题。可见，这一推理不是有效的。检查推理过程，（3）对前提（1）使用存在销去规则，选用的个体符号是 a，因为在此之前，没有出现过 a，因此，这一步使用存在销去规则是正确的。（4）对前提（2）使用存在销去规则时，选用的个体符号也是 a，这就违背了我们上面所述的限定，所以，这一步使用存在销去规则是不正确的。后面之所以得出了矛盾式的结论，就是因为（4）错误地使用存在销去规则。

第二，由于新选用的个体符号（a）不在推导的先行步骤中出现，它肯定不是对某个公式施行全称销去后所得的个体符号，因此，引入这一个体符号必须带标

记,并且如前所述,所有依据加标公式的公式都要带标记,以免对它施行错误的全称概括。

(二)量词互换规则

我们在讨论全称量词的销去规则时,曾指出,一个全称量词可以被销去,这一全称量词必须在整个量化式的最前端,否则推理是无效的。但是,在实际的思维过程中,我们会遇到这样一种情况:作为推理前提的命题是全称命题或特称命题的否定命题,处于这种命题最前端的不是量词,而是否定词,量词则跟在否定词之后。例如,有这样一个推理:

凡是优秀的文艺作品都是受群众欢迎的,长篇小说并非都是受群众欢迎的,所以,有些长篇小说不是优秀的文艺作品。

令:

F(x):x 是长篇小说;

G(x):x 是受群众欢迎的;

H(x):x 是优秀的文艺作品,

上述推理的前提和结论可以符号化为:

$\forall x(H(x) \rightarrow G(x))$

$\rightarrow \forall x(F(x) \rightarrow G(x))$

$\therefore \exists x(F(x) \land \rightarrow G(x))$

这里的前提命题"$\rightarrow \forall x(F(x) \rightarrow G(x))$",否定词处于公式的最前端,全称量词跟在否定词之后,如果不能销去量词之前的否定词,使量词处于整个公式的最前端,就无法应用量词销去规则。那么,有什么办法销去量词之前的否定词呢?

让我们先看下面这个存在量化语句:

(1)$\exists x$(x 是固体)

语句(1)是说:"至少有一种东西,而该东西是固体"。这等于否定"任何东西都不是固体",因此,"$\exists x$(x 是固体)"与"$\rightarrow \forall x \rightarrow$(x 是固体)"是等值的。从这里我们可以得出一条规则:

量词互换规则 1:$\exists xA(x)$与$\rightarrow \forall x \rightarrow A(x)$等值。

让我们再看下面这个全称量化语句:

(2)$\forall x$(x 是可分的)

语句(2)是说:"任何东西都是可分的"。这等于否定"至少有一种东西不是可分的",因此,"$\forall x$(x 是可分的)"与"$\rightarrow \exists x \rightarrow$(x 是可分的)"是等值的。从这里我们又可以得出一条规则：

量词互换规则 2：∀xA(x)与→∃x→A(x)等值。

根据上述两条规则，再结合使用双重否定律，我们不难得出：

量词互换规则 3：→∀xA(x)与∃x→A(x)等值。

量词互换规则 4：→∃xA(x)与∀x→A(x)等值。

有了量词互换规则，我们就可以处理量化式前面的否定词了，也就可以为前面提到的推理的有效性建立形式证明：

(1)∀x(H(x)→G(x))	前提 1
(2)→∀x(F(x)→G(x))	前提 2
(3)∃x→(F(x)→G(x))	(2)量词互换
(4)→(F(x)→G(x))	x,(3)存在销去
(5)→(→F(x)∨G(x))	x,(4)蕴析律
(6)→→F(x)∧→G(x)	x,(5)DMG
(7)F(x)∧→G(x)	x,(6)双重否定律
(8)H(x)→G(x)	(1)全称销去
(9)→G(x)	x,(7)合取销去
(10)→H(x)	x,(8)(9)否定后件
(11)F(x)	x,(7)合取销去
(12)F(x)∧→H(x)	x,(10)(11)合取引入
(13)∃x(F(x)∧→H(x))	(12)存在引入

(三)引进主项假设的规则

由于谓词逻辑的特殊性，在其推理和论证中有时还需要用到"引进主项假设"这一特殊规则。前面已经讨论过全称命题的主项是否空概念的问题。传统逻辑在处理直言命题直接推理以及三段论的某些推理形式的时候，已经隐含了"引进主项假设"的规则，但是没有作出明确规定。现代逻辑不允许有隐含的规则参与推理与论证的过程，所有规则都必须有明确的规定。例如：

∀x(S(x)→P(x))	前提
S(x)	x,引进主项假设
∃x(S(x)∧P(x))	结论

这一规则类似于前述的证明中应用演绎定理而引进假设，但是却有根本的区别。应用演绎定理证明而引进的假设是作为假定的前提，仅仅是一种推理的

策略,它并不是推理结论赖以成立的条件,或者说得出结论时必须销去假设。而引进主项假设作为前提之一,并不是一种推理的策略,它是推理结论赖以成立的一个必要条件,因此,在得出结论时不需要也不能够销去引进的主项假设,否则推理和论证就是无效的。

这里,我们举一个传统逻辑三段论的例子。

[1]所有海豚都是哺乳动物,所有哺乳动物都是温血动物,所以,有些温血动物是海豚。

这是传统逻辑三段论第四格的 AAI 式。这一推理的有效性证明就有赖于引进主项假设。

证明:令

S(x):x 是温血动物;

M(x):x 是哺乳动物;

P(x):x 是海豚,

对于上面这一推理可以构造如下的形式证明:

(1) $\forall x(P(x) \rightarrow M(x))$ 前提 1

(2) $\forall x(M(x) \rightarrow S(x))$ 前提 2

(3) $P(x) \rightarrow M(x)$ (1)全称销去

(4) $M(x) \rightarrow S(x)$ (2)全称销去

(5) $P(x) \rightarrow S(x)$ (3)(4)假言连锁

(6) $P(x)$ x,引进主项假设

(7) $S(x)$ x,(5)(6)肯定前件

(8) $S(x) \wedge P(x)$ x,(6)(7)合取引入

(9) $\exists x(S(x) \wedge P(x))$ (8)存在引入

由(8)得出(9)的推理依据是存在引入。为什么不能全称引入,得出全称命题的结论呢? 这是因为(8)是带有标记的公式,所以,只能施行存在引入规则,得出特称命题的结论。并且这一结论依赖于引进的主项假设 P(x)。这里再举一例:

[2]所有乌托邦人都是空想主义者,所以,有些乌托邦人是空想主义者。

这是传统逻辑中直言命题对当关系的推理,这一推理的有效性,同样有赖于引进主项假设。

证明:令

S(x):x 是乌托邦人;

P(x):x 是空想主义者,

上述推理的推理形式可符号化为：

$\forall x(S(x) \rightarrow P(x))$

$\therefore \exists x(S(x) \wedge P(x))$

对于这一推理形式的有效性可以构造如下的形式证明：

(1)$\forall x(S(x) \rightarrow P(x))$	前提
(2)$S(x)$	x,引进主项假设
(3)$S(x) \rightarrow P(x)$	(1)全称销去
(4)$P(x)$	x,(2)(3)肯定前件
(5)$S(x) \wedge P(x)$	x,(2)(4)合取引入
(6)$\exists x(S(x) \wedge P(x))$	(5)存在引入

从这里我们可以看出,为什么传统谓词逻辑需要规定,如果主项是空概念,则全称命题无法推出特称命题。

(四)关于量词的推理规则在带量词的关系命题推理中的应用

带量词的关系命题推理,虽然实质上只是谓词推理的一种,但在形式上有别于直言命题的推理,并且是思维中经常使用的一种重要推理形式,所以,下面专门来讨论这种推理。

由于关系命题是多元谓词的,因此,在使用量词规则时,无论是引进量词或者销去量词,都要注意代入规则的正确使用。

第一,在替代原公式中被替代的变项时,要使用相同的个体变项替代原变项的所有出现。例如：

[1]$\forall x(F(x) \rightarrow \exists y(G(y) \wedge R(x,y)))$

对于公式[1],在销去全称量词时,如果用 t 替代 x,则应得：

[2]$F(t) \rightarrow \exists y(G(y) \wedge R(t,y))$

而不应得：

[3]$F(t) \rightarrow \exists y(G(y) \wedge R(x,y))$

或者

[4]$F(t) \rightarrow \exists y(G(y) \wedge R(z,y))$

同样,当要引入量词时,替代也应正确进行。例如：

[5]$F(z) \wedge \forall x(G(x) \rightarrow R(z,x))$

对于公式[5],在引入存在量词时,当用变项 y 替代 z 时,也需对 z 的一切出现都代之以 y,从而得到

[6]∃y(F(y)∧∀x(G(x)→R(y,x)))

第二,在销去全称量词时,所得到的个体词不得受其他量词的约束,即代入是自由代入。例如:

[7]∀x∃yR(x,y)

对于公式[7],销去全称量词后不能得到:

[8]∃yR(y,y)

若R表示"……和……是不相同的",[7]可以解读为:"任何东西总与别的东西是不相同的"。这是一个真命题。而[8]的意思是说:"存在一种东西,它与自己是不相同的"。这不是真命题。可见,由[7]得到[8]是不正确的。问题就在于在[7]中,x只受全称量词"∀x"的约束,而并不受存在量词"∃y"的约束,销去全称量词,并用y替代x,这样原来不受存在量词约束的变项,在[8]中却变成受存在量词约束了。

下面的替代是允许的:

[9]∃x∀yR(x,y)

在销去存在量词后可以得到:

[10]∀yR(a,y)

再销去全称量词后得到:

[11]R(a,a)

再引入存在量词得到:

[12]∃xR(x,x)

若个体域确定为人,R代表:"……瞧不起……",[9]是说:"有人瞧不起所有人";[12]是说:"有人瞧不起自己"。由[9]推出[12]是有效的。

根据关于量词的推理规则和命题逻辑的推演规则,如果能够建立起关系推理的形式证明,则可以说明这些关系推理是有效的。例如:

[13]有参观者欣赏每件展品,正厅所有陈列品都是展品,所以,有参观者欣赏正厅所有陈列品。

证明:令

A(x):x是参观者;

B(y):y是展品;

C(z):z是正厅陈列品;

R(x,y):x欣赏y,

对于[13]的有效性,可以建立如下的形式证明:

(1)∃x(A(x)∧(∀y)(B(y)→R(x,y)))　　　　　　　　前提1

(2) ∀z(C(z)→B(z))　　　　　　　　　　　　　　　前提2

(3) A(a) ∧ ∀y(B(y)→R(a,y))　　　　　　　　　　a,(1)存在销去

(4) A(a)　　　　　　　　　　　　　　　　　　a,(3)合取销去

(5) ∀y(B(y)→R(a,y))　　　　　　　　　　　　a,(3)合取销去

(6) B(y)→R(a,y)　　　　　　　　　　　　　　a,(5)全称销去

(7) C(y)→B(y)　　　　　　　　　　　　　　　(2)全称销去

(8) C(y)→R(a,y)　　　　　　　　　　　　　a,(6)(7)假言连锁

(9) ∀y(Cy)→R(a,y)　　　　　　　　　　　　a,(8)全称引入

(10) A(t) ∧ ((y)(C(y)→R(a,y)))　　　　　　　a,(4)(9)合取引入

(11) ∃x(A(x) ∧ ∧y(C(y)→R(x,y)))　　　　　　　(10)存在引入

例[13]是一种关系推理,是一个前提是关系命题,另一个前提是直言命题。在普通逻辑中,这种关系推理称为混合关系推理,又叫关系三段论。

[14]没有一个人尊重不自重的人,没有一个人信任他不尊重的人,所以,一个不受人尊重的人不被任何人信任。

证明:令

M:……是人;

R:……尊重……;

H:……信任……;

对于[14]的有效性,可以建立以下的形式证明:

(1) ∀x(M(x) ∧ →R(x,x) → ∀y(M(y) → →R(y,x)))　　前提1

(2) ∀y(M(y) → ∀x(M(x) ∧ →R(y,x) → →H(y,x)))　　前提2

(3) M(x) ∧ ∀z(M(z) → →R(z,x))　　　　　　　x,假设

(4) M(y)　　　　　　　　　　　　　　　　　y,假设

(5) ∀z(M(z) → →R(z,x))　　　　　　　　　　x,(3)合取销去

(6) M(x) → →R(x,x)　　　　　　　　　　　　x,(5)全称销去

(7) M(x)　　　　　　　　　　　　　　　　　x,(3)合取销去

(8) →R(x,x)　　　　　　　　　　　　　　　x,(6)(7)肯定前件

(9) M(x) ∧ →R(x,x)　　　　　　　　　　　　x,(7)(8)合取引入

(10) M(x) ∧ →R(x,x) → ∀y(M(y) → →R(y,x))　　(1)全称销去

(11) ∀y(M(y) → →R(y,x))　　　　　　　　　x,(9)(10)肯定前件

(12) M(y) → →R(y,x)　　　　　　　　　　　x,(11)全称销去

(13) →R(y,x)　　　　　　　　　　　　　　x,y,(4)(12)肯定前件

(14) M(x) ∧ →R(y,x)　　　　　　　　　　　x,y,(7)(13)合取引入

(15)M(y)→∀x(M(x)∧→R(y,x)→→H(y,x))　　　　　　(2)全称销去

(16)∀x(M(x)∧→R(y,x)→→H(y,x))　　　　　　　y,(4)(15)肯定前件

(17)M(x)∧→R(y,x)→→H(y,x)　　　　　　　　　y,(16)全称销去

(18)→H(y,x)　　　　　　　　　　　　　　x,y,(14)(17)肯定前件

(19)M(y)→→H(y,x)　　　　　　　　　　　　x,(4)—(18)演绎定理

(20)∀y(M(y)→→H(y,x))　　　　　　　　　　　x,(19)全称引入

(21)M(x)∧∀z(M(z)→→R(z,x))→∀y(M(y)→→H(y,x))

(3)—(20)演绎定理

(22)∀x(M(x)∧∀z(Mz→→R(z,x))→∀y(M(y)→→H(y,x)))

(21)全称引入

例[14]是一种关系推理,它的前提和结论都是关系命题。虽然推理关系较为复杂,但推理过程的每一步都是严格地按照逻辑的规则建立的。推理的策略是把结论看作双重蕴涵式,并以蕴涵式的前件作为假设前提引入推理过程之中,从而找出推理的突破口。

在谓词逻辑中增加一些表示某种关系的逻辑常项,从而提高谓词逻辑分析某些推理的能力。这些常项包括=,>,等等。例如:

[15]行使诈骗的那个人当时曾在湘江公寓里。如果谁在湘江公寓里,那么他是在富春市里。如果他当时去珠江了,那么他就不在富春市里。事实上钱靖当时确实是去珠江了。所以,行使诈骗的那个人不是钱靖。

证明:令

a:行使诈骗的那个人;

b:钱靖;

F(x):x当时曾在湘江公寓里;

G(x):x在富春市里;

H(x):x当时去珠江了,

对于[15]的有效性可以建立如下形式证明:

(1)F(a)　　　　　　　　　　　　　　　　　　　　前提1

(2)∀x(F(x)→G(x))　　　　　　　　　　　　　　前提2

(3)∀x(H(x)→→G(x))　　　　　　　　　　　　　前提3

(4)H(b)　　　　　　　　　　　　　　　　　　　　前提4

(5)H(b)→→G(b)　　　　　　　　　　　　　　(3)全称销去

(6)→G(b)　　　　　　　　　　　　　　　(4)(5)肯定前件

(7)F(b)→G(b)　　　　　　　　　　　　　　　(2)全称销去

(8)→F(b)	(6)(7)否定后件
(9)a＝b	假设
(10)→F(a)	(8)(9)等词替换
(11)F(a)∧→F(a)	(1)(10)合取引入
(12)F(a)	(11)合取销去
(13)a≠b	(9)(10)(12)归谬推理

由(8)和(9)到(10)的根据是"等词替换"。由于 a 和 b 指称的是同一个体，因此，就外延而论，a 和 b 可以互相替换。(9)a＝b 的否定，可以写作→(a＝b)，也可以写作 a≠b。

[16]任何一条鱼都比任何一条较它小的鱼游得快，所以，有一条最大的鱼就有一条游得最快的鱼。

证明：令

F(x)：x 是鱼；

S(x,y)：x 比 y 游得快，

用符号表示[16]的推理形式如下：

∀x(F(x)→∀(F(y)∧x＞y→S(x,y)))

∴∃x(F(x)∧∀y(F(y)∧x＞y))→∃x(F(x)∧∀y(F(y)∧S(x,y)))

或者

∀x(F(x)→∀y(F(y)∧x＞y→S(x,y)))

∃x(F(x)∧∀y(F(y)→x＞y))

∴∃x(F(x)∧∀y(F(y)→S(x,y)))

我们以第二种形式化方式进行证明：

(1)∀x(F(x)→∀y(F(y)∧x＞y→S(x,y)))	前提
(2)∃x(F(x)∧∀y(F(y)→x＞y))	假设
(3)F(a)∧∀y(F(y)→a＞y)	a,(2)存在销去
(4)F(a)	a,(3)合取销去
(5)∀y(F(y)→a＞y)	a,(3)合取销去
(6)F(a)→∀y(F(y)∧a＞y→S(a,y))	(1)全称销去
(7)∀y(F(y)∧a＞y→S(a,y))	a,(4)(6)肯定前件
(8)F(y)∧a＞y→S(a,y)	a,(7)全称销去
(9)F(y)→(a＞y→S(a,y))	a,根据(8)由 P 的定理可得
(10)(F(y)→a＞y)→(F(y)→S(a,y))	a,根据(9)由 P 的定理可得
(11)F(y)→a＞y	a,(5)全称销去

(12)F(y)→S(a,y) a,(10)(11)肯定前件

(13)∀y(F(y)→S(a,y)) a,(12)全称引入,且 y 不带标记,可对 y 施行全称概括

(14)F(a)∧∀y(F(y)→S(a,y)) a,(4)(13)合取引入

(15)∃x(F(x)∧∀y(F(y)→S(x,y))) (14)存在引入

在关系推理中,有时还可以引进一些关系或关系的某些性质,如对称性、反对称性等,作为补充的前提。有些推理,从给予的前提本身无法得到要得的结论,但是,引进这类补充前提后,就可以使形式证明得以建立。这里要注意的是,凡补充的前提都应该是众所周知的,确实为真的。请看下例:

[17]围棋甲队的任何人都能战胜围棋乙队的每个人,所以,围棋乙队的所有人都不能战胜围棋甲队的任何人。

证明:令

A(x):x 是围棋甲队的人;

B(x):x 是围棋乙队的人;

R(x,y):x 战胜 y,

建立[17]的形式证明如下:

(1)∀x(A(x)→∀y(B(y)→R(x,y))) 前提

(2)∀x∀y(R(x,y)→→R(y,x)) 补充的普遍有效式前提

(3)B(y) y,假设

(4)A(x) x,假设

(5)A(x)→→y(B(y)→R(x,y)) (1)全称销去

(6)∀y(B(y)→R(x,y)) x,(4)(5)肯定前件

(7)B(y)→R(x,y) x,(6)全称销去

(8)R(x,y) x,y,(3)(7)肯定前件

(9)∀y(R(x,y)→→R(y,x)) (2)全称销去

(10)R(x,y)→→R(y,x) (9)全称销去

(11)→R(y,x) x,y,(8)(10)肯定前件

(12)A(x)→→R(y,x) y,(4)—(11)演绎定理

(13)∀x(A(x)→→R(y,x)) y,(12)全称引入

(14)B(y)→∀x(A(x)→→R(y,x)) (3)—(13)演绎定理

(15)∀y(B(y)→∀x(A(x)→→R(y,x))) (14)全称引入

在这一推理中,前提(2)是补充的前提,它对于这一推理来说,是必不可少的。"战胜"是反对称性关系,补充的前提就是鉴于"战胜"的反对称性质所作的

陈述。"战胜"是一个内涵概念,A 战胜 B,则 B 肯定没有战胜 A,这完全是基于其内涵意义,不是仅仅从外延上可以得出的,通常是根据习惯而约定俗成。因此,所补充的这个前提,就是约定俗成的普遍有效式。

练习题

一、现代谓词逻辑在哪些方面克服了传统谓词逻辑的局限性?请举例说明。

二、用一阶谓词逻辑符号化下列命题。

1. 太平洋位于亚洲和美洲之间。

2. 若 x＞y 并且 y＞z,那么 x＞z。

3. 并非任何正数的平方都大于任何负数的平方。

4. 莱布尼兹既是哲学家,又是数学家和逻辑学家。

5. 一切事物都是运动的,并且一切运动都是有规律的。

6. 任一自然数都有一后继。

7. 如果所有生物都要死亡,那么任何人都不会长生不老。

8. 一命题形式是重言式,当且仅当其否定是矛盾式。

9. 有人支持所有候选人。

10. 张山与李斯同在计算机系。

11. x 与 y 的和不等于 y 与 z 的和。

12. 有一个比 2^{100} 大比 3^{99} 小的素数。

13. 事物之间是相互联系的。

14. 任何大于 6 的偶数都可以分解为两个不相同的素数之和。

15. 这次排球比赛最少有四支球队参加。

16. 这次考试最多有三个学生不及格。

三、用汉语说出下列一阶谓词逻辑命题形式所表示的命题。

1. $\neg\exists x\neg\exists y(F(x)\wedge G(y)\rightarrow H(x,y))$(F:正数;G:负数;H:小于)

2. $\forall x(F(x)\wedge G(x,a)\rightarrow\exists y(F_1(y)\wedge H(x,y)))$(F:自然数;G:大于;a:自然数1;$F_1$:素数;H:被整除)

3. $\neg\exists x(F(x)\wedge\forall y(F(y)\rightarrow H(x,y)))\wedge\forall x(F(x)\rightarrow\exists y(F(y)\wedge H(x,y)))$(F:人;H:爱)

4. $\forall x(F(x)\wedge G(x)\rightarrow K(x))$(F:红花;G:有香味的;K:受人欢迎的)

5. $\exists x(F(x)\wedge\exists y(G(y)\wedge H(x,y)))$(F:教师;G:棋下得好的学生;H:喜欢)

6. $\neg\exists x(M(x)\wedge N(x)\wedge P(x))$(M:人;N:才能;P:天生的)

7. $\forall x(F(x) \to \exists y(F(y) \wedge R(y,x)))$（F：人；R：……是……的父亲）

8. $\forall x(T(x) \to \forall y(G(y) \wedge S(y) \to H(x,y)))$（T：教师；G：勤奋好学的；S：学生；H：喜欢）

四、用自然语言解释方法证明下列公式不是普遍有效式。

1. $\exists xF(x) \to \forall xF(x)$

2. $\forall x \forall y(H(x,y) \to H(y,x))$

3. $\exists xF(x) \wedge \exists x \to F(x)$

4. $\forall x \forall y(F(x) \wedge G(y) \to H(x,y) \vee H(y,x))$

五、归纳定义 L_1 的任意项 t 和任意公式 A 中的自由变元集。

六、陈述一阶谓词逻辑代入与字母变易规则，并说明二者的区别及各自的定义。

七、求下列公式的前束范式。

1. $\forall xP(x) \to \exists xQ(x)$

2. $\forall x \forall y[\exists z(P(x,z) \wedge P(y,z)) \to \exists uQ(x,y,u)]$

3. $\to \forall x\{\exists yA(x,y) \to \exists x \forall y[B(x,y) \wedge \forall y(A(y,x) \to B(x,y))]\}$（要求使用字母变异）

八、用谓词逻辑自然推理方法证明下列推理的有效性。

1. 如果哲学家都是政治家，那么就不会有哲学大师。但是，奎因是哲学大师，因此，有的哲学家并非政治家。

2. 有些学科是枯燥的，但所有学科都是有价值的，因此，有些有价值的学科是枯燥的。

3. 织女爱每一个爱牛郎的人，嫦娥爱牛郎，所以，织女爱嫦娥。

4. 环境保护主义者都不会吃有灵性的动物并且憎恨吃有灵性动物的人，有些地区的人吃有灵性的动物，所以，环境保护主义者憎恨这些人。

5. 所有放射性物质或者寿命短，或者具有医学价值。所有放射性铀的同位素不是寿命短的。所以，如果所有铀的同位素是放射性的，那么，所有铀的同位素都有医学价值。

6. 青年是富于理想的。富于理想的青年是刻苦用功的。所以，青年是富于理想又刻苦用功的。

7. 一切没有价值的都不是商品。空气是没有价值的。空气是有用的。所以，空气是没有价值但有用的非商品。

8. 只有不守旧的人才是善于创新的人，有些善于创新的人不是年轻人，所以，有些不守旧的人不是年轻人。

9.所有笛子演奏家都是音乐家,有的笛子演奏家是精通民族音乐史的,所有精通民族音乐史的笛子演奏家都是学识渊博的人,所以,有的笛子演奏家是学识渊博的音乐家。

10.所有外交官都是政府官员,有些外交官是能言善辩的,所有能言善辩的外交官是演说家,所以,有些能言善辩的政府官员是演说家。

11.毒药既危险又有用,有些毒药是裹着糖衣的,所以,有些裹着糖衣的东西是危险的。

12.没有一个大量吸烟的人是健康的,有些大量吸烟的人胃口很好,所以,有些胃口很好的人不健康。

13.任何九段棋手都能够战胜任何业余棋手。张文东是九段棋手,但他不是古力的对手,因此,古力不是业余棋手。

14.凡A系学生都比B系任一学生刻苦,但并非每一个A系学生都比非A系的任一学生刻苦,所以,并非每一个人都或者是A系学生或者是B系学生。(个体域设定为{人})。

第八章　归纳逻辑

逻辑学主要是研究推理的。按照所研究的推理的思维进程的不同,可把逻辑区分为演绎逻辑和归纳逻辑。到目前为止,我们所介绍的都是演绎逻辑。只有在介绍了归纳逻辑之后。才能对逻辑有一个比较完整的认识。本章介绍归纳逻辑。

一、归纳逻辑概述

(一)什么是归纳逻辑

归纳逻辑是研究归纳推理以及含有归纳推理的归纳法的逻辑理论。

按照推理的思维进程的不同,可把推理分为演绎推理、归纳推理和类比推理。演绎推理是从反映一般或普遍现象的命题推出反映个别现象的命题的推理,简称从一般推出个别的推理。归纳推理是从反映个别现象的命题推出反映一般或普遍现象的命题的推理,简称从个别推出一般的推理。类比推理则是从反映一个类的属性的命题推出反映另一个类的属性的命题,或从反映某个对象的属性的命题推出反映另一个对象的属性的命题的推理。简称从一般推出一般或从个别推出个别的推理。

归纳推理和类比推理与演绎推理最重要的区别在于:演绎推理是必然性推理,只要推理有效,就能保证前提真时结论不可能是假的;或者说,演绎推理结论的真实性是前提和推理规则所能保证的。而归纳推理和类比推理的结论不一定是真实可靠的,即使前提真实并且遵循推理规则。这就是说,归纳推理和类比推理不能保证前提真时结论也必然真,前提只能给结论以有限的支持。在前提都真的情况下,结论仍然可能是假的。因此,归纳推理和类比推理又称为或然性推理。归纳逻辑主要研究归纳推理。但由于类比推理是类似于归纳推理的或然性推理,因而也成为归纳逻辑的研究对象。可以把类比推理作为一种特殊的归纳推理。因此可以说,归纳逻辑就是主要研究或然性推理的逻辑理论。

严格地说,逻辑学所研究的推理都应该是必然性推理,逻辑学主要是研究必然性推理的科学,这是基于逻辑学的创始人亚里士多德对逻辑学的定义。但是,由于包括归纳推理及一般归纳法在内的或然性推理在日常思维(特别是批判性思维)以及科学假说中往往充当重要角色,且我们也可以在一定程度上,对这类推理进行类似于必然性推理的具有相对固定方法的逻辑分析,因此,近年来,归纳逻辑越来越受到重视,比如,被广泛用于各种基本素质与能力测试。

归纳逻辑有两种基本形态:古典归纳逻辑和现代归纳逻辑。这种划分主要不是按归纳逻辑的历史发展阶段,而是按研究方法的不同。古典归纳逻辑基本上是运用自然语言,对各种不同的归纳推理进行分门别类的研究。现代归纳逻辑则是在经典数理逻辑和概率论等数学理论发展起来并充分应用于归纳逻辑之后才建立起来的。现代归纳逻辑的研究和理论表述应用了大量的人工语言符号,其中相当一部分还应用了形式化方法,并建立了归纳逻辑形式语义学。

(二)归纳逻辑发展史

归纳逻辑远没有演绎逻辑历史悠久。作为逻辑学的一个分支,它只是在近代才被专门地进行研究并引起人们的重视。尽管在古希腊的亚里士多德那里就已经对归纳做过考察,但亚氏主要是把归纳作为三段论的一种特殊形式,依附并随同演绎逻辑一起被研究的。归纳逻辑并没有自成体系,严格地说,它还不能称为逻辑。

系统研究归纳法,奠定归纳逻辑的理论基础,并使归纳逻辑取得它在逻辑科学体系中应有地位的是英国自然科学家弗兰西斯·培根。培根所生活的年代正是欧洲封建制度崩溃、资本主义制度开始确立的时期。这一时期自然科学取得了巨大发展,并处在积累材料的阶段。如何整理这些大量积累起来的科学材料,从中找出一般性的原理,是这一时期急待解决的问题。正是在这一背景下,出现了"英国唯物主义和整个近代实验科学的真正始祖"[①]、归纳逻辑的奠基人培根。

培根认为,逻辑学是科学发现和科学研究的工具。亚里士多德的演绎逻辑不能充当这种工具,而他的逻辑理论则是研究如何在观察和实验所获取的材料的基础上,通过分析、综合一步步得出较低公理、中间公理以及最普遍的公理。

---

① 《马克思恩格斯全集》,第2卷,第163页。人民出版社,1972年版。

他反对亚里士多德的《工具论》，而把他自己的逻辑理论称为《新工具》。培根的归纳理论尽管还存在很多局限性，比如他片面提高归纳法的作用而否认演绎法的作用，但他的工作使人们日益重视对归纳逻辑的研究。

古典归纳逻辑从培根开始，经过赫舍尔(J. F. Herschel，1792—1871)和惠威尔(W. Whewell，1794—1866)等人的发展，在英国著名逻辑学家约翰·穆勒(J. S. Mill，1806—1873)那里达到了顶峰。穆勒是古典归纳逻辑的集大成者。他继承并发展了培根以后的归纳学说，提出了著名的穆勒五法——作为探求现象间因果联系的归纳方法。穆勒五法在实际的科学研究和日常推理中直到今天仍具有相对的有效性和较强的可操作性。此外，穆勒还第一次明确地把归纳逻辑纳入传统逻辑体系，使归纳逻辑真正确立为逻辑学两大分支之一（另一为演绎逻辑）的地位。

归纳逻辑真正蓬勃发展起来是在数理逻辑在各种逻辑分支中得到广泛应用、概率论被引入归纳逻辑之后。由于人们认识到了归纳逻辑结论的或然性并且仅从"质"的方面刻画这种或然性的局限性，因而认为应从"量"的方面去研究前提对结论真的支持度，这就很自然地想到了概率。数理逻辑中的形式演算方法对于归纳逻辑概率演算显然具有重要作用。1922年，英国逻辑学家凯因斯将概率理论与归纳逻辑正式结合起来，建立了第一个概率逻辑系统。这标志着现代归纳逻辑的正式产生。

从凯因斯开始，现代归纳逻辑的研究几乎都是结合概率论进行的。但由于对概率论的理解不同，因而，现代归纳逻辑实际上是许多不同的系统并存，其发展并不是沿着一条统一的路线进行的。在各种不同归纳逻辑理论体系中，赖兴巴赫和卡尔纳普的理论最具代表性。赖兴巴赫是本世纪30年代概率逻辑最重要的代表人物。他把概率解释为频率的极限，并把概率蕴涵符号"$\longmapsto_p$"（若 a 真，那么 b 以程度 p 真，记作 a$\longmapsto_p$b）引入带等词的一阶谓词演算，形成了相当丰富的概率演算系统。赖兴巴赫还研究了概率逻辑语义学，建立了概率逻辑真值表。卡尔纳普批判了赖兴巴赫的概率理论，坚持贝叶斯主义。他按经典数理逻辑公理化方法建立了50年代最完善的现代归纳逻辑理论。

70年代以后，归纳逻辑的研究又有新进展。以科恩(P. Cohen)为代表的逻辑学家把主观经验等带有哲学性质的背景性知识纳入归纳逻辑之中，建立了模态归纳逻辑等新型的归纳逻辑科学。科恩还阐述了概率多元化的思想，例如，他提出了"归纳概率"的概念，并称之为非帕斯卡概率。科恩认为，不同归纳系统有不同的推理规则，因而也有不同的刻画这些推理规则的推论可靠性程度的概率概念。科恩的归纳逻辑理论更适合于科学实践。

当代归纳逻辑的研究正朝着多方向发展,比如探讨归纳逻辑与人工智能的联系,对归纳逻辑作计算机分析等等。总之,归纳逻辑不像演绎逻辑那样,有一个相对稳定的科学体系。可以预见,在未来相当长的时期内,归纳逻辑还将处于百家争鸣,各种理论、各种系统并存的状态。

(三)研究归纳逻辑的意义

归纳逻辑是逻辑学的一个十分重要的分支。最常见的逻辑分类是把逻辑分为演绎逻辑和归纳逻辑两大类。由此可见,不研究和掌握归纳逻辑,实在难以对整个逻辑科学体系有一个全面的认识。

在逻辑发展史上,曾出现过片面夸大演绎逻辑的作用的演绎派与片面夸大归纳逻辑的作用的归纳派的对立。演绎派认为,只有演绎推理才是真正科学的推理和科学的思维方法,否认归纳逻辑的作用。归纳派则相反,认为演绎推理推不出新的知识,只有归纳推理才是唯一正确的科学思维方法,从而无限提高归纳逻辑的地位,否认演绎逻辑的作用。

当然这两派的观点都是不对的。演绎推理固然重要,离开了演绎推理和科学分析,认识的归纳过程甚至都是不能实现的。但演绎推理同样也是离不开归纳的,演绎推理的前提是反映一般性知识的命题,这些命题当然不是凭空所得的,也不是天赋于人的,而是从个别事实中归纳出来的。因此,演绎与归纳是相辅相成,互相补充的。恩格斯指出:"归纳和演绎,正如分析和综合一样,是必然相互联系着的,不应当牺牲一个而把另一个捧到天上去,应当把每一个都用到该用的地方,而要做到这一点,就只有注意它们的相互联系,它们的相互补充。"①

演绎逻辑的作用和意义在逻辑学界和科学界已是毋庸置疑的。然而,归纳逻辑的地位和作用并没有得到逻辑学界的普遍认同,至今仍有一些逻辑学家否认或者贬低归纳逻辑。因此,有必要对归纳逻辑的科学意义再作说明。

有些学者否认归纳逻辑是逻辑学的研究对象,或者说归纳逻辑不是逻辑,其理由是:逻辑的内在机制是"必然地得出"。逻辑是关于推理的科学,并且是关于必然性推理的科学。必须根据"必然地得出"这一基本性质,判定一种理论是不是逻辑,判定一种逻辑理论是不是真正发展了逻辑。根据这一标准,归纳逻辑不是逻辑,因为归纳逻辑所研究的推理不是"必然地得出"的推理。

我们认为,逻辑的研究对象是推理。从理论上讲,既然逻辑研究"必然地得

---

① 《马克思恩格斯全集》,第 3 卷,第 548 页。人民出版社,1972 年版。

出"的推理即必然性推理,就应该同时研究非"必然地得出"的推理即或然性推理;既然研究从"一般到个别"的演绎推理,就应该同时研究从"个别到一般"的归纳推理。从人类思维的实际情况看,必然性推理、演绎推理和确定性推理常常是与或然性推理、归纳推理和不确定性推理交织在一起并且是互补的,人们时时处处都会遇到后一种类型的推理。从逻辑理论的完整性和丰富性看,不仅要有纯逻辑这一核心理论,还要有各种应用逻辑作为其外围或边缘理论,归纳逻辑正是纯逻辑的应用而产生的新的逻辑理论。

从逻辑与科学认识的关系看,归纳推理是科学认识的最重要的工具之一。科学认识总是从认识个别事物、个别实例开始,从中归纳和总结出事物之间的因果联系和一般规律,即从个别认识一般,这一过程就是归纳过程,就是应用归纳推理。人类获得的关于现实世界的认识绝大多数都是应用归纳推理所得的,离开了归纳推理,科学认识将成为不可能。

归纳推理又是科学探索和发现的重要工具。科学探索和发现的一个重要方面是认识未知领域或不确定因素,但人们很难对此作出精确的预测。而科学探索不可能等到每一现象都清楚明确之后才继续下一步。因此,就必须根据现有的知识,对这些未知的东西进行推测,以指导下一步的认识和实践活动。归纳推理最重要的方法论意义之一就在于它们的推测性。显然,通过推测得出的这些知识要超出已有知识的范围。这是演绎推理无能为力的,只有归纳推理才能做到。可以说,离开了归纳推理,科学探索和发现的步伐将变得十分缓慢,甚至有些发现是不可能的。

总之,研究归纳逻辑不仅是逻辑学本身的要求,也是科学认识和实践的需要。

本章内容由两部分构成。一部分是古典归纳逻辑,主要介绍枚举归纳推理、科学归纳推理、典型归纳推理、类比推理以及求因果联系归纳推理;另一部分是现代归纳逻辑,主要介绍概率推理和统计推理。

二、枚举归纳推理

枚举归纳推理是一种最常见的归纳推理,是各种归纳推理中最基本的形式。

枚举归纳推理是从一类事物的部分个体对象具有某种性质推出该类事物都具有这种性质的归纳推理。例如:

4 可以分解为两个质数之和,

6 可以分解为两个质数之和,

8 可以分解为两个质数之和，

10 可以分解为两个质数之和，

12 可以分解为两个质数之和，

……

4,6,8,10,12,…都是大于 2 的偶数；

所以，一切大于 2 的偶数都能分解为两个质数之和。

这就是著名的哥德巴赫猜想。这个猜想至今仍未得到严格的证明，人们只是从列举出的相当多的偶数都能分解为两个质数之和，并且还从未遇到反例而得出这个结论。枚举归纳推理的推理形式是：

S_1 具有性质 P，

S_2 具有性质 P，

S_3 具有性质 P，

……

S_k 具有性质 P，

$S_1,S_2,S_3,\cdots,S_K$ 是 S 类中的部分个体；

所以，所有 S 都具有性质 P。

枚举归纳推理得出结论的依据是前提中考察的某类中的若干个体的性质，而不是该类中全部个体的性质。如果结论的得出是依据前提中考察的某类中全部个体的性质，就不是枚举归纳推理，而是完全归纳推理。完全归纳推理可用公式表示如下：

S_1 具有性质 P，

S_2 具有性质 P，

S_3 具有性质 P，

……

S_n 具有性质 P，

$S_1,S_2,S_3,\cdots,S_n$ 是 S 类中的全部个体；

所以，所有 S 都具有性质 P。

显然，完全归纳推理结论所断定的范围恰好等于而没有超出前提所断定的范围。只要前提是真实的，结论就是可靠的。因此，完全归纳推理不具有归纳推理结论或然性的一般性质，也不具有归纳推理的方法论意义。它实质上是演绎推理，只不过在形式上采用归纳推理的表述方式，因而，人们从习惯上称之为完全归纳推理。本书不打算对这种推理作进一步的介绍。

枚举归纳推理和一般归纳推理一样，结论所断定的范围超出了前提所断定的范围,这使得其结论的真假不是前提所能保证的,结论具有或然性,可能真,也可能假。因此,当应用枚举归纳推理时,提高结论的可靠性程度,避免"随意枚举"、"以偏概全"就成为关键。一般来说,应做到以下几点:

第一,尽量多地考察类中的个体对象。

枚举归纳推理前提所考察的类往往具有数目庞大或者无限多的个体,这就要求在枚举时,不能只是根据类中少数几个个体的性质,而应最大限度的考察更多的对象。因为考察的对象越多,出现反例的可能性也就越大。枚举时尽量考察那些最有可能是反例的个体。当考察了相当多的对象之后仍没有出现反例,这时结论就具有很大的可靠性了。

例如,为了验证哥德巴赫猜想,有人已考察了三亿三千万之多的偶数,都证明猜想是对的。因此,尽管猜想仍未得到严格证明,但人们一般都相信它是真的,仅仅是还没找到一个有效的证明方法。

第二,尽量大范围地考察某类中的个体对象。

应用枚举归纳括理最应避免的是仅仅在某个狭小的范围内考察对象,因为同一范围的个体对象往往具有相同或相似的性质。更不能为了获得某一结论,有意仅考察那些支持结论的个体对象,否则,就会犯"以偏概全"的错误,从而使枚举归纳推理失去其意义。而在较大的范围之内,出现反例的可能性就大。

有这样一个案例:为了估计当前人们对管理基本知识的掌握水平,《管理者》杂志在读者中开展了一次管理知识有奖问答活动。答卷评分后发现,60%的参加者对于管理基本知识掌握的水平很高,30%左右的参加者也表现出了一定的水平。《管理者》杂志因此得出结论,目前社会群众对于管理基本知识的掌握水平还是不错的。事实上,评价社会群众对于管理基本知识的掌握水平应该在较大的范围内进行,考察的对象必须代表社会群众的各个不同层次。而从发行渠道看,《管理者》的读者主要是高学历者和实际的经营管理者。因此,这个结论是不太准确的。

没有出现反例是枚举归纳推理最重要的依据。尽管很多正事例都无法保证枚举归纳推理结论就必然真实可靠,但一个反例就可以推翻其结论。例如,人们曾长期以为所有的鱼都只用鳃呼吸,这个结论就是应用枚举归纳推理从大量的事实中得出的,但最近人们在南美洲发现了一种肺鱼,平时用鳃呼吸,但在干涸的环境中能用鳔呼吸。这一个反例就足以推翻鱼都只用鳃呼吸的论断。英国逻辑学家罗素有一个关于归纳主义者火鸡的故事,就是为了说明反例的意义:在火鸡饲养场里,有一只火鸡发现,第一天上午9点钟主人给它喂食。然而作为一个卓越的归纳主义者,它并不马上作出结论。它一直等到已收集了有关上午9点给它喂食这一经验事实的大量观察；而且，它是在多种情况下进行这些观察的：雨天和晴天，热天和冷天，星期三和星期四……它每天都在自己的记录表中加进新的观察陈述。最后，它的归纳主义良心感到满意，它进行归纳推理，得出了下面的结论："主人总是在上午9点钟给我喂食。"可是，事情并不像它所想像的那样简单和乐观。在圣诞节前夕，当主人没有给它喂食，而是把它宰杀的时候，它通过归纳概括而得到的结论终于被无情地推翻了。大概火鸡临终前也会因此而感到深深遗憾。

无论是增加考察对象的数目，还是扩大考察对象的范围。都是为了增加反例出现的可能性。当在各种条件和环境下，考察了相当多的个体仍未出现反例，就说明结论的可靠性已经当大了。

虽然枚举归纳推理的结论具有或然性，但它在日常生活和科学发现中仍具有十分重要的作用。生活中许多谚语，如"失败是成功之母""学如逆水行舟，不进则退"；农业生产中许多农谚，如"瑞雪兆丰年"等等都是根据生活和农业生产中无数的事例归纳出来的。这些谚语往往对人们的生活和生产有着很大的启发和帮助。

在科学发现和科学认识中也经常会用到枚举归纳推理。例如物理学中关于气体压强、体积和温度之间关系的波耳定律，化学中关于一切化合物都由固定的重量组成的定组成定律等等，都是首先从所考察的无数事例中归纳出一般性的结论，再通过理论证明而获得的。实际上，这正是人们认识的最一般过程：先认识个别事实，逐步积累知识，再从中概括出一般性的结论，最后上升到理论知识。而枚举归纳推理的推理过程正好是这一认识的一般过程的反映。

三、科学归纳推理与典型归纳推理

枚举归纳推理是通过增加被考察的个体对象的数量，或扩大被考察的个体对象的范围来提高结论的可靠性程度的。但在实际的科学研究中，仅仅通过这种方法有时并不能达到提高结论可靠性的目的，或者收效并不大。更多的时候需要着重去研究被考察对象与它所具有的性质之间的因果联系；或者着重提高被考察的个体对象的质量，尽量使之在某类中具有代表性，而不是单纯追求考察的数量。这就要用到科学归纳推理和典型归纳推理。

(一)科学归纳推理

科学归纳推理是从一类事物的部分个体对象与某种性质之间具有因果联系

推出该类事物都具有这种性质的归纳推理。

例如,人们一开始注意到铜和铁等金属在加热之后体积会增大,后来经过研究发现:金属加热后,分子之间的凝聚力减弱,分子之间的距离增大,从而必然会导致金属体积增大。于是,人们就从铜、铁等金属加热后体积增大,并且这是必然的,推出所有金属加热后体积都会增大。这就是应用科学归纳推理。

科学归纳推理的推理形式可表示为:

S_1 具有性质 P,

S_2 具有性质 P,

S_3 具有性质 P,

S_k 具有性质 P,

……

$S_1,S_2,S_3,\cdots,S_K$ 是 S 类中的部分对象,并且与性质 P 具有因果联系;

所以,所有 S 都具有性质 P。

科学归纳推理与枚举归纳推理一样,都只考察了某类事物的部分个体对象,而结论都是一个全称命题,结论所断定的范围都超出了前提所断定的范围,因而具有或然性。但两者也有着明显的区别:

第一,得出结论的根据不同。

枚举归纳推理得出结论的根据是某种性质在某类事物的部分个体对象中不断重复,并且没有遇到相反的情况。科学归纳推理则主要是依据对象与其性质之间的因果联系得出结论。

第二,前提中所考察的个体对象的数量和范围对结论可靠性程度的影响不同。

对枚举归纳推理来说,考察的个体对象的数量越多,范围越广,结论越可靠。有时增加一个考察对象对结论的影响可能是决定性的。例如,所增加的这个考察对象恰好是一个反例。而科学归纳推理并不依赖前提中所考察的个体对象的数量,有时仅仅需要考察一两个有代表性的对象,只要能证明这些对象与其性质之间有着必然的因果联系,就能得出一个比较可靠的结论。因此,对科学归纳推理来说,增加考察对象的数量或扩大考察范围对结论可靠性程度没有什么影响。

第三,结论的可靠程度也有差别。

一般来说,科学归纳推理的结论要比枚举归纳推理可靠。因为枚举归纳推理所列举的那些个体事例不可避免带有一定的偶然性,因而结论的或然性也较大。科学归纳推理由于证明了所考察对象与其性质之间的因果联系,因而,只要这种证明没有问题,结论就是相当可靠的。

当然,枚举归纳推理与科学归纳推理之间的区别只是相对的。枚举归纳推理虽以经验的认识为主要依据,但所选取的考察对象绝不是随便的,而是在一定的科学理论指导下进行的,并需要对这些对象进行一定的科学分析。科学归纳推理虽以分析对象间的因果联系为主要依据,但也必然建立在一定的经验认识的基础上。只有首先在经验上认识了个体对象具有某种性质,才能去分析其间的因果联系。

(二)典型归纳推理

典型归纳推理是从一类事物中的某个代表性的个体具有某种性质推出该类事物都具有这种性质的归纳推理。推理形式为:

S_t 具有性质 P,

S_t 是 S 类的代表性个体,

所以,所有 S 都具有性质 P。

决定典型归纳推理结论可靠性程度有两个关键因素:一是所选择的个体对象是否确实是所考察的类的代表性个体,二是代表性个体的诸多性质中哪些性质可以推广到同类的其他个体。对于第一个因素,一般是根据某类事物的定义属性去选择代表性个体。例如,金属的定义属性是"具有光泽、延展性、容易导电、传热等性质的物质,除汞外,在常温下都是固体"。根据这一定义属性,当考察金属类时,可选取铁、铜或锌等作为代表性的个体,而一般不选汞作为代表性的个体。至于第二个因素,通常要依据人们在某一特定时期所具有的背景知识决定个体对象的哪些性质可以推广到全体对象,哪些不能推广。例如,依据行星的定义属性,我们选择地球作为太阳系行星的代表性个体。根据现有背景知识,地球是沿着椭圆轨道绕太阳运行,并由此形成年和季节,可推知太阳系的其他行星也是沿着椭圆轨道绕太阳运行,并且也有年和四季。实际上,人们一开始正是从地球的这些属性推知其他行星也具有这一属性,并最后得到证明的。但根据现有科学知识,不能从地球上有人类推知其他行星上也有类似于人类的高级生物,甚至不能推知其他行星上都有生命现象。

因此,与枚举归纳推理主要依赖增加前提中所考察的个体对象的数量来提高结论的可靠性程度不同,对典型归纳推理来说,越是准确地选择代表性个体,结论的可靠性程度也就越高;在从代表性个体的属性推知其他个体的属性时,所依据的背景知识越是先进,结论的可靠性程度也就越高。

例如,有人认为,当前的大学教育在传授基本技能上是失败的。因为他们对若干大公司人事部门负责人行了一次调查,发现很大一部分新上岗的工作人员中都没有很好掌握基本的写作、数量和逻辑技能。要使上述结论具有可靠性,必须保证以下两点:第一,调查的这些大公司的新上岗人员基本上代表了当前大学毕业生的水平,第二,所谓的基本技能主要是写作、数量以及逻辑方面的技能。

与科学归纳推理一样,典型归纳推理中也有较多的科学分析。一般来说,只要代表性个体的选择是正确的,背景知识是科学的,根据背景知识对某类事物中代表性个体的属性与该类事物的普遍属性的关系的分析是科学的,典型归纳推理的结论就是比较可靠的。当然,这也是相对的。因为选取代表性个体所依据的定义属性和推广代表性个体的属性所依据的背景知识都具有时代的局限性、历史发展的阶段性,在一定的历史时期被证明是科学的毋庸置疑的东西,随着时代和历史的发展、条件的变化,需要不断补充新的内容,甚至可能被否定。

四、探求因果联系的五种方法

(一)因果联系的一般特点

因果联系是现实世界中普遍存在的现象。科学研究的最重要的目的之一就是探求现象之间的各种因果联系。

因果联系具有一般特点:

第一,因果联系具有普遍性。任何现象都有其产生的原因,任何原因都会引起一定的结果。

第二,因果联系是有时间顺序的联系,原因总在前,结果总在后,但并不是任何前后相继的现象都存在着因果联系,否则就会犯以先后为因果的逻辑错误。例如,不能因为从感官上每每先看到闪电,后听到打雷,就认为闪电是打雷的原因。也不能因为冬天后面是春天而认为春天是冬天的结果。

第三,原因和结果既是确定的,又是不确定的。所谓确定,是说在一定范围内原因就是原因,结果就是结果,正是由这样的原因和结果构成了一个确定的因果关系,不可把结果当作原因,也不可把原因当作结果,否则就会犯因果倒置的错误。所谓不确定,是指原因和结果是相互作用、相互转化的。原因引起的结果可能会反作用于原因。

例如,中世纪的人们观察到一个现象,爆发过黑死病的各个城镇往往聚集有大量的流浪猫。他们认为正是流浪猫会导致黑死病爆发,并对流浪猫进行了大规模扑杀。今天的医学发展告诉我们,黑死病的源头是鼠疫杆菌,它通常寄宿在啮齿类动物身上的跳蚤上。所以一个地区之所以会爆发黑死病,往往是因为该地区携带有病菌的啮齿类动物过多,导致当地人接触到这些跳蚤的机会也随之变多,而流浪猫正是被这些啮齿类动物吸引来的。所以,消灭流浪猫会使当地啮齿类动物变得更多,反而可能导致更大规模的疾病爆发。这就是因果倒置带来的恶果。

再如,19世纪一位著名的英国改革家建议政府给那些懒散的农民分配两头牛,以使他们都勤劳起来,理由是勤劳的农民都至少有两头牛。但政府并没有采纳这一建议,因为他们认为农民不是因为有了两头牛才勤劳,而是因为本来就有至少两头牛。这位改革家也犯了因果倒置的错误。

第四,原因和结果的关系是复杂多样的。因果联系的多样性和复杂性有一因多果、同因异果、一果多因、同果异因、多因多果、复合因果、因果链等多种表现形式。

例如有人认为法院在审理"民告官"的案件中,并没有出现所谓的"官官相护"等司法不公正现象。因为自从《行政诉讼法》颁布以来,凡正式立案审理的"民告官"案件,65%都是以原告胜诉结案。这一论证以案件65%都是原告胜诉为理由,推出没"官官相护"等司法不公正现象的结论。然而,另一个事实是,在"民告官"的案件中,原告如果不掌握能胜诉的确凿证据,一般不会起诉。因此,这一论证是没有说服力的,因为这里决定司法公正的标准有两个:原告实际胜诉的比例以及原告本来应该胜诉的比例。这就是多因一果。

再如,某造纸厂每天排放出大量废气,由此引起的空气污染造成了该造纸厂附近的农作物大幅度减产,但造纸厂并不认为他们有责任,理由是农作物的减产应该归咎于有害昆虫和真菌的蔓延。然而,造纸厂显然是难辞其咎的,因为造纸厂的空气污染破坏了周边的生态平衡,使得有害昆虫和真菌大量滋生,从而造成农作物的减产。这就是因果链。

(二)探求因果联系的五种方法

求因果联系是一个非常复杂的过程,除了要应用各种具体的科学方法、手段和工具外,还需要运用逻辑方法。本节将介绍求因果联系经常要运用的五种方法:求同法(或契合法)、求异法(或差异法)、求同求异并用法(或契合差异并用法)、共变法、剩余法。这五种方法都是根据某一研究现象与出现在该现象之前或之后的若干情况(称为先行或后行情况)之间具有某种关系,推出该研究现象与其所有的先行或后行情况之间都具有这种关系,从而它们之间具有因果联系的结论。求因果联系的五种方法也可以认为是五种推理方法,因而都有其相应的推理形式。

1. 求同法

求同法是这样进行的:在被研究现象的若干不同先行或后行情况中,有且仅有一个现象是各情况中共同具有的,所以,被研究现象与这唯一共同现象之间具有因果联系。

求同法的推理形式可表示为:

先行或后行情况　　　被研究现象

(1)S　　A　　B　　　　　　P

(2)S　　C　　D　　　　　　P

(3)S　　E　　F　　　　　　P

　　……　　　　　　　　　P

所以,S 与 P 之间具有因果联系

例如,18 世纪俄国科学家罗蒙诺夫在其论文《关于热和冷的原因之探索》中论道:人们摩擦冻僵了的双手,手便暖和起来;人们敲击冰冷的石块,石块能发出火光;人们用锤子不断地击打铁块,铁块也可以热到发红。由此可以推出:物体的运动能够产生热。这里使用的就是求同法:在摩擦双手、敲打石块、捶打铁块上找到共同点——物体运动 S;而暖和、发光、发红均是产生热 P 的表现,因此,S 与 P 之间具有因果联系,得到结论:物体的运动能够产生热。

再如,曾经在很长时间之内,人们尚不知道甲状腺肿大(俗称大脖子病)的原因。后来经过反复比较和研究,发现那些甲状腺肿大患者,尽管生活的地区、气候、人情风俗等各不相同,但有一点却是相同的,即他们的饮食中都缺碘。于是就得出一个普遍的结论:饮食中缺碘是患甲状腺肿大的原因。这一结论是比较可靠的。但如果仅仅根据对某一甲状腺肿大病高发地区的病例的分析而得出结论,就是不可靠的。因为来自同一地区的人相同的因素太多,很多相同的因素与某一疾病之间都有因果联系。

求同法前提中只考察了被研究现象与其若干个先行或后行情况之间的关系,而结论却断定这种关系具有普遍性。因此,结论所断定的范围超过了前提所断定的范围,结论和所有其他归纳推理一样具有或然性。为提高结论可靠性的程度,应注意以下几点:

第一,各不同先行或后行情况中,除了已知的共同现象外,是否还隐含着其他相同的因素,而这一隐含的相同因素有时可能是被研究现象的真正原因或结果。

第二,所考察的先行或或后行情况越多,结论越可靠。因为如果仅考察了几个不同情况,则各不同情况中出现相同现象的可能性就大,而这些相同的现象可能带有一定的偶然性。如果增加所考察的先行或后行情况,则出现反例的可能性也就愈大。若这种反例一直没有出现,那么结论就是比较可靠的。

2. 求异法

求异法前提中只考察被研究现象的两个先行或后行情况。在这两个情况中,除有一个现象在一个情况中出现,在另一个情况中不出现外,其他现象都是相同的,而在出现这一现象的情况下,被研究现象也出现,在不出现这一现象的情况下,被研究现象也不出现。由此推出两个情况中这唯一不相同的现象与被研究现象之间具有因果联系。

求异法的推理形式可表示如下:

先行或后行情况　　　　被研究现象

(1)S　A　B　　　　　P

(2)—　A　B　　　　　—

所以,S 与 P 之间有因果联系。

求异法在科学实验中具有广泛的应用性。人们经常应用求异法去考察某一现象是否与被研究现象之间存在着因果联系。例如,为了考察化肥中氮含量的高低与农作物产量高低的关系,通常的做法是选定两块土质相同的实验地,种植相同的农作物。在其中一块地上施含氮量高的化肥,在另一块地上施含氮量低的化肥,最后比较农作物产量的高低。如果最后结果是施含氮量高的化肥的实验地上的农作物产量高,而另一块地上农作物的产量低,则可以推出所施化肥含氮量的高低与农作物产量的高低之间有因果联系。

求异法的结论同样具有或然性。在运用求异法时,若能注意下列问题,则可以提高其结论的可靠性程度。

第一,两个情况中还有没有其他不同的现象。

在上面那个例子中,如果选择两块土质不同的实验地种植某一农作物,则无法确定化肥中含氮量的高低与农作物产量之间有无因果联系,因为土质对农作物产量的影响非常大。

白求恩大夫曾在一份报告中,指出手术时间对于救治伤员生命的重要性:两个做过手术的伤员,第一个死亡,第二个活了下来。但是这两个伤员的伤势,施行手术的地点、条件,主刀人和助手都是相同的,唯一不同的是伤员接受手术的时间不同,第一个是受伤后 18 小时,第二个是受伤后 8 小时。那么这个唯一不同的情况就是第一个伤员死亡的原因。所以,白求恩大夫说:"生死之别就在10个钟头。"

但在这个例子中,尽管白求恩努力做到两个伤员的伤势与施行手术的地点、条件以及主刀人和助手都是相同的,从而论证唯一不同的因素——伤员接受手术的时间对生死的关键意义,但事实上,发生在两个不同个体身上的境况,是无法保证完全相同的。这些动态且很难科学测量的因素,为求异法的论证过程留下了被反驳的余地。

第二,两个情况中唯一的不同现象是被研究现象的整个原因还是部分原因。

例如,任何可燃物质,达到着火点后就会燃烧,而达不到着火点则不会燃烧。但却不能据此推出达到着火点就是物质燃烧的原因。因为除此之外,物质燃烧还要有足够的氧气。在无氧的情况下,任何达到着火点的物质也不会燃烧,在氧气供应不足的情况下,任何燃烧都会中止。

3. 求同求异并用法

求同求异并用法是综合应用求同法和求异法而形成的一种独立的求因果联系的归纳方法。这种方法的前提考察被研究现象的两组先行或后行情况,在其中一组情况(称为正情况组)中,共同存在唯一相同的现象,而此时被研究现象也周时出现;在另一组情况(称为负情况组)中,上述正情况组中唯一相同的现象都不存在,而此时被研究现象也不出现。因此,正情况组中唯一相同的现象与被研究现象之间存在着因果联系。

求同求异并用法的推理形式是:

	先行或后行情况			被研究现象
正情况组	(1)S	A	B	P
	(2)S	C	D	P
	(3)S	E	F	P
	……			P
负情况组	(1′)—	A	C	—
	(2′)—	D	E	—
	(3′)—	B	F	—
	……			—

所以,S与P之间存在着因果联系。

从推理形式可以看出,求同求异并用法并不是求同法和求异法的相继应用,后者在确定现象间因果联系时也经常使用,即先用求同法确定因果联系,再用求异法加以检验。其公式可表示为：

	先行或后行情况			被研究现象
正情况组	(1)S	A	B	P
	(2)S	C	D	P
	(3)S	E	F	P
	……			P
负情况组	(1′)—	A	B	—
	(2′)—	C	D	—
	(3′)—	E	F	—
	……			—

所以,S 与 P 之间存在着因果联系。

求同求异并用法与求同法和求异法相继运用的区别在于：前者正负情况组除有无 S 这一差别外,其他情况也并不完全相同。而后者正负情况组除有无 S 这一差别外,其他情况完全相同。

求同求异并用法也是探求因果联系的常用归纳方法之一。例如。人们在考察经常从事体育锻炼与肺活量大小的关系时,首先考察一组年龄、性别、职业各不相同但都经常从事体育锻炼的人群,然后再考察另一组年龄、性别、职业也各不相同但都很少从事体育锻炼的人群；比较这两组人群的肺活量大小,发现那些经常从事体育锻炼者的肺活量明显比很少从事体育锻炼者要大。于是,得出结论,经常从事体育锻炼可使肺活量增大。

也可相继运用求同法和求异法去考察上述现象之间的因果联系。其操作过程可以是这样的：让那些长期不参加体育锻炼并且肺活量较小的人们开始经常性地从事体育锻炼,在经过一段时间后,再检测他们的肺活量。如果发现肺活量明显比不参加体育锻炼时要大,就可以得出经常参加体育锻炼可增大肺活量的结论。

从本例可以看出,当运用求同求异并用法考察经常从事体育锻炼与肺活量大小之关系时,两类人群除是否经常从事体育锻炼这一不同外,并不要求他们的年龄、性别、职业完全相同。而当相继运用求同法和求异法时,除了是否经常参加体育锻炼这一差别外,其余情况都是完全相同的。

应用求同求异并用法,应注意以下两点：

第一,前提的正负情况组中,所考察的情况越多,结论也就越可靠。因为考察的情况越多,出现反例的可能性就越大,就越容易排除考察过程中的偶然现象。

第二,选择负情况组时,除有无 S 这一差别外,尽量让负情况组中其他因素与正情况组相同或相似。因为没有 S 的负情况是无穷多的,这些情况中的多数对所研究的问题并无多大意义,即与正情况组没有可比性。只有考察那些与正情况组相近的负情况,才能得出较可靠的结论。

4. 共变法

共变法的推理过程是:在被研究现象发生变化的若干先行或后行情况中,只有一个现象发生变化,其他现象都保持不变,由此推出这唯一变化的现象与被研究现象之间存在着因果联系。

例如,科学发现在其他条件不变的情况下海拔高度每升高 100 米,气温就下降 0.6℃。因此,海拔高度上升与气温下降之间存在着因果联系。

共变法的推理形式可表示如下:

先行或后行情况　　　　被研究现象
(1)S_1　　A　　B　　　　　P_1
(2)S_2　　A　　B　　　　　P_2
(3)S_3　　A　　B　　　　　P_3
　……　　　　　　　　　　　P_n
_____

所以,S 与 P 之间存在着因果联系。

许多仪表的发明都是共变法的应用。例如,利用气温的变化与水银柱高度的变化之间的因果联系发明了温度计,利用大气压强与水银柱高度的变化之间的因果联系发明了气压表。

运用共变法,应注意以下几点:

第一,各情况中发生变化的现象是唯一的还是另有其他变化的现象。如果发生变化的现象是唯一的,则结论就是比较可靠的;如果还有其他发生变化的现象,则已知的变化着的现象可能是被研究现象的全部原因,也可能是部分原因,也可能根本不是被研究现象的原因。这样一来,结论可靠性的程度就会大大降低。

例如,在其他条件不变的情况下,温度的高低与气体体积的大小之间存在着必然联系,但如果气体所受到的压强也随着温度的上升而增加,那么,就有可能显示不出温度的变化与气体体积的变化之间的这种必然联系。如果据此否认这种联系,则所得出的结论就是错误的。再如,世界卫生组织曾在全球范围内进行了一项有关献血对健康影响的跟踪调查。调查对象分为三组:第一组对象中均有二次以上的献血记录,其中最多的达数十次;第二组中的对象均仅有一次献血记录;第三组对象均从未献过血。调查结果显示,被调查对象中癌症和心脏病的发病率,第一组分别为 0.3% 和 0.5%,第二组分别为 0.7% 和 0.9%,第三组分别为 1.2% 和 2.7%。一些专家依此得出结论,献血有利于减少患癌症和心脏病的风险。这一结论的得出是有问题的,因为这三组样本除了献血的次数不一样外,年龄和身体状况也不一样:其中 60 岁以上的调查对象,在第一组中占 60%,在第二组中占 70%,在第三组中占 80%;而献血者在献血前要经过严格的体检,经常献血的那些人一般具有较好的体质。

第二,各情况中唯一变化的现象与被研究现象之间的因果联系是单向的,还是互逆的。例如,在研究音叉的振动与空气的振动之间的关系时,把一只振动的音叉放入空匣子里,音叉的振动必然引起匣内空气的振动,而匣内空气的振动又加强了音叉的振动。因此,这两者之间的因果联系是互逆的,音叉振动是空气振动的原因,音叉振动的加强又是空气振动的结果。

第三,现象之间的共变关系一般是在一定的限度之内,超过了这个限度,共变关系就会消失,甚至发生反向共变。例如,在 4—100℃ 之间,水是热胀冷缩,但在 0—4℃ 之间则是热缩冷胀。在一定的限度内,密植可增加水稻的产量,但过分密植则不仅不会增产,反而会减产。

5. 剩余法

剩余法所研究的是一个复合现象,是一种用来分析处理复杂情况中因果关系的方法。如果我们已经知道一个因素 S 是另一个因素 P 的原因,并且 S 的一部分 a 是 P 的一部分 x 的原因,那么 S 中剩下的其余部分 b 就是 P 中其余部分 y 的原因。

剩余法的推理形式是:

S 与 P 之间存在着因果联系;

S 的部分 a 与 P 的部分 x 之间存在着因果联系;

所以,S 的剩余部分 b 与 P 的剩余部分 y 之间存在着因果联系。

居里夫妇发现镭的例子便是剩余法的一个典型事例。当时人们才刚刚发现了铀和放射性现象,而居里夫妇在测试一些矿石时,发现检测到的放射性要远强于这些矿石中含有的铀所能产生的放射性,于是判断其中含有一种新的放射性元素。总的来说,思路是这样的:这些矿石中的放射性元素 S 产生了仪器所检测到的放射性现象 P;这些矿石中的铀(部分 a)只能产生仪器所检测到的部分放射性现象 x;因此这些矿石中还含有其它种放射性元素 b,正是 b 元素产生了仪器所检测到的剩余部分放射性现象 y。

在运用剩余法时,应注意这样几点:

第一,必须确认 S 是 P 的原因,并且 S 的一部分 a 是 P 的一部分 x 的原因,并且 P 中剩余部分 y 不是由 a 引起的。如果 a 也是 y 的原因或者部分原因,则结论的可靠性就要大大降低。结合上例,这些矿石中的铀(部分 a)只能产生仪器所检测到的部分放射性现象 x;并且这些矿石中的 a 不能产生仪器所检测到的剩余放射性现象 y。由此才可以推出:这些矿石中含有的其它种放射性元素 b 产生了仪器所检测到的剩余部分放射性现象 y。

第二,引起现象 P 的原因 S 不一定是单一的情况,可能是一个由多个情况构成的复合情况。结合上例,假设放射性现象产生的原因还有其他因素,那么这一结论就站不住脚了。

以上介绍了探求现象间因果联系的五种方法。在实际过程中,人们往往是同时应用其中几种方法,这有助于提高结论的可靠性程度。

五、类比推理

如前所述,类比推理是一种从个别推出个别或从一般推出一般的推理。它可以分为肯定类比推理和否定类比推理。

肯定类比推理是根据两个或两类对象在某些属性上的相同或相似推出它们在其他属性上也相同或相似的推理。

例如,我国新疆塔里木地区是著名的长绒棉产地。长绒绵是前苏联乌兹别克地区的特产,后来才被引入我国。之所以想到把长绒绵引入新疆并相信会取得成功。就是因为运用了肯定类比推理:

乌兹别克地区日照时间长,无霜期长,气温高,雨量适中,因而适合于长绒棉的生长;

我国新疆塔里木地区也是日照时间长,无霜期长,气温高,雨量适中;

所以,我国新疆塔里木地区也适合于长绒棉的生长。

一般地,肯定类比推理的推理形式可表示如下:

A 对象具有 a,b,c,d 属性;

B 对象具有 a,b,c 属性;

所以 B 对象也具有 d 属性。

其中 a,b,c 称为相同或相似属性。d 称为推演属性。

肯定类比推理的日常使用非常普遍。例如,在诊断胸腔病情时,医生普遍运用手指敲叩患者胸部和背部的方法,这种方法在医学上称之为"叩诊"。那么,"叩诊"是怎样发明的呢? 18世纪中叶,奥地利医生奥恩布鲁格在一次给病人看病时,一时查不出有什么疾病,病人很快死亡。死后进行尸体解剖,发现胸腔已经化脓,积满了脓水。奥恩布鲁格想,要是今后再碰上类似的病人该怎么办呢? 一天,他忽然想起了经营酒业的父亲在估量桶内的酒量时,常常用手指关节敲叩木制酒桶,凭着叩声的不同,他的父亲就能估计出桶内到底还有多少酒。奥恩布鲁格由此想到,人们的胸腔是否也一样可以根据手指敲叩病人胸部发出的音响的不同而做出诊断呢? 循着这条思路,奥恩布鲁格开始观察病例和进行病理解剖,探索胸部疾病和扣击声音变化之间的关系。经过大量的试验和研究,最后写出了《用叩诊人体胸部发现胸部内部疾病的新方法》的医学论文。通过不断的医学实践,"叩诊"终于成了现代临床医疗常用的诊断方法之一。叩诊的发明,正是运用了肯定类比的方法。

否定类比推理是根据两个或两类对象在某些属性上的差异,推出它们在其他属性上也存在着差异的推理。

例如,科学家们在对月球进行观察分析,并与地球进行类比之后,早在人类登上月球之前,就得出结论:月球不可能像地球一样存在着自然的生命。科学家们是这样推理的:

地球上有空气、水,温度适中并且昼夜温差不大,因而地球上存在着自然的生命;

月球上没有空气、水,昼夜温差很大;

所以,月球不可能像地球一样存在着自然的生命。

这就是运用了否定类比推理。否定类比推理可用公式表示为:

A 对象具有 a,b,c,d 属性;

B 对象不具有 a,b,c 属性;

所以 B 对象也不具有 d 属性。

其中 a,b,c 称为相异属性,d 称为推演属性。

无论是肯定类比推理还是否定类比推理,其结论所断定的范围都超过了前提所断定的范围。因为前提所断定的是某个或某类对象的属性,而结论却把这一属性推广到另一个或另一类对象中去,这样的结论显然具有或然性。因此,对类比推理来说,提高结论的可靠性程度就显得非常重要。那么,如何提高结论的可靠性呢?

第一,前提中类比对象间相同或相似属性(对肯定类比推理),或者相异属性(对否定类比推理)越多,结论越可靠。医学上检验某一药物的效果时,一般是选择与人类的生命组织和生理构造较为接近的高等动物如狗、白鼠等作为实验对象。因为高等动物与人类的相同或相似属性比低等动物多,高等动物对药物的反应更有可能也是人类所具有的。

第二,前提中类比对象间相同或相似属性(对肯定类比推理),或者相异属性(对否定类比推理)与推演属性之间的联系越密切,结论的可靠性程度越高。否则就有可能导致机械类比的逻辑错误。例如,人们比较声和光,发现声能直线传播、反射和折射传播,特别是有干涉现象,其原因在于声有波动性。光也能直线传播、反射和折射传播,特别是也有干涉现象。由此推出光也有波动性。这个结论的可靠性应是比较高的,因为类比对象间相同或相似属性(干涉现象)与推演属性(波动性)之间存在着因果联系。科学家得出月球上不存在自然生命的结论的可靠性程度也是比较高的,因为前提中相异的属性(空气、水、昼夜温从属)与推演属性(自然的生命)之间也存在着因果联系。

类比推理也是日常思维中的一种主要推理模式。例如:

H 大学经过改革能上一个新的台阶。因为 F 大学是老校,师资力量雄厚,学校风气好,经过改革上了一个新的台阶;而 H 大学也是一个老校,师资力量雄厚,学校风气也很好,两个学校的基本情况相同。

这是一个类比推理。为了确定"H 大学经过改革能上一个新的台阶"这一论题的真实性,把 H 校与 F 校的基本情况进行类比,并作为立论的根据。

类比推理在中国古代早有应用。《墨子·公输》中记载的"止楚攻宋"的故事,就很严谨地体现了类比推理。

子墨子见王,曰:"今有人与此,舍其文轩,邻有敝舆,而欲窃之;舍其锦绣,邻有短褐,而欲窃之;舍其梁肉,邻有糠糟,而欲窃之,此为何人?"王曰:"必有窃疾矣?"子墨子曰:"荆之地,方五千里,宋之地,方五百里,此犹文轩之与敝舆也;荆有云梦,犀兕麋鹿满之,江汉之鱼鳖鼋鼍,为天下富;宋所谓无雉兔狐狸者也。此犹梁肉之与糟糠也,荆有长松文梓,楩枏豫樟,宋无长木,此犹锦绣之与短褐也。臣以三事之攻宋也,为与此同类。臣见大王之必伤义而不得。"

墨子所打的偷窃成性的比方,恰好与楚国、宋国情况的对比相符。这一结论的推论,即楚王假如坚持攻楚国那就等于犯了偷窃病,就是墨子想要论证的论题。如果证明了这个论题,楚王就会感到理亏,因而就可能达到"止楚攻宋"的目的。果然,楚王被说服了。

但日常思维中最容易犯机械类比的错误。所谓机械类比,是指仅仅根据两个或两类对象表面上的相似或者偶然相似而推出结论。例如,有人拿月球同地球类比,认为地球和月球有许多共同属性,比如它们都属太阳系星体,都是球形的,都有自转和公转等。既然地球上有生物存在,因此,月球上也很可能有生物存在。这就是一个机械类比,因为这里所陈述的共同属性与生命的存在并没有本质的联系。我们可以反驳说:月球上同一地点温度变化极大,白天可以上升到100℃,晚上又降至零下160℃;月球上空气稀薄,几乎没有水源等等。

六、概率推理与统计推理

(一)随机事件与概率

现实世界中的所有事件,按其性质的不同,可以划分为三类,分别是必然事件、不可能事件和随机事件。在一定条件下必然会发生的事件是必然事件。例如,从一个装有三个黑球的袋子里任取一个球,"恰好取出一个黑球"就是必然事件。在平面上任作一个三角形,"此三角形的内角和是180°"也是必然事件。在一定条件下决不可能发生的事件是不可能事件。例如,从一个装有三个黑球和一个红球的袋子中任取两球,"恰好取出两个红球"就是不可能事件。

在一定条件下可能发生,也可能不发生的事件是随机事件。仍以从袋中取球为例。"从袋中取出的球恰好为一黑一红"就是随机事件。现实世界中存在大量的随机事件,其他的例子如:某地每年出现台风的时间和最大风力;某城市每月流动人口的数量;陨石落到地面击中人(尽管该事件发生的可能性极小)等等。

表面看来,随机事件具有不确定性,个别事件是杂乱无章的、偶然的,但是,当我们考察过大量的同类型的随机事件后,就会发现,在表面的偶然性背后隐藏着某种确定性和规律性。恩格斯说:"在表面上是偶然性在起作用的地方,这种偶然性始终是受内部隐藏着的规律支配的,而问题只是在于发现这些规律。"这种规律就是统计规律。

19世纪时人们就已经认识到,无论在自然科学领域,还是在社会科学领域,同时存在着两种性质不同的规律,一种是因果性规律,另一种是统计规律。但是,此时的因果决定论的地位仍然是不可挑战的。诞生于20世纪的量子物理学在更深刻的背景和更大的规模上,向传统因果决定论观点的独尊地位发起了挑战。爱因斯坦有句名言:"上帝不掷骰子",现在,我们不仅要承认"上帝确实掷骰子",而且还要研究"上帝怎样掷骰子"。研究这个问题的理论就是概率论和数理统计,它们在科学家中已经深入人心。

在逻辑领域,人们也在寻找合适的逻辑工具来处理现实世界中的随机事件,通过推理和运算找出某个事件发生的概率,进而预测和把握未来。这种逻辑工具就是概率推理。对归纳问题的现代研究,大多是结合概率论进行的。

人们一般在与归纳有关的意义上使用"概率"这个词,这种意义上的概率,是指对于一个事件出现的可能性的程度或可能性的大小做出数量方面的估计,它与在证据基础上相信结论的合理度是相同的,概率是一个相对的问题,只有在相对于某些证据这一点上,谈论一个推测的概率才是有意义的。一个推测,无论是真是假,相对于证据的一部分,可能有一个高的概率;而相对于证据的另一部分,则可能有一个低的概率。

有代表性的概率定义有如下几种:

1. 概率的古典定义

通过试验,人们对随机事件出现的可能性大小给出一个确定的度量。用来计量随机事件出现的可能性大小的数就是事件的概率。事件 A 的概率通常表示为 $P(A)$。例如,如果从一副标准 52 张桥牌中任取一张,由于每张牌被抽取的可能性是相等的,则抽到某张牌的概率可表示为:

$$P(A)=1/52$$

概率的古典定义为:假设某随机试验总共有 n 个两两互斥的同等可能结果,使事件 A 成功的结果有 m 个,则 A 成功的概率 $P(A)$ 是:

$$P(A)=m/n$$

不难看出,概率的古典定义仅仅适用于具有有限个结果的随机试验,并且要求所有的结果具有同等可能性。

2. 概率的统计定义

在条件不变的情况下,如果我们重复地进行同一个试验 n 次,若随机事件 A 在这 n 次试验中出现了 m 次,则称比值 m/n 为这 n 次试验中事件 A 出现的频率。如果随着试验次数 n 的增大,事件 A 出现的频率 m/n 总是在某个常数 P 附近摆动,并且随着次数的增大,摆动幅度越来越小,这时,我们称 P 为事件 A 的概率,可表示为:

$$P(A)=P$$

例如,倘若投掷一枚硬币的次数较少,则正面向上的频率并非是十分稳定的。然而随着抛掷硬币的次数增多,频率会越来越明显地呈现出稳定性,并且越来越接近 0.5。

同概率的古典定义相比,概率的统计定义是普遍适用的,适用于一切随机现象。

3.概率的逻辑解释

概率的逻辑解释首先由凯恩斯提出,卡尔那普在他的归纳理论中接受并发展了这一观点。他认为,概率被看作是命题之间的逻辑关系,它的一个基本概念是"确证程度"。确证程度用"C"表示,$C(h,e)=r$表示证据 e 对假说 h 的确证程度为 r。确证程度仅仅表示假说 h 与证明 e 的某种逻辑关系。为确定 h 相对于 e 的确证程度,无需知道 h 和 e 是真还是假,只需要分析 e 和 h 两句话的意义,便可计算出确证度 r。例如,e 代表语句"芝加哥的人口数为三百万,两百万人是黑头发的,b 是芝加哥的一个居民",h 代表语句"b 是黑头发的",我们只需要分析 e 和 h 两句话的意义,便可计算出 h 相对于 e 的确证度为 2/3。卡尔纳普还提出,演绎推理与归纳推理的区别在于前者陈述了一种"完全逻辑蕴涵关系",而后者陈述了一种"部分逻辑蕴涵关系"。

概率的频率解释和逻辑解释之间的一个重要区别,就是前者认为概率语句是对随机事件性质的一种刻画,每一个直言概率陈述语句都是一个统计假说,它可以根据观察加以确证或否证,概率函数的自变量是事件。而后者则把概率看作假说和证据之间的一种逻辑关系,按照这种观点,概率陈述和逻辑陈述一样是分析的,一个真的概率陈述永远是一个逻辑真理,概率函数的自变量是陈述。

4.概率的主观置信度理论

概率的主观置信度理论把概率解释为个人的主观置信度,即在给定证据 e 时,某个体 S 对于假说 h 的合理性的相信程度,记为 $C_S(h,e)$。因为任何一个陈述都不是孤立的,它存在于我们的全部知识之中,因而一个陈述的主观置信度完全取决于我们的相关知识是什么,这样,一个陈述的置信度因人而异,并且因时间而变化。例如下面这个推理:

(1)小王是一名大学生;
(2)绝大多数大学生懂英语;
(3)所以小王懂英语。

从这个推理的前提所构成的知识储备来看,这个陈述的主观置信度相当高,但如果再增加下面这一点新知识:虽然小王是一名大学生,而且绝大多数大学生懂英语,但是小王在学校学的是俄语,那么"小王懂英语"这个陈述的主观概率就会大大降低。假定推理者又有了新知识:小王是某英语俱乐部的成员,那么"小王懂英语"的主观置信度便又变得很高了。

主观置信度非常重要,它是我们做出决策的基础。我们从自己现有的知识出发,应用归纳逻辑,得到向某个陈述相关联的主观概率,再根据这个主观概率采取相应的行动。现在,主观置信度理论已经成为贝叶斯决策理论的基础。

(二)概率推理

概率推理又称概率归纳推理,它是根据某类事物已观察到的部分对象具有某属性的频率进而推出所有该类对象(或某个对象)也具有该属性的概率的一种推理形式,其结论是一个统计概括的概率命题。这里有两种具体情形,一是由部分而推到整体。它的公式可表示为:

S_1 是 P;

S_2 不是 P;

S_3 是 P;

……

S_n 是(或不是)P;

$S_1,S_2,S_3,\cdots,S_n$ 是 S 类部分对象,且其中有 m 个是 P。

所以,S 类所有对象是 P 的概率为 m/n。

例如,对某种正在研制中的战术导弹进行发射试验,百分之百准确地击中目标通常比较少见。多数情况是有的导弹发射后准确命中目标,有的则没有准确命中目标。在这种情况下,人们就可以运用概率推理,得出准确命中目标的导弹的百分比数,并进而推出一个概率判断,断定这种正在研制中的新型导弹有百分之几能够准确命中目标。

又比如,人类出生的婴儿有男婴有女婴。由统计资料得知,1943 年美国新生儿中,男、女婴儿数分别为:1506959 和 1427901,比例数是 51.35∶48.65。据此,人们得出一般性的结论,人类出生的婴儿中有 48.65% 是女婴。

这种由部分推到整体的概率归纳,由于结论超出了前提所断定的范围,因此它是或然性推理。

概率归纳推理的另一种情形是由部分推向个体,亦即从一类事物足够多的部分(或全部)对象具有某属性的频率,推出该类任一对象也具有该属性的概率归纳推理。其公式可表示为:

已观察到的 S 是 P 的频率为 m/n;

S_i 是 S 中任意一个;

所以,S_i 是 P 的概率为 m/n。

需要指出的是,前提中 m/n 表示已观察到的 n 个 S 中有 m 个具有 P 属性,并且 m/n 还表示任意的一种比值。由此若 m/n 极大地逼近值 1,则可推出"S_i

是 P"的结论；若 m/n 极小地靠近值 0，则可断言"S_i 不是 P"。比如，如果已知某厂产品的合格率为 0.99 和某产品是该厂生产的，则可推出该产品应为合格产品。若已知某射手射中目标的频率为 0.01，则可推出他下次射击也不会击中目标的结论。

概率推理无论是由部分而推论到全体，还是由部分推向个体，其结论都是或然的，而不是必然的。为了提高概率推理的可靠性程度，应注意如下两点：

第一，观测和试验的次数愈多，考察的范围愈广，就越接近事件概率，结论的可靠性就愈大。

第二，对概率的估计应当随着实际情况的变动而作新的研究。例如，1939年，所有脑膜炎和肺炎球菌性肺炎的病人服用磺胺药以后，都有良好的效果，但20年后，只有 50% 的病人见效。这是因为正常菌株被杀死，能抗药的突变型病菌繁殖起来了。因此，应当注意研究新情况，取得新的认识。

(三)统计推理

1.抽样

数理统计是以概率论为基础，从部分去推断整体的理论。它可以帮助我们收集原始数据信息，并对这些信息进行整理和分析，以获得有价值的认识。当我们翻开报纸、打开电视机时，几乎随时都可以看到一些数据或编译数字。在现代科学中，统计方法越来越重要。

在统计中，被考察的全体对象称作总体(母样)，从总体中选取的部分个体称作样本(子样)。常见的抽样方法很多，其中有随机抽样法、分层抽样法、整群抽样法等。

所谓随机抽样法就是完全以随机的方式进行抽样，母体中每个个体都有被抽取的均等机会。随机抽样得到的样本称为随机样本。随机抽样的方法有很多种，最简单的方法是抽签法。

所谓分层抽样法就是按照所研究对象的性质、特点和要求，全体对象划分为性质比较接近的各组(称为层)，再从各层中随机抽取一部分个体作为样本来加以考察。例如，某组织要调查该国国民对总统的支持率。他们首先将国民划分为不同的阶层，分别是大资产阶级、中产阶级和工人阶级，这三个阶层分别占总人口的 1%、40% 和 59%。然后，从这三个阶层中随机抽取 100 人、4000 人和5900 人，组成一个样本，该样本对总统的支持率为 50%。那么，由此可以推断，该国国民对总统的支持率为 50%。

所谓整群抽样法是指将全体对象划分为若干群,随机抽取若干群作为样本群,然后对样本群进行统计分析。例如,某厂为掌握本季度新开发产品一级品的比率,确定抽 10% 的产品,即在全季度连续生产的时间段内,按每隔 10 小时抽取 1 小时的全部产品,加以质检。假如经过统计分析,样本群的一级品率是90%,人们便可以推算出该厂全季度产品的一级品比率。

整群抽样与分层抽样的不同在于分层抽样的分层是以相近类为基础,尽量减少层内各个体之间的差异,以每个层都有样本单位,从各层内随机抽取的办法来体现代表性,整群抽样法则希望群内各个体对象的差异尽量大些,并以此体现代表性。在整群抽样法中,未抽到群内的所有单位都不会进入样本,而抽到群内的单位全部进入样本。

2. 统计推理的类型

统计推理是由部分到全体的推理,它的结论所断定的范围超出了前提所断定的范围,推理的前提与结论之间只有或然性的联系,因此,统计推理也是一种归纳推理。

统计推理大致有三类。第一类是由某个样本具有某种属性推出全体对象都具有该属性。这又可细分为两种。一种是该样本中的个体全有或全无某种属性,这样得到的结论是全称命题,叫做全称概括。另一种是该样本中的部分个体具有某种属性,这样得到的结论叫做统计概括。例如,我们从一批产品中取出若干件作为样本,可作如下的推理:

所考察的样本中 90% 的产品是一级品;

所以,该批产品中 90% 的产品是一级品。

这类推理,无论是两种中的哪一种,都可以看成是枚举归纳推理或其变种。

第二类是由某个样本具有某种属性推出另一个(用相同的或不同的方式取出的)样本也具有该属性。这类推理与类比法有相似之处。在极端的情况下,当我们取总体作为另一个样本时,第二类推理就变成了第一类统计推理。

第三类统计推理就是所谓的统计三段论。它的典型形式是:

百分之 Z 的 F 是 G;

X 是 F;

所以,X 是 G。

仍以产品质检为例子:

该批产品的一级品率为 90%;

本产品是此批产品中的一件;

所以,本产品是一级品。

这类推理具有类似直言三段论的形式,但其大前提是统计概括,因而显然是归纳推理。统计三段论中的 Z 必须大于 50,而且 Z 的数值愈大,结论的可靠性就愈大,或者说前提给予结论的支持就愈大。

练习题

一、演绎推理、归纳推理和类比推理之间有何联系与区别?

二、如何提高探求因果联系各种方法结论的可靠性程度?

三、下列推论或研究运用了何种推理或方法?

1. 金是导电的,

银是导电的,

铁是导电的,

铜是导电的,

铝是导电的,

……

金、银、铁、铜和铝等都是金属,迄今为止还没有发现一种金属是不导电的。所以,任何金属都是导电的。

2. 水星沿着椭圆轨道绕太阳运行,金星沿着椭圆轨道绕太阳运行,地球沿着椭圆轨道绕太阳运行,火星、木星、土星、天王星、海王星、冥王星等都是沿着椭圆轨道绕太阳运行;水星、金星、地球、火星、木星、土星、天王星、海王星和冥王星是太阳系的全部大行星。因此,太阳系所有大行星都沿着椭圆轨道绕太阳运行。

3. 气象工作者经过长期观察发现,如果清晨有露水,这天就是晴天。为什么有露水时就是晴天?他们研究了露水形成与天气之间的关系:在晴朗少云的夜间,地面热量散失很快,田野上的气温迅速下降。气温一降低,空气含水汽的能力也减小了,大气低层的水汽就纷纷附在草上、树叶上凝成小水珠,形成露水。因此,露水的形成需要一定的天气条件,那就是大气比较稳定,风小,天空晴朗少云。如果夜间满天是云,云层就像暖房的顶盖,具有保温作用,离地高的地方气温不容易下降,露水很难出现。如果夜间风大,空气的流动就增加了近地面空气的温度,使水汽扩散,露水也难以形成。在这种认识的基础上,气象工作者得出结论:清晨有露水,这天必是晴天。

4. 某县化肥公司为了更好地为农业服务,需要掌握该县农户户均每年所需化肥的数量。以便确定所需的总量,做好供应准备。但要全面普查将涉及数以十万计的农户,这是人力、物力和时间所不允许的。可是他们从该县的农户中抽出具有代表性的 400 户,经调查,这 400 户户均每亩需化肥 80 公斤。由此推出结论,该县平均每户每亩需要化肥 80 公斤。有了这一数字就不难算出全县所需化肥的总量。

5. 哥白尼认为,地球绕太阳转动,并且绕地轴自转。托勒密派天文学家反对这种观点。他们认为,如果地球每天绕轴自转一周,那么地球表面上任何一点在很短暂的时间内都将运动很大一段距离。这时,如果有块石头从地球表面的一座塔顶上落下来,那么在下降过程中,由于地球自转的缘故,塔已经离开了原来的位置。因此,下落的石头应该落在距塔基相当远的地面上。但是,人们看到的情况并非如此,石头总是落在塔基边缘。这就是所谓"塔的证据"。伽利略指出,从运动着的地球表面的一座塔顶上落下来的石头,掉在塔基附近而不是掉在离塔基远处的事实,不能说明地球不是运动的,这正如一条匀速航行的船,从桅杆顶上落下一件重物,总是落在桅杆脚下而不是落在船尾一样。在 17 世纪 40 年代,法国人伽桑狄进行了一次"桅顶落石"的试验,结果与伽利略预期的相同。试分析伽利略使用了什么推理为哥白尼的"地动说"进行辩护。

6. 国外文献报道,长期用 1‰ 阿托品滴眼,每天一次,可防止近视发展。上海某个眼科疾病防御所在这方面做了大量研究工作。他们用 1‰ 阿托品滴一只眼和另一只眼不滴阿托品作对照,经一个月治疗,滴药的眼睛近视数平均降低 0.88 度,不滴药的眼睛视力无进步。但是这个疗法的缺点是患者畏光。后来他们将阿托品减低浓度(一般不小于 0.01‰)治疗近视的学生,疗效和副作用也随阿托品浓度降低而减弱。

7. 长期生活在又咸又苦的海水中的鱼,它的肉却不是咸的,这是为什么？科学家们考察了一些生活在海水中的鱼,发现它们虽然在体形、大小、种类等方面不同,但它们鳃片上都有一种能排盐分的特殊构造,叫"氯化物分泌细胞"组织。科学家们又考察了一些生活在淡水中的鱼,发现它们虽然也在体形、大小、种类等方面不同,但它们鳃片上都没有这种"氯化物分泌细胞"组织。由此可见,具有"氯化物分泌细胞"组织是海鱼在海水中长期生活而肉不具有咸味的原因。

8. 种植马铃薯是选用大个的薯块作种好,还是选用小的好？有一个农业试验站曾做过这样的实验:用 10 克、20 克、40 克、80 克、160 克重的马铃薯分别播在同一块田里,施同样的肥料。结果,10 克重的产量是 245 克,20 克重的产量是 430 克,40 克重的产量是 565 克,80 克重的产量是 940 克,160 克重的产量竟达 1090 克。这说明选用大个的薯块作种,可以提高产量。

9. 19 世纪期间,人们发现从各种化合物中分离出来的氮,其密度总是相同,可是大气中的氮,却比从化合物中得到的氮,多出 0.5% 的重量,于是人们分析,这多出来的重量,一定有它另外的原因。经过对大气的反复测定,终于证明空气中的氮气加重的原因,是因为存在着氩气的缘故。

10.棉花能保温,积雪也能保持地面温度。据测定,新降落的雪有40%到50%的空气间隙,棉花是植物纤维,雪是水的结晶,很不相同,但两者都是疏松多孔的。由此可见,疏松多孔的东西能够保温。

(以上练习题部分取自《普通逻辑原理》,高等教育出版社,2008年版)

四、假设匣子里有两个一元的硬币和两个五角的硬币,请问从中取出两个五角的硬币的概率是多少?

五、概率推理有哪两种主要的形式,请各举一例说明。

六、假如我们对某工厂的产品进行质量检查,质检情况如下表所示:

抽取产品总件数	5	10	60	150	600	900	1200	1800
其中合格产品件数	5	8	54	136	548	820	1091	1631
合格产品的频率	1	0.8	0.9	0.907	0.913	0.911	0.909	0.906

由表中可看出,随着抽取件数的增多,合格产品的频率趋近于一个稳定值。

请问:据此可以得出怎样的结论?得出结论时运用了何种归纳推理形式?

七、有一个古老的传说,一个犯人曾经用概率增加他得到宽恕的机会。给他两个碗,一个里面装着黑球,另一个装着白球,黑球与白球个数相同。将他眼睛蒙住,然后要他选择一个碗,并从里面拿出一个球。如果他拿的是黑球,就要继续关在监狱,如果他拿的是白球,就将获得自由。在蒙住眼睛之前,允许他用他希望的方式把球进行混合,于是这个犯人把所有的球都放在一个碗里,然后再拿出一白球放在另一个碗里。

问:这个犯人为什么采取这种混合方式?

八、以下各题都是归纳逻辑的具体应用。从五个备选项中选择一个正确答案。

1.人们早已知道,某些生物的活动是按时间的变化(昼夜交替或四季变更)来进行的,具有时间上的周期性节律,如鸡叫三遍天亮,青蛙冬眠春晓,大雁春来秋往,牵牛花破晓开放,等等。人们由此做出概括:凡生物的活动都受生物钟支配,具有时间上的周期性节律。

以下哪项的论证手法与上面所使用的方法不同?

A.麻雀会飞,乌鸦会飞,大雁会飞,天鹅、秃鹫、喜鹊、海鸥等等也会飞,所以,所有的鸟都会飞。

B. 我们摩擦冻僵的双手,手便暖和起来;我们敲击石块,石块会发出火花;我们用锤子不断地捶击铁块,铁块也能热到发红;古人还通过钻木取火。所以,任何两个物体的摩擦都能生热。

C. 在我们班上,我不会讲德语,你不会讲德语,李霞不会讲德语,杨阳也不会讲德语,所以,我们班没有人会讲德语。

D. 外科医生在给病人做手术时可以看X光片,律师在为被告辩护时可以查看辩护书,建筑师在盖房子时可以对照设计图,教师备课可以看各种参考书,为什么唯独不允许学生在考试时看教科书及其相关的材料?

E. 张山是湖南人,他爱吃辣椒;李斯是湖南人,他也爱吃辣椒;王武是湖南人,他更爱吃辣椒;我所认识的几个湖南人都爱吃辣椒。所以,所有湖南人都爱吃辣椒。

2. 巴斯德认为,空气中的微生物浓度与环境状况、气流运动和海拔高度有关。他在山上的不同高度分别打开装着煮过的培养液的瓶子,发现海拔越高,培养液被微生物污染的可能性越小。在山顶上,20个装了培养液的瓶子,只有1个长出了微生物。普歇另用干草浸液做材料重复了巴斯德的实验,却得出不同的结果:即使在海拔很高的地方,所有装了培养液的瓶子都很快长出了微生物。

以下哪项如果为真,最能解释普歇和巴斯德实验所得到的不同结果?

A. 只要有氧气的刺激,微生物就会从培养液中自发地生长出来。

B. 培养液在加热消毒、密封、冷却的过程中会被外界细菌污染。

C. 普歇和巴斯德的实验设计都不够严密。

D. 干草浸液中含有一种耐高温的枯草杆菌,培养液一旦冷却,枯草杆菌的孢子就会复活,迅速繁殖。

E. 普歇和巴斯德都认为,虽然他们用的实验材料不同,但是经过煮沸,细菌都能被有效地杀灭。

3. 有一则电视广告说,草原绿鸟鸡,饿了吃青草,馋了吃蚂蚱,似乎在暗示该种鸡及其鸡蛋的营养价值与该种鸡所吃的草原食物有关。

为了验证上述结论,下面哪种实验方法最为可靠?

A. 选择一优良品种的蛋鸡投放到草原上喂养,然后与在非草原喂养的普通鸡的营养成分相比较。

B. 化验、比较草原上的鸡食物和非草原上的鸡食物的营养成分。

C. 选择品种等级完全相同的蛋鸡,一半投放到草原上喂养,一半在非草原上喂养,然后比较它们的营养成分。

D. 选出不同品种的蛋鸡,投放在草原上喂养,然后比较它们的营养成分。

E. 不要相信广告，它们常常夸大其辞。

4. 那些因刑事犯罪而被判监禁的人，在被释放之后，经常再次犯同样的罪行；而因诸如行贿、贪污、以权谋私之类的原因而被判监禁的白领，在被释放之后，一般不会再犯同样的罪行了。因此，可以公正地得出结论，监禁虽然经常不能改变刑事犯的犯罪行为，却能够成功地使白领罪犯不愿再次犯罪。

以下哪项，如果为真，将最严重地削弱上述结论？

A. 统计数字显示，那些被认定有罪的白领中，不少并没有被监禁。

B. 白领罪犯被监禁的百分比低于刑事罪犯被监禁的百分比。

C. 统计数字显示，减免了刑期的白领罪犯再次作案的比率高于服满刑期的白领罪犯。

D. 白领罪犯获释之后，极少再被委以高官重任，或给予接触公共钱财的机会。

E. 白领犯罪者很少刑事犯罪，反之亦然。

5. 越来越多有说服力的统计数据表明，具有某种性格特征的人易患高血压，而另一种特征的人易患心脏病，如此等等。因此，随着对性格特征的进一步分类和了解，通过主动修正行为和调整体格特征以达到防治疾病的可能性将大大提高。

以下哪项最能反驳上述观点？

A. 一个人可能会患有与各种不同性格特征均有关系的多种疾病。

B. 人们往往是在病情已难以扭转的情况下，才愿意修正自己的行为，但已为时太晚。

C. 某一种性格特征与某一种疾病的联系可能只是数据上的巧合，并不具有一般性意义。

D. 某种性格与其相关的疾病可能由相同的生理因素导致。

E. 用心理手段医治与性格特征相关的疾病这一研究，导致心理疗法遭到淘汰。

6. 有些土壤学家声称森林地面的腐烂物比降在湖中的酸雨更会增加高山湖水酸性。因此，他们认为减少酸雨并不一定能明显地降低高山湖泊的酸性水平。

下面哪个论述，如果正确，最严重地削弱了上面的论点？

A. 高山湖泊的酸性比其他湖泊高是很正常的事。

B. 从前严重低估了湖水酸性升高的危害。

C. 能在城市和重工业地区发现酸雨。

D. 土壤学家对酸雨的成因意见分歧很大。

E. 如果有植物生命存在,酸雨会显著增加自然环境中腐烂的有机物的数量。

7. 某校的一项抽样调查显示:该校经常泡网吧的学生中家庭经济条件优越的占80%;学习成绩下降的也占80%,因此家庭条件优越是学生泡网吧的重要原因,泡网吧是学习成绩下降的重要原因。

以下哪项为真,最能削弱上述论证?

A. 该校位于高档住宅且学生九成以上家庭条件优越。

B. 经过清理整顿,该校周围网吧符合规范。

C. 有的家庭条件优越的学生并不泡网吧。

D. 家庭条件优越的家长并不赞成学生泡网吧。

E. 被抽样调查的学生仅占全校学生的30%。

8. 一项关于婚姻的调查显示,那些起居时间明显不同的夫妻之间,虽然每天相处的时间相对要少,但每月爆发激烈争吵的次数,比起那些起居时间基本相同的夫妻明显要多。因此,为了维护良好的夫妻关系,夫妻之间应当注意尽量保持基本相同的起居规律。

以下哪项如果为真,最能削弱上述论证?

A. 夫妻间不发生激烈争吵不一定关系就好。

B. 夫妻闹矛盾时,一方往往用不同起居的方式表示不满。

C. 个人的起居时间一般随季节变化。

D. 起居时间的明显变化会影响人的情绪和健康。

E. 起居时间的不同很少是夫妻间争吵的直接原因。

9. 一艘远洋帆船载着5位中国人和几位外国人由中国开往欧洲。途中,除5位中国人外,全患上了败血症。同乘一艘船,同样是风餐露宿,漂洋过海,为什么中国人和外国人如此不同呢?原来这5位中国人都有喝茶的习惯,而外国人却没有。于是得出结论:喝茶是这5位中国人未得败血症的原因。

以下哪项和题干中得出结论的方法最为相似?

A. 警察锁定了犯罪嫌疑人,但是从目前掌握的事实看,都不足以证明他犯罪。专案组由此得出结论,必有一种未知的因素潜藏在犯罪嫌疑人身后。

B. 在两块土壤情况基本相同的麦地上,对其中一块施氮肥和钾肥,另一块只施钾肥。结果施氮肥和钾肥的那块麦地的产量远高于另一块。可见,施氮肥是麦地产量较高的原因。

C. 孙悟空:"如果打白骨精,师父会念紧箍咒;如果不打,师父就会被妖精吃掉。"孙悟空无奈得出结论:"我还是回花果山算了。"

D. 天文学家观测到天王星的运行轨道有特征 a、b、c,已知特征 a、b 分别是由两颗行星甲、乙的吸引造成的,于是猜想还有一颗未知行星造成天王星的轨道特征 c。

E. 一定压力下的一定量气体,温度升高,体积增大;温度降低,体积缩小。气体体积与温度之间存在一定的相关性,说明气体温度的改变是其体积改变的原因。

10. 某国议会的一份公文如下:"我国应立法限制使用石油制品生产塑料。我国对燃料的需要远远甚于对塑料的需要;而且,我国对进口石油越来越依赖,一旦战争爆发,石油进口被阻断,我国将陷入危机。如果减少制造塑料的石油制品用量,我们就能在独立自主和国家安全上迈进显著的一步。"

以下哪项如果为真,最能反驳上述论证?

A. 事实上,该国用于制造塑料的石油消耗只占全部石油消耗非常小的比例。

B. 某些塑料制品,如飞机、汽车上的部件,对国防有很重要的作用。

C. 战争时期,敌国会极力攻占石油供给国地区。

D. 新研制的塑料制造方法能有效减少石油用量。

E. 利用核能代替石油的研究受到了国际核条约的约束而减慢。

11. 在 20 世纪 60 年代以前,斯塔旺格尔一直是挪威一个安静而平和的小镇。自 60 年代早期以来,它已成为挪威近海石油勘探的中心;在此过程中,暴力犯罪和毁坏公物在斯塔旺格尔也急剧增加了。显然,这些社会问题产生的根源就在于斯塔旺格尔因石油而导致的繁荣。

下面哪一项,假如也发生在 20 世纪 60 年代至现在,则对上面的论证给予最强的支持?

A. 对他们的城市成为挪威近海石油勘探中心,斯塔旺格尔的居民并不怎么感到遗憾。

B. 挪威社会学家十分关注暴力犯罪和毁坏公物在斯塔旺格尔的急剧增加。

C. 在那些没有因石油而繁荣的挪威城镇,暴力犯罪和毁坏公物一直保持着低水平。

D. 非暴力犯罪、毒品、离婚,在斯塔旺格尔增加得与暴力犯罪和毁坏公物一样多。

E. 在斯塔旺格尔,因石油而导致的繁荣使得有必要建更宽马路以满足日益增长的交通需要。

12. 滨海市政府计划对全市的地铁进行全面改造,通过较大幅度地提高客运量,缓解沿线包括高速公路上机动车的拥堵,市政府同时又计划增收沿线两条主要高速公路的机动车过路费,用以弥补上述改造的费用。这样的理由是,机动车主是上述改造的直接收益者,应当承担部分开支。

以下哪项断定如果为真,最能质疑上述计划?

A. 滨海市政府无权支配全部高速公路机动车过路费收入。

B. 地铁乘客同样是上述改造的直接收益者,但并不承担开支。

C. 机动车有不同的档次,但收取的过路费区别不大。

D. 为躲避多交过路费,机动车会绕开收费站,增加普通公路的流量。

E. 高速公路上机动车拥堵现象不如普通公路严重。

第九章 论证与论辩

一、论证概述

(一)什么是论证

论证就是用已知为真的判断,去确定另一个判断的真实性或虚假性的思维过程。论证也称逻辑论证,包括证明和反驳。证明是引用已知的事实判断,来确定另一个判断的真实性的思维形式,也叫立论。反驳是应用已知的事实判断,来确定另一个判断的虚假性的思维方式,也叫驳论。例如:

例 1 语文教学一定要加强课外阅读。因为课外阅读是认识生活的钥匙,课外阅读能培养健康的个性,课外阅读能开阔学生的视野,课外阅读能积累丰富的素材。

例 2 大学阶段是人生发展的重要时期,是世界观、人生观、价值观形成的关键时期。因此,在大学里,大学生们要有良好的内在品格修养。只有这样,当代大学生们才能以崭新的形象和过硬的水平,找准有价值和有意义的人生坐标,也才能在改革和发展各项事业中发挥自己的聪明才干。

例 3 你们说我情商太低,但你们知道什么是"情商"吗?情商是指一个人对自身情绪的感知和管理能力。我深深了解自己的情绪由来及走向,也知道如何表达它。如果你们硬要说我有什么不对的地方,那么我想,我只是太信任你们,所以才被你们的话彻底激怒。我完全知道自己的行为后果,所以我并没有失控。

以上是三个论证。例1和例2都是证明,前者论证了"语文教学一定要加强课外阅读"这一判断的真实性,后者论证了"大学生需要有良好的内在品格修养"这一判断的真实性。例3是反驳,说话者用自己的行为事实与"情商"这一概念的准确定义,论证了"(我的)情商太低"这一判断的虚假性。

论证通常包括以下三个层面:

1. 作为结果的论证(argument-as-product)。论证作为结果,是指一个命题的真取决于其他命题为真的命题序列。其中,真取决于其他命题为真的命题叫做结论,其他命题称为前提。

2. 作为程序的论证(argument-as-procedure)。论证作为程序,是指论证者用一组陈述的可接受性,通过批判性讨论,让目标听众承认另一个或另一组特定陈述的可接受性的言语交际行为。其中,企图让目标听众接受的陈述被称为主张,用来支持主张的陈述被称为理由。

3. 作为过程的论证(argument-as-process)。论证作为过程,是指论证者理性地说服目标听众接受其主张的过程。

论证的上述三个层面是密不可分的。论证对应于上述第一个层面,而论辩(argumentation)则对应于上述第二、三个层面。上述三个层面分别对应着亚里士多德评价论证的三条标准:分析标准(即演绎逻辑标准)、论辩标准和修辞标准。为此,我们可以把论证区分为广义论证和狭义论证。广义论证包含上述三个层面的含义,狭义论证只包括第一个层面,它强调的是论证的结果。因此,我们可以将狭义论证叫作"论证",用以强调结果;同时将属于广义论证但不属于狭义论证的部分叫作"论辩",用以强调论证的程序和过程。这样,我们可以把论证和论辩分别定义为:

论证是指论证者为自己的主张(结论)提出理由(前提),并企图说服目标听众接受该主张的结果。

论辩是指论证者为自己的主张(结论)提出理由(前提),并企图说服目标听众接受该主张的程序和过程。

(二)推理、推论和论证

推论(inference)是指从前提导出结论的行为或思维过程。推理(reasoning)是指为信念、结论、行动或感觉寻找理由的认知过程。对于推理有两点需要注意:一是强调"寻找理由";二是强调"认知过程"。作为一种认知过程,"推理"是心理学家、认知科学家和人工智能专家等共同研究的对象。在逻辑学领域,人们通常把"推论"和"推理"作为同义词对待。有的逻辑学家使用"推论",有的使用"推理",但其实他们讲的是同一个对象。论证是一个由有意义的陈述所组成的命题序列,其中,一个命题是结论,其他命题是前提。这里有两点需要注意:一是

"命题序列";二是"前提命题和结论命题的区分"。因此,我们也可以把论证看成是以一组真命题为前提,证明另一个命题为真的过程。

论证和推理之间既有联系又有区别。推理是论证的工具,论证是推理的应用。推理形式对应于论证形式,推理中的前提对应于论证中的论据,推理中的结论对应于论证中的论题。由此,一个论证同时也是一个推理。推理分为演绎推理和归纳推理两种。演绎推理是从一般前提指向特殊前提的推理过程,如以"一切乌鸦都是黑的"为前提,得出"某一只乌鸦是黑的"这一结论。归纳推理则是从个别命题指向一般命题的推理过程,如以"某些乌鸦是黑的"为前提,得出"一切乌鸦都是黑的"这一结论。与之对应,论证也可以分为演绎论证和归纳论证,我们将在下文对此展开详细叙述。

论证与推理又有区别。首先,二者的思维过程不同。论证是先有论题,后再提出论据对论题进行论证;推理则是先有前提,后得出结论。其次,二者的要求不同。论证是由一个或几个真实性已经确定的命题,推导出另一个命题的真实性或虚假性,而推理则只关注前提与结论之间的逻辑关系,即推理形式的有效性问题,并不关注前提的真实性。最后,二者的结构不同。论证的结构通常更加复杂,通常情况下,一个论证往往包含着多个推理。

(三)论证与解释

论证与解释不同。论证是说话者提出一个主张,并且给出理由试图让目标听众接受这一主张。解释是说话者描述一个事实,并对产生该事实的原因做出说明。如在语句"我很失败,因为所有科目考试都不及格"当中,虽然出现了"因为"这样的因果关系连词,但该语句只是表达了"我很失败"以及"我失败的原因是考试不及格"这样的事实,因此,它不是论证,只是解释。

要区分论证与解释并不容易,有时我们需要借助语境来判定一个命题是论证还是解释。例如,"疫情非常严重,因为本地感染人数已经破万"这一语句既有可能是解释,也有可能是论证。到底是哪个,取决于会话或其他语境。如在下面的会话中,该语句属于论证:

问:今年的疫情严重吗?

答:非常严重,因为本地感染人数已经破万。

这一回答明显是一个论证,其中,"(疫情)非常严重"是结论,"因为"这一前提标识词后面的内容则是前提。但在下面的会话中,该语句属于解释:

问:为什么说今年的疫情非常严重?

答:疫情非常严重,因为本地感染人数已经破万。

在这里,回答是一个解释,因为提问者和回答者均承认"疫情非常严重"这一事实,回答者的陈述只是试图为这一事实提供佐证或说明。

二、论证类型

(一)演绎论证和归纳论证

根据论据与论题之间的关系是必然还是或然,可以将论证分为演绎论证和归纳论证。演绎论证是指前提真必然推出结论也真的论证,很多学者将演绎论证称为"证明"。它的特点在于:其论据往往是一般的原理,而论题则是特殊的情况。例如,若已知前提为"金属会导电",则可以推出"水银作为一种金属也可以导电"。归纳论证是指前提真可能支持结论,但不能保证结论必然真的论证。它的特点在于:论据是某些特殊情况,而论题是一般原理。例如,若要论证"所有金属都会导电",需列举"铜会导电、铁会导电、铝会导电"等等。显然,除非人们对所有金属毫无遗漏地进行观察,否则本例当中的归纳论证无法得到最终确立。但是,如果在归纳论证的同时,能够辅之以演绎论证,则论据与论题之间也将被赋予必然联系。例如,如果我们对构成金属的粒子结构进行分析,明白金属电子带负电,并且这些电子可以自由移动,那么,论据与论题之间就被赋予了必然联系。

需要特别说明的是,归纳证明方法中的数学归纳法实际上不是归纳论证,而是演绎论证。数学归纳法的基本模式是:

第一个 S 具有属性 P;

如果第 n 个 S 具有属性 P,那么第 n+1 个 S 也具有属性 P。

所以,所有 S 具有属性 P。

数学归纳法的论证过程是以一般性的假言命题"如果第 n 个 S 具有属性 P,那么第 n+1 个 S 也具有属性 P"为前提,得出"任一 S 具有属性 P"这一特殊结论。因此,它实际上不是归纳论证,而是演绎论证。

(二)直接论证和间接论证

根据论证的方式是否直接,我们可以将论证分为直接论证和间接论证。对于某些论题,我们可以直接就论题的真实性展开论证,这种论证叫做"直接论证"。直接论证的方法通常包括例证法、三段论法、喻证法等。其中,例证法是以实例作为依据,所用的推理形式是简单枚举归纳推理。简单枚举法是一种不

完全归纳,前提不一定支持结论。例证法如:

例 4　北纬 30°是一条神秘的纬度。美国的密西西比河、中东北海、我国的长江等都是在北纬 30°附近入海。地球上最高的珠穆朗玛峰和最深的西太平洋马里亚纳海沟,也在北纬 30°附近。这一纬度上的奇观绝景和神秘文化比比皆是。单在我国,就有举世闻名的钱塘江大潮、安徽的黄山、江西的庐山、四川的峨眉山,还有安徽的天柱山、湖北的神农架,四川的三星堆、宁波的河姆渡等,它们都不约而同地在北纬 30°上。

又如:

例 5　中华民族历来就是热爱和平的民族。600 年前,中国明代著名航海家郑和率领当时世界上最强大的船队"七下西洋",远涉亚非 30 多个国家和地区,带去的是茶叶、瓷器、丝绸、工艺,没有侵占别国一寸土地。

三段论证法是以一般性的命题为论据,所用的推理形式是演绎三段论,例如:

例 6　童年经验对成年之后的人格有巨大影响。这是因为一个人的人格是否健康,在很大程度上取决于他是否得到过无条件的爱,而这份爱只可能来自童年时期的父母。

例 7　地球是太阳系中唯一适合人类居住的行星。适宜的温度是人类得以生存的必要条件,在太阳系中,只有地球距离太阳的位置适中,而地球外面厚厚的大气可以保持地球不会太热也不会太冷。

喻证法是以比喻者作为论据,去论证被比喻者(论题),所用的推理形式是类比推理。喻证法形象生动,以浅喻深,以显喻隐,具有很强的说服力。但类比推理是或然性推理,如果推理者确立了不合适的类比关系,就会出现"机械类比"或"类比不当"的错误。喻证法例如:

例 8　狐死首丘,落叶归根,我一定要回国。

例 9　人生什么事最苦呢? 贫吗? 不是。失意吗? 不是。老吗? 死吗? 都不是。我说人生最苦的事,莫若身上背着一种未了的责任。人若能知足,虽贫不苦;若能安分,虽失意不苦;老、死乃是人生难免的事,达观的人看得很平常,也不算什么苦。独是凡人生在世间一天,便有应该做的事。该做的事没有做完,便像是有几千斤重担压在肩头,再苦是没有的了。为什么呢? 因为受那良心责备不过,要逃躲也没处逃躲呀!

对于另一些论题,要直接论证其真实性比较困难,在这种情况下,我们可以先论证与之相关的其他论证,从而间接地论证该论题的真实性。我们把这种论证叫作"间接论证"。通常情况下,间接论证就是通过论证矛盾论题的虚假性来确定论题真实性的,也就是我们常说的"反证法"。

　　一方面,可以认为间接论证是根据排中律进行的。排中律是指两个互相矛盾的判断不能同时为假,所以,如果能够论证其一为假,则另一判断肯定为真。另一方面,选言命题"p 或者非 p"总是真的,所以,如果非 p 为假,则 p 必然为真。可见,间接论证可以看作是对选言推理的应用。间接论证例如:

　　例 10　王戎 7 岁时,看到路边一颗李子树上结满了李子,他认为这些李子必为苦李。因为如果它们不是苦李,一定会被人摘光,但现在没有摘光,可见肯定是苦李。

　　例 11　任意三角形中至少有一个角不大于 $60°$。因为如果所有角都大于 $60°$,则三角形的内角和肯定大于 $180°$,这与"三角形内角和为 $180°$"不符。

　　例 12　张三是最大嫌疑人。因为这起案件的嫌疑人只有张三、李四和王五。李四和王五都有确凿的不在场证据,所以嫌犯只可能是张三。

　　关于间接论证需要注意以下两点:第一,只有与论题具有矛盾关系的判断才能作为矛盾论题,具有反对关系的判断不能作为矛盾论题。如在例 12 中,要证明张三是嫌疑人,就必须排除其他所有嫌疑人。第二,在利用充分条件假言推理,从否定后件"q"进而否定前件(矛盾论题)"p"时必须注意,"如果 p,那么 q"是否真正成立。如在例 7 中,必须确保"如果他们不是苦李,一定会被摘光"是正确的,否则就会出现错误论证。

(三)学术论证和一般论证

　　根据论证需要确立的是学术论点还是一般主张,可以把论证分为"学术论证"和"一般论证"两类。学术论证的目的是确立学术论点,一般论证的目的则是确立生活中的一般主张。学术论点的论证过程需要做到严谨和实事求是。通常情况下,由于或然性推理——如不完全归纳推理、类比推理、溯因推理等——不能使一个科学命题得到完全证明,所以对于此类推理的运用需要谨慎且留有余地,在接受论点之前,还需要辅之以理论性的分析。相比之下,一般论证的目的仅在于说服听众接受某一观点,因此对论证的方式及可信度的要求都不太严格。只要能使对方相信这一主张,各式各样的推理都可以使用,如"例证法""类比法""喻证法"等。当然,在实际生活中,我们应当培养逻辑素养和独立思考的习惯,对他人仅仅以这些方法加以论证的观点应当保持批判的态度,不可盲目接受,而要独立地进行思考。

三、论证分析

（一）论证结构

论证分析首先需要识别论证结构。论证结构（argument structure）和论证形式（argument form）不同，前者是非形式逻辑的概念，后者则是形式逻辑的概念。根据论证结构来分析论证性语篇起源于美国逻辑学家比尔兹利（Monroe Curtis Beardsley）。1950 年，当人们热衷于研究数理逻辑之时，比尔兹利出版了《实用逻辑》（*Practical Logic*）一书。比尔兹利在书中提出了四种论证结构：简单结构、收敛结构、发散结构和序列结构。后来，逻辑学家又进一步提出闭合结构，于是得到了简单结构、序列结构、收敛结构、闭合结构和发散结构五种推理结构类型。

简单结构（simple structure）是只有一个前提和一个结论的结构。例如，可入肺颗粒物会堵塞肺泡，因此有害健康。

序列结构（serial structure）也称为串行结构或线性结构，是由一个前提支持一个中间结论，这个中间结论作为前提又支持下一个结论，如此类推，直至产生最终结论。例如，可入肺颗粒物会堵塞肺泡，因此有害健康，所以如果长期生活在空气污染严重的地区，其预期寿命有可能缩短。

收敛结构（convergent structure）也称为并行结构，是指由两个或两个以上的前提分别独立支持同一结论的结构。例如，可入肺颗粒物会堵塞肺泡，还会伤害皮肤，因此有害健康。

闭合结构（linked structure）也叫组合结构，是指由两个或两个以上前提共同支持一个结论的结构。例如，可入肺颗粒物会堵塞肺泡，堵塞肺泡会增加罹患肺癌的概率，因此，可入肺颗粒物会增加罹患肺癌的概率。

发散结构（divergent structure）是指一个前提支持多个结论的结构。例如，可入肺颗粒物会堵塞肺泡，因此会导致呼吸不适，还会导致循环系统病变。

（二）图尔敏论证模型

图尔敏（Stephen Edelston Toulmin，1922—2009）是英国著名的哲学家。1958 年他在《论证的使用》（*The Use of Argument*）一书中首次提出了"图尔敏论证模型"。该模型最初主要应用于分析法律领域中的论证，后成为非形式逻辑的经典内容。图尔敏论证模型主要由六个部分组成，分别是：主张（claim）、根据

（ground）、正当理由（warrants）、支撑（backing）、限定词（qualifier）、反驳（rebuttal）。具体图式与示例见图 1 和图 2。

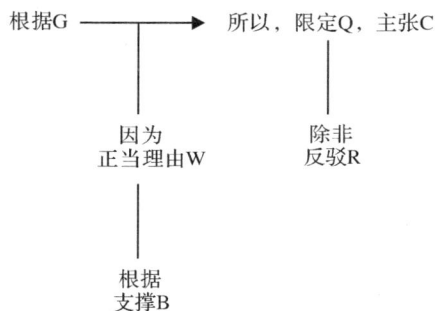

根据G ——————→ 所以，限定Q，主张C

因为
正当理由W

除非
反驳R

根据
支撑B

图 1　图尔敏论证模型

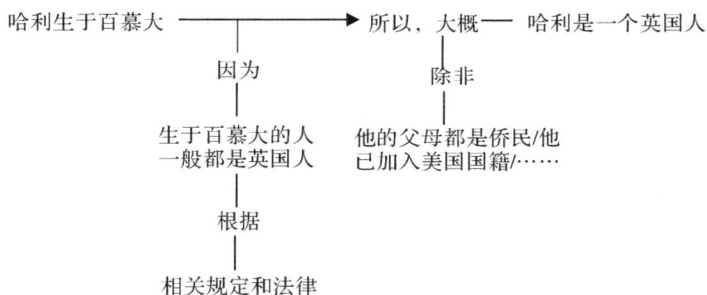

哈利生于百慕大 ——————→ 所以，大概—— 哈利是一个英国人

因为

除非

生于百慕大的人
一般都是英国人

他的父母都是侨民/他
已加入美国国籍/……

根据

相关规定和法律

图 2　图尔敏论证模型示例

一个例子：

主张（简称 C）也称为结论。主张是指说者所陈述的、试图在论证中证明是正当的结论。主张阐述了"我们正在讨论什么？我们站在什么立场"的问题。[①]例如：如果一个人尝试去说服听者哈利是一个英国人，那么他的主张是"哈利是一个英国人"。（见图 2）

根据（简称 G）是指支持主张的数据、事实、证据。根据是用来回答"你接下来要说什么？你怎么才能证明？"之类的问题。例如，主张"哈利是一个英国人"可以用"哈利生于百慕大"这一证据来支持。

————————————

① Toulmin：The Uses of Argument，p. 86. Cambridge，England：Cambridge University Press，1958.

正当理由(简称 W)是从根据到主张的一种"授权活动"。如果听者提出"怎么证明从根据到主张的活动?"这时候正当理由就可以用来作为根据的担保性证据提出。例如,说者可以提出"生于百慕大的人一般都是英国人",从而在主张和根据之间搭建桥梁。

支撑(简称 B)是指对正当理由的支持。当正当理由本身不能说服读者或听众时,就需要引入支撑。支撑是用来回答"为什么这个正当理由是正确的?"之类的问题。例如,当听者认为说者提出的正当理由是不可信的时,说者可以提供法律的规定:"我在伦敦是律师,专门从事公民身份这部分,因此,我知道一个生于百慕大的人是合法的英国公民。"

限定词(简称 Q)是指表达说者对于主张的确定程度的词汇或短语,包括"可能""不可能""确定""大概""就证据而言""必须"等。例如,在主张中,说"我肯定是一个英国公民"会比说"我大概是一个英国公民"所表达的力度更强。

反驳(简称 R)是指承认可能会应用到主张的限制条件。在一些论证情况中,即使加上限定词,也无法从根据得到主张,此时可能存在反驳。例如,可以加入"一个出生在百慕大的是合法的英国公民,除非他的父母都是侨民/他已加入美国国籍/……"来对主张进行反驳。

图尔敏论证模型具有以下六个特征:

第一,清晰地呈现了动态的论辩过程。传统的形式逻辑论证只注重形式和结构的有效性,而对于听众的质疑和具体的内容的有效性并不关心。图尔敏论证图式则将论辩视为正反双方论证对话的动态过程,不再只强调形式有效性,而是加入了论证的实质有效性。

第二,图尔敏论证模型具有可废止性(defeasibility)的特征。如果在一个论证中有新的信息加入,则结论的状态可能会发生改变。图尔敏论证模型中的限定词和反驳项充分考虑到了论证的可废止性特征,这充分考虑到了论证可能存在谬误,以及针对谬误的反驳。

第三,图尔敏论证模型具有开放性。与传统论证形式不同,图尔敏论证图式除了前提(根据)和结论(主张)外,还加入了正当理由、支撑、限定词、反驳等四项,这使得整个论证结构更加开放和灵动。

第四,图尔敏论证模型可以应用于各类论证的分析重构。作为一种重要的论证图解方法,图尔敏论证模型可以有力地进行论证分析。图尔敏论证模型将论证和反驳置于同一模型中分析,同时辅之以正当理由和支撑,这使得论证的重构变得更加全面和完善。例如,在法律领域,对未判决的案件进行分析时,可以借助图尔敏论证模型进行重构分析,清晰地展现论证的证据和辩护过程。在人工智能领域,图解技术和计算机技术相结合,产生了论证图解软件,这些软件可以帮助人们更好地展现和分析论证,从而提升人们的批判性思维能力。

第五,图尔敏论证模型提出了合情推理的初步理论。作为演绎推理和归纳推理之外的第三种推理形式,合情推理在日常生活中运用得十分广泛。图尔敏对于法律论证中证人证言论证、诉诸专家论证、根据迹象论证等的系统分析,对于合情推理理论的研究具有十分重要的意义。

第六,图尔敏论证模型具有领域依赖性。为了给正当理由提供说明,支撑部分会涉及不同领域的专业知识,这使得论证具有了实证价值。同时,支撑部分专业知识的解释也会增加论证的可靠性和有效性。显然,不论是在观念上还是在方法上,图尔敏论证模型都是对传统形式论证理论的一种扩充和完善。图尔敏论证模型有助于更为深入地刻画不同的论证结构、再现动态的论证过程、挖掘潜在的认知特征。图尔敏等人在某种意义上开启了逻辑的实践转向,在非形式逻辑的发展史上具有重要贡献。

(三)论证三要素

1.论题

论题也叫论点,是论证中需要确立其真实性或虚假性的判断。如前述例 1 中的"语文教学一定要加强课外阅读"和例 2 中的"大学生需要有良好的内在品格修养"都是论题;而例 3 中的"(我)情商太低"属于反驳论题。

论题一般包括两类:一类是前人已经证明了的命题,论证这种命题的目的是使后人接受它、信服它。例如教师教给学生某门科学中的基本原理,或是一个马克思主义工作者向群众宣传马克思主义基本原理等等。在上述过程中,教师或马克思主义工作者为使听众(或读者)更加深刻准确地理解论题,也需要进行论证,虽然这些观点早就经受过千百次检验,已经取得公认。另一类是前人尚未证明,尚有待确定的命题。例如科学家对科学假说的证明。

2.论据

论据也叫理由、根据。在论证中,论据是用来确定论题真实性或虚假性的命题,也就是已知为真或已经取得公认的那些命题。它回答的是用什么来论证。如例 1 中的"课外阅读是认识生活的钥匙,课外阅读能培养健康的个性,课外阅读能开阔学生的视野,课外阅读能积累丰富的素材"就是论据。例 2 中的论据包括以下命题:"大学阶段是人生发展的重要时期,是世界观、人生观、价值观形成的关键时期""只有这样(指拥有良好的内在品格修养),当代大学生们才能以崭新的形象和过硬的水平,找准有价值和有意义的人生坐标,也才能在改革和发展各项事业中发挥自己的聪明才干。"

在论证中,作为论据的命题也有两类。一类是已被确认的关于事实的命题,此类论据叫作事实论据;另一类是是一般性命题,如科学原理、公理、定义、法律、法规等,此类论据叫作事理论据,也叫作理论论据。我们平时所说的"摆事实、讲道理",前者就是提出事实论据,后者是提出事理论据。例如:

例 13 超大剂量地摄入维生素 C 可以治疗乙肝。因为作家贾平凹在《我的人生观》中说,虽然维生素 C 的推荐剂量是每天 2 片,但自己却坚持每天服用30片维生素 C,并最终治好了肝病。

例 14 超大剂量地摄入维生素 C 可以治疗乙肝,因为它可以提高机体免疫力。

例 13 中贾平凹的例子属于事实论据,例 14 中声称维生素 C 可以提高机体免疫力属于事理论据。

论据有显性和隐性之分。所谓显性论据就是直接表达出来的论据,而未直接表达出来的论据则是隐性论据。隐性论据只有同显性论据结合起来,才能构成对论题的有效支持,从而使论证得以成立。考察论据时,更值得关注的是隐性论据。论证赖以成立的假设是最常见的一种隐性论据。如在"明天要下雨,因此务必记得带伞"中存在隐性论据,即"如果打伞,就(基本)不会被淋湿"以及"人们不希望被淋湿"。又如在例 14 中包含这样的隐形论据,即"免疫力提高将有助于治疗乙肝"。

3. 论证方式

论证方式就是论据与论题之间的联系方式,也就是论证者在用论据支持论题时使用的推理方式,回答的是"怎样论证"的问题。论证方式体现的不是某个或某一些命题,它所体现的是这些命题之间的逻辑关系。论证方法的正确性取决于论证中所有推理形式的正确性。

无论是立论还是驳论,都常常借助如下四种论证方式展开。

第一,理论论证。理论论证的目的是要证明论点具有普遍性和规律性。由于论点一般是从具体的材料中抽象概括出来的,其实质是归纳法,而归纳法在很多条件下是很难完全的,因此,有理论加以衡量,就能够保证其可靠性。理论论证的逻辑形式是演绎推理,就是将归纳所得的论点,用人类已知的科学原理去衡量。除了引用普遍性原理和原则外,各门学科的理论也可以作为论据。如物理学理论、文学理论等。理论论证的论据还可以是某些经过时间检验的、广为流传的谚语、格言和成语等。

第二，比较论证。比较论证是一种由个别到个别的论证方法。通常将它分为两类，一类是类比法，另一类是对比法。类比论证是根据两个对象在某些属性上的相同或相似，推论两者在其他属性上也有相同或相似。对比论证则是一种求异的思维方式，它侧重于从事物的相反或相异属性的比较中，来揭示需要论证的论点的本质。这部分内容在归纳一章已有详细论述。

第三，比喻论证。就是用比喻作论证，即以比喻者作论据，去论证被比喻者（论题）的论证方式，或者说，拿比喻者之理去论证被比喻者（论题）之理。在比喻论证中，比喻者是一组形象事例，其中包含着一定的关系和道理，被比喻者则是一种抽象的道理。比喻者和被比喻者虽然是两类不同的事物，但在它们之间存在一个共同的一般性原理，因此它们之间具有推理关系。

运用比喻论证要注意几个问题。一是用来作为喻体的事物，应当是为大家所熟悉的、具体的、浅显的，这样，才能既通俗又生动地说明另一个事物。二是比喻应当贴切、自然，要能恰到好处地说明被论证事物的特点。可以把老师比喻成蜡烛、春蚕，说明他们无私地献出自己的一切；却不能将他们比喻成能使别人干净起来，可他们自己却像越来越脏的抹布、扫帚，这样运用比喻法，叫"引喻失义"。三是因为比喻的双方缺乏本质上的内在联系，所以任何比喻都是有缺陷的。要完整、深刻地论述一个问题，不能仅靠几个比喻，应把它和例证法、分析法等结合起来使用。

第四，因果论证。在自然界和社会中，各种现象之间是普遍联系的，因果联系是现象之间普遍联系的表现形式之一。因果联系是普遍的和必然的联系，没有一个现象不是由一定的原因引发的；而当原因和一切必要条件都存在时，结果就必然产生。所谓原因，指的是产生某一现象并先于某一现象的现象；所谓结果，指的是原因发生作用的后果。原因与结果具有时间上的先后关系，但具有时间先后关系的现象并非都是因果关系。除了时间的先后关系之外，因果关系还必须具备一个条件，即结果是由于原因的作用所引起的。根据客观事物之间都具有这种普遍的和必然的因果联系的规律性，通过提示原因来论证结果，就是因果论证。运用因果论证，不能停在一因一果的层次上，而要善于多角度地分析原因和结果，比如要分析一果多因、一因多果，还要分析同因异果、异因同果以及互为因果。

（四）论证三元组

1.前提与结论

论证被视为一个命题序列。若某命题的真值取决于其他命题的真值，则该命题叫作结论，其他命题叫作前提。结论是论证者的主张、立场、观点或论点；前提是论证者提出以支持其主张、立场、观点或论点的理由。前提和结论是相辅相成的，没有前提就无所谓结论，没有结论也就无所谓前提。分析论证的第一步是要找到论证标识词。论证标识词可分为前提标识词和结论标识词两类。如"因为""由于""基于""鉴于""原因在于""理由是"等词语或词语组合便是前提标识词，而"因此""所以""故""由此可见""结果是"等词语或词语组合便是结论标识词。论证标识词并非总是出现，因此，如果找不到论证标识词，就需要结合语境和语义来加以判断。

2.论证者与目标听众

每个论证都有一个提出者，简称"论证者"（arguer），论证者就是提出论证的人。每个论证都有至少一个目标听众，目标听众就是论证者试图要说服的听众。目标听众可以是显性的，如演讲比赛的听众，或辩论的对手，也可以是隐性的，如在撰写论文的时候，其读者并不在场，也不能完全确定。有时候，论证者和目标听众是同一的，如自我反省或内部对话的时候就是如此。

3.论证目的与论证效果

论证目的是论证者提出论证时所期望实现的目标。论证效果就是论证目的是否得以实现，也是对论证是否有效的一种评价。例如，论证者提出论证或是想要说服目标听众接受其主张，或是想要动摇目标听众的原有主张，这一目的是整个论证得以产生的原因或动力。如果目标听众最终如其所愿地接受了或动摇了主张，这才算论证目的得以实现，这一论证也才可以算得上是成功的论证。

上述三组中，第二和第三组要素属于语境要素范畴，因此往往是隐性的。第一组要素则是显性的，但如果文本中缺乏论证标识词，就需要结合语境和语义加以判断。另外，还有省略前提和结论的情形，需要认知主体识别或补全。从狭义上讲，论证分析只需要分析第一组，即前提与结论即可。

逻辑学家首先把论证看作是一个命题序列，其中一些命题被用来支撑其他命题。我们只有准确识别出被支撑的命题和支撑命题，才能算是真正分析了一组论证。例如：人都会死，苏格拉底是人，因此，苏格拉底会死。在这里，"苏格拉

底会死”是结论,它得到“人都会死”和“苏格拉底是人”这两条命题的共同支撑。再如:

中国是一个发展中国家。中国的人均 GDP 低于世界平均水平,城乡发展和区域发展很不均衡,有 3000 多万人口尚未脱贫(2018 年数据)。

本例当中没有标识词,所以只能结合语境加以判断。“中国是一个发展中国家”是结论,后面的内容都是用来支撑这一结论的事实论据。再如:

同事之间存在显性或隐性的利益冲突,而感情和道义在利益面前显得十分渺小,因此,同事之间不可能存在真正的友谊。

本例中“因此”前面的内容是前提,用以佐证后面的结论。再如:

由实践的定义可知,实践是人类生存和发展的最基本的活动。因此,实践对于人类的生存至关重要。实践可以促进人类社会进步以及人类进化,并且能够帮助人类更好地适应这个世界。因为实践是人类能动地改造世界的社会性的物质活动,实践是人们主观性的行为,正是因为有了人们主观的意识,实践才对人类有益。

通过实践,人类能够更好地生存在这个世界上。正因为有了实践,世界才变得有利于人类生存。实践不仅能够推动和创造人们所需要的的物质生产资料和生活资料,还能带动社会进步、促进科技进步。因此,对于我们大学生,甚至对于整个人类来说,实践不可缺少。很多事情都是需要实践才能知道好坏,所以时间可以让我们将理论转化为实际,让我们得到单凭理论无法知道的事情。

本例是一个相互嵌套的复杂论证。作者试图最终表达的论点是“实践对于人类的生存至关重要”,但语句表达混乱,且多处存在语义重复。我们需要对这样的文本进行重新梳理,才能清晰呈现出它的前提和结论。现尝试梳理如下:

结论:实践对于人类的生存至关重要,对于大学生和人类必不可少。

前提:

(1)实践是人类生存和发展的最基本的活动。

(2)实践可以促进人类社会进步以及人类进化。

(3)实践能够帮助人类更好地适应这个世界。因为:

Ⅰ.实践是人们主观性的行为,而主观意识支配下的实践对人类有益。

Ⅱ.实践让世界变得更有利于人类生存。

Ⅲ.实践能够推动和创造人们所需的物质生产资料和生活资料。

(4)很多事情都是需要时间才能知道好坏。

(5)时间可以让我们将理论转化为实际,让我们得到理论之外的事情。

本例让我们认识到梳理论证结构的重要性,它也提醒我们在说理时要注重逻辑,以更加清晰直观的方式呈现论证结构。

(五)论证规则

任何一个正确的论证,不仅需要根据具体情况恰当地运用各种论证方法,而且还必须遵守如下五条论证规则。

规则1 论题必须明确。

论题明确是论证的先决条件。论题不明确,就不可能有针对性地找出适当的论据和正确的论证方式去进行论证。论题是一个命题,命题是由概念所组成的。为了使论题明确,我们就应当了解论题中的概念,尤其是关键性概念的内涵和外延是什么。如果论题中的概念不明确,那么,整个论题也就不可能做到明确。例如:

你不能获取高校教师资格证,因为你的师德师风不及格。高校教师资格证是获取高校教学的前提条件,所以原则上你不能从事高校教学活动。但我认为你这个人还挺不错的,况且现在学校缺人手,所以,你可以从事高校教学活动。

这段文字的第一句话认为"你不能从事教学活动",但第二句话却又说"你可以从事教学活动",让人无法把握作者究竟想要论证什么。

规则2 论题必须同一。

在论证过程中,问题必须始终保持统一,不能随意变换。在反驳别人的问题时,不能歪曲或篡改别人的原意,这也是同一律要求在论证中的具体体现,违反这条规则就会犯转移论题或偷换论题的错误。用内容完全不同的另一个命题替换原论题,这是转移论题的一种表现形式,例如:

中医是骗人的。我服用三年某中成药,但多年的偏头痛丝毫没有好转。

这句话看似是在论证"中医是骗人的",实际上是在论证"某中成药对自己的偏头痛没用疗效"。又如:

北方地区经济增长乏力,与南方地区的经济发展水平正在快速拉大。据了解,北方地区的人口密度小于南方,但其空气污染的严重程度远高于南方。此外,北方地区的官僚主义和形式主义作风相比南方严重得多。

这句话看似在论证北方经济弱于南方,实际上却在通篇讨论北方的自然环境和政治生态环境。除非作者能够明确阐述政治环境和自然环境对经济发展具有影响,否则就是犯下了偷换论题的错误。

规则3 论据必须是已确定为真的命题。

论题的真实性是由论据的真实性来确定的。如果一个命题是虚假的,或者虽然是真实的却不是人们普遍接受的,那么,我们就不能把它作为论据。违反这条规则的逻辑错误有两种表现形式,即"虚假理由"和"预期理由"。

虚假理由是以虚假的命题作为论证的论据,它是已被确证的假命题。例如:

陕北地区空气污染非常严重。西安每年冬天都会雾霾锁城,要知道西安的雾霾都是北风从陕北吹来的,可见陕北的空气污染已经到了何等严重的程度。

事实上,西安的雾霾多数源自汾渭平原,与陕北无关。冬季陕北的空气质量远优于西安,所谓"西安的雾霾是北风从北方吹来的"完全是主观臆断。因此,论证犯了"虚假理由"的错误。

预期理由是以真实性尚未确定的命题作为论证的论据,它有可能是真命题,也有可能是假命题。例如:

外星人远比地球人高级,所以我们看到的不明飞行物肯定是外星人驾驶的,探测到的不明射线也肯定是外星人发射的。

由于尚无证据证明外星人存在,所以这段议论犯了预期理由的错误。

规则 4　论据的真实性必须独立于论题来加以认证。

因为论题的真实性是依靠论据加以论证的,所以,论据的真实性不能反过来依靠论题加以论证,否则就表现为"窃取论题"和"循环论证"。

窃取论题(简称乞题)是论据的真实性直接依赖于论题的真实性。例如,以"咖啡导致睡眠丧失"来佐证"安眠药会导致失眠",以"破了就不叫规矩"来证明"规矩不能破"等,就是犯了"窃取论题"的错误。

循环论证就是论证的真实性间接地依赖于论题的真实性。

鲁迅先生的杂文《论辩的魂灵》是专门揭露诡辩术的。文中列举了种种玩弄会变得奇谈怪论,其中有这样一段:

"……卖国贼是说谎的,所以你是卖国贼。我骂卖国贼,所以我是爱国者。爱国者的话是最有价值的,所以我的话是不错的,我的话既然不错,你就是卖国贼无疑了!"

可以看出,这段话是用"你是卖国贼"来论证"我的话是不错的",反过来又用"我的话是不错的"来论证"你是卖国贼"。鲁迅先生所揭露的诡辩手法就是"循环论证"。

规则 5　从论据应能推出论题。

这是有关论证方式的规则。这条规则主要是指论据与论题直接必须具有逻辑关系。违反了这条规则就会犯下"推不出"的逻辑错误。例如:

某小学老师辱骂学生:狗有两只耳朵,你也有两只耳朵,所以,你跟狗是一样的。

以上论证的中项在大小前提当中都不周延,但是按照三断论的推理规则,中项在大小前提中至少周延一次,所以无法由前提推出结论。

我那天经过西安的时候,空气污染非常严重,所以,西安是一个不适合人类居住的城市。

以上论证属于归纳论证,但仅凭某一日的空气质量显然无法断定一座城市的总的宜居水平,因此犯了"推不出"的错误。

规则 5 所讨论的是前提和结论之间的关系是否恰当,其主要任务是研究如何将好论证与坏论证区别开来。从逻辑学角度来看,区分论证好坏的标准有三个:演绎逻辑标准、归纳逻辑标准和非形式逻辑标准。

第一,演绎逻辑标准。演绎逻辑标准是演绎逻辑研究的对象。根据这一标准,一个论证是好的,当且仅当它是可靠的。而一个论证是可靠的,当且仅当它的所有前提都为真并且推理形式有效。这里的形式有效也就是通常所说的演绎有效。一个论证是演绎有效的,当且仅当它的所有前提为真时结论不可能为假。

这条标准仅仅断定了"所有前提均真且结论为真"的情况是有效的,以及"所有前提为真且结论为假"的情况是无效的,但对于"所有前提为假且结论为真""所有前提为假且结论为假""部分前提为真且结论为真""部分前提为假且结论为假"等情形并未做出任何断定。因此,从演绎有效的标准来看,论证可分为有效论证、无效论证和不确定论证。

第二,归纳逻辑标准。归纳逻辑标准是归纳逻辑所研究的对象。根据这一标准,一个论证是好的,当且仅当它有较高的归纳强度。归纳强度属于连续变量,当前提为真时,结论为真的可能性越高,则归纳强度也就越高。如果用结论命题在前提为真时的条件概率来表示归纳强度,则归纳强度的取值区间为从 0 到 1 的开区间。若归纳强度越是趋近于 1,归纳论证就越是一个好论证。例如,我见过一个能歌善舞的非洲人,就认为所有非洲人都能歌善舞,这是一个归纳强度很低的论证,因此不是一个好论证。但如果我在非洲游历数年,见过的每个非洲人全都能歌善舞,那么,如果我认为所有非洲人都能歌善舞,这就是一个归纳强度较高的论证,因此是一个相对较好的论证。

可以认为,演绎论证是归纳强度为 1 的论证,因此是归纳论证的极端形式。

第三,非形式逻辑标准。非形式逻辑标准是非形式逻辑研究的对象。根据这一标准,一个论证是好的,当且仅当(1)所有前提均可接受;(2)前提与结论相关;(3)前提对结论提供了足够支持。

演绎论证以有效性为标准,归纳论证以归纳强度为标准,与之不同的是,非形式逻辑标准有两个方面:(1)非形式逻辑用"可接受"和"不可接受"取代演绎逻辑和归纳逻辑中作为命题基本特征的"真"与"假"。命题的真假有时容易判断，有时却非常困难，甚至不可能。我们将可以通过事实考察来判定真假的命题叫作事实命题，否则叫作非事实命题。例如"《三国演义》的作者是诸葛亮"属于事实命题，但"生命没有意义""女子无才便是德"等命题无法判断真假，但要判定这句话可否接受却是可能的。（2）前提与结论之间的支持关系不仅涵盖演绎支持和归纳支持，还涵盖了合情支持（plausible support）和溯因支持（abductive support）等。

四、反驳

（一）反驳及其构成

反驳是用一个或几个已确定的真实命题，来确定某一个命题虚假或某个论证不能成立的思维过程。反驳是针对对方论证的，因此，也可以说反驳是驳斥对方论证的方法。反驳与证明相互对立，又相辅相成。反驳了一个命题也就意味着证明了与之相矛盾的命题；而证明了一个命题，也就等于反驳了与之相矛盾或相反对的命题。

从结构上看，反驳由三部分组成：

（1）被反驳的论题，即在反驳中要被确定为虚假的命题。它所回答的是"要反驳什么"这一问题。

（2）反驳的论据，即在反驳中用来作为反驳根据的命题。它所回答的是"用什么来反驳"这一问题。

（3）反驳方式，即在反驳过程中所运用的推理形式。它所回答的是"怎样来反驳"这一问题。

反驳在论战场合经常被应用。例如：

有一次，俄国著名作家赫尔岑应邀参加一场音乐会。节目刚开始不久，赫尔岑就十分厌烦地捂住耳朵打起瞌睡来了。这时，女主人感到非常好奇怪，便走到他的身边，轻轻推了赫尔岑一下，问他："先生，您身体不舒服吗？"

"不，我身体很好，夫人。"

"噢，您不喜欢音乐？"

"哪里！我喜欢优雅高尚的音乐，不过……"赫尔岑指着演奏的地方，摇摇头说，"这种低级的轻佻的音乐有什么好听的！"

女主人惊叫起来："您说的什么啊？我们的作家！这里演奏的都是世界上最

流行的歌曲啊！难道还不高尚吗？"

赫尔岑平心静气地反问女主人："难道流行的东西都是高尚的吗？"

女主人对赫尔岑的反问不以为然,不服气地说："流行的东西当然是高尚的,不高尚的东西怎么能够流行呢？"

赫尔岑听完女主人的这句话,哈哈一笑,幽默地说："那么,流行性感冒也是高尚的了！"

"这——"女主人红着脖子,说不出话来。

在这里,赫尔岑用幽默的语言反驳了女主人。

反驳的任务在于推翻对方的论证。由于对方的论证包括论题、论据和论证方式三个部分,所以反驳可以分别针对三个部分开展。于是,我们得到三种反驳方式:反驳论题、反驳论据和反驳论证方式。

(二)反驳的方法

1. 直接反驳

直接反驳就是引用一些已确定为真的命题,直接确定对方的论题或论据为假,或者以推理规则为依据,确定对方的论证方式不正确。直接反驳的具体方法很多,下面介绍几种常用的反驳方法。

(1)用事实来反驳

用反映事物本质的典型的事例进行反驳是最有力量的。例如:

弗洛伊德主张童年决定论,将成年人的一切心理问题都归罪于原生家庭。但是,心理学家丹尼尔·西格尔在他的脑神经科学书《第七感》中旗帜鲜明地反对这一观点。他说,有越来越多的调查研究发现,很多高危人群(父母有精神病或吸毒等)家中的孩子不仅能够健康成长,他们中的很多人甚至拥有更高的处理复杂事情的能力。所以,虽然童年创伤可能的确会对心理健康水平带来挑战,但童年决定论显然是极端和荒谬的。

这里,丹尼尔·西格尔就是通过事例,驳斥了弗洛伊德的论断。

(2)用科学理论来反驳

在反驳时,只要指出对方的论点是不符合科学理论的,就可以证明对方的论点不能成立。例如:

有学生用煮熟的种子种出了鲜花。但教师说这不可能,因为煮熟的种子已经失去活性,因此不可能开出鲜花。

这是引用生物学原理进行反驳的例子。

（3）用揭露逻辑矛盾来反驳

逻辑矛盾总是谬误，所以，只要揭露对方论点中的自相矛盾之处，就可以有力地驳倒对方。例如：

某运动品牌的广告词是"一切皆有可能"。但这句话本身存在逻辑漏洞，因为如果真的一切皆有可能，就意味着这句话本身也有出错的可能。若这句话出错，就意味着并非一切皆有可能了。所以，"一切皆有可能"是一个不可能为真的荒谬命题。

（4）用揭露逻辑错误来反驳

如果对方的论证当中违反了推理规则，那么对方的论证就不能成立。例如：

张三声称自己是一个勤劳的人，理由是：中国人是勤劳的人，而他自己是中国人，所以他必然是勤劳的。在上述推理中，大前提中的"中国人"和小前提中的"中国人"一为集体名词，另一为特称名词，并非同一个概念，因此无法作为三段论推理的中项。张三的论证是犯了偷换概念的错误。

（5）类比反驳

类比反驳是在两个或两类具有某种共同性的事物或现象之间建立对应关系，然后以某一个（或某一类）事物或现象的荒谬性作为类比，推出另一个（或另一类）事物或现象的荒谬性，从而达到反驳的目的。例如：

美国人将新冠病毒叫做中国病毒是没有道理的。如果说一个病毒在哪里发现，就应当被冠以哪里地名的话，那么，西班牙流感最早出现在美国，是否应该叫做美国流感病毒？艾滋病毒也是最早出现在美国，是否应该叫做美国免疫力缺陷病毒？但是稍有理性的人都不会同意这样的命名方式。

为了反驳对方的论证方式，我们可以构造一个与之具有相同形式结构，但明显为假的论证。例如：

有一位老教授对一名发起学术争论的年轻学者说："所有没有品德的人都会不分场合地与长者作对，你现在与我作对，所以，你是一个缺德的人。"

年轻学者当即反驳道："按照您的逻辑，所有的杀人犯都需要吃饭，而您也要吃饭，所以，您是杀人犯。"

后面的推论显然是荒谬的，所以，经过这一类比，这位老教授推论的荒谬性就显现了出来。

又如：

2000 年，朱镕基总理在与日本观众举行的电视讨论会上，与日本市民公开对话。有观众向总理提问：中国现在学习资本主义的先进技术和先进方法，中国是否会因此变成资本主义？朱镕基总理反问道：难道每天喝牛奶就会变成奶牛吗？

2.间接反驳

间接反驳的方法主要有两种。

(1)独立论证

独立论证是一种间接反驳的方法,它是先论证与被反驳的论题相矛盾或相反对的论题为真,然后根据矛盾律确定被反驳的论题为假。其推理形式如下。

反驳:p

论证:非 p 为真(非 p 与 p 为矛盾关系或反对关系)。

所以,p 为假。

例如,有人认为潜意识不存在,这个观点值得商榷。众所周知,我们经常做出一些令自己惊奇的事情,如果别人问起,我们会说不清自己为什么要这么做。根据意识的定义,支配自己这么做的力量显然不在意识之中。如果我们同时否定超自然力量的存在,那么,就只能认为它们存在于某个隐秘而不自知的内心角落。这个角落当然就是潜意识。

这段论证属于独立论证,它举出实例并结合意识和潜意识的定义,来论证潜意识的存在,继而驳倒了"潜意识不存在"这一命题。

(2)归谬法

归谬法是首先假定被反驳的论题为真,然后由它推出荒谬的结论,最后根据充分条件假言推理的"否定后件就要否定前件"的规则,确定被反驳的论题为假。归谬法的推理形式如下。

反驳:p

设:p 真。

证:如果 p 真,则 q。

非 q。

所以,并非 p 真。

所以,p 假。

例如:

轰动一时的聂树斌案最终得以沉冤昭雪,司法领域的辩护如下:如果当年人民法院认定聂树斌是杀人犯,那么,人民法院应当有确凿的证据证明这一点。但在当时,人民法院却在证据不足的情况下运用"常理"推测聂树斌是杀人凶手,并很快对他执行了死刑。这一做法草率武断,缺乏确凿证据,因此,即使事后没有确定真凶,当初也是不能认定聂树斌是杀人犯的。

又如:

有些宗教主张不能杀生，因为杀什么来生就会变成什么。但若果真如此，我们要想来生继续为人，就只能杀人，而我们今生为人，说明上辈子都是杀人犯。

练习题

一、分析下列论证，指出其论题、论据和论证方式。

1.华成大学还算不上是一所成熟的学校。如果是一所成熟的学校，那么在一批老教授离开自己的工作岗位后，应当有一批年轻的学术人才脱颖而出，勇挑大梁。而华成大学去年一批老教授退休后，大批骨干纷纷外流，一下子群龙无首。

2.逻辑学不属于社会意识形态。因为，只有那些为特定经济制度和政治制度服务的上层建筑，才属于社会意识形态；而逻辑学是人类所有知识的共同基础，它不属于上层建筑，它可以为任何经济制度和政治制度服务。

3.宣泄人的愤懑情绪对人非常重要。人的能量一经阻塞，势必要寻求释放。愤怒的情绪恰似那拦堵在堤坝中的水，当水位迅速升高的时候，堤坝的承受能力是有限的，若不适时排放，势必会造成堤坝损毁，殃及自身，也殃及周边。

4.对待文化知识的学习应该刻苦钻研。因为对待文化知识的学习，要么刻苦钻研，要么马马虎虎应付过关。马马虎虎应付过关最后是过不了关的。

5.好奇心是指个体在认识世界的过程中，对未知和新异事物进行积极探索的心理倾向或内部动机。由于好奇心的驱使，个体在遇到新奇事物时，会主动提出问题，并产生通过实际行动解决问题的心理倾向。19世纪以来，学术界从哲学、心理学、教育学等不同角度深入探讨了好奇心的本质、特征和规律等问题。研究发现，好奇心是人的天性和本能，它不是少数人才具有的特质，而是人类在长期进化过程中形成的自然禀赋，如同恐惧、焦虑等情绪一样。人类对未知世界的探索既是本性使然，也是生存之本。在众多诺贝尔奖得主的获奖感言或传记中，人们无一例外地发现，好奇心是他们成功的内在动力。他们往往从孩提时期就对科学知识呈现出积极主动的态度，产生热衷于非确定性、新奇感、复杂性以及探索的定势偏好。这种偏好是唤起和推动个体行为的内驱力，促使他们在科学研究过程中产生无穷的毅力和耐心。因而，好奇心也是科学研究的原动力。

二、分析下列论证或反驳中的逻辑错误。

1.在针对巴黎市民对垃圾食品偏好度的调查中，调查人员在巴黎的各大麦当劳餐厅内随机抽取了300人做调查，结果发现巴黎市民中喜爱麦当劳的人数比例高达75%。

2.为了加快我国的发展步伐，必须大力发展私人轿车工业。因为在发达国家中,大部分人都拥有私家轿车。

3.小明说:"我认为小孩子不应该往大街上乱跑。"小红说:"我反对。不让孩子自由地上街,而是把他们关在房间里,不让他们自由呼吸,这真是太愚蠢了。"

三、分析下列反驳,指出其中被反驳的论题和反驳的方法。

1.认为操作性、重复性强的岗位更适合人工智能本身就是对人工智能的误读。人工智能的核心概念是通过不断的数据采集从而实现机器学习,机器通过不断的学习可以像人类一样实现逻辑思考并做出判断。所以说,区别一件事物是不是人工智能的关键在于看它是否有逻辑思考的能力。而简单操作性、重复性强的岗位,一般的程序化机器就可以代替。

2.鲁迅在《文艺大众化》一文中写道:"倘若说,作品愈高,知音愈少。那么,推论起来,谁也不懂的东西就是世界上的绝作了。"

3."于是有人慨叹曰:中国人失掉自信力了。

⋯⋯我们有并不失掉自信力的中国人在。

我们从古以来,就有埋头苦干的人,有拼命硬干的人,有为民请命的人,有舍身求法的人,⋯⋯虽是等于为帝王将相作家谱的所谓'正史',也往往掩不住他们的光耀,这就是中国的脊梁。

这一类的人们,就是现在也何尝少呢? 他们有确信,不自欺;他们在前仆后继地战斗,不过一面总在被摧残,被抹杀,消灭于黑暗中,不能为大家所知道罢了。说中国人失掉了自信力,用以指一部分人则可,倘若加于全体,那简直是诬蔑。"(节选自鲁迅:《中国人失掉自信力了吗》)

四、选择题(均为单选题)。

1.近日,某地出现了严重的雾霾,一些家长担心孩子的健康,提议在学校安装空气净化器。但有专家认为,学校可能不太适合安装空气净化器。以下哪项如果为真,最能加强上述专家的观点?

A.空气净化器的噪音可能对孩子的学习产生影响。

B.空气净化器的安装并不能完全替代室内通风。

C.适合的空气净化器功率大,会使电网超负荷。

D.市面上空气净化器鱼龙混杂,质量参差不齐。

2.第54届国际数学奥林匹克竞赛圆满结束,中国队以208分获得团体总分第一名,6名队员获得5枚金牌和1枚银牌。作为"奥数金字塔"的最顶层,奥数国家代表队无疑是众多家长关注的焦点。比如,如何才能学好奥数、什么样的孩子适合学奥数、奥数成绩如何转为"升学红利"⋯⋯人们发现,能够成为奥数国家队一员的学生基本来自于北上广、武汉这些大城市,中小城市偶尔出现一两个天才。因此,很多人得出结论,大城市的教学水平明显高于那些中小城市。

以下哪项如果为真,最能加强上述结论?

A. 大城市在教育的硬件条件上要比中小城市高很多。

B. 有很多优秀的教师都愿意去工资待遇较好的大城市工作。

C. 在大城市中,有很多高校老师到中学去举行讲座,为中学的教育提供帮助。

D. 出现奥数国家队成员能够在一定程度上说明该地区的教学水平高于其他地区。

3. 气候变化影响了咖啡种植,咖啡危机已在酝酿。气温和降水变化会降低咖啡的产量和质量,增加病虫害压力。研究显示,气温平均升高 2℃ 会增加疾病(咖啡叶锈病)和害虫(咖啡虎天牛)的风险。事实上,大部分具有可能性的解决方案,或是代价昂贵,或是有负面后果。因而,需要研究更加经济可行的解决方案。

以下哪项如果为真,最能支持上述论证?

A. 若自己现有的咖啡作物被摧毁,生产者可能被迫回去种植经济代价较小的作物。

B. 即使温度变暖,农民依然可以在更高的山上种植咖啡,但可能会影响森林植被。

C. 咖啡的经济效应是显著的,可以加大资金投入建造遮阳系统或广泛防治病虫害。

D. 香蕉和咖啡豆间作,利用香蕉植株来提供种植咖啡豆所需要的额外资金和阴凉。

4. 5000 多年前某地是大汶口文化。但在距今约 4400 年的时候,为龙山文化所替代。是什么原因导致这两种文化的更迭?考古人员发现,在距今约 4400 年的时候,发生了一次严重的"冷事件",环境由原来的温暖湿润转变为寒冷干燥,植被大量减少,藻类、水生植物基本绝迹了,大汶口文化向南迁移,而龙山文化由北迁到此地。他们据此认为,距今 4400 年左右的极端气候变化,可能是导致这次文化变迁的主要原因。

以上哪项如果为真,最能支持上述论证?

A. 大汶口文化有不断向南方迁移的传统。

B. 龙山文化刚迁来时,人口较多,但之后逐渐减少,在距今约 4000 年的时候消失了。

C. 大汶口文化的族群以藻类和水生植物作为食物的主要来源。

D. 不同生存方式的族群对气候和环境都有相对稳定的需求。

5. 一项研究发现，一对同是右撇子的夫妻生出左撇子小孩的概率只有9.5%左右。如果父母中有一方是左撇子，那么孩子是左撇子的概率上升到19.5%。如果父母双方都是左撇子，那么孩子是左撇子的概率则为26%。因此研究者认为左右手的使用习惯是受遗传影响。

以下哪项为真，最能削弱上述观点？

A. 一项针对双胞胎的研究发现，双胞胎中有50%是一个左撇子一个右撇子。

B. 观察发现，孩子一旦形成使用左手或右手的习惯就很难再改变。

C. 对大多数动物来说，对某侧肢的使用习惯似乎是随机的。

D. 不同的左右手使用习惯很可能为不同的人带来不同的天赋。

6. 随着人们的生活和工作逐渐进入高楼大厦，人们接触日光的机会变少。研究发现，日光是合成维生素 D 的必要条件，而维生素 D 是促进钙吸收的关键因素。因此有人得出结论：现代人更容易患骨质疏松等因素引起的疾病。

以下哪项为真，最能质疑上述结论？

A. 骨质疏松疾病患者多晒太阳就可以缓解或治愈。

B. 现代人饮食结构中的含钙食品比以前丰富很多。

C. 口服维生素 D 是添加了促吸收剂的合成配方。

D. 骨质疏松症患者接触日光的时长与其他人无异。

7. 植物生长调节剂是对植物的生长发育具有抑制或者促进作用的一类物质，包括人工合成的化合物和从生物中提取的天然植物激素，目前在全世界农业生产中被广泛应用。针对人们对其安全性的质疑，业内人士指出，根据批量检测结果，看不出有植物生长调节剂的存在。因此，可以认为植物生长调节剂的安全性是比较可靠的。

下列哪项为真，最能质疑上述业内人士的观点？

A. 植物生长调节剂喷洒后，将长期存在于土壤中，不易分解。

B. 有些发达国家对植物生长调节剂的使用有严格的管理规定。

C. 从以往的经验看，即便是广泛使用的产品也未必是安全的。

D. 有些植物生长调节剂即使含量检测不出，如果长期食用，也可能致病。

8. 一项研究发现：经常喝咖啡的成年人患上心脏病的概率是不常喝咖啡成年人患心脏病概率的2.5倍。由此可以断定，咖啡中的某种物质能够导致人患上心脏疾病。

以下最能削弱上述结论的一项是?

A. 咖啡含有提高心脏活力的成分。

B. 用餐时喝咖啡有降低血脂的作用。

C. 心脏病高危人群更容易爱上喝咖啡。

D. 爱喝咖啡的人大都性格开朗,喜欢运动。

第十章 谬　误

一、谬误及其分类

(一)什么是谬误

"谬误"一词在古汉语中意为错误,与"悖""过""妄""乱""狂举"等词同义或近义。英文为 fallacy,来源于拉丁语"fallacca",原有"欺骗"的意思,严复移译为"瞀词",王国维则译为"虚妄",当代文献中通译为"谬误",主要词义是错误观念或错误推论。

谬误概念在不同的理论系统中可以有不同的界说。目前,学术界主要是从认识论和逻辑学这两个不同的角度来界说谬误的。作为认识论的范畴,谬误与真理相对应,它是人们对客观实际的歪曲反映,也就是不符合客观实际的认识。而作为逻辑学的范畴,谬误也有广义与狭义的理解。广义上泛指人们在思维活动和语言表达中出现的自觉或不自觉地违反逻辑规律或规则要求的各种错误;狭义上仅指违反逻辑规律或规则要求的各种无效论证模式。

历史上,持不同逻辑观的谬误研究者赋予"谬误"以不同的含义。亚里士多德在《辩谬篇》中将谬误定义为"虚妄的反驳"或诡辩的反驳,即貌似反驳而实际不是真正的反驳。康德在《纯粹理性批判》中指出逻辑的谬误推理不问其内容为何,乃方式误谬之一种三段论推理。在《逻辑学讲义》中,康德又把谬推(paralogismus)视为借以欺骗自己的错误推论。有的学者还从论证的角度界说谬误,把谬误看成是一种逻辑上无效的论证或"有缺陷的论证模式"。我国《哲学大词典·逻辑学卷》给"谬误"词条的解释则是"主要指论证中违反思维规律的逻辑要求或逻辑规则而产生的错误"。

本章采用广义的逻辑谬误定义,并且在简要分析非形式谬误的同时,对生活中常见的谬误进行讨论。

(二)谬误分类

谬误分类是谬误研究的基本问题之一。对谬误予以适当的分类有利于总结谬误的一般性特征,加强对谬误的系统化认识。但是试图给各种各样的谬误设计一张严格而统一的分类表是十分困难的。自亚里士多德以来,研究者们在谬误分类上进行了艰苦的思维劳作,提出的分类系统不下十余种,但至今并没有一致公认的严格的分类系统。谬误分类将是一个需要长期探索的问题。

根据不同的标准,谬误可以有各种不同的分类。其中主要的有如下几种。

1. 与语言有关的谬误和与语言无关的谬误

亚里士多德在《辩谬篇》中明确提出了关于谬误的一个二分法分类,谬误被分为"与语言有关的"和"与语言无关的"。他认为,依赖于语言的谬误有语词歧义、语意双关、合谬、分谬、错放重音以及变形谬误共六种;不依赖于语言的谬误有由于偶性而产生的谬误、由于意义笼统而产生的谬误、由于对反驳无知而产生的谬误、由于结果而产生的谬误、因假定尚待论证的基本论点而产生的谬误、把不是原因的事物作为原因而产生的谬误,以及多个问题并成一个问题而产生的谬误共七种。

2. 归纳谬误与演绎谬误

这是按人们在思维活动中所运用的推理形式的不同而对谬误所作的相应分类。归纳谬误既可能产生在观察、实验、调查、统计等收集经验材料的过程中,如观察谬误、统计谬误等,也可能产生在分析、综合、概括、类比、探求现象因果联系等整理经验材料的过程中,如轻率概括、错认因果、类比不当等。归纳谬误作为一种非形式谬误,在论证中更多地表现为论据不充足的谬误。

对归纳谬误的早期论述可追溯到亚里士多德的《修辞学》,其中论及"仅凭'迹象'或个别事实作证据",即是"轻率概括"的谬误。近现代以来,随着归纳逻辑地位的进一步确立,与概率和统计推理相关的谬误现象日益受到人们的重视。从发展趋势看,归纳谬误研究是逻辑谬误理论中最有发展空间的主题之一。

演绎谬误产生在思维活动中运用演绎推理形式的过程中。当人们违反各种演绎推理的形式规则时,演绎谬误随之出现。演绎谬误完全由违反推理的形式有效性要求而致,故可看成"形式谬误"的另一种表述方式。

3. 形式谬误与非形式谬误

这是按谬误的产生是否由于违反推理形式的有效性标准而对谬误所作的分

类。美国逻辑学家 I. M. 柯比在其 1953 年首版的《逻辑学导论》中,把谬误区分为形式谬误和非形式谬误。由于《逻辑学导论》作为教科书的广泛影响,柯比的分类已成为一种颇具代表性的分类方式。

所谓形式谬误,实际上就是违反推理形式的有效性标准而导致的各种谬误。其中主要包括:

(1)命题逻辑中的谬误,如"(p→q)∧q→p";"(p∨q)∧q→→p"。

(2)词项逻辑中的谬误,如"MAP,SEM,∴ SEP";"PAM,SAM,∴ SAP"。

(3)谓词逻辑中的谬误,如"(∀x)(∃y)R(x,y)→(∀y)(∃x)R(x,y)"。

(4)模态逻辑中的谬误,如:"→□P→→◇P"。

非形式谬误则泛指一切并非由于逻辑形式上的不正确,而是因为语言、心理等方面的因素而导致的各种谬误。非形式谬误是当代谬误理论中出现频率很高的一个关键性概念,为众多的逻辑教科书和谬误论著作所使用。歧义性谬误、不相干谬误和论据不充足谬误是非形式谬误的三种主要表现。

4.语形谬误、语义谬误与语用谬误

这是从有效交际的角度,按谬误是否产生于表达——理解过程的语形、语义或语用方面而对谬误所作的分类。

从交际方式来看,我们把论证看成是一个语言信息的表达——理解过程。根据有关学者的研究,信息的表达——理解过程可见下图:

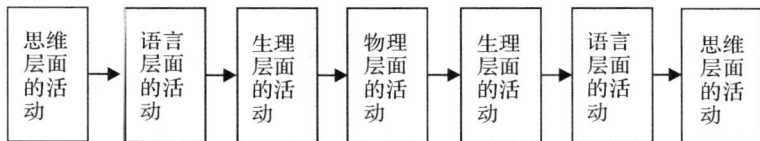

| 思维层面的活动 | → | 语言层面的活动 | → | 生理层面的活动 | → | 物理层面的活动 | → | 生理层面的活动 | → | 语言层面的活动 | → | 思维层面的活动 |

通常,人们把这一信息表达和理解过程的各环节,称之为思维——语言链。论证正是一种信息交换活动,这一链条中的任一环节出现障碍,就会使语言交流受阻,从而影响论证的正常运行。由此可见,在生理条件与物质条件都具备的前提下,论证的评估关键取决于主体的思维与语言表达能力。同时,一个具体的推论势必涉及语言信息的符号性、指谓性和交际性,最终的归结点则是交际性。

从语言交流的有效性和无效性角度评估论证,我们把谬误区分为语形谬误、语义谬误和语用谬误。

语形谬误纯属论证中所运用的推理形式无效而导致的谬误。它是"形式谬误""演绎谬误"的同义词,只是从不同的角度提出问题而已。

语义谬误是由于表达式意义上的原因而导致的无效论证。主要包括:由于论证中所运用的推理含有含混语词而导致的无效论证；由于句子内在结构或关系不确定而导致的无效论证等等。金岳霖先生在他的《逻辑》一书中，曾在"意义不定的错误"的大类下，讨论过意义变更的名词、合举的错误、分举的错误、普遍与特殊的混乱四种情形，我们认为它们均可归属语义谬误的范畴。

　　语用谬误的发生与论证中所运用的语用推理是否有效直接相关。语用推理是指话语在交际语境中的具体意义的推理。它通常考虑如下一些因素：传受双方的角色、地位，话语的时空背景，传者的意图和受者可能的理解程度。语用谬误作为涉及传受双方和语境等方面因素的谬误，它至少包括如下两种情形：一为情景谬误，如忽视语言符号出现的交际语境而导致的无效论证。在法庭辩论的场合，使用旨在唤起他人怜悯的言辞，即是典型例证。又如，忽略语境变化对推理有效性影响而导致的无效论证。不顾时间因素而导致的时态谬误，即是一例。二为功能谬误，它是混淆交际者所使用的语言符号的不同功能或忽略语力行为（如断定式、指令式、许诺式等）的差异性而导致的无效论证，其中包括认知性功能谬误和非认知性功能谬误。金岳霖先生在《逻辑》里提及的"不相干的辩论的错误"，正是最常见的语用谬误。

　　纵观上述谬误分类，显而易见的是，其中的语形谬误与演绎谬误不过是形式谬误的不同称法，而语义谬误、语用谬误与归纳谬误都可归属于非形式谬误。从这个意义上说，形式谬误和非形式谬误的分类是最基本的分类。由于形式谬误与特定类型的演绎推理形式相对应，大多教科书都将其放到演绎逻辑的相应章节中详细叙述。因此，本书将在下一节中着重讲解非形式谬误相关内容。

二、非形式谬误

　　非形式谬误与形式谬误相对应，大体上包括如下三个子类：一是由于推理和论证过程中语词或语句的歧义性所致的谬误，一般教科书上称之为歧义性谬误；二是由于推理和论证过程中前提（论据）与结论（论题）之间缺乏应有的逻辑关联性所致的谬误，一般教科书上称之为不相干谬误（又称关联性谬误）；三是由于推理和论证过程中前提（论据）对结论（论题）缺乏足够的支持程度所致的谬误，一般教科书称之为论据不充分谬误。下面逐一介绍这三种类型的谬误。

（一）歧义性谬误

　　歧义性谬误是指人们运用语词表达概念，运用语句作出判断，从而进行推理和论证的过程中，违反思维和表达的确定性原则而产生的各种谬误。主要有词义混淆谬误、构型歧义谬误、强调谬误、合谬和分谬,等等。

1. 词义混淆

词义混淆是指在特定的语境中,把一个语词所可能具有的多种意义混为一谈。主要有重新定义、混淆集合概念词语与非集合概念词语、混淆语言形式不同但含义相同的词语、语形谬误这四种表现。例如,假若有人以为"马上出发"和"人在马上"这两个句子中的"马上"是相同的意思,进而推断"人在出发中",那就犯了词义混淆中的语形谬误。

2. 构型歧义

构型歧义是指由句子内在结构或关系的不确定而导致的语句歧义谬误。在自然语言中,假如脱离具体的语言环境,那么同一个语句由于其中语词结构方式或语义搭配关系不同往往可以表达不同的命题,这正是产生构型歧义谬误的根源。构型歧义谬误主要有两种表现:一是由于句子中语词之间结合方式的不确定性而导致的构型歧义;二是由于句子语义搭配关系的不确定而导致的构型歧义。例如,《省领导干部违反住房规定专项清理举报电话》这一标题,既可以理解为"针对领导干部违反住房规定专项清理的举报电话",还可以理解为"针对省级领导干部违反住房规定专项清理的举报电话",这就是由于词语结合方式不确定而导致的谬误。

3. 强调谬误

强调谬误是指同一句话由于强调内容的不同而衍生出截然不同的意义的谬误。强调谬误常常导致交际双方的误解和曲解,甚至致使言语交际中途搁浅、交际双方不欢而散。强调可以通过重音、停顿、语调三种方式进行。例如,"这管子\不要让它拔掉"与"这管子不要\让它拔掉"两句话的停顿不同,所表达的意思也大相径庭,前者意在"不要拔掉管子",而后者则是"拔掉管子"。此外,需要注意的是,以上三种情况都是强调谬误在语音方面的表现。强调谬误在视觉方面也可以通过改变字体颜色、大小等多种形式表现出来。

4. 合谬与分谬

合谬与分谬是两种常见的语言谬误。亚里士多德在《辩谬篇》中将其称为"字的含糊结合"与"字的含糊分离"。指的是把一些分开说的话合起来说,意义会发生变化而导致谬误;反之,把一些合起来说的话分开说,意义也会与原来不同,同样可能导致谬误。其中,合谬可以分为两种表现形式:一是将不同对象的不同属性合述而导致的,二是取消分句之间的停顿而导致的。同样地,分谬也可以分为两种表现形式：一是将多个事物的总述分派到每个个体上而造成的，二是将事物组合体具有的性质理解为各组成成员的性质而造成的。例如，"他喜欢苹果，我喜欢梨"，合成"我们喜欢苹果和梨"，使得意思变得模糊不清，这显然是一种合谬。再比如，"演讲团将到杭州、宁波和绍兴作两天演讲"这句话被理解为"演讲团将到宁波作两天演讲"或者"演讲团将到绍兴作两天演讲"，这显然与原句的意思不符，犯了分谬。

（二）不相干谬误

所谓不相干谬误，又称相关谬误或关联谬误，它是指论据（前提）提供的信息与论题（结论）的确立仅在心理或语言上相关，而在逻辑上并不相关的谬误。正确的论证应该立足于论据与论题的逻辑相关，即论据在逻辑上支持论题，也就是由论据可以逻辑地推导出论题真。不相干谬误的特点在于论证者通过喜好、尊敬、同情、敌意等主观情感的作用而产生说服力，但与论证本身产生的逻辑力量无实质性的联系。不相干谬误是一种典型的语用谬误，其根源在于人类语言功能多样性与心理活动复杂性等因素的干扰。通常可分为以下几种。

1.诉诸权威

诉诸威胁是指不恰当地引证权威人士的言论作为论证的根据而导致的谬误，又名"滥引权威"或"以权威为据"，是论证中"以人为据"谬误的特殊表现形式。与恰当引用权威言论的引证法不同，"诉诸权威"的实质是无视客观事实和具体条件，唯权威观点是尊，唯权威言行是从，用权威人士的无关言论或片言只语代替对论题作具体论证。具体来说，诉诸权威有三种情况：错将或然性当作必然性，无视权威观点的具体条件性，企图以权威性压制创新性。例如：在某企业的产品推广会议上，一位销售经理说："由于本地市场情况特殊，我们应当采取灵活的、有针对性的策略，所以，我建议用市场创新的思路修改原有的推广方案。"这时另一位销售经理立刻站起来反驳说："我们原有的方案不能变，这是总经理亲自定夺的，要知道总经理可是这方面的真正权威。"这显然是用权威性压制了创新性，属于诉诸权威谬误。

在日常生活中，诉诸权威还常常表现为对权威的模糊，即权威本身身份的不明确。例如，小丽跟她的男友说："有女朋友的男生不应该有女性朋友，我昨天看到一个公众号里说90％的男性劈腿都是与其身边的女性朋友。"在这个例子中，显然公众号中所写数据的来源并不明确，也无法起到足够的支持论题的作用。类似的例子还有非常多，人们往往轻易听信了来源不明确的消息，进而导致了错误行为的发生。例如,2011年3月日本东北部发生里氏9级大地震,大地震引起的海啸、核辐射等危机,"吃碘盐可以防辐射"的消息忽然传遍大江南北,引起了大面积抢购碘盐的行为。在这一例子中,"吃碘盐可以防辐射"的消息来源并不明确,显然是不应该被轻易相信的。导致大规模的疯抢,也有诉诸公众的原因,但最初听到消息的人之所以去抢购碘盐,正是因为将这一来源不明的消息当成了权威。

2.诉诸人身

诉诸人身是指仅以对方个人的相关情况作为确定论题真实性的依据。主要有人身攻击、因人废言、因人纳言三种情况。

(1)人身攻击,指在论证中攻击对方的出身、品行、人格,指责对方的体能、技能、智能,甚至以污辱谩骂的手段来代替对论题的具体论证。无论是在学术领域还是现实生活中,"人身攻击"的谬误都不乏例证。例如,有些人对中国近代文学史上绍兴籍作家周作人的人格有诸多非议,因此就断言:"既然周作人是一个卖国求荣的民族败类,那么他的文学作品根本谈不上有任何文学价值,完全是卖国贼的媚俗文学,反动文人的陈词滥调!"这种用辱骂代替论证,用情绪化语言取代理性化分析的做法,正是典型的人身攻击。

(2)因人废言,指仅仅根据论证者在品质、名声方面的缺陷,所处环境的特殊,或以往曾有过错等方面的原因,就轻率否定其论断或观点,而不问这些论断或观点本身的真实性和论证方式的正确性。此外,还会借助其所属集团或所联系的个人的名声、处境来进行否定。例如,在某学校的招生会议上,A老师提议:"我觉得某学生不错,应该破格录取。"B老师立刻提出了反对意见:"我反对,像他们那样的小学校怎么可能培养出优秀的学生呢?"这便是根据该学生所属团体的缺陷而对其进行否定。

(3)因人纳言,指仅仅根据论证者个人的品德高尚、才华出众、处境优越,或自己对论证者的信赖或好感,就轻率地肯定其论断或观点,而不考虑其论断本身的内容是否真实或其论证过程是否正确。因人纳言往往会基于崇拜或私情,在现实生活中还经常出现以人格担保诱使人相信的情况。例如,"他的为人我还不知道吗,他绝对不会说谎""我以人格担保,这个消息绝对是真的"都是诉诸人身谬误。

3.诉诸公众

诉诸公众是指仅仅以公众的常识、观点、态度和行为取向作为确定论题真实性的依据。该谬误的实质就是利用人们"众人之见即为真"的习惯思维定势和从众心理倾向。当然，理论只有被群众掌握才能发挥其现实的解题功能，真理只有被众人所接受方能显示其内在的社会价值。但论题的真实性并不依赖于公众的接受性，虽然基于正确性和论证性的真理最终必将赢得越来越多的理性公众。"诉诸公众"的谬误古往今来迷惑了很大一部分人。例如，中国古代广为流传的"三人成虎""曾参杀人"等典故，以及"一人传虚，万人传实""一犬吠形，百犬吠声"等成语，恰好诠释了"诉诸公众"谬误的危害性。

上文中关于"疯抢碘盐"的例子也体现了诉诸公众这一谬误。一开始人们是因为错将谣言当作权威而盲目相信；而后来的"赶风潮"的人之所以相信这一谣言，则是从众心理导致的。在现实生活中，诉诸公众除了导致人们对不明确信息的盲目相信外，还导致了人们对于高比例数据的依赖。例如，很多人都认为销量高的商品就一定是好的商品，排行靠前的歌曲就一定是好的歌曲。但是，某个商品销量高，可能是其投入的广告多的结果；某个歌曲排行靠前，可能是其粉丝组织刷榜的结果。仅用数据高低、多少作为评价标准，也同样是不可取的。而在当今激烈的市场竞争中，宣称个人、单位或产品深受大众欢迎并以此说服或鼓动更多的公众，已成为不少商人和商家惯用的手段。眼观四方，在商品大战中，商家为自己产品做宣传时，使用频率最高的词汇可能就是"大众最欢迎的""大众的最佳选择""服务大众、造福人类"等等。这实际上正是"诉诸公众"的表现形式。

4.诉诸无知

诉诸无知是指人们在论证中仅仅根据某个论点的虚假性未被证明，就轻率地断定该论点真实，或仅仅根据某个论点的真实性未被证明，就轻率地断定该论点虚假。例如，中世纪欧洲神学家是这样论证上帝存在的："你能证明上帝不存在吗？你不能证明上帝不存在，所以，上帝是存在的。"这就是"以无知为据"的谬误。

在现实生活中，诉诸无知有时还会表现为，没有反对者出现则证明不存在问题，又被称为"无为之谬"。例如，面对外部对某企业女员工时薪比男员工低的指责，该企业负责人认为，企业内部员工并没有人认为存在问题，因此不需要调整。诉诸无知还可以进一步延伸为，没有明示不可行，就说明是可行的。例如，南京玄武湖并蒂莲被游客摘取一事，该游客称，并没有在现场看到"不能摘取"的警示牌，觉得自己摘取的就是一朵普通莲花。将"没有说不能摘取"等同于"允许摘取"，这显然是诉诸无知的表现。

5.诉诸感情

诉诸感情是指论证者过度使用带感情色彩的语句，来调动受众的情绪或情感因素，进而妨碍受众作出正确的事实判断和价值判断。合理的论证秉承不仅应当"言之有理，持之有故"的原则，而且还需要适当考虑"动之以情"的因素。但诉诸感情的谬误忽视了"理由""论据"方面的根本性要求，过于强化感情因素在语言交流中的功能和作用。例如，有人在村长选举时鼓动说："我们要支持××××当村长，因为他是本乡本土长大的，与各位父老乡亲有着血浓于水的感情，他一定会让大家喜欢的。"这就回避了对理由或根据的准确而全面的陈述，用煽情的言辞刻意迎合听众喜好，这种"投其所好"的策略便是诉诸感情的表现形式。

诉诸感情谬误中最常见的是诉诸怜悯。它是指回避对理由或根据的客观陈述，仅仅凭借情感性语词或语句来唤起人们的同情心，诱发听众的怜悯之情。例如，一个偷税漏税的公司经理在法庭上自我辩护："你们为什么就不能可怜可怜我这位艰难创业、苦心经营的弱者呢？为什么就不能同情同情我那些同甘共苦的一百多名员工呢？你们不怜悯我没有关系，是我个人犯了错误，可是我的公司员工都是无辜的呀！假如公司要罚这么一大笔钱，就一定会倒闭；公司一倒闭，员工就会失业，他们将流离失所，在贫困线上挣扎，这是谁都不愿看到的呀！"显然，此人的辩护手段就是"诉诸怜悯"，目的是让人觉得他作为弱者或弱势群体的代表是值得同情的，因而所持的观点也是合理的。然而这种论证明显不合逻辑，因为某人值得同情与某人论断正确并没有相关性，唤起人类的怜悯之心也决不能代替具体的逻辑论证。

诉诸感情谬误有时可以表现得厚颜无耻，而有时却难以察觉。某些广告在推销产品时，总会利用人们的渴望而获得好感。例如，手表广告中的成功有为，饮品广告中的健康活力，等等。虽然就这些广告本身来说并不是明显的论证，但是通过引起人们情感上的赞赏，暗示人们购买这个产品就可以获得成功、健康等等。这一暗示显然是错误的，同时也使人忽视了产品本身的性能。

6. 诉诸威胁

诉诸威胁是指借助于强权威胁或武力恐吓等手段，来迫使对方接受其某一观点或主张，又称"诉诸强力"或"诉诸暴力"。现实生活中常说的"强权即公理"，"打棍子、扣帽子、抓辫子、装袋子"都是诉诸威胁的真实写照。如果谁不赞同或践行他所坚持的主张，那么谁就会遭遇精神上的烦恼或肉体上的痛苦。这种强盗逻辑的霸道用语便是："你必须投赞成票支持我当选，否则你会永远没有安宁的日子！""我的主张是毋庸置疑的，凡是不赞同我的人都将被免职！"诉诸威胁迫使他人接受某论断，其方式不仅是针对肉体的武力，还有精神上的折磨。例如宗教的："你不信佛，佛祖会罚你入地狱"；道德的："你不承认，良心将受谴责"；经济的：“你不遵守，就对你实行制裁”；生命的：“你不嫁我，我就自刎于你面前”。

7. 不相干结论谬误

不相干结论谬误是指所论证的结论与应论证的结论不同而导致的谬误。不相干结论谬误与以上所述的六种不相干谬误不同，其不相干性主要体现在论证的结论上，而论证或推理本身可能并非不合理，但是对于需要论证的结果来说是没有效力的。不相干结论谬误主要包括偷换论题和稻草人谬误两种。

(1)偷换论题，指论证者为了易于论证，将自己的论题 A 故意换成了 A'进行论证。这一谬误也可以等同于我们常说的"转移话题"。但也有学者认为，两者之间的区别在于，偷换论题是故意的，而转移论题是无意的。由于有意与无意较难进行判断，需要结合更充分的语境，因此在本文中不作详细区分。偷换论题在现实生活中十分常见，例如，钱可以买到爱情，因为从恋爱到结婚的每一步都需要钱。在这里，论题由"钱可以买到爱情"变成了"钱可以支撑爱情"，犯了偷换论题的错误。

(2)稻草人谬误，指制造假论题并对其进行攻击，形成击败对方原论题的假象。稻草人谬误与偷换论题谬误不同，偷换论题更侧重于转移对方注意力到另一个论题上，而稻草人谬误则是通过歪曲、捏造等手段制造假论题，以形成击败原论题的假象。例如，小红："我觉得应该建一个新的水电站，现在的供电量将无法满足未来的需求。"小明："你根本不在乎我们的环境和野生动物。"这里小明显然歪曲了小红的观点，因为从小红的原话中无法合理推出其不在乎环境和野生动物。

(三)论据不充足谬误

所谓论据不足的谬误，是指论据(前提)对论题(结论)缺乏足够的支持程度而导致的谬误，又称理由不充分的谬误。违反归纳推理的合理性准则而产生的谬误，大多属于这种类型。这种谬误从形式和程序上看似乎没有什么问题，因而更具有迷惑性。实际上，导致这类谬误的根本原因在于，人们忽视了运用这些方法时应当符合的基本条件和应当遵循的导向性原则。论据不足的谬误主要有以下几种类型：

1. 统计谬误

统计谬误是指运用统计推理时，未能满足特定的相关条件而导致结论的可信度降低的谬误。统计谬误的发生是极为频繁的，主要可以分为"平均数"谬误、错误抽样、虚假相关、赌徒谬误以及精确度谬误等五种。

(1)"平均数"谬误,指基于平均数假象而引申出一般性结论的谬误。例如有人说"某村的一位高个子中年男子张某,在平均只有 0.5 米深的小河中淹死了"。听者起初或许会大吃一惊,因为"平均深度"这个概念给他带来了一种"心理眩惑",以至形成某种思维偏见。其实,尽管一条小河平均深度只有 0.5 米,但并不排除其中有 2 米或 2 米以上的深水区,而张某又恰好是在深水区出事的。

(2)错误抽样谬误,指在统计归纳过程中样本偏颇或样本太小等抽样不合理因素导致的谬误。例如,日本通产省曾发布消息说:"东京是全世界第八个最容易生活的都市。因为与国民收入相比,东京物价是比较便宜的都市"。他们称这是调查了全球 31 个主要都市的物价,并参照各都市的国民收入所得出的结论。然而有人指出,这一结果并未将与居民生活有密切关系的地价、房租、食品和其他高物价计算在内。所以日本通产省在调查东京物价时犯了样本偏颇的谬误,由此得出的结论的可信性也就大打折扣。

(3)虚假相关也是一种常见的统计谬误。在一些具体场合,两类事件就某些统计数字上看好像是密切相关的,其实两者之间并不存在真正的因果关系。而有些虚假相关谬误,是由于忽视相关变项导致的,即未考虑影响事件概率的种种因素,盲目断定两事件之间的相关性,进而得出一个不合理的结论。比如,2003年 SARS 流行期间,大多数调查都显示中青年被感染的比率很高,因此,有学者就推论中青年易感染 SARS 病毒。然而事实并不是这么简单,因为中青年感染比率高的一个重要原因是他们比一般的老人和儿童流动性要强,因为他们大部分时间要外出工作。

(4)赌徒谬误,指有人根据一事件新近不如所期望的那样经常出现,便推断不久将来它出现的概率将会增加的统计推理谬误。该谬误产生的根源在于意识不到事件的独立性,是赌徒们经常犯的错误,故以此命名。赌徒们在赌博时,依据硬币正面朝上的可能性是 1/2,在数次出现硬币正面朝下的情形之后,便推断下次正面朝上的可能性增加,于是拼命增添赌注,但最后还是输了。原因在于他们误解了统计概率中的"大数定律"。这个定律告诉人们:当试验次数足够多时,随机事件发生的频率与它们的概率会无限接近。但这仅仅是一个长远的概率,而投掷硬币时出现正面或反面均是一种独立的事件,先期事件对后续事件并无影响,不论先期是朝上还是朝下,硬币正面朝上的概率每次总是 1/2。

(5)精确度谬误,指从样本推出总体的过程中,忽视误差、追求精确数字而导致的谬误。在统计推理中,当样本相对小而总体相对大时,由样本到总体的推理不能不考虑误差的因素,否则,过于追求精确性是十分危险的。例如,抽取 500名 20—25 岁的青年人作为样本,有 55％的人对"青年人是否十分喜欢网络文学"的问题作了肯定回答。有人据此作出结论：我国55％的青年人十分喜欢网络文学。这个推理是不正确的。因为样本中的比率与总体中的比率完全相同几乎是不可能的。在考虑了统计推理相关的误差之后，这里的结论肯定不会是一个具体的百分数。

2. 轻率概括

轻率概括是指没有遵循归纳概括的合理性原则，由个别特例推出一个带有普遍必然性的全称命题而产生的谬误，亦称仓促概括或以偏概全。人们在认识活动中，总是试图从一些观察过的个别现象中归纳出一般性的结论，然而，这种归纳概括往往只是以经验的认识作为主要依据，从某种事例的多次重复并未发现反例而作出一般性的结论。事实上，未曾发现反例，并不等于不存在反例，更不等于以后也不会出现反例。所以，在这种归纳概括的过程中，往往会出现某种认识的谬误。比如，在过去相当长的一段时间里，人们曾根据经验认为，"所有鸟都会飞"，"所有天鹅都是白的"，"鱼都是用鳃呼吸的"，但是后来却在非洲发现了不会飞的鸵鸟，在澳洲发现了黑天鹅，在南美洲发现了用肺呼吸的肺鱼，这样，上面这些一般性的论断也就被否定了。

将个别当作一般，将相对当作绝对，将或然当作必然，以及将局部当作整体，都是轻率概括中经常出现的情况，在现实生活中也经常出现。

例如，爸爸对儿子说："抽烟对身体没什么坏处，你看你爷爷抽烟五十多年了，还是活得好好的。"这就是将个别当作成了一般。

任何事物都包含着某些属性，这些属性又往往是在不同的条件、不同的关系中呈现出来的。因此，人们在特定条件下所获得的认识必然具有相对性。人们在归纳概括的过程中，如果撇开事件出现的具体条件，把相对的认识当成绝对，那么也会出现"轻率概括"的谬误。例如，小红的A同事和B同事都有一条鱼尾裙，穿起来非常好看，小红也网购了一条鱼尾裙，结果发现自己穿起来并不好看。在这里就是将相对当作了绝对，同样的衣服穿在不同的人身上自然会有不同的效果。

由于归纳概括总是在特定的条件下进行的，并且用于归纳概括的前提往往是为数不多的，因此，其结论更多地带有或然的性质。在归纳概括的过程中，如果人们将具有或然性（可能性）的结论当成必然性的论断，也会导致"轻率概括"的谬误。例如，小明每次看到乌鸦，都会有倒霉的事情发生，他就认为乌鸦是不好的象征。这就是将或然当作了必然。

整体是构成事物的诸要素和关系的全部总和，它是事物的组成、结构、性质、功能、关系交互作用的统一体。局部则是整体的一部分,是整体中的要素和关系。局部可以是整体中的某一要素,也可以是某些要素的组合。在日常生活中,片面抓住事物的局部属性而忽视对事物的整体把握,难免会造成"轻率概括"的错误。因此,在归纳概括的过程中,人们就很有必要从"多属性的统一"中来思考和把握具体的认识对象。例如,"糖对人体有益无害"是基于糖作为一种能源物质能够为身体提供能量。但是经过多项研究发现,多吃糖会造成免疫功能下降,导致寿命缩短。但是并不能就此说"糖对人体有害",而是应该形成一个综合的判断:"糖对人体有利有弊,因此应当适量食用。"

3. 因果谬误

因果谬误是指在探究因果联系的过程中,由于忽视或错认某些相关条件和相互关系而导致的谬误。因果关系反映的是事物现象之间和事物内部的相互作用关系。同为因果关系,也有一因多果、一果多因、多因多果等复杂情况。因果关系的复杂性导致因果谬误具有多样化的表现形式:

(1)以先后为因果,指把时间的先后关系误认为因果关系而产生的谬误,即认定居前为因,居后为果。因果性与时间上的顺序性有联系,又有区别。在事物变化、发展的过程中,一般地说,总是原因在前,结果在后。但是,并非任何先后相继的运动都能构成因果关系。例如,昼与夜,春与夏,虽然有时间上的先后相继关系,但并不构成因果关系。而且,并非一切因果关系都具有时间上的顺序性,有的原因和结果可以是同时的,或者说由原因引起结果的过程是瞬间的。例如,在 F=ma 公式中,F(作用于质量为 m 的物体的外力)是引起 a(加速度)的原因,其中外力的作用与速度的变化(加速或减速)却是同时的。

(2)以假象为原因,指人们没有深入分析事物现象的深层原因,导致错认原因,以假当真。例如,有位同学每当听课就头疼,他以为患了神经衰弱症,并认定头疼的原因是上课听讲。后来经过医生检查,发现引起头疼的原因,是上课时才戴的那副不合适的近视眼镜。这个学生原来只注意到上课与不上课这个差异,而没有注意到(上课时)戴眼镜和(下课时)不戴眼镜这个不同,因而把真正引起头疼的原因忽略了。

(3)因果简单化,指忽视导致结果的复杂原因,认为是其中一个原因导致了结果。这一谬误可分为两种情况。一是以合因为独因,指误认为多种原因结合才能产生的结果是由其中一个原因造成的。例如,要想证实某人是作案人,那就必须考虑某人作案的时间、场所、动机、手段等等诸多因素。如果只知其中的某个因素就妄下断言,就会犯以合因为独因的谬误。二是以多因为一因,指把导致特定现象的多种原因中的某一个当成是唯一的原因。比如，某人发高烧，可能是患肺炎引起，也可能是感冒引起，也可能是其他原因。如果认为不得感冒，人就不会发烧，那就是把感冒当成了发烧的唯一原因。

（4）因果倒置，指在相对确立的条件下，把原因与结果相互颠倒，视结果为原因和视原因为结果而产生的谬误。例如，微生物入侵与有机物的腐败，这两者之间存在着内在的因果，前者是原因，后者是结果。但是有人不懂这个道理，误认为有机物腐败以后微生物才会入侵，这就是把因果颠倒了。

（5）循环论证，指论证中前提直接或间接包含了结论的主张。又称为乞题谬误。循环论证还可以分为直接和间接两种。例如，对问题"铁为什么能被延展"的回答是"因为铁是有延展性的"，这就属于直接循环论证。再比如，吃得多的原因是肥胖，而肥胖的原因是吃得多，这就是间接循环论证。

（6）滑坡谬误，指认为某一事件或行为发生后，不可避免地会引发另一事件或行为，甚至是一系列事件或行为的发生。之所以称为"滑坡谬误"，是因为在这一谬误中，事件的发生如同从斜坡上滑下一样无法停止，但实则忽视了事件之间具体的因果关系，这并不像从斜坡滑下那么简单。例如，你考不上好大学就找不到好工作，找不到好工作就买不起房，买不起房就不会有好生活。在这一例子中，每句话似乎都顺理成章，但是具体的理由却没有进行说明。

4. 类比不当

类比不当指在事物的已知属性和类推属性之间缺乏较强的关联时，硬性运用类比推理而导致的谬误。事物的属性是多种多样的，它表现在各个方面。人们进行类比时，必须是在一系列（同一类型）属性上进行推论。如果不注意属性的同系列或同类型，而简单随意地抽取两类对象的某些属性进行类比，那么就难免出现"类比不当"的谬误。类比不当主要有机械类比和异类相比两种情况。

（1）机械类比，指把某对象的特有属性或偶有属性类推到其他对象而产生的谬误。换言之，就是把两个或两类共同点或相似点较少，而且在本质上并不相关的事物进行比较而推出错误结论。机械类比有两种表现形式：一是混淆共有属性与特征属性，二是混淆固有属性与偶有属性。例如，几十年前，科学家根据地球与火星的许多相同或相似点，即都是太阳系的行星，都有大气层，都有适中的温度，都有水份，地球上有高等动物存在，从而推论火星上也有类似于人的高等动物存在。然而，地球上的大气层中含氧较多，这恰恰是地球的特有属性而不是地球、火星两者的共有属性。事实上，火星上的大气层中含氧极少，缺乏人类生存的必要条件。科学家在类比时混淆了固有属性和特征属性，是机械类比谬误。

（2）异类相比,指在尚未发现事物的相同属性因而未构成同类事物之前,对两类事物在数量上进行简单的比较。例如,在《墨经·经说下》中就说到:"木与夜孰长? 智与栗孰多? 爵、亲、行、贾,四者孰贵? 麋与霍孰高? 麋与霍孰霍? 蚓与瑟孰瑟?"即不同类的事物在量上不能简单类比。如果你简单地说某根木头比某个夜晚长,或者某个夜晚比某根木头短,那就是异类相比谬误。

（四）其他常见谬误

在现实生活中,谬误的变化十分多样。有些谬误常常出现在我们身边,而我们却不曾察觉。本节将举例探讨这些来自生活的常见的谬误,其中有些属于上述谬误分类中的某个谬误或者某个谬误的某种情况,有些则由于其自身的特殊性而无法列入以上分类中。

1.诉诸公平

诉诸公平是诉诸人身谬误中因人废言的一种情况,指仅仅根据批评者可能存在的某些不足来回避当前论题,从而为自己开脱。在日常思维中,许多人在面对别人的指责时,常常以"你也一样"为遁词与挡箭牌回击对方。其公式可表述如下:

A 有根据地指出 B 在 P 问题上有错,

但 A 在 P 问题或其它问题有错,

所以,A 的意见是错的（或不可信的）。

例如,"你也经常喝酒,因此你不能说我喝酒是不好的"或者"你也作弊了,因此你不能说我作弊是不对的"。在这两个例子中,"喝酒是不好的"和"作弊是不对的"这两句话的判断标准被归结为说话人自身的情况,因为说话人做了同样的行为,所以说话人是虚伪的人,这两句话是无效的。这显然是不合理的,说话人的言行不一致的确会降低其言论的可信度,但是以此作为否定其言论的唯一根据,是绝对不可的。

需要注意的是,诉诸人身谬误并不是说,我们不应该去关注说话人本身的情况,而是说,这些情况不能作为判断其言论的唯一依据。对说话人本身情况的关注,有时也可能会帮助我们做出判断。例如,出版商对于自己出版的书籍的夸赞,可能是出于多销多售的目的,其中有些话语可能存在夸大。再比如,在评议会上,某一同学对另一同学的贬低,可能是基于一些个人的恩怨。

2.诉诸起源

诉诸起源是指根据早期情况来判断某事而忽视其变化。例如,小红想让孩子跟自己姓："原始社会的时候,都是以女性为中心的,那时候孩子的姓氏就是跟随母亲的,这是对母亲的尊重。"在这里,小红显然忽视了时代的变化。根据《婚姻法》规定:"子女可以随父姓,也可以随母姓。"孩子姓氏的选择是自由的,以孩子姓氏问题的起源为依据要求孩子随母姓是不合理的,"跟随父姓"也不能等同于"不尊重母亲"。此外,诉诸起源同时也会带有诉诸人身的特征,即用一个人早期情况作为判断依据,忽视了其成长变化的可能。例如,"我不会去他的饭店吃饭的,他小学的时候特别不讲卫生"。这就是根据一个人的早年的情况对其进行判断,忽视了变化的可能。

3.合理化谬误

这是指用虚假理由为自己的立场辩护,使结果合理化。这一谬误类似于"以假象为原因"谬误,但其主观上带有更强烈的欺骗性,是出于一定的目的而故意掩盖了真实的原因。例如,一名男生在其女朋友提出分手之后,跟自己的朋友说:"我早就想分手了,这样正好。"这显然是男生为了保住自己的体面而掩盖了分手的真实原因。再比如,小明考试考砸了,妈妈问他原因时,他说:"大概是考试前一天晚上没有睡好,而且早饭吃的太急,考试的时候身体不太舒服。"但其实,他并没有认真复习,在一些重要知识点的考查中都出现了错误。在这一例子中,小明可能是处于对妈妈责备的惧怕而隐瞒了真正原因。

4.复杂问语

复杂问语是指在提问中预设了隐藏在问句中的某些论断为真。这常常是一种欺骗手段,使得人们在回答问题的同时,默许了问句中暗含的论断为真。例如,为什么私有企业的资源发展比国有企业更有效率?在这一问题中就预设了"私有企业的效率更大"。复杂问语在审判中也经常被使用,例如,"你是否将凶器藏在了床下?"或者"你是否将偷取的财务放在了家中?"等问句,都预设了犯罪事实的成立。面对这种问题时,我们在回答之前需要先对问题进行澄清,否定其中含有的预设。

此外,复杂问语有时还会将两个都不合理的问题合并,使人在回答问题时作出不当选择。例如,你是赞成专制与压迫,还是赞成民主与混乱?这一问题中,无论是赞成前者还是后者,都是不恰当的选择。在面对这一类型的复杂问语时,我们可以选择对问句进行拆分,如"我赞成专制,但反对压迫",或者"我赞成民主,但反对混乱"。

还有部分复杂问语,实则是忽视了情况的多元化,故意制造虚假二难问题。例如,"你的妈妈和你的妻子掉进水里,那么你先救谁?"这一问题预设了"先救谁就是谁更重要"。但是实际情况可以更多元化,比如,妻子或者妈妈可能有人会游泳,当时可能除了我之外还有其他人在场,等等。

5.非黑即白

这是指认为事物或事件只有两面,不是这一面就一定是另一面。这一谬误又被称为"简单二分法",即不恰当地要求在两者之间选择一个,不存在中间成分。例如,你不支持我的观点,就是反对我的观点。这里还可能存在中立的态度,即既不支持也不反对。需要注意的是,非黑即白谬误的前提是该事物或事件应该存在多种可能,若本身只有两面性,则不存在这一谬误。例如,审判的最终结果一定是有罪或者无罪。

6.罔顾事实

这是指用假定的条件重新判断已经发生的事情,认为事情的条件发生变化,结果也一定会改变。在现实生活中,这一谬误有时被称作"马后炮"。例如,要是我昨天晚上跟他在一起,他就不会做傻事了;要是我昨天晚上早一点睡,今天就不会迟到了。诸如此类的例子在现实生活中数不胜数,这显然是一种谬误。同时我们需要明白的是,即便这些推测存在一定的合理性,它们也只能是一种推测,并没有充分的理由支持其结论,也不能够保证结果一定会按照推测发生。

三、研究谬误的意义

谬误广泛存在于人们思维活动和语言交流的整个过程与各个领域,深入而具体地研究谬误问题,不仅具有现实的应用价值,而且具有重要的理论意义。

首先,研究谬误有助于人们有效地识别、防范和避免谬误。应当承认思维活动和语言交流过程中谬误存在的普遍必然性和直接现实性。歌德曾说过一句寓意深刻的话:"谬误不断地在行动中重复,而我们在口头上不倦地重复的却是真理。"因此,如果我们能对谬误作系统研究,进而对谬误的分类、成因、识别和避免方式作出明确说明,那么对人类的思维活动和生活实践必将有所裨益。

其次,研究谬误有助于人们更好地达到求真的目标。逻辑是求真的一门学问,正如奎因(W. V. Quine)所说,"逻辑,像任何科学一样,把求真作为自己的使命"。但在求真这一点上,逻辑又表现出自己的特色和个性。其求真的宗旨是为人们的思维和表达提供方法,最终给出的是人们可以从真前提得到真结论的理论框架或模型。求真与辨谬是一个问题的两个方面,它们是不可分割地联系在一起的。有人之所以不能以有效的方式求真,其中一个重要原因就是因为不能明确地辨析谬误。事实上,如果人们不能正确地把握辨谬的原则与方法,便不可能建立一个正确的"从真前提导出真结论"的理论模型。从这个意义上讲,辨谬实际上正是以直接或间接的方式在求真。

第三,研究谬误有助于拓展逻辑学的应用领域,并为逻辑学的发展寻找新的增长点。从历史的线索看,逻辑学的发展内在地包含理论与应用两个方面。从某种意义上讲,谬误研究正是沟通逻辑理论与日常应用的一座桥梁。辨析谬误的现实需求提示人们展开逻辑学科理论内容的多样性和解决思维实际问题的可操作性,这就为逻辑的生存和发展提供了更为广阔的空间。因为人们的思维活动和语言表达既需要严格的、形式化的分析,又需要意向性的非形式化的分析。另一方面,谬误研究的深入也会逐渐暴露出原有逻辑系统的某些缺陷,以及原有逻辑工具解题能力的不足。这就促使人们从深度与广度上拓宽逻辑思考的视野,进而催生新的逻辑学理论。

练习题

下列论述都是谬误,指出各属何种谬误:

1. 赌博是没有办法杜绝的,因为每个人每天在做各种决定的时候都是在赌博。

2. 组装这部机器所用的零件都很轻,所以组装之后的机器也一定很轻。

3. "你现在还偷拿别人的东西吗?"

4. 风水学是可信的,因为没有证据可以证明其不可信。

5. 教授:进化论证明,最适合环境的生命才会生存。

学生:怎么证明呢?

教授:如果有机生命生存了,他们一定会适应环境,对不对?

学生:是的,但是如何能得知只有最适合的才能生存?

教授:那些生存的生物,显然比没能生存下来的生物要适合啊。

6. 结婚戒指不是什么好的象征,这最早是禁止妇女从丈夫们身边逃走的脚链。

7. 一位老板犯了法,他提醒当地一家报社的编辑,他们每月都有在该报社投放高额的广告,希望报纸上不会出现不想看到的内容。

8. 她有一张好看的脸,所以她的眼睛、鼻子、嘴巴都是好看的。

9. 每天一定要喝咖啡的人与每天都要抽根烟的人一样,都是上瘾。

10. 妈妈要求儿子下次比赛一定要拿第一:"要参加,就要拿第一名才行,第二名和最后一名一样没用。"

11. 我的第一段婚姻非常糟糕,所以我不准备再结婚了,反正也不会幸福的。

12. 某城市一个电话随机调查表明,该城市 75% 的民众会每天看一集电视剧。但此项调查是在周末下午进行的,很多民众当时正在看电视。

13. 如果希特勒没有入侵俄罗斯,没有两线作战的话,纳粹就可以赢得二战了。

14. 公立学校不允许体罚学生,而这就是孩子们缺乏自律和不尊重老师的原因。

15. 假如我们允许同性结婚,那么下一步就会允许一夫多妻、一妻多夫,接着就会允许直系亲人结婚,就全部混乱了。

16. 一对夫妻非常想要儿子,他们已经有了三个女儿,因此他们认为第四胎一定会是儿子。

17. A:××辞职好突然啊!

B:一定是领导让他走的,我前几天看到领导找他谈话了,这不他就辞职了。

18. 他工作做的好不足为奇,领导一直很重用他。

19. "你又没有生过孩子,凭什么对我如何教育孩子指指点点?"

20. 父亲:"你明天就去把你的长发剪短。"

儿子:"你非得让我成了和尚是吧。"

21. 母亲:"儿子,你骑车的时候记得带头盔,不戴头盔太危险了。"

儿子:"你上次骑车不是也没戴头盔吗? 干嘛要求我。"

22. 这张照片上有我弟弟和妹妹的朋友。

23. 某人在某电影上映首日去买票,发现场场都是爆满的,根本买不到票,于是他认定这部电影肯定好看。

24. 某学生因成绩问题而找到授课老师:"老师,您能不能再给我加一点分数,这样我的绩点就会高一点,我就可以拿到奖学金了,我妈妈生病了,家里的钱都拿去治病还欠了债,我真的很需要这笔奖学金来交学费,不然我下学期就要休学了。"

25. 买水果时一定要先尝一个,看看甜不甜。

26. 民工:"老板,我的工资怎么这么少? 我干的并不比别人少,也不比别人差呀!"

老板:"什么? 就凭你这副长相,这身打扮,我看这一点就不少了!"

27. 某同学发现,在过去几个世纪里,海盗数量在减少而全球气温在上升,因此他得出结论:是海盗的减少导致了全球气温上升。

28. 某同学在跟同学争论问题时说:"我父亲是知名高校毕业的,是专业的,他说是对的就一定是对的。"

29.受多元文化和价值观的冲击,甲国居民的离婚率明显上升。最近一项调查表明,甲国的平均婚姻存续时间为 8 年。张先生为此感慨,现在像钻石婚、金婚、白头偕老这样的美丽故事已经很难得,人们淳朴的爱情婚姻观一去不复返了。

30.A:某矿又发生事故了,这次造成了不小的伤亡。

B:那是老天开眼了,他们活该。

附:各章部分练习题参考答案

第一章

二、1. B　2. A　3. C　4. D　5. D

第二章

一、1. D　2. B　3. A　4. C　5. E　6. D　7. E　8. E　9. E　10. C　11. E　12. B　13. E　14. C　15. A　16. E

二、1. 推理无效,违反了德·摩根律。

2. 不是矛盾关系,充分条件假言命题的矛盾命题是一个联言命题。

3. 可以推出小马最终报考戏剧学院。使用二难推理可以推出。

4. 过直线外一点不可以作一条直线与该直线平行,或者可以作多条直线与该直线平行。

5. 如果第二句话为真,则第一句话为真。或者,如果第一句话为假,则第二句话为假。

6. 最可能的原因是,全班有人没在承诺书上签字。运用假言推理否定后件式即可推出。

7. 需要补充:货币的销售回笼额和证券投资额都没有增长。运用反三段论进行推理。

8. 实验二:或者不是 Y 粒子,或者不是 Z 粒子。根据蕴析律,该命题等值于:

如果是 Z 粒子,就不是 Y 粒子。加上实验三:

如果不是 Z 粒子,就不是 Y 粒子。根据二难推理,可以推出:

不是 Y 粒子。加上实验一的结果,可以推出:

这种粒子是 X 粒子。

9. 同时还需要打开的阀门是 2 号和 3 号。

10. 可以得出"多盖高楼"的良策。

11. 教授的推理是二难推理的简单构成式,具体形式略。如何破斥这一二难推理:此二难推理中的充分条件假言命题并非真命题,即前件未必是后件的充分条件。

12. 如果有人选修了经济,则选修经济的学生中不可能同时包含钱和孙两人。根据题干,一门课程有高中生选修,当且仅当也有初中生选修。初中生王选修了物理,因此,必须有某高中生也选修物理。已知赵不能选修物理,因此,钱和孙必须至少有人选修物理,也就是说,他们不可能同时选修经济。

13. 中国队上场的是 6 个队员分别是:G,R,C,A,E,B。

解析:由于队员中包括 G,那么根据条件(2)可得出 D 不上场,再根据条件(4),可知 R 上场。由 R 上场,根据条件(5),得 C 上场,再根据条件(3),A 也必须上场,而根据条件(8),F 不能上场。根据条件(6),由 A 上场,则 P 不能上场;再根据条件(1),S 也不上场。根据条件(7),S 不上场,可以推出 T 和 Q 也不上场。综上,G,R,C,A 都必须上场,而 D,F,P,S,T,Q 都不上场。一个球队必须 6 人上场,因此,另外上场的两人就是 E 和 B。

14. 由题设可知,张老师与赵老师的话是矛盾关系,其中必有一真。由于只有一人的预测成立,因此李老师与王老师的预测都是错误的。但是由此只能推出张华考上了浙大,李乐军是否考上则是未知的。

15. 父母俩第一个说话的是母亲,孩子是女孩。

解析:如果第一个说话的是父亲,则第二个说话的就是母亲。此时,无论孩子是男孩还是女孩,母亲的两句话或者都是真话,或者都是假话。这与题设矛盾,因此,第一个说话不可能是父亲,必是母亲。这样,第二个说话是就是父亲,由此推断孩子是女孩。

第三章

一、**7.** $((p \leftrightarrow p_1) \wedge (q \leftrightarrow q_1)) \rightarrow ((p \wedge q) \leftrightarrow (p_1 \wedge q_1))$(要求本真值表只有 8 行)

p	p_1	q	q_1	$((p \leftrightarrow p_1) \wedge (q \leftrightarrow q_1)) \rightarrow ((p \wedge q) \leftrightarrow (p_1 \wedge q_1))$
1	1	1	1	1
1	1	0	0	1
0	0	1	1	1
0	0	0	0	1
*	*	1	0	1
*	*	0	1	1
1	0	*	*	1
0	1	*	*	1

其中"＊"表示,在真值表该行,无论该命题变元取值为 1 还是 0,都不影响整个命题的真值。从真值表可以看出,无论命题变元取何种真值组合,整个命题的真值均为真。因此,命题是重言式。

二、根据 | 的定义,构造 A 和 A | (B | C)的真值表,并使命题形式 A→(B∧C)与 A | (B | C)处在同一真值表中:

行数	A	B	C	B	C	A	(B | C)	A→(B∧C)
1	1	1	1	0	1	1
2	1	1	0	1	0	0
3	1	0	1	1	0	0
4	1	0	0	1	0	0

续表

行数	A	B	C	B | C	A | (B | C)	A→(B∧C)
5	0	1	1	0	1	1
6	0	1	0	1	1	1
7	0	0	1	1	1	1
8	0	0	0	1	1	1

证明：

1.从表格可以看出,只有在真值表的第1行,当 A 和 A ｜(B ｜ C)同时为真,此时 B 也是真的。

2.从表格可以看出,在真值表各行,A→(B∧C)与 A ｜(B ｜ C)均取相同的值。故两个命题形式逻辑等值。

三、从 ↓ 的真值表可以看出:→(A∨B)↔A↓B;→A↔→(A∨A)↔(A↓A)。因此:

1. →A∧B

 ↔→(A∨→B)

 ↔(A↓→B)

 ↔(A↓(B↓B))

2. A→(B→A)

 ↔→A∨(→B∨A)

 ↔→(A∨A)∨(→(B∨B)∨A)

 ↔(A↓A)∨((B↓B)∨A)

 ↔(A↓A)∨→(→((B↓B)∨A)))

 ↔(A↓A)∨→((B↓B)↓A))

 ↔(A↓A)∨(((B↓B)↓A)↓((B↓B)↓A))

 ↔→((→(A↓A)∨(((B↓B)↓A)↓((B↓B)↓A))))

 ↔→[(A↓A)↓(((B↓B)↓A)↓((B↓B)↓A))]

 ↔{[(A↓A)↓(((B↓B)↓A)↓((B↓B)↓A))]↓[(A↓A)↓(((B↓B)↓A)↓((B↓B)↓A))]}

由此也可以看出,如果没有→以及∨、∧等符号,仅用一个联结词去表达命题形式,将会使一个原本简单的命题形式变得多么复杂繁琐。

四、提示:用联结词的完全性、范式以及真值表等知识即可证明。

十五、提示:可构造真值表,取真值为真的各行,求出完全析取范式,或者取真值为假的各行,求出完全合取范式,并化简而得出相应命题形式。凡等值命题形式的真值表都相同。

第四章

五、选证：

1. ⊢→(A→B)→A

证：

(1) ⊢→A→(→B→→A)	P1
(2) ⊢(→B→→A)→(A→B)	定理
(3) ⊢→A→(A→B)	(1)(2)传递
(4) ⊢→(A→B)→A	(3)换位

7. ⊢(((A→B)→B)→C)→(A→C)

证法1：

(1)((A→B)→B)→C	Hyp1
(2)A→((A→B)→B)	定理
(3)A→C	(1)(2)传递
(4)⊢(((A→B)→B)→C)→(A→C)	Hyp1—

证法2：

(1)((A→B)→B)→C	Hyp1
(2)A	Hyp2
(3)→C	Hyp3
(4)→C→→((A→B)→B)	由(1)
(5)→((A→B)→B)	(3)(4)MP
(6)A→((A→B)→B)	定理
(7)((A→B)→B)	(2)(6)MP
(8)C	(3)(5)(7)反证,Hyp3—
(9)(A→C)	Hyp2—
(10)⊢(((A→B)→B)→C)→(A→C)	Hyp1—

六、选证：

4. ⊢(A∨(B∨C)→(A∨B)∨C

(1)A∨(B∨C)	Hyp1
(2)→A→(→B→C)	(1)D∨
(3)→A→(→C→B)	(2)后件换位
(4)→C→(→A→B)	(3)前件换位
(5)C∨(A∨B)	(4)D∨
(6)(A∨B)∨C	(5)D 交换
(7)⊢(A∨(B∨C)→(A∨B)∨C	Hyp1—

七、选证：

7. ⊢A→A∧(B∨→B)

(1) A   Hyp1

(2)(B∨→B)   排中律

(3) A∧(B∨→B)   (1)(2)∧₊

(4)⊢A→A∧(B∨→B)   Hyp1−

8. ⊢A∨(B∧→B)→A

(1) A∨(B∧→B)   Hyp1

(2)→A→(B∧→B)   (1)Dᵥ

(3)→A   反证假设

(4)(B∧→B)   (2)(3)MP

(5) B   (4)∨₋

(6)→B   (4)∨₋

(7) A(3)   (5)(6)反证,反证假设销去

(8)⊢A∨(B∧→B)→A   Hyp1−

八、选证:

6. ⊢(A↔B)→(A∧C↔B∧C)

(1) A↔B   Hyp1

(2) A→B   (1)↔₋

(3) B→A   (1)↔₋

(4) A∧C→B∧C 由   (2)可得

(5) B∧C→A∧C 由   (2)可得

(6) A∧C↔B∧C   (4)(5)↔₊

(7)⊢(A↔B)→(A∧C↔B∧C)   Hyp1−

第五章

一、**1.** 单独   **2.** 同一、真包含与真包含于、交叉、全异   **3.** Q   **4.** 行政处分,撤销国家机关或企业、事业单位等工作人员现任职务   **5.** 单独概念

二、**1.** B   **2.** A   **3.** C   **4.** D   **5.** D

第六章

五、能够推出 1、2、3、6 必定为真。其中:

1 等值于"有些浙江大学学生是共产党员",可直接由题干推出。

2 等值于"有些浙江大学学生不是民主党派成员",可由题干"所有浙江大学学生都不是民主党派成员"应用从属对当关系推出。

3 等值于"有些学文科的是浙江大学学生",可由题干"有些浙江大学学生学文科"换位推出。

6 等值于"有些浙江大学学生不是民主党派成员",与2同。

4,5 均不能推出,但是也并非必定为假,而是真假不定。

六、**1.** 有效

2. 无效,前提有否定命题,结论却是肯定命题。

3. 无效,前提有特称命题,结论却是全称命题。

4. 无效,大项扩大。

5. 无效,小项扩大。

6. 无效,中项两次不周延。

7. 无效,两个否定前提得不出确定的结论。

8、9 均无效,都是犯了四词项错误。

10. 有效。

十一、**1.** B　**2.** C　**3.** D　**4.** D　**5.** E　**6.** D　**7.** A　**8.** C　**9.** D　**10.** D　**11.** A　**12.** A

第七章

二、**1.** H(a,b,c)(H:……之间;a:太平洋;b:亚洲;c:美洲)

2. D(x,y)∧D(y,z)→D(x,z)(D:大于)

3. ¬(∀x∀y(P(x)∧N(y)→D(fx,fy)))(D:大于;P:正数;N:负数;f:平方)

4. P(a)∧L(a)∧M(a)(P:哲学家;L:逻辑学家;M:数学家;a:莱布尼兹)

5. ∀xM(x)∧∀y(M(y)→L(y))(M:运动;L:有规律的)

6. ∀x(N(x)→∃y(N(y)∧H(x,y))(N:自然数;H:后继)

7. ∀x(G(x)∧D(x)→∀y(H(x)→D(y)))(G:生物;D:死亡;M:人)

8. ∀x(L(x)↔N(fx))(L:重言式;N:矛盾式;f:否定)

9. ∃x(F(x)∧∀y(G(y)→S(x,y)))(F:人;G:候选人;S:支持)

10. C(a,b)(C:同在计算机系;a:张山;b:李斯)

11. D(f(x,y),f(y,z))(D:不等于;f:和)

12. ∃x(F(x)∧B(x,f₁a)∧S(x,f₂b))(F:素数;B:大;S:小;f₁:100 次方;f₂:99次方;a:2;b:3)

13. ∀x∃yH(x,y)(H:相互联系)

14. ∀x(O(x)∧D(x,a)→∃y∃z(F(y)∧F(z)∧D(x,y)∧H(x,y,z)))(O:偶数;F:素数;D:不同;H:分解……之和)

15. ∃≥₄x(T(x)∧P(x,a))(T:排球队;P:参加;a:这次排球比赛)

16. ∃≤₃x(S(x)∧P(x,a)∧N(x,b))(S:学生;P:参加;N:不及格;a:这次考试;b:及格分数)

三、**1.** 不存在一个正数小于一个负数。

2. 所有大于1的自然数都可以被至少一个素数整除。

3. 没有人爱所有人,但所有人都至少爱一个人。

4. 所有有香味的红花都是受人欢迎的。

5. 有些教师喜欢有些棋下得好的学生。

6. 没有一个有才能的人是天生的。

7. 人都有父亲。

8. 所有教师都喜欢勤奋好学的学生。

四、**1.** 如果有些事物是无机物,那么所有事物都是无机物。

2. 所有关系都是对称的。

3. 有些东西既是运动的,又不是运动的。

4. 任何两个命题 A 与 B,或者 A 可以证明 B,或者 B 可以证明 A。

七、1. ∃x(→P(x)∨Q(x))

2. ∀x∀y∀z∃u(→P(x,z)∨→P(y,z)∨Q(x,y,u))

3. 详细解题过程(并非唯一):

第一步,否定深入:

原式→∀x{∃yA(x,y)→∃x∀y[B(x,y)∧∀y(A(y,x)→B(x,y))]}

⇔∃x→{→∃yA(x,y)∨∃x∀y[B(x,y)∧∀y(A(y,x)→B(x,y))]}

⇔∃x{∃yA(x,y)∧∀x∃y[→B(x,y)∨∃y(A(y,x)∧→B(x,y))]}

第二步,施行字母变异,以便量词前移:

⇔∃x{∃yA(x,y)∧∀u∃v[→B(u,v)∨∃z(A(z,u)∧→B(u,z))]}

⇔∃x∃y∀u∃v∃z{A(x,y)∧[→B(u,v)∨(A(z,u)∧→B(u,z))]}

本章其余各题略。

第八章

三、1. 简单枚举归纳推理。

2. 完全归纳推理。

3. 科学归纳推理。

4. 典型归纳推理,或者抽样归纳推理。

5. 类比推理。

6. 差异法、共变法。

7. 求同求异并用法。

8. 共变法。

9. 剩余法。

10. 求同法。

八、1. D **2.** D **3.** C **4.** D **5.** D **6.** E **7.** A **8.** B **9.** B **10.** A **11.** C **12.** D

第九章

四、1. B **2.** D **3.** A **4.** D **5.** A **6.** B **7.** D **8.** C

第十章

1. 词义混淆 **2.** 合谬 **3.** 复杂问语 **4.** 诉诸无知 **5.** 循环论证 **6.** 诉诸起源 **7.** 诉诸威胁 **8.** 分谬 **9.** 类比不当 **10.** 非黑即白 **11.** 轻率概括 **12.** 错误抽样谬误 **13.** 罔顾事实 **14.** 因果简单化 **15.** 滑坡谬误 **16.** 赌徒谬误 **17.** 以先后为因果 **18.** 因果倒置 **19.** 因人废言 **20.** 稻草人谬误 **21.** 诉诸公平 **22.** 构型歧义 **23.** 诉诸公众 **24.** 诉诸怜悯 **25.** 轻率概括 **26.** 人身攻击 **27.** 以假象为原因 **28.** 诉诸权威 **29.** 平均数谬误 **30.** 偷换论题

参考文献

1. 金岳霖主编:《形式逻辑》,北京:人民出版社,1979.
2. 王宪钧:《数理逻辑引论》,北京:北京大学出版社,1982.
3. 王维贤等:《语言逻辑引论》,武汉:湖北教育出版社,1989.
4. 张尚水:《数理逻辑导引》,北京:中国社会科学出版社,1990.
5. 宋文坚主编:《新逻辑教程》,北京:北京大学出版社,1992.
6. 张家龙:《数理逻辑史》,北京:社会科学文献出版社,1993.
7. 周礼全主编:《逻辑——正确思维与有效交际的理论》,北京:人民出版社,1994.
8. 陈慕泽:《数理逻辑教程》,上海:上海人民出版社,2001.
9. 王路:《逻辑基础》,北京:人民出版社,2004.
10. 吴家国主编:《普通逻辑》(第5版),上海:上海人民出版社,2010.
11. 黄华新、张则幸:《逻辑学导论》,杭州:浙江大学出版社,2011.
12. 何向东主编:《逻辑学》(第二版),北京:高等教育出版社,2018.
13. 陈晓平:《归纳逻辑与归纳悖论》,武汉:武汉大学出版社,1994.
14. 武宏志,马永侠:《谬误研究》,西安:陕西人民出版社,1997.
15. 周北海:《模态逻辑导论》,北京:北京大学出版社,1997.
16. 蔡曙山:《言语行为与语用逻辑》,北京:中国社会科学出版社,1998.
17. 邹崇理:《逻辑、语言和信息》,北京:人民出版社,2000.
18. 王路:《逻辑的观念》,北京:商务印书馆,2000.
19. 熊立文:《现代归纳逻辑的发展》,北京:人民出版社,2004.
20. 陈波:《逻辑哲学》,北京:北京大学出版社,2005.
21. 黄华新、陈宗明:《描述语用学》,长春:吉林人民出版社,2005.
22. 胡龙彪:《拉丁教父波爱修斯》,北京:商务印书馆,2005.
23. 胡龙彪:《中世纪逻辑、语言与意义理论》,北京:光明日报出版社,2009.
24. 熊明辉主编:《批创思维教程》,西安:西安电子科技大学出版社,2019.

25.肖尔兹:《简明逻辑史》,张家龙、吴可译,北京:商务印书馆,1977.

26.波波夫、斯佳日金:《逻辑思想发展史——从古希腊罗马到文艺复兴时期》,宋文坚、李金山译,上海:上海译文出版社,1984.

27.苏佩斯:《逻辑导论》,宋文淦等译,北京:中国社会科学出版社,1984.

28.奥尔伍德等:《语言学中的逻辑》,王维贤等译,石家庄:河北人民出版社,1984.

29.P. A. 约翰逊:《概率与机率》,北京:科学出版社,1984.

30.威廉·涅尔等著:《逻辑学的发展》,张家龙等译,北京:商务印书馆,1985.

31.莫里斯:《指号、语言和行为》,罗兰、周易译,上海:上海人民出版社,1989.

32.涂纪亮主编:《英美语言哲学》,北京:中国社会科学出版社,1993.

33.苗力田主编:《亚里士多德全集》(第一卷),北京:中国人民大学出版社,1990.

34.苗力田主编:《亚里士多德全集》(第七卷),北京:中国人民大学出版社,1993.

35.罗素:《逻辑与知识》,北京:商务印书馆,1996.

36.罗斯:《亚里士多德》,王路译,北京:商务印书馆,1997.

37.蒯因:《从逻辑的观点看》,陈启伟等译,北京:中国人民大学出版社,2007.

38. M. Bochenski, A History of Formal Logic, University of Notre Dame Press,1961.

39. N. Rescher, Topics in Philosoplical Logic, D. Reidel Publishing Co. , 1968.

40. Irving M. Copi, Symbolic Logic, Macmillan Publishing Company, 1979.

41. Irving M. Copi, Informal Logic, Macmillan Publishing Company, 1982.

42. H. Kahane, Logic and Contemporary Rhetoric, Wadsworth Publishing Company, 1984.

43. S. L. Levinson, Pragmatics, Cambridge University Press, 1993.

44. J. Buridan, Summulae de Dialectica, trans. , G. Klima, Yale University Press, 2001.

45. G. Klima, John Buridan, Oxford University Press, 2009.

46. Irving M. Copi, Carl Cohen, Victor Rodych, Introduction to Logic (15th Edition), Routledge, 2019.

图书在版编目(CIP)数据

逻辑学教程 / 胡龙彪，金立编著. --4 版. --杭州：浙江
大学出版社，2022.3(2025.1重印)
ISBN 978-7-308-22345-4

Ⅰ.①逻…　Ⅱ.①胡…　②金…　Ⅲ.①逻辑学－高等
学校－教材　Ⅳ.①B81

中国版本图书馆 CIP 数据核字(2022)第 024278 号

逻辑学教程(第四版)

胡龙彪　金　立　编著

责任编辑	傅百荣	
责任校对	梁　兵	
封面设计	周　灵	
出版发行	浙江大学出版社	
	(杭州市天目山路 148 号　邮政编码 310007)	
	(网址:http://www.zjupress.com)	
排　　版	杭州隆盛图文制作有限公司	
印　　刷	杭州钱江彩色印务有限公司	
开　　本	710mm×1000mm　1/16	
印　　张	21.25	
字　　数	393 千	
版 印 次	2022 年 3 月第 4 版　2025 年 1 月第 3 次印刷	
书　　号	ISBN 978-7-308-22345-4	
定　　价	66.00 元	